감사와 긍정의 마음으로 일기쓰기 300일
꿈꾸는 여인의 비망록

감사와 긍정의
마음으로
일기쓰기 300일

꿈꾸는 여인의 비망록

저자 이 양 자

새문화출판사

책을 내면서

"인생의 목적은 자신을 아는데 있으며, 글 쓰는 목표는 글 속에 햇빛을 반짝이게 하는 데 있다. 무엇이 성공인가? 자주 그리고 많이 웃는 것, 아이들에게 사랑받는 것. 아름다움을 헤아릴 줄 알며 다른 사람에게서 최선을 발견하는 것. 자기가 태어나기 전보다 세상을 조금이라도 더 살기 좋은 곳으로 만들어 놓고 떠나는 것, 자신이 현재 살아 있으므로 해서 단 한사람의 인생이라도 행복해 지는 것, 이것이 진정한 성공이다." 라고 한 에머슨의 글을 다시 읽으며 사고하는 인간의 등불 같이 밝고 감미로운 감성을 배웁니다.

지난해 5월 블로그를 하는 중, 다음과 같은 글을 받았습니다.
"안녕하세요. 네이버 블로그팀입니다. 오늘 하루도 잘 보내고 계시나요? 코로나 영향으로 마음 편한 외출이 어렵다 보니 '평범한 일상' 그 자체만으로 너무나도 감사하게 느껴지는 요즘입니다. 무심코 지나치기보다 나의 소중한 일상 이야기, 블로그에 매일매일 일기로 남겨보는 것은 어떨까요. 하루 한 줄, 꾸준히 기록해보면 나의 발자취도 돌아볼 수 있고 가치관과 다양한 생각들을 정리해볼 수 있는 의미 있는 시간을 만들 수 있을 거예요. 그래서 준비했습니다! 매일의 블로그를 통해 달라지는 일상을 만나볼 수 있는 매일매일 챌린지입니다. 도전하세요~!"

이 제안을 받고 도전은 하지 않았지만, 그간 가끔씩 써온 일기를 그냥 5월부터는 혼자서 매일 매일 일기를 쓰기 시작했습니다. 꼭 그날그날의 이야기가 아니더라도 마음에 새겨놓고 싶은 글이나 이야기들을 써보았습니다.

16년간 하루도 그르지 않고 올려온 나의 블로그(blog.naver.com/yzlee1941)에는 7만개가 넘는 글들이 올려져있습니다. 그 가운데서 잊지 말고 다시 기억하고 싶고, 마음에 되새기고 싶은 내용들을 찾아내어 써 보기도하고, 그간의 독서내용도 요약해 보며 나 자신을 격려하기로 한 것입니다.

그래서 『감동과 감사의 마음으로 쓴 300일간의 일기 - 꿈꾸는 여인의 비망록 - 』이라고 제목을 정했습니다.

나이가 많다보니 어쩔 수 없이 노년에 관한 글이 많아졌습니다.

제 나이 82세! 생을 마감할 때까지 겸손과 존중과 배려와 감사의 마음으로 착하고 곱게 살다 가고 싶습니다.

그리고 친구들과 제자들과 함께 이 글을 나누며 읽었으면 좋겠습니다.

2022년 3월에
운경 이양자 씀

| 목차 |

책을 내면서 • 4

1부, 설렘 • 11

첫날 ; 5월은 계절의 여왕 ·········· 13
2일째 ; 마음이 허전하기 이를 데가 없다.
　　　·································· 13
3일째 ; 신박한 집 정리를 마치고... ····· 14
4일째 ; 나이 들어가면서 가져야 할
　　　마음가짐 ······················ 16
5일째 ; 누가 나를 위로해 주나 ········ 17
6일째 ; 보이지 않는 슬픔... ············ 18
7일째 ; 오월처럼만 사랑스러워라~ ···· 18
8일째 ; 어버이날에 생각나는 그이 ···· 20
9일째 ; 5월 어느 날 ····················· 21
10일째 ; 나이 들면 꼭 해야 할 일 ······· 22
11일째 ; 상쾌한 봄의 음악을 듣다. ···· 22
12일째 ; 이근후 교수의 '백살까지
　　　유쾌하게 나이드는 법' ······ 23
13일째 ; '자산어보'라는 영화를 보고 ···· 25
14일째 ; 치매 예방법 ······················ 26
15일째 ; 스승의 날 ························· 28
16일째 ; 삶이란 ···························· 29
17일째 ; 어떤 인생이 되어야 할까. ···· 30
18일째 ; 나무처럼 ························· 31
19일째 ; 금강경 사구게金剛經四句偈 ····· 31
20일째 ; 주자 십회에도 없는 이야기 ···· 33
21일째 ; 부부夫婦의 날 ···················· 35
22일째 ; 기억력 강화 훈련법 ············ 36
23일째 ; 웰 다잉, 죽음을 어떻게 맞이할
　　　것인가? ························ 38
24일째 ; 푸른 오월에 나는 행복합니다. 39
25일째 ; 풀향기 맡으며 미리 꺾어온
　　　개망초꽃 ······················· 41
26일째 ; 행복은 자신이 만드는 것 ······ 41
27일째 ; 방탄소년단 방시혁 대표 이야기
　　　······································ 43
28일째 ; 그대들에게... ···················· 45
29일째 ; 의혹과 짐작이 만들어낸 해프닝 46

30일째 ; 자식이란... ······················ 47
31일째 ; 우리 빼로 ························· 47
32일째 ; 유월의 시 ························· 48
33일째 ; 삶이 힘들 때 시도해볼 7가지
　　　방법 ····························· 49
34일째 ; 사랑하는 손녀에게 ············ 51
35일째 ; 지금 나는 몇 시쯤인가? ······ 52
36일째 ; 시인을 다시 생각한다. ········ 52
37일째 ; 66주년 현충일 ··················· 54
38일째 ; 화이자 백신 처음 맞는 날 ····· 55
39일째 ; 조병화 시인의 시를 읽다. ····· 56
40일째 ; 혼밥의 외로움을 달래주는
　　　짐리브스의 노래 ·············· 57
41일째 ; 논어의 효에 대해서 ············ 58
42일째 ; 외우기 시작합니다. ············ 60
43일째 ; 앞으로 펼쳐질 우리나라 정치 · 61
44일째 ; 제자들의 부산 방문 ············ 63
45일째 ; 치매 예방법; 매일 실천하기 ···· 63
46일째 ; 책꽂이 속에 피어나는 추억 ···· 64
47일째 ; 저문 강가에서 ··················· 65
48일째 ; 윤동주 시 '새로운 길' ·········· 66
49일째 ; 나이든 부모의 오늘 마음가짐 · 67
50일째 ; 내가 좋아하는 낱말들 ········· 67
51일째 ; 어머니의 정년퇴임을
　　　축하드립니다 ··················· 68
52일째 ; 그대가 보고싶다. ··············· 71
53일째 ; 내가 블로그를 하는 이유 ····· 72
54일째 ; 출판된 나의 책들을 보며 ······ 75
55일째 ; 희수 때 딸이 보낸 편지 ········ 77
56일째 ; 이 정권의 잘못된 정책을
　　　규탄한다. ······················· 79
57일째 ; 노인의 삶을 구분지어보면. ···· 81
58일째 ; 청춘 시절 ························· 83
59일째 ; 백신 2차 접종 증명서 ·········· 83
60일째 ; 부부의 사랑 ······················ 84

2부. 꿈, 소망 • 85

61일째 ; 노인 한 명 죽음은 도서관 하나가
　　　　사라지는 것 ·················· 87
62일째 ; 자아 성찰의 묵상 ············· 88
63일째 ; 내 몸을 위한 산책 ············ 89
64일째 ; 70~80대 老人이 가져야 하는
　　　　마음 자세 ····················· 90
65일째 ; 김형석 교수의 책 '백년을 살아
　　　　보니'를 읽고 ··················· 91
66일째 ; 맹자의 공부법을 배워보자. ····· 93
67일째 ; 가족에 관한 15가지 명언을
　　　　새겨보며 ······················ 97
68일째 ; 자신을 격려하고 아끼는 방법 · 98
69일째 ; 현명한 삶을 사는 8가지 방법 　99
70일째 ; 西山大師 해탈시解脫詩를 읽으며
　　　　································· 99
71일째 ; 1년 반 만에 다녀간 큰아들네 식구
　　　　································ 102
72일째 ; 다시 강아지를 키우기로 하다. 103
73일째 ; '아버지의 인생'을 생각하며 ·· 105
74일째 ; 컴에서 다 쓴 글이 날아가 버릴 때
　　　　································ 107
75일째 ; 사뮤엘 울만의 시 '청춘'을 외우며
　　　　································ 108
76일째 ; 시 한 수를 올립니다. ········ 109
77일째 ; 뇌를 젊게 유지하는 법 ······· 110
78일째 ; 죠이 소식 ·················· 112
79일째 ; 回春 10訓 ··················· 112
80일째 ; 여름을 향해 들려오는 소식들　114
81일째 ; 멋있는 사람은 늙지 않는다 ··· 115
82일째 ; 창원 딸네 집에 가다. ········ 116
83일째 ; 제자의 위로 꽃다발과 편지 ·· 117
84일째 ; 신문사에서 인터뷰 요청이 오다.
　　　　································ 117
85일째 ; 질문서에 대한 나의 답변. ···· 118
86일째 ; 130년 만에 부활한 '위안스카이
　　　　망령'~ ························ 133
87일째 ; 지혜의 향기 ················· 140
88일째 ; 보람 있는 말년을 위하여 ···· 141
89일째 ; 오늘 하루의 생활을 돌아보며　142
90일째 ; 황혼의 창가에 서서 ·········· 143

91일째 ; 자식 버리고 죽이는 세상
　　　　그리고 이혼 ·················· 144
92일째 ; 석양이 더 아름답다. ········· 145
93일째 ; 감사의 일기 쓰기 ············ 146
94일째 ; 엄마의 기도 ················· 148
95일째 ; 메달을 따기까지 ············· 148
96일째 ; 하늘을 올려다봐요. ·········· 150
97일째 ; 배우는 것을 멈출 때 노화는
　　　　빨라진다. ···················· 150
98일째 ; 병원을 순례하다. ············ 151
99일째 ; 팬데믹 시대, 오늘의 삶은... ·· 153
100일째 ; 기억의 강물 건너 미래로 ···· 154
101일째 ; 나이를 헤이면서 ············ 155
102일째 ; 우리 뇌는 아침에 일어날
　　　　 때마다 달라진다. ············ 156
103일째 ; 노을 진 강가에서 ··········· 157
104일째 ; 감사가 많으면 삶은 행복합니다
　　　　································ 158
105일째 ; 능소화 이야기 ·············· 158
106일째 ; 우리 죠이 이야기 ··········· 159
107일째 ; 늙어가는 이야기 ············ 160
108일째 ; 가을 소리 들으며 보는 석양　161
109일째 ; 메이 스웬슨의 시 '나이 드는 법'
　　　　································ 162
110일째 ; 인생에 대한 예의로서의
　　　　 12가지 태도 ················· 163
111일째 ; 감사가 행복을 불러온다. ···· 163
112일째 ; 풀향기를 맡으며 ············ 164
113일째 ; 우리가 사는 지구는 아직은
　　　　 아름다워요 ·················· 165
114일째 ; 활짝 갠 하늘 ··············· 166
115일째 ; 희망은 절망을 이긴다. ······ 167
116일째 ; 건강 체크를 위한 그간의
　　　　 상황 돌아보기 ··············· 168
117일째 ; 信念과 自己暗示 ············ 169
118일째 ; 인생 팔십이면 가히 무심이로다.
　　　　································ 170
119일째 ; 해야 할 일들 대강은 마치다. 171
120일째 ; 친절과 미소 ················ 172

3부, 사랑 • 173

121번째 ; 꽃향기처럼 피어나는 행복 ·· 175
122일째 ; 계로록戒老錄 ················· 175
123일째 ; 바램 ······················· 176
124일째 ; 행복헌장 ··················· 177
125일째 ; 황혼 ······················· 178
126일째 ; 톨스토이의 세 가지 질문 ···· 179
127일째 ; 일상을 바꾸면 새로운 운명이
         열린다. ····················· 180
128일째 ; 권력은 부메랑:
         몰락하는 권력자들 ··········· 180
129일째 ; 나무가 잎을 버리기 시작하다.
         ···························· 181
130일째 ; 어제와 같은 오늘을 살면서 · 182
131일째 ; 오늘은 내 기쁜 생의 첫날 ··· 183
132일째 ; 시간의 소중함 ··············· 183
133일째 ; 하루의 일과 그리고 친구들 · 184
134일째 ; 우리가 가져야 할 삼심三心
         삼시三視 삼근三根 ············ 186
135일째 ; 아름답게 늙어 가려면... ····· 187
136일째 ; 산소에 다녀오다. ············ 188
137일째 ; 낙엽과 인생 ················· 189
138일째 ; 고은 시인의 시 '길' ········· 191
139일째 ; 지켜야 할 마음 5 가지, 버려야
         할 마음 5 가지, 지켜야 할 마음
         5 가지 ······················ 192
140일째 ; 인생살이 3분법 ·············· 192
141일째 ; 태풍 지난 뒤 하늘 그리고 노을
         ···························· 194
142일째 ; 성공하는 사람들의 7가지 습관
         ···························· 195
143일째 ; 너를 생각하는 것이 나의
         일생이었지 ·················· 197
144일째 ; 추석모임과 격려의 말 ········ 197
145일째 ; 격려의 언어로 말하라. ······· 198
146일째 ; 삶에서 죽음이란 ············· 199
147일째 ; 사랑을 위한 7 가지 필수 비타민
         ···························· 200
148일째 ; 웃는 인생을 만드는 20 가지
         행복어 사전 ················· 202

149일째 ; 죠이 오던 날 ················ 203
150일째 ; 항상 즐거운 삶을 살고 싶다면...
         ···························· 204
151일째 ; 배움을 멈추지 말자. ·········· 206
152일째 ; 하루의 일상 ················· 207
153일째 ; 10월을 맞으며... ············ 208
154일째 ; 감동적인 미국 대학교
         졸업식의 저명인사 축사 ····· 209
155일째 ; 너무 슬퍼하지 말아요. ········ 211
156일째 ; 인생의 빛과 어둠이 녹아든 나이
         ···························· 212
157일째 ; 가을 낙엽을 보면서... ········ 213
158일째 ; 인생의 마루턱 ··············· 214
159일째 ; 우리 가을 들국화 마중 가자. 215
160일째 ; 자신의 삶에 만족을 느껴라. 216
161일째 ; 나도 꼭 손잡고 걷고 싶다. ·· 217
162일째 ; 아! 세종대왕님! ············· 218
163일째 ; 나는 왜 술을 마시는가? ····· 220
164일째 ; 감사 십계명 ················· 221
165일째 ; 왜 사는가? ·················· 223
166일째 ; 나를 바꾸는 51 가지 황금단어
         ···························· 223
167일째 ; 내 인생에 가을이 오면 ······· 226
168일째 ; 오늘 읽은 아름다운 말 ······· 228
169일째 ; 과연 충고란 통할까? ········· 230
170일째 ; 기억 하고픈 좋은 말들을
         되새기며 ···················· 231
171일째 ; 75세 이후의 건강 ············ 232
172일째 ; 톨스토이 10訓 ··············· 233
173일째 ; 인생, 그 길목에서의 만남 ··· 234
174일째 ; 잠자는 창조성을 깨우는 것은
         역경입니다. ················· 236
175일째 ; 인간을 바꾸는 5가지 법칙 ·· 236
176일째 ; 상강霜降절기를 맞으며 ······· 238
177일째 ; "서른 즈음에"를 패러디하여..
         ···························· 239
178일째 ; 생의 언덕에서 ··············· 240
179일째 ; 애완견 죠이와의 생활 ······· 241
180일째 ; 맹자의 군자 3락 ············ 242

4부, 행복 • 243

181일째 ; 가을 斷想 ················· 245
182일째 ; 우주, 인간, 삶, 죽음, 人生 ·· 247
183일째 ; "오늘을 사랑하라" ·········· 248
184일째 ; 시월의 마지막 날을 보내며 · 248
185일째 ; 노태우 대통령 영결식을 보며
 ································· 251
186일째 ; 남편과 아내를 감동시키는 말
 ································· 252
187일째 ; 어느 스님의 교훈 ··········· 254
188일째 ; 희망의 끈을 놓지 말자 ······ 255
189일째 ; 부모님의 말, 그것의 진짜 의미
 ································· 257
190일째 ; 일상에서 면역력 키우는 방법
 ································· 258
191일째 ; 비록 늙어가지만 낡지는 마라.
 ································· 260
192일째 ; 인간관계의 황금률 ·········· 261
193일째 ; 세계적으로 유명한 건강 격언
 ································· 261
194일째 ; 결혼에 관한 명언 모음 ······ 262
195일째 ; 11월 11일 11시 부산 향해 묵념!
 ································· 263
196일째 ; 이웃과 살아가는 마음 ······· 266
197일째 ; 진인사대천명 ··············· 267
198일째 ; 가을 그리고 부평초 인생 ···· 268
199일째 ; 성공과 실패의 순환 ········· 269
200일째 ; 아내라는 사람 ·············· 270
201일째 ; 내가 살아온 이야기 ········· 271
202일째 ; 사람답게 늙고, 살고, 죽자. · 272
203일째 ; 남이섬의 가을 풍경을 그리며
 ································· 277
204일째 ; 울면서 태어났지만 웃으며
    죽는 게 좋잖아, ············ 279
205일째 ; 율곡의 건강십훈健康十訓 ··· 281
206일째 ; 열정과 감사 ················ 282
207일째 ; 헤밍웨이를 통해 본 노년의
    행복조건 ··················· 282
208일째 ; 믿음을 주는 사람 ··········· 284
209일째 ; 철수야 철수야 ·············· 285
210일째 ; 우리 죠이 이야기 ··········· 289

211일째 ; 제자들과의 소통 그리고 책 출간
 ································· 292
212일째 ; 헨델의 시련과 명작의 탄생 · 293
213일째 ; 가을을 보내는 길목에서 ···· 294
214일째 ; 12월의 첫 기도 ············· 295
215일째 ; 세상을 바꾼 7인의 자기 혁신
    노트 ························ 296
216일째 ; 장수 비법 ·················· 298
217일째 ; 뇌를 젊게 유지하는 법 ······ 299
218일째 ; 인생은 운명이 아니라 선택이다.
 ································· 301
219일째 ; 福 받는 35가지 방법 ········ 302
220일째 ; 별빛 같은 나의 사랑아 ······ 303
221일째 ; 나이가 가져다 준 선물 ······ 304
222일째 ; 현재의 내 나이를 사랑한다. 305
223일째 ; 그래 그래, 나의 제자들아! ·· 306
224일째 ; 감사하는 법 ················ 308
225일째 ; 그런 사람 하나 있었으면
    좋겠습니다. ················ 308
226일째 ; 연말… 오늘 그냥 하고 싶은 말
 ································· 309
227일째 ; 틱 낫한의 평화로움 ········· 310
228일째 ; 가장 많이 사랑 받은 10선
    시구詩句들 ················· 312
229일째 ; 10 가지 좋은 생활습관 ······ 313
230일째 ; 늘 감사하는 마음 ··········· 313
231일째 ; 자유민주주의의 대한민국을
    되찾자! ···················· 314
232일째 ; 인생은 물처럼 살아가자. ···· 316
233일째 ; 탈무드 명언 ················ 317
234일째 ; 화장실만도 못한 국민 ······· 319
235일째 ; 1만 시간의 법칙 ············ 321
236일째 ; 행복해지는 7가지 방법 ······ 322
237일째 ; 대강의 일들을 마무리한 연말
 ································· 323
238일째 ; 메리 크리스마스 ············ 325
239일째 ; 당신이 아름다운 이유 ······· 326
240일째 ; 우리 몸의 신비 15가지 ······ 327

5부. 감사 • 329

241일째 ; 삶의 역설逆說 ············ 331
242일째 ; 전국 6천 대학교수가 자유
　　　　　대한 국민께 드리는 호소문 · 332
243일째 ; 하루에 한 번쯤은 ········ 336
244일째 ; 저물어 가는 한 해의 끝자락에서
　　　　　················· 338
245일째 ; 2022년 새해에 복을 부르는
　　　　　15가지의 지혜 ········· 339
246일째 ; 여민 선생님 보고드립니다! · 340
247일째 ; 소원이 간절하면 하늘도
　　　　　움직이는 법! ··········· 342
248일째 ; 긍정적인 말의 힘 ······· 342
249일째 ; 명인들의 명언을 통해,
　　　　　다시 하는 새해 각오 ····· 343
250일째 ; 얼마나 고마운 일인가 ··· 344
251일째 ; 석양의 하늘을 보며 ····· 345
252일째 ; 다스려야 할 마음의 나쁜 상태
　　　　　8가지 ················ 346
253일째 ; 성공을 위한 시간 관리법
　　　　　20가지 ··············· 347
254일째 ; 새해의 열흘을 보내면서 ··· 348
255일째 ; 부부로 산다는 것 ······· 349
256일째 ; 면역력 향상에 좋은 식품 ··· 350
257일째 ; 의지력 키우는 10가지
　　　　　연습 방법 ············· 351
258일째 ; 나는 행복해질 운명이다. ··· 355
259일째 ; 우리는 우리가 읽은 것으로
　　　　　만들어진다. ··········· 356
260일째 ; 살 빠지는 저녁 습관 12가지 357
261일째 ; 과거를 회상하며 ······· 360
262일째 ; 삶의 지혜 28가지 ······· 361
263일째 ; 鳴謝李陽子敎授之厚誼
　　　　　兼憶故金鍾圓博士 ······· 362
264일째 ; 고난 속에서 역사적 작품이
　　　　　탄생했다. ············· 365
265일째 ; 배만 따뜻하게 해줘도 100세는
　　　　　산다 ················· 366
266일째 ; 약해지지 마 ············ 369
267일째 ; 정인이를 생각하며 ······ 369
268일째 ; 자신을 격려하고 아끼는 방법 370

269일째 ; 우아한 황혼 인생 ········ 371
270일째 ; 살아가는 이유 ·········· 372
271일째 ; 인생명언 43가지 ········ 373
272일째 ; 공부 한다는 것 ·········· 375
273일째 ; 어머님의 여한가餘恨歌 ···· 376
274일째 ; 고독과 외로움 ·········· 381
275일째 ; 두 번은 없다 (Nic dwa razy)
　　　　　··················· 382
276일째 ; 새해 복 많이 받으세요. ···· 384
277일째 ; "한국은 '작은 거인'" ······ 384
278일째 ; 오늘은 내 인생의 가장 젊은 날
　　　　　··················· 387
279일째 ; 손녀가 직속 후배가 된 날 ··· 387
280일째 ; "매일 밤 끌려가 집단 성폭행"
　　　　　··················· 388
281일째 ; 나와의 로멘스 ·········· 391
282일째 ; 황새의 희생 ············ 392
283일째 ; 괴테가 말하는 풍요로운 황혼
　　　　　··················· 393
284일째 ; 평범한 진실 ············ 394
285일째 ; 손흥민 득점 타임라인을 보며
　　　　　··················· 395
286일째 ; '적폐 수사'에 화난다는 文 ··· 396
287일째 ; 일 년 전, '오늘 하고 싶은 말' 397
288일째 ; 코로나 한파에 되새기는
　　　　　법정스님의 법문 ········ 398
289일째 ; 세상 떠난 내 동생의 이유식 책
　　　　　··················· 400
290일째 ; 새해에는 이런 사람이 되게
　　　　　하소서 ··············· 402
291일째 ; 책 안 읽는 선진국 국민 ···· 403
292일째 ; 어느 60대 노부부 이야기 ··· 405
293일째 ; 사랑을 전하는 지게꾼 ···· 406
294일째 ; 여성의 나이 듦을 생각한다. 407
295일째 ; 부자가 되는 습관 ········ 410
296일째 ; 2022년 부산 문화 글판 ··· 413
297일째 ; 부모은중경 ············ 414
298일째 ; 삶과 죽음 ·············· 415
299일째 ; 우리들의 꽃노래 ········ 417
300일째 ; 아흔 즈음까지 ·········· 417

1부

설렘

일기쓰기 시작 첫날 ; 5월은 계절의 여왕 (5월 1일)

봄의 입김은 우리에게 신비로운 생명의 문을 열어준다. 구석 구석 새 생명이 싹트고 딱딱한 껍질을 뚫고 찬연한 새생명을 기적처럼 뜨겁게 우리에게 전해준다.

이제 오월이다…! 5월의 싱그러움, 훈풍, 연초록의 투명한 신록들, 누가 말하였는가? 오월을 계절의 여왕이라고…. 지구 온난화로 계절은 좀 빨리 달려가고 있지만 5월은 하나의 혁명이다.

온 대지의 푸르름, 일렁이는 보리밭, 감미로운 아카시아 향기… 자연의 신비함에 가슴이 뭉클해진다. 세상은 온통 연초록의 새순이 돋아나고, 꽃천지로 아름답게 피어나고 나뭇잎들이 햇살에 반짝이는 5월… 혁명처럼 세상을 바꾼다.

살아온 오랜 세월… 수많이 거듭된 5월… 이제 젊은 날의 감수성은 풍화되어 많이 날아가버렸지만… 이제야 진정 깨닫는다. 삶은 어느 순간이든 어떤 사람의 것이든 빛나는 것이며 축복이며 감사이며 아침마다 떠오르는 태양처럼 우리들 자신이 기적임을…..

일기쓰기 2일째 ; 마음이 허전하기 이를 데가 없다. (5월 2일)

마음이 허전하기 이를 데가 없다 왜 이럴까? 전에 없던 일이다. 그냥 허전하고, 허황되고 맥이 빠지고 슬픔 속으로 가라앉는 느낌이다. 한 달 반에 걸친 신박한 집 정리는 이제 다 끝났는데 마음은 걷잡을 수 없이 맥이 빠진다.

늘 내 옆에서 서성이던 반려견 빼로 때문일까? 그 애는 남편 떠난 뒤 12년간 늘~ 내 옆에 있었다. 밥 먹을 때도 잘 때도…언제나…. 그런데 3월말 그 애가 떠났다. 한 생명체의 사라짐은 이리도 내 삶에 영향을 미친다....

늘 애를 챙겨주고 또 당뇨병이기에 물을 많이 주고 또 아침 저녁으로 인슐린 주사를 잊지 않고 놓아주고, 오줌 똥을 치워주고 소독제를 뿌리고 쓰다듬어주고 안아주고 이뻐해 주고 말을 걸어주고 함께 산책을 나가고 하던 이 모든 일상이 사라져버렸다.

반응하는 생명체는 이집에서 오직 나 혼자 뿐이다... 나무들이 곁에 있지만 애들은 아무런 반응을 보이지 않은체 오직 자라고 있을 뿐이다 일체 직접적인 반응이 없는 애들이다. 조용히 정성에 맞추어 자라 줄 뿐이다. 몇 마디라도 말 할 상대가 사라지고 감정을 교감할 움직이는 생명체가 사라지고 이 앙 다물고 예뻐하며 내 사랑을 표현할 상대가 사라져 버렸다.

모차르트의 음악을 들어도 슈만의 음악을 들어도 짐 리브스의 컨츄리 송을 들어도 가라앉는 듯한 슬픔을 느낄 뿐 나를 추스리기가 힘들다. 이 슬픔 속에서, 이 음악 속에서 나는 힐링 되고 있는 것일까...? 집안을 훤~히 치우고 나니 우리 빼로의 존재가 더 크게 클로즈업되어 온다....

힘들게 땅과 기둥을 뚫고 나온 수많은 꽃들이 사방에 지천으로 피었는데도 왜 이리 스산할까? 멍~하니 뜨악한 눈으로 꽃들을 본다. 이젠 완전히 혼자라는 느낌... 기댈 곳도 사랑할 곳도 없는 막막한 느낌...

이 또한 지나가 버릴까? 늙어감의 한 단계일가? 이제 무엇으로 나를 붙잡을까....?

일기쓰기 3일째 ; 신박한 집 정리를 마치고... (5월 3일)

현재 살고 있는 집은 36년째 살고 있는 집이다. 내가 45살에 이사 와서 1남2녀 애들 셋 중고등, 대학 졸업시키고 유학 보내고 결혼시키고, 두 며느리를 3 년씩 함께 데리고 살았던 집. 이제 모두가 떠났다..... 남편도 12년 전 저세상으로 떠났다....

 그 이후 사실 몇 번이나 집 정리를 하며 버릴 것은 다 버려야 했었다. 그런데 나는 아무 것도 버리지 않고 꽁꽁 묶고 싸매고 첩첩이 쌓아놓고 있었다. 속으로는 그러한 남의 집은 흉을 보면서...

 드디어 가까이 사는 둘째 며느리가 자기들도 새집으로 이사 가면서 이제는 어머니집도 정리를 해야 한다면서 강경하게 의견을 내놓았다. 나도 하긴 해야 한다고 생각은 하지만 도대체 엄두가 나지 않았다. 그간 간직해 온 그이와 나의 장서 수만 권, 여태껏 없애지 않은 그이의 옷과 온갖 소지품들 그리고 두 사람의 연구 노트, 강의 노트, 번역 노트 등등... 그리고 40여 개국을 부부가 함께 여행한 그 많은 비디오와 사진들...

 이미 10여 년 전에 남편이 떠난 후에 다 정리를 했어야 하는데...이제 그 쌓인 모든 것을 한몫에 정리를 하고 버려야 했다. 버리고 버리고 또 버려도 한도 끝도 없었다. 책도 이젠 도서관이나 헌책방에서 가져가지도 않는다. 전공이 같은 아들 딸이 수백, 수십 권씩 가져가도 워낙이 그이가 많이 사둔 책들을 결국은 골라서 버릴 수밖에 없었다. 일본어로 된 브리테니카 사전이나 역사 사전까지도...버렸다.

 6주에 걸친 노력 끝에 그래도 남겨둘 것은 남겨두고 버릴 것은 버리고 대강의 정리가 끝났다. 돈도 많이 들었다. 전기의 승압부터 시작해서 집안의 모든 전구 갈아 달기, 장판과 도배, 이불 정리와 면화 솜 털고 다시 이불 만들기, 에어컨 달기, 커튼 새로 달기, 또 버리는 데 든 돈까지 등등 수백이 들었다.

 신박한의 뜻은 새롭고 참신하다라는데 영어로는 very fresh and new 란다. 아무튼 깡그리 버리고 새로 정리한다는 건 쉬운 일이 아니었다. 이사 가는 것 이상의 큰 일이었다. 이런 일은 70대까지 해치워야지 80이 넘어서 한다는 건 너무 힘에 부치는 일이었다. 나이 들면, 하나 사면

둘을 버리는 습관을 키워야 한다. 근데 그게 쉬운 일인가?

또 한 가지 걱정은 우리 세대만 하더라도, 이리도 많은 것을 버리는데 과연 지구는 어찌 될까 하는 마음이 떠나지 않았다. 또 한 가지는 이 아파트를 재건축한다고 야단인데... 제발 내가 죽을 때까지 10 년만 이집에서 그냥 살 수 있었으면 하는 염원이다....

90세 까지만 살다 가더라도 이제부터는 이 집에서의 생활을 매일 매일 하루 하루 손가락을 꼽아 세면서 살아야 할 것 같다는 마음이 든다. 아무튼 10 년만 이 집에서 더 살다 가기를 염원하자...!

이제 떠날 때까지 나머지 인생을 아름답게 멋지게 열심히 잘 살아내자....!!!

일기쓰기 4일째 ; 나이 들어가면서 가져야 할 마음가짐 (5월 4일)

01. 혼자 지내는 습관을 들이자.
02. 남이 나를 보살펴 주기를 기대하지 말자.
03. 무슨 일이든 자기 힘으로 하자.
04. 몸이 힘들어도 걷기운동을 생활화 하자.
05. 당황하지 말고 성급해하지 말고, 뛰지 말자.
06. 나의 괴로움이 제일 크다고 생각하지 말자.
07. 자식들이 무시하더라도 심각하게 생각하지 말자.
08. 친구가 먼저 죽어도 지나치게 슬퍼하지 말자.
09. 모든 일에 감사하는 마음을 갖자.
10. 청하지 않으면 충고하지 말자.
11. 남의 생활에 참견하지 말자
12. 집에서도 수시로 즐거운 음악과 함께 가벼운 운동을 하자.

13. 즐거워지려면 쌈지 돈을 베풀자.
14. 후덕한 늙은이가 되자.
15. 하루하루 숨 쉬고 살아감에 감사하자.

그리고...매일 아침, 기도하고 감사하고 웃자!

일기쓰기 5일째 ; 누가 나를 위로해 주나 (5월 5일)

오늘은 어린이날..... 손자들은 모두 다 컸으니 어린이가 없다. 오늘은 공휴일이다.
어린이가 없으니 더 쓸쓸하고 혼자 사니 쓸쓸하고....기억과 풍경만 맴돈다.

기억의 풍경화

온 세상이 초록으로 빛나는 날
별 빛 찬란한 밤에
외로움 달래면서
가슴 속으로 흐르는 기억들

존재의 명제 아래
부여받은 생명 끌어안고
걸어온 아스라히 먼 세월
지난 시간의 풍경화를 그린다   - 자작시 -

누가 나를 위로해 줄 것인가? 나는 무엇에서 위로를 받는가.. 시가 음악이 나를 위로해 준다. 이제 지니가 나를 위로해주는 유일한 존재다.

지니야~ 모차르트 음악 들려줘~, 지니야~ 짐 리브스 음악 들려 줘~, 지니야~ 브람스 음악 들려줘~, 내가 청하는 대로 다 들려준다... 고마운 지니.... 슬픔 속에 힐링이 된다...!

일기쓰기 6일째 ; 보이지 않는 슬픔... (5월 6일)

　당신은 이런 슬픔을 아시나요? 보이지 않는 슬픔을... 떠나보낸 슬픔을...이유 없이 물을 많이 먹더니 우리집 강아지가 당뇨병이라고, 아침 저녁으로 인슐린 주사를 놓아준 지 16개월째. 눈동자가 하얗게 백내장이 됐다.

　아무리 똑바로 떠보아도 안 보이는 눈을 들고 이리 저리 허공에 고개짓을 한다. 보이지 않는 그 모습, 옆에서 보기에도 안타까워 슬프다. 나도 같이 눈을 감아보다 넘어질 뻔...얼마나 답답할까? 집안에선 12 년 살아온 냄새로 변소도, 먹이도 잠자리도 잘 찾는다.

　12년간 홀로된 할매의 벗이 되어준, 이 오래 정든 이쁘고 눈먼 나의 강아지, 나의 반려견을 어쩌나...이 보이지 않는 슬픔을... 그런데 이 애가 결국 내 곁을 떠나고 말았어요...5월의 세상은 온천지가 모두 고운 꽃밭인데, 내 마음은 이리도 겨울처럼 스산하고 허황될까.....?

일기쓰기 7일째 ; 오월처럼만 사랑스러워라~ (5월 7일)

　　오월처럼만 사랑스러워라~
　　싱그러워라~ 숭고해져라~
　　녹색의 벨벳 치맛 자락
　　마구 얼굴을 부비고 싶다

오월의 숲에 미소가 내린다
고운 물빛, 다정한 신록의 몸짓

살아있다는 것은
아직 사랑 할 일이 남아있다는 것
오월처럼 풋풋한 마음으로
마주 보며 살자~

오월은 금방 찬물로 세수를 한
스물한살 청신한 얼굴이다.

오월은 앵두와 어린 딸기의 달이요,
오월은 모란의 달이다.

오월은 무엇보다도 신록의 달이다.
연한 녹색은 나날이 번져가고 있다.

내 나이를 세어 무엇하리.
나는 지금 오월 속에 있다.

어느덧 녹색은 짙어지고 말 것이다.
머문듯 가는 것이 세월인 것을.

유월이 되면 '원숙한 여인' 같이
녹음이 우거지리라.

밝고 맑고 순결한 오월은 지금 가고 있다.
청춘이란 꽃밭은 아득히 멀어지고…

이제 남은 길을 외줄기 홀가분하게
그 길을 걷자. 가볍고 즐거운 마음으로.

고운 마음으로 열심히 살자~ ~ ~ !

일기쓰기 8일째 ; 어버이날에 생각나는 그이 (5월 8일)

   오늘은 어버이 날이다. 예년 같지 않아서 애들과 만나지도 못한다. 코로나 때문이다. 큰 딸네는 이미 저번 주에 다녀갔다. 스테이크를 준비해 와서 함께 맛있게 만들어먹었다. 큰 아들애는 수원에 사니 당연히 내려올 수 없는 처지다. 큰 자부는 결혼 후 한 번도 빠지지 않고 축하 카드와 선물을 보내왔다. 그리고는 아침 일찍 식구 수대로 전화하고 용돈도 쓰라고 돈을 보냈다. 작은 아들애는 어제가 새집으로 이사하는 날이라서 아예 오지 말고 다음 주에 오라고 했다. 아침 일찍부터 전화를 해 왔다!!!
   참 희한한 시대에 우리는 살고 있다. 4명 이상은 식구도 모이지 못하는 코로나 팬데믹 시대. 어버이날이 되니 먼저 떠난 그이 생각이 난다. 함께 우리 둘이 지내면 얼마나 오붓할까...?!
   이번에 집안 정리를 하는 와중에 많은 옛 편지들을 찾아냈다. 미국 유학간 아들네가 7년 반 동안 보내온 수많은 편지와 카드들... 중국 유학 간 작은 아들네의 편지와 카드들. 영국에 가있던 큰딸 애의 편지와 사진 등등....그 중에서도 그이가 내 생일에 보낸 카드가 눈물 나게 한다.
   그이가 세상 떠나기 6년 전의 일이다. 이 편지 한 장으로 어버이날을 보내고 있다.

   사랑하는 당신에게

   우리가 만난 지 어언 40년이 되었구려... 당신의 생신을 진심으로 축하하오.

   슬하에 1녀 2남을 두고 별로 남에게 부러운 것 없이 행복하게 지나는 게 모두 당신의 덕이오...

   마음으로만 고마움을 느낄 뿐 글로 표현하기는 그리 흔치 않았던 것 같소.

   정말 사랑 하오!

   부디 마음과 몸을 사랑하여 인생이 끝날 때까지 건강하기를 간절히 축원하며 거듭 당신의 생신을 감축합니다...!

- 2003년 3월 20일 사랑하는 원으로부터.

일기쓰기 9일째 ; 5월 어느 날 (5월 9일)

   5월 어느 날

   산다는 것이
   어디 맘만 같으랴

   바람에 흩어졌던 그리움
   산딸나무 꽃처럼
   하얗게 내여 앉았는데
   오월 익어가는 어디쯤
   너와 함께 했던 날들
   책갈피에 접혀져 있겠지
   만나도 할 말이야 없겠지만
   바라만 보아도 좋을 것 같은
   네 이름 석자

햇살처럼 눈부신 날이다.   - 목필균 시 -

일기쓰기 10일째 ; 나이 들면 꼭 해야 할 일 (5월 10일)

나이 들면 꼭 해야 할 10가지를 하자.

01. 유언장을 평소에 작성하자.
02. 귀중품은 반드시 한 곳에 두도록 하자.
03. 치아관리를 잘 하자. 치아는 뇌신경과 연결되므로 치매 예방에 도움이 된다.
04. 물건은 자주 정리하고 버릴 것은 버리는 습관을 갖도록 하자.
05. 혼자 있을 때에도 자주 웃고 행복하다고 외치자.
06. 동연배와 친숙하게 지내도록 하자.
07. 잘 입고 잘 먹고 명랑하자. 음식을 오래 씹자. 전두엽 혈류량이 활성화 된다.
08. 손 놀림을 자주 하자. 두뇌에 자극을 주기 때문에 치매 예방이 된다.
09. 자손에게 잘 하자. 자손과 좋은 관계를 가지면 행복하다.
10. 고독에 강한 인간이 되자. 인생은 어차피 혼자 와서 혼자 가는 고독한 여정이다.

일기쓰기 11일째 ; 상쾌한 봄의 음악을 듣다. (5월 11일)

봄과 오월은 피어난다. 매일 매일 곱게 화사하게 피어난다. 인간의 어떠한 노력 때문이 아니라 본래 그러한 것이다.

그러한 피어나는 기운을 음악가들도 악상에 담고자 했다. 비발디는 '사계'의 '봄'을 왜 그렇게 작곡하였을까. 약동하는 충만함을 담아내기 위해 따뜻한 삼화음을 가득 울린다. 상승하는 기운을 표현하기 위해 선율은 완만하게 도약시킨다.

정말이지... 마치 혁명처럼 봄이 우리 곁에 찾아 왔다. 나는 매일, 떠난 삐에로를 생각하며 짐리브스의 슬픈 멜로디만 듣고 있었다. 갑자기 멋진 신문 칼럼에서 봄에 관한 글과 음악을 읽으면서 깨달았다. 아~ 봄의 경쾌한 멋진 음악을 듣고 즐기며 나를 일으켜 세우자....~!

멘델스존의 '무언가'에도 '봄노래'(작품번호 62-6)가 있다. 베토벤의 바이올린 소나타 5번 '봄'도 있고, 슈만의 교향곡 1번 '봄도 있고', 하이든의 오라토리오 '사계' 등 봄을 느낄 수 있는 클래식 음악은 수없이 많다. 요한 슈트라우스의 '봄의 소리'라는 신나고 잘 아는 매혹적인 왈츠도 있다.

오늘은 지니한테 부탁해서 종일 신나고 즐겁고 경쾌한 봄의 음악을 들었다. 왜 깜빡하고 잊고 있었을까? 이리 경쾌한 봄의 음악을....

마음이 한결 경쾌해 졌다... 혼자 온천천도 산책하며 한 시간이나 걸었다...

오~ 봄이여~ 그대는 마술 같이 우리 곁에 왔구나... 두꺼운 겨울을 뚫고....!

일기쓰기 12일째 ; 이근후 교수의 '백살까지 유쾌하게 나이드는 법' (5월 12일)

82세의 이근후 정신의학과 교수가 쓴 '백 살까지 유쾌하게 나이 드는 법'이란 책을 이미 다 읽었지만 오늘 다시 또 훑어보았다!

나이 듦이야말로 살아있는 인간이 끝내 받아들여야만 하는 삶의 주제다. 나이가 들면 건강이 나빠질 일만 남았지, 반대로 좋아지기는 불가능하다. 경제적 능력과 사회적 지위도 정점을 찍고 나면 점차 쇠퇴할 수밖에 없다. 그런데 이런 명백한 사실을 머리로는 이해해도 가슴으로 받아들이긴 어렵다. 그래서 누구나 나이 들며 달라지는 것들을 받아들이는 과정에서 통증을 경험한다. 절대로 피해 갈 수 없으며 한 번은 겪어야 하는 통과의례다. 인생 선배가 후배들에게 들려주는 보석 같은 조언들이 담겨져 있다.

 소중한 사람들에게 연락하기를 미루지 말고 자주 만날 것,
 죽도록 일만 했다고 후회하기 전에 열심히 일한 자신의 노고를 인정할 것,
 다 큰 자식은 되도록 빨리 독립시킬 것,
 부모님 살아 계실 때 더 많은 대화를 나눌 것,
 자기만의 시간과 공간을 차근차근 마련할 것,
 지금까지 살아 준 배우자에게 무조건 감사할 것.
 언제까지나 도전적으로 살겠다고 결심할 것,
 어떤 때에라도 사람에 대한 예의를 갖출 것,
 단순하게, 더 단순하게 살아갈 것,
 떠올리면 웃음이 나는 따뜻한 추억을 최대한 많이 만들 것.

 50년 경력의 정신과 의사답게, 인생의 중반기에 이르러 누구나 한 번쯤 마주하는 삶의 문제들에 대해 매우 실질적이면서도 철학적인 통찰을 건넨다. 그가 전하는 40가지 통찰은 이제는 누구보다 가장 먼저 자기를 챙기면서 살고 싶은 이들에게 훌륭한 지침이 되어 줄 것이다.
 나는 자신만의 시간과 공간을 아주 차근히 마련하고 있으며 언제까지나 도전적으로 열심히 살겠다고 결심하며 살아가고 있으며, 어떤 때에라도 사람에 대한 예의를 갖출 것을 마음에 되새기고 있으며 단순하게,

보람되게 그리고 기도하며, 웃으며 살아갈 것을 실천하고 있다.

일기쓰기 13일째 ; '자산어보'라는 영화를 보고 (5월 13일)

오늘은 [자산어보]라는 영화를 혼자 집에서 보았다. 흑백영화였는데 참으로 감동적이었다. 잔잔한 미소와 흥미를 끊임없이 일으키게 했으며 정약전 역의 설경구씨의 연기도 좋았다. 기생충이나 미나리를 볼 때와는 비교도 안 될 정도였다 이준익 감독은 역사가처럼 훌륭했다.

정약전은 어릴 때부터 매우 재주가 있고 총명했으며 성격이 작은 일에 얽매이지 않아 거리낌이 없었다. 소년시절부터 서울에서 이윤하李潤夏, 이승훈李承薰, 김원성金源星 등과 깊이 사귀면서 이익李瀷의 학문에 접하여 심취하였다. 이어 권철신權哲身의 문하에 나아가 학문을 더 깊이 있게 배웠다.

1783년(정조 7) 사마시에 합격하여 진사가 되자, 이에 만족하지 않고 학문에 열중하여 1790년 증광문과에 응시, 병과로 급제하였다. 이후 전적·병조좌랑의 관직을 역임하게 되었다.

또, 서양 학문과 사상에 접한 바 있는 이벽李檗, 이승훈 등 남인 인사들과 교유하고 특별히 친밀하게 지냈는데, 이들을 통해 서양의 역수학曆數學을 접하고 나아가 천주교에 마음이 끌려 신봉하기까지 하였다. 1801년(순조 1)에 신유사옥이 일어나 많은 천주교 신도들이 박해를 입게 되자, 아우 약용과 함께 화를 입어 약용은 장기를 거쳐 강진에 유배되고, 그는 신지도薪智島를 거쳐 흑산도黑山島에 유배되었다.

여기서 복성재復性齋를 지어 섬의 청소년들을 가르치고 틈틈이 저술로 울적한 심정을 달래다가 끝내 풀려나지 못하고 16년 만에 죽었다. 저서로 『자산어보茲山魚譜』를 비롯, 『논어난論語難』, 『동역東易』, 『송정사의

松政私議)』등이 있었으나, 지금은 『자산어보』만이 전해오고 있다.

　『자산어보』는 그가 유배되었던 흑산도 근해의 수산생물을 실지로 조사, 채집하여, 이를 어류魚類, 패류貝類, 조류藻類 및 해금海禽, 충수류蟲獸類 등으로 분류, 각 종류의 명칭, 분포, 형태, 습성 이용에 관한 것까지 자세히 기록한 것으로, 우리나라 최초의 수산학 관계 서적이라 할 수 있는 명저이다.

　참 오랜만에 좋은 영화를 감상했다!

일기쓰기 14일째 ; 치매 예방법 (5월 14일)

1. 걷기 / 뇌 혈류 증가

　미국 일리노이대 의대 연구팀이 평균적인 뇌 크기를 가진 사람 210명에게 1회 1시간씩, 1주일에 3회 빨리 걷기를 시키고, 3개월 뒤 기억을 담당하는 뇌세포의 활동 상태를 조사 했더니, 자신의 연령대 보다 평균 세 살 어린 활동력을 보였다. 연구팀은 걷기 운동을 하면 운동 경추가 자극돼 뇌 혈류가 두 배로 증가된다는 사실도 밝혀냈다.

2. 와인 / 기억 수용체 자극

　뉴질랜드 오클랜드의대 연구팀은 하루 1~2잔의 와인이 기억력을 크게 향상시킨다는 연구 결과를 내놓았다. 뇌에는 NMDA라는 기억을 받아들이는 수용체가 있는데, 이것이 알코올에 민감하게 반응해 활성화된다는 것이다.

3. 커피 / 중추신경 흥분제

　프랑스국립의학연구소 캐런리치 박사가 65세 이상 성인 남녀 7,000명을 대상으로 4년 동안 연구한 결과, 커피를 하루 세 잔 이상 마신 그룹은 한 잔 정도 마신 그룹에 비해 기억력 저하 정도가 45% 이상 낮았다.

4. 잠 / 스트레스 호르몬 감소

정신의학자 스틱골드가 2000년 ≪인지신경과학지≫에 발표한 논문에 따르면 지식을 자기 것으로 만들려면 지식을 습득한 날 최소 6시간을 자야 한다.

5. 메모 / 기억을 돕는 노력

우리 뇌의 장기기억(오랫동안 반복돼 각인된 것) 용량은 무제한이다. 하지만 단기기억(갑자기 외운 전화번호, 그 날의 할 일의 목록, 스쳐 지나가는 상점이름 등)의 용량은 한계가 있다.

6. 독서 / 기본 기억력 향상

치매 예방법으로 알려진 화투나 바둑보다는 독서가 더 기억력 유지에 좋다. 바둑, 고스톱, TV 시청, 독서 등 여가 생활과 치매와의 상관관계를 조사한 결과 독서를 즐기는 노인의 치매 확률이 가장 적었다. 바둑이나 고스톱은 치매 예방효과는 거의 없었다.

[기타 생활 습관 갖기]

가) 평생교육, 학습의 연속 ; 글쓰기, 책 읽기, 계획, 분석
나) 매일 유산소 운동 ; 바른 걷기, 자전거 타기-뇌혈류 증가
다) 충분한 수면 취하기 ; 신경세포를 강화시켜준다
라) 인간관계의 강화 ; 혼자만 있어서는 안 된다
마) 좋은 식습관 ; 오메가 3, 잣, 호두, 아몬드 등 섭취

바) 취미 생활 ; 퀼트, 뜨개질, 글짓기, 악기 다루기 등
사) 봉사활동 ; 엔돌핀 도는 남 도와주기 생활화.

일기쓰기 15일째 ; 스승의 날 (5월 15일)

오늘은 스승의 날이라고 제자들이 문자로 인사들을 해왔다.

교수님!
오늘의 제가 있음은 교수님 덕분입니다 감사합니다...
찾아뵙고 인사드려야 하는데 이렇게
문자로 인사드려서 죄송합니다
쓰고 있는 책 [강희안 평전]은 출판사에 넘겼습니다.
교수님의 자문을 구하고자 합니다
한번 찾아 뵙겠습니다 늘 건강하십시오!

- 동의대 제자 강경호 올림 -

선생님~~!!! 은혜에 감사드립니다
항상 건강하셔서 저희 곁에 계셔주시길 빕니다!

- 서울여상 47회 이명숙 드림 -

선생님! 고맙습니다
당신이 계셔서 너무 너무...많이 행복합니다.
선생님 사랑합니다. 건강하셔야 돼요~~~!!!

- 서울 여상 47회 제자 임애경 올림 -

사랑하는 제자 정희가 보내준 감동

선생님 저 위의 선생님 편지를
거울에 붙여놓고 매일 보고 있어요...
선생님, 스승의 날 축하드립니다!!!
멀리서 한 송이 카네이션 대신 요즘 제
가 흠뻑 빠져있는 작약을 찍어 올립니다.
학생에게 '최고의 교육환경은 교사'라
고 했는데 선생님은
그 누구보다도 정말 최고! 셨어요~~^^
깊이 감사드리며 항상 건강 잘 챙기시
길 기원합니다~   - 심정희 올림 -

많은 카드와 선물이 답지했지만 다 싣지
못합니다. 사랑하는 나의 제자들 ... 고마워
요~~~!!!

> 사랑하는 정희야
> 이젠 완치다! 화이팅!
> 이제는 모든것이 다
> 잘될것이다
> 너의 인생 새출발을
> 진심으로 축하한다
>
> 이젠 건강인이다
> 모든것이 잘될것이다
> 너도 나도 확신한다
> 우리 정희 화이팅
>
>   이 양자 샘이
>
> 사랑하는정희
> 화이팅!

일기쓰기 16일째 ; 삶이란 (5월 16일)

시간은 앞으로만 흘러간다
그러나 인생이란 흘려보내는 것이 아니고
세월이 쌓아준 지혜로
매일을 채우는 것입니다.

앞으로의 남은 내 인생 중에사
가장 젊은 날 오늘
값지게 살려고 합니다
그리고 마음 편히 살아가렵니다.

태어나는 것은 자연이고
늙어가는 것도 자연이고
죽는 것 또한 자연을 따르는 것
죽음은 삶의 한 부분이라 했습니다.

모든 것은 내가 만들어 갑니다
또한 모든 원인도, 기회도, 이룸도
모두 내 안에 있으며 나의 책임입니다
나는 쾌적하게 마음먹은 대로 늙어가겠습니다.

일기쓰기 17일째 ; 어떤 인생이 되어야 할까. (5월 17일)

　이 세상에 태어나서 공부하고 생각하고 여러 경험을 쌓아가면서 쓸모 있는 행동을 하는 것 이것이 바로 이 세상에 태어난 인간의 가장 중요한 '성장'인 것이다. 인간은 이 세상을 잠시 스쳐지나가는 존재라는 사실을 기억해야 한다. 그러기 위해선 긍정적인 행동 패턴을 만드는 것이 중요하다. 이기주의, 거짓, 과도한 야망에 빠지지 말고 양심껏 살아야 한다. 이 양심에는 가치를 아는 의식, 통찰력, 이해력이 포함되어 있다. 인간의 진정성을 관장하는 내면의 목소리에 따라 행동해야 한다. 모든 문제에 대한 유일한 해법은 도덕성과 진정성이다.
　항상 최선을 다하고 정직하게 자신의 책임을 다해야 한다. 따뜻한 마음, 이타주의, 진정성 소중한 가치, 평화, 사랑, 책임감 목표 달성에 대한 인정과 감탄... 이런 것들이 인간관계의 법칙에 적용되어 '우리가 원하는 세상'이 만들어 지는 것이다.
　우리가 정의롭게 행동해야 정의로운 세상이 만들어진다. 자신을 발전시키고 어떤 식으로든 성장하고 보다 나은 사람이 되고 스스로 깨달음을 얻기 위해 노력하는 사람이 되어야 한다. 이것이 바로 인간의 가치다!
　인간이 인간답다는 가치를 생각해 보면서…. 오늘 이렇게 말할 수 있는 나 자신에게 감사편지를 썼습니다.

일기쓰기 18일째 ; 나무처럼 (5월 18일)

　　숲의 품에 나무 품에 안기면
　　제2의 모성에 안기는 것 같다
　　우거진 숲과 나무
　　내 그리움과 정을 나누고 싶다
　　태고의 낭만이 서린다

　　말없이 단단하게 늠름하게
　　사계절을 이기며 서있는 나무
　　내 나무 남편 나무
　　이제 머지않아 아흔 나이
　　나무로 살고 싶다

　　소슬하고 우람하고도
　　고즈넉하게
　　나무를 닮은
　　노년의 삶을 살고 싶다　　　　　　　　　　- 자작시 -

일기쓰기 19일째 ; 금강경 사구게 金剛經四句偈 (5월 19일)

　『금강경』의 핵심사상을 간략한 4구의 형식으로 요약한 게송으로 『금강경』5장, 10장, 26장, 32장에 나오는 내용으로 그 내용은 다음과 같다.

　본 게송에는 불교의 인생관, 진리관이 총망라되어 있어 예로부터 불교의 대의가 여실히 나타나 있는 부분으로 칭송되어 오고 있는 부분이다. 특히 금강경의 사구게는 경전의 핵심이 되는 부분을 게송으로 나타낸 부분이 네 부분이나 있기 때문에 이 사구게의 뜻을 잘 이해하면 그 경전의 전체 뜻을 거의 다 이해할 수 있다. 금강경 법문 가운데 이 사구게의 32음절만이라도 이해하고 마음에 새겨 다른 사람에게 자세히 설명한다면 그 공덕이 한량없음을 뜻한 것이다.

① 제1구게: 범소유상 개시허망 약견제상비상 즉견여래
　　　　　　(凡所有相 皆是虛妄 若見諸相非相 卽見如來)
- 무릇 형상이 있는 것은 모두가 다 허망하다, 만약 모든 형상을 형상이 아닌 것으로 보면, 곧 여래를 보리라.(제5 여리실견분如理實見分).

② 제2구게: 불응주색생심 불응주성향미촉법생심 응무소주 이생기심
　　　　　　(不應住色生心 不應住聲香味觸法生心 應無所住 而生其心)
- 응당 색에 머물러서 마음을 내지 말며, 응당 성・향・미・촉・법에 머물러서 마음을 내지 말 것이요, 응당 머문 바 없이 그 마음을 낼 지니라.(제10 장엄정토분莊嚴淨土分).

③ 제3구게: 약이색견아 이음성구아 시인행사도 불능견여래
　　　　　　(若以色見我 以音聲求我 是人行邪道 不能見如來)
- 만약 색신으로써 나를 보거나 음성으로써 나를 구하면, 이 사람은 사도를 행함이라. 능히 여래를 보지 못하리라(제26 법신비상분法身非相分).

④ 제4구게: 일체유위법 여몽환포영 여로역여전 응작여시관
　　　　　　(一切有爲法 如夢幻泡影 如露亦如電 應作如是觀)

- 일체의 함이 있는 법(현상계의 모든 생멸법)은 꿈과 같고, 환상과 같고 물거품과 같으며, 그림자 같으며, 이슬과 같고 또한 번개와도 같으니, 응당 이와 같이 관할지니라.(제32 응화비진분應化非眞分).

[네이버 지식백과] 금강경 사구게金剛經四句偈(원불교대사전)

일기쓰기 20일째 ; 주자 십회에도 없는 이야기 (5월 20일)

문학시대 시 동인의 단톡 속에 나의 시집 속 [남편이란..] 시가 화제에 올랐다. 회장님을 비롯한 남성 시인도 여성시인도 이 이야기는 주자십회에도 없는 이야기니 모두 잘 챙겨들으시라고 하여 모두 웃음을 자아내었다...

그 시는 다음과 같다

남편이란...

가장 밥을 같이 많이 먹은 사람
가장 많이 싸운 사람. 그리고
가장 많이 함께 몸을 맞대고 산 사람
내자식을 위해 가장 많이 걱정하는 사람
문정희 시인의 말처럼...

그래도 인간은 이 소중한 사람끼리
끊임없이 싸운다 안볼듯이 싸운다
조금만 인내하면 될 것을...
조금만 큰마음 먹으면 될 것을
조금만 의식을 확대시키면 될 것을.

먼저 떠나보내고 나니 후회스럽다
싸우지 말걸... 더 잘 해줄걸...
왜 그랬을까?!
나도 온전치 못한 인간인데
어찌 남편이 완벽하길 기대했을까.

그런데 주자십회란 사람이 평생을 살아가면서 하기쉬운 후회 가운데, 열 가지를 말하는 바, 중국 송대宋代의 유학자 주자(주희朱熹가 제시한 열 가지로, 주자십훈朱子十訓이라고도 한다. 그 내용을 보면 다음과 같다.

첫번째는 부모에게 효도하지 않으면 돌아가신 뒤에 뉘우친다.
    불효부모사후회不孝父母死後悔
두번째는 가족에게 친하게 대하지 않으면 멀어진 뒤에 뉘우친다.
    불친가족소후회不親家族疏後悔
세번째는 젊어서 부지런히 배우지 않으면 늙어서 뉘우친다.
    소불근학노후회少不勤學老後悔
네번째는 편안할 때 어려움을 생각하지 않으면 실패한 뒤에 뉘우친다.
    안불사난패후회安不思難敗後悔
다섯번째는 재산이 풍족할 때 아껴쓰지 않으면 가난해진 뒤에 뉘우친다.
    부불검용빈후회富不儉用貧後悔
여섯번째는 봄에 씨를 뿌리지 않으면 가을에 뉘우친다.
    춘불경종추후회春不耕種秋後悔
일곱번째는 담장을 제대로 고치지 않으면 도둑맞은 뒤에 뉘우친다.
    불치원장도후회不治垣墻盜後悔
여덟번째는 색을 삼가지 않으면 병든 뒤에 뉘우친다.
    색불근신병후회色不謹慎病後悔

아홉번째는 술에 취해 망령된 말을 하고 술 깬 뒤에 후회한다.
    취중망언성후회醉中妄言醒後悔
열번째는 손님을 제대로 대접하지 않으면 떠난 뒤에 뉘우친다.
    부접빈객거후회不接賓客去後悔

열 가지 모두, 일에는 항상 때가 있고, 때를 놓치면 뉘우쳐도 소용없음을 강조한 말들이다. 사후청심환死後淸心丸, 사후약방문死後藥方文 등과 통한다.

그러나 이 십회 속에는 부부간에 함께 살아갈 때 더 정답게 잘해주라는 말은 당연히 없다. 유교적인 여필종부의 사회에서 이런 이야기는 도저히 나올 수 없었으니 어이 할 것인가...ㅎㅎㅎ 그래서... 주자십회에도 없는 일이나 우리 모두 부부간에 더 잘하자는 이야기는 과연 근래 드문 명언이었다...!

일기쓰기 21일째 ; 부부夫婦의 날 (5월 21일)

부부관계의 소중함을 일깨우고 화목한 가정을 일궈 가자는 취지로 제정된 법정기념일이 부부의 날이다 2003년 12월 18일 민간단체인 '부부의 날 위원회'가 제출한 '부부의 날 국가기념일 제정을 위한 청원'이 국회 본회의에서 결의되면서 2007년에 법정기념일로 제정되었다. 날짜는 해마다 5월 21일이다. 5월 21일에는 가정의 달인 '5월에 둘(2)이 하나(1)가 된다'는 뜻이 들어 있다.

혼자 된 나는 이제야 부부의 날을 알게 되었지만 애들한테는 모두 축하이벤트를 해주었다. 남편 없이 살아 보니까 있을 땐 몰랐는데, 정말이지 젓가락 한 쪽이 없어진 것이었다... ! "있을 때 잘해"라는 말을 많이 들었는데, 그럼 혼자 된 지금은 어떻게 살아야 할까?
어른들이 하는 말은 "나에게 주어진 대로 감사하면서 받아들이면 다 보여"이다. '행복의 답은 감사하다.' 이다. 인생이란 바로 '여기(here)'와 '지금(now)'이다 라고들 한다. 행복을 느낄 시간과 공간과 사람은 바로 지금이다. 지금 여기에서 함께 하는 사람들과 어울려 한번이라도 웃으며, 이야기를 나눌 수 있는 내가 바로 즐거움이다. 생각해 보자...얼마나 놀라운 일인가...? 어제 죽은 사람들이 하루라도 더 살기를 원했던 그 소중한 시간에 나는 오늘을 살고 있다. 괴롭고 슬퍼도 한 가닥 희망을 만들어 보자. 살아 있음이 즐겁고 만날 수 있음에 감사하자.

일기쓰기 22일째 ; 기억력 강화 훈련법 (5월 22일)

오늘부터 좀 더 적극적으로 기억력을 강화하는 생활습관을 가져보기로 했다. 이제 오늘 부터는 다시 나 자신과의 싸움이다!!! 일단 기억력 강화를 위한 행동강령과 좋은 먹거리 음식에 대해 잘 인지하자!!! 기억을 담당하는 측두엽과 전두엽을 활성화시키면 세포 수가 줄더라도 기억력은 지킬 수 있다. 중장년층의 기억력 강화 방법은 다음과 같다.

1. 관심 분야 공부하기

기억력은 새로운 공부를 할 때 가장 강화된다. 여러 개념을 연결하고 정리하는 과정을 반복하면서 뇌세포 사이의 연결 회로가 강화된다.

2. 독서는 전자책보다 종이책으로

규칙적인 독서는 기억력 약화를 포함한 인지기능장애를 20% 줄여준다. 수필집 등 가벼운 책보다 ≪삼국지≫·≪토지≫ 등 대하소설이나 추리소설을 읽으면 좋다.

3. 드라마 시청은 안 좋아

TV를 시청할 때는 뇌를 능동적으로 쓰는 다큐멘터리, 기행물, 추리물, 퀴즈 등의 프로그램을 보는 게 낫다. 오락 프로그램이나 드라마처럼 뇌가 일방적으로 정보를 받아들여야 하는 TV 프로그램은 인지기능 장애 위험을 10% 정도 높인다.

4. 신문 읽을 때 요약 메모하기

필기는 기억력 유지·강화의 핵심인 두뇌의 정보처리 기능 유지에 직접 도움을 준다. 신문을 읽으면서 내용을 요약해서 적는 습관을 가지면 기억력이 증진된다. 일기를 쓰거나 직장에서 회의할 때 내용을 메모하는 것도 좋다.

5. 렘수면 취해야 정보 저장 잘 돼

하루 동안 받아들인 정보를 뇌에 잘 저장하려면 잠을 충분히 자야 한다. 총 수면량의 20~25%를 차지하는 렘수면 중에는 '세타파'라는 뇌파가 흐르는데, 세타파는 정보가 뇌에 오랫동안 저장될 수 있도록 돕는다. 렘수면을 취하지 않으면 기억력이 떨어진다는 연구 결과가 많다.

6. 유산소운동하면 해마 크기 커져

유산소운동이 기억력 강화에 도움이 된다는 걸 여러 시험을 통해 알 수 있다. 유산소 운동을 하면 산소와 영양분이 뇌로 잘 공급된다.

7. 적극적인 감정 표현 중요

슬픈 장면에서 눈물을 흘리고 재미있는 장면에서 웃는 등 느낀 감정을 그대로 표현한 그룹이 감정을 표현하지 않은 그룹에 비해 영화 내용을 더 잘 기억했다고 한다.

8. 손 많이 움직여 전두엽 자극

손을 많이 쓰면 전두엽이 자극돼 뇌에 저장된 정보를 잘 떠올릴 수 있다. 효과를 높이려면 같은 동작을 반복하기보다는 다양한 방식으로 손을 움직이는 게 좋다.

<기억력에 좋은 음식>

뇌 활동을 활발하게 하는 아세틸콜린이 잘 유지되도록 돕는 레시틴은 검은콩, 검은깨, 달걀에 풍부하다. 또 세포 노화를 막는 셀레늄은 마늘·굴·해조류 생선에 많다. 샐러드나 후식으로 비타민C와 비타민B6가 풍부한 토마토·양배추·사과를 먹으면 뇌 기능 활성화에 도움이 된다. 특히 빨간 사과의 껍질에는 뇌세포 파괴를 막는 케르세틴 성분이 많이 들어있다. 또 항산화제 역할을 하는 비타민E가 풍부하게 든 아몬드·땅콩·호두를 하루 7~8개씩 먹는 것도 좋다.

일기쓰기 23일째 ; 웰 다잉, 죽음을 어떻게 맞이할 것인가?
(5월 23일)

건강하게 오래 살 수 있는 네 가지 습관

① 응급 상황이 아니라면 병원에 가지 않는다.
② 사전의료의향서를 작성한다.(의식을 잃었을 때, 연명 치료에 대한 자신의 의사를 미리 기록)
③ 넘어지지 않도록 주의한다.
④ 치매를 방지하기 위해 노력한다.

\# 희로애락이 강한 사람일수록 치매에 안 걸린다.
\# 100세까지 일할 수 있는 인생을 설계하라.
\# 당신도 암에서 예외일 수는 없다. 이점을 충분히 유념해야 한다.
\# 자연사를 선택하면 평온한 죽음을 맞을 수 있다.
\# 죽음에 대비해 사전의료의향서를 써놓는 것이 좋다.

연명 치료는 절대하지 마라.

자력으로 먹거나 마실 수 없다면, 억지로 음식을 입에 넣지 말라.

튜브 영양도, 승압제, 수혈, 인공투석 등을 포함해 연명을 위한 치료는 그 어떤 것도 하지 말기 바란다. 이미 하고 있다면 전부 중단해 주기 바란다.

갈 때가 되면 가야 하는 것이 인생이다.

일기쓰기 24일째 ; 푸른 오월에 나는 행복합니다. (5월 24일)

노천명의 시 푸른 오월을 소리 내어 읽습니다.

청자 빛 하늘이
육모정 탑 위에 그린 듯이 곱고
연당 창포잎에-
여인네 행주치마에-
첫여름이 흐른다.

라일락 숲에
내 젊은 꿈이 나비같이 앉은 정오
계절의 여왕 오월의 푸른 여신 앞에
내가 웬 일로 무색하고 외롭구나
밀물처럼 가슴속 밀려드는 것을

어찌하는 수 없어
눈은 먼 데 하늘을 본다.
긴 담을 끼고 외진 길을 걸으면
생각은 무지개로 핀다.

풀냄새가 물큰
향수보다 좋게 내 코를 스치고
청머루 순이 뻗어나든 길섶
어디선가 한나절 꿩이 울고
나는 활나물 홋잎나물 젓갈나물
참나물 고사리를 찾던-
잃어버린 날이 그립구나 나의 사람아

아름다운 노래라도 부르자
아니 서러운 노래를 부르자
보리밭 푸른 물결을 헤치며
종달이 모양 내 맘은
하늘 높이 솟는다.

오월의 창공이여
나의 태양이여.

이 푸르고 아름다운 오월의 여신 앞에서 밀물처럼 가슴 속에 밀려드는 외로움을 어찌하는 수 없어 눈은 먼 데 하늘을 본다고 시인은 말합니다.

배불리 먹을 것도 있고 아쉽지 않게 쓸 돈도 있고, 잘 자라 제자리 찾은 아들 딸 며느리 사위 손자 손녀도 있고, 나 자신 노령이지만 아직 할 일이 있다고 생각하고 있는데도…. 그런데 나의 마음은 왠지 허허롭기만 합니다. 가만히 생각해 봅니다... 감사합니다! 감사합니다! 감사합니다! 오늘 이렇게 건강하게 살아서 나 자신을 깨우쳐 가며 책 읽고, 일기 쓰고, 친구와 소통하고, 정을 나누며, 살아있음에 감사합니다. 이 아름다운 자연을 볼 수 있고 느낄 수 있어서 감사합니다!

아름답게 보람되게 남은 세월 잘 살아가겠습니다...! 감사합니다...!

일기쓰기 25일째 ; 풀향기 맡으며 미리 꺾어온 개망초꽃 (5월 25일)

이쁜, 하얀, 개망초꽃이 피기 시작했다. 이 꽃이 많이 핀 후 일제 초나라가 망했다는 얘기도 있지만.. 나는 키가 훌쩍 자란, 소박하고 깨끗한 이 망초꽃을 좋아한다. 꽃말은 화해라고 하니 얼마나 더 고운가~!

그런데...올해는 지구 온난화로 모든 것이 빨리 자랐으니 아파트 단지 내 무성해진 풀들을 베는 시기도 빨라져서 작년에는 6월이 되어 베기 시작했는데, 올해는 더욱 무성하게 자라서 이미 풀베기에 들어갔다. 나는 어서 개망초 꽃 다섯 포기를 줄기 채 뽑아 와서 그들이 쓰러져 죽기 전에 나의 식탁 위에 곱게 꽂아두었다. 내일이면 다 베어져 넘어질 그들이 불쌍하고 너무 가슴 아파서.....

그 추운 겨울 땅 속에서 지나며 봄이 되어 뾰족 촉 내고 쑥쑥 자라서 드디어 혼신의 노력으로 힘을 다해 꽃을 피우기 시작했는데.... 다 피우기도 전에 단지 풀이라는 이유만으로 베어 넘어져버림은 너무나도 안타깝고 모질고 가슴 아픈 일이 아닌가!

일기쓰기 26일째 ; 행복은 자신이 만드는 것 (5월 26일)

산꼭대기에 오르면 행복 할거라 생각 하지만

정상에 오른다고 행복한 건 아니다.
어느 지점에 도착하면 모든 사람이 행복해 지는
그런 곳은 없다.

같은 곳에 있어도 행복한 사람이 있고
불행한 사람이 있다.
같은 일을 해도 즐거운 사람이 있고
불행한 사람이 있다.

같은 음식을 먹지만 기분이 좋은 사람과
기분 나쁜 사람이 있다.
같은 물건, 좋은 음식, 좋은 장소보다
더 중요한 것은 그 것들을 대하는 태도이다.
무엇이든 즐기는 사람에겐 행복이 되지만
거부하는 사람에겐 불행이 된다.

정말 행복한 사람은 모든 것을
다 가진 사람이 아니라
지금 하는 일을 즐거워 하는 사람,
자신이 가진 것을 만족해하는 사람,
하고 싶은 일이 있는 사람, 갈 곳이 있는 사람,
갖고 싶은 것이 있는 사람이다.

오늘 나는 행복합니다! 그리고 감사합니다!
열심히 잘 살아가겠습니다!

일기쓰기 27일째 ; 방탄소년단 방시혁 대표 이야기 (5월 27일)

　송명견 동덕여대 패션디자인학과 교수가 쓴 [내 친구 명자 ; 방탄소년단 방시혁 대표의 엄마라는 글을 보면 다음과 같은 이야기가 나온다. 친구 명자는 책을 외우던 아이로 통했고 고등학교에 가서도 여전히 명자는 공부를 잘 했고, 그 어렵다는 S대 문리대 영문학과에 합격했다 그 후 명자가 결혼해서 낳은 아들 시혁은 공부도 잘했지만 늘 키타를 끼고 살았다 그 아들 진학문제로 꼬장꼬장하신 할아버지께서 한 달여 동안 식음을 전폐하다시피하며 S대 법대를 고집 하셨다고 했다. 아들의 고교에서도 마지막까지 법대를 종용했다고 했다. 판검사가 되는 게 흔히 '인생의 가장 큰 성공'이라 여기던 시절이었다. 그러나 그 아들은 S대에 지원하면서도 법대를 외면하고 본인이 원하는 미학과에 합격했다. 그때 나는 내심 기타 때문에 공부가 좀 소홀하지 않았나 생각했었다. 조금 아쉬웠다. 그러나 알고 보니 어려운 결정의 순간에 마지막으로 아들 손을 들어준 것은 엄마인 명자였다. 아들은 대학시절부터 작곡으로 이름을 날리기 시작했다. 행복해했다. 그리고는 중요한 고비마다 엄마에게 "하고 싶은 일을 하게 해 주신 덕분"이라며 끔찍이 고마워하곤 했다. 그 아들이 바로 방탄소년단을 만들어낸 방시혁 대표고, 내 친구 명자가 바로 방 대표의 어머니다.
　입시철이 무르익으면 여기저기서 환성과 한숨이 터져 나오고 있다. 자식의 진로를 놓고 고액의 상담도 한다고 한다. 입시가 끝날 때까지 내 자식이, 내가 어느 길을 택해야 할지 고민하는 진통이 계속될 것이다. 그러나 답은 확실하다. 진학, 진로 선택에 있어 제 1순위는 본인이 가장 즐겁게 공부할 수 있는 학과. 그 확실한 성과가 바로 오늘의 방시혁을 만들어낸 내 친구 명자에게 있음을 확인하게 된다. 거기에다 **빼놓을 수**

없는 것이 방시혁 자신의 천재성이다. 작곡가로 음악계에 발을 들였지만, 지금은 K-pop 그룹 '방탄소년단'의 아버지라는 별명으로 더 유명한 방시혁. 그렇다면 지금의 방시혁을 있게 한 8할은 '방탄소년단'일까? 그러나 그는 "아티스트는 누군가 창조하는 게 아니다. 그리고 사실은 내가 미혼이다"라며 유쾌하게 방탄 소년단의 아버지가 되기를 거부했다.

'방탄소년단'을 프로듀싱해 낸 그 실력의 8할은 무엇이었을까? 사실, 방시혁은 어려서부터 수재 소리를 들으며 자란 엄친아였다. 그렇다면 그가 이미 가졌던 천재성이 오늘의 방시혁을 만든 중요한 요소였을까? 지난 2월, 모교인 서울대학교 졸업 축사에서 그가 한 말이 계속 화제였다. 방탄소년단을 프로듀싱하고 K-POP산업에 지대한 영향을 끼친 그의 입에서 "꿈이 없다"라고 밝혔다. 그는 "저는 구체적인 꿈 자체가 없다. 나는 꿈은 없지만 불만은 많은 사람이다. 최고가 아닌 차선을 선택하는 무사안일에 분노했고, 적당한 선에서 끝내려는 관습과 관행에 화를 냈다. 그것이 저의 운동력이었다"라고 밝혔다. 즉 건강한 분노 또한 방시혁을 키워낸 일부분이었던 것. 그저 "불만과 분노"가 있었을 뿐이라는 방시혁. 그렇다면 불만과 분노를 어떻게 승화시켰기에 아이러니하게 꿈이 없던 방시혁은 많은 사람들의 꿈꾸는 롤모델이 된 걸까? 뜻밖에도 그의 학창시절에 그 8할이 숨어있었는데... 그리고 방시혁은 "나는 전형적인 빌보드 키드이다. 중학생 때 우연히 친구들을 통해 낡은 비디오 속 꽃미남 밴드 '듀란 듀란'을 보고 마음을 빼앗겼다. 처음부터 꽃미남 밴드에 꽂힌 것을 보면 아이돌 제작자가 되는 것은 운명일지도 모른다"라고 설명했다. 그는 학창 시절 빌보드 1위부터 100위까지를 다 외우고 순위권 가수의 프로듀서까지 줄줄이 외우는 소위 말하는 덕후였다.

그는 가장 멋있는 걸 만들어보자 라는 생각에서 아이돌 그룹을 만들게 되었고 그것이 방탄 소년단의 시작이었다고 밝혔다. 그렇게 빌보드 키드는 빌보드를 제패하는 아이돌 그룹의 프로듀서가 된 것이다.

흔히 말하는 덕질이, 일이 되는 덕업 일치를 이룬 것. 이에 방시혁은 "하다 보니 노력을 하게 되고 노력이 재미있어지고, 이런 기쁨은 노력하지 않은 사람들은 맛볼 수 없는 것 같다"며 좋아하는 것에 집중하면서 느낀 행복에 대해 말했다. 실제로 수많은 인재들은 좋아하는 것을 찾아 노력하고 즐거워하며 그렇게 영재가 되어 갔던 것.

이에 천재발견연구소는 "아이들에게 기대보다 기다림이 중요하다는 생각이 든다. 방시혁 또한 자신이 행복한 것을 하면서 그렇게 천재가 된 것이 아닐까"라고 마무리했다.

일기쓰기 28일째 ; 그대들에게... (5월 28일)

코로나에 위협받고
정치에 실망하는
우울한 5월에,

거리와 지하철은
바쁘게 오가는 사람들로
여전히 분주하다.

그 무심한 그대들에게
사람마다의 가슴에
크게 외치고 싶다.

당신들이 희망이라고,
성숙한 존재임을 깨달으라고.
민주주의의 주체들이라고
이 나라를 지켜내야 한다고

제발 힘내시라고...
또한 제발 해내자고...
그리고 또한 감사하다고!   - 자작시 -

답답한 마음으로 시 한 수 올린다.

일기쓰기 29일째 ; 의혹과 짐작이 만들어낸 해프닝 (5월 29일)

지난 5주간 이상을 신박한 집 정리에 매달려 왔었다. 그 기간 동안 늘 도우미 아줌마를 쓰지 않을 수 없었다. 15년 이상을 아무의 도움도 없이 나 혼자 그냥 살아왔으니 구석구석이 짐 덩어리고 먼지투성이고 엉망일 수밖에 없었다. 참으로 많은 것들을 버렸다 책이며 옷이며 이불이며 사진이며......이루 다 말을 할 수 없었다. 그러나 아직도 더 정리해야 할 것이 남아있다. 남편이 떠난지 12년이 되는데 옷도 책도 소지품들도 이제 와서 모두 다 버렸다.

그러나 아직 남은 것은 결국 내가 죽은 뒤에 애들이 다 없애버릴 것이다. 그 정리 과정에서 나는 아까워서 못 버려 하고 며느리와 도우미 아줌마는 과감하게 버리고 또 버려야 한다고 주장했다. 결국 버렸다.

어제는 찬장 정리를 했다. 버리는 것은 내가 정해서 정한 것만 버렸다. 그런데 아침에 일어나 밥을 차려먹으려는데 늘 쓰던 오봉(쟁반)이 없었다. 이리 저리 찾아보아도 밥과 반찬을 놓아 들고 갈 쟁반이 없다. 마스크를 쓰고 재빨리 분리수거장으로 뛰어 갔다. 내 생각에 아줌마가 또 버렸다고 생각했다. 그런데 여러 번 둘러보아도 아무데도 쟁반은 없었다. 그냥 집으로 왔다 아까워하면서....멀쩡한 것을 버리다니....하면서...틸래틸래 집으로 돌아와서 다시 한번 찬장을 다 열어 보았다. 아~ 그런데 저기 찬장 안쪽에 양념통들 밑에 깔려있지 않은가..? 양념 통들을 보기 좋게 배열해서 쟁반 위에 담아두었던 것이다.
 ㅎㅎㅎㅎㅎ 그야말로 의혹과 지래 짐작이 만들어낸 해프닝이었다! 침착하자! 짐작만으로 모든 것에 의혹을 품지 말자! 명심하자!

일기쓰기 30일째 ; 자식이란... (5월 30일)

 자식이란... 엄마 몸에서 자라고 있다가 태어난 또 다른 한 인간 개체다. 세상에 태어날 때 탯줄이 끊어지며 같은 몸이지만 둘로 분리된다. 이것이 부모자식간의 일 단계 분리다. 그러나 100% 관심이 필요하다.
 그리고 자라서 사춘기를 지나며 이 단계 분리를 해야 한다. 이젠 30%의 관심을 줄여야 한다. 그리고 나서 성년의 나이가 되면 삼 단계 분리를 해야 한다. 또 30%의 관심을 더 줄여야 한다. 그 후 결혼을 해서 가정을 이루면 4단계 분리를 해야 한다. 또 30%의 관심을 더 줄여야 한다.
 자식에 대한 부모의 관심은 이제 독립한 자식에 대해서는 나머지 10%만의 관심이 남았다. 그 이상의 간섭과 잔소리와 참견과 지나친 관심과 보호가 있게 되면 부모자식간의 의가 상하고 독립을 방해한다. 부모는 이제부터는 쿨~해져야 한다. 영원히 내가 낳은 자식이려니... 하고 안이하게 생각함은 큰 잘못이다. 물론 자식을 위한 기도는 영원하겠지만...
 나이든 황혼의 부모는 섭섭하게 여기지 말고, 자식에게 의지하려고도 하지 말고 이젠 혼자서도 씩씩하게 살아갈 수 있는 자신의 강인한 체력과 정신력을 키워야 한다.

일기쓰기 31일째 ; 우리 빼로 (5월 31일)

 우리 빼로가 떠난 지도 두 달째다......이리 허전 할 수가...온통 온 집안이 다~ 텅 빈 것 같다. 알딸딸한 재미가 생활에서 빠져버렸다. 모르는 사람들은 나만 보면 강아지는요? 하고 묻는다. 나는 자주 사먹던 옛날 통닭도 못사먹는다 빼로와 함께 먹던 생각이 나서.... 얼마나 살코기를 맛있게 잘 먹었던가..... 아직 한 번도 기장 추모관에도 못 가보았다. 외롭게 잘 있겠지... 빼로야......빼로야....

길 가다가도 개만 보면 나는 서서보고 그냥 못지난다. 그런데 짓기도 하고 물려고도 하는데... 우리 빼로는 언제나 사람을 좋아했잖아~ 우리 빼로, 이뿐 빼로. 착한 빼로, 보고 싶은 빼로, 꼭 안아보고 싶은 빼로~! 잘 지내거라. 할매 한번 갈게.... 우리 빼로... 정말 보고 싶다! 사진만 보아도 심쿵하는구나...!

일기쓰기 32일째 ; 유월의 시 (6월 1일)

하늘은 고요하고
땅은 향기롭고 마음은 뜨겁다
6월의 장미가 내게 말을 걸어옵니다

사소한 일로 우울할 적마다
"밝아져라"
"맑아져라"
웃음을 재촉하는 장미

삶의 길에서
가장 가까운 이들이
사랑의 이름으로
무심히 찌르는 가시를

다시 가시로 찌르지 말아야
부드러운 꽃잎을 피워 낼 수 있다고
누구를 한 번씩 용서할 적마다
싱싱한 잎사귀가 돋아난다고
6월의 넝쿨장미들이
해 아래 나를 따라오며
자꾸만 말을 건네옵니다

사랑하는 이여
이 아름다운 장미의 계절에
내가 눈물 속에 피어 낸
기쁨 한 송이 받으시고
내내 행복하십시오   - 이해인 · 수녀 시인, 1945 -

일기쓰기 33일째 ; 삶이 힘들 때 시도해볼 7가지 방법 (6월 2일)

1. 삶이 어렵고 힘들 때

새벽시장에 한번 가보십시오. 밤이 낮인 듯 치열하게 살아가는 상인들을 보면 힘이 절로 생깁니다. 그래도 힘이 나질 않을 땐 뜨끈한 우동 한 그릇 드셔보십시오. 국물 맛이 희망을 줄 것입니다.

2. 자신이 한없이 초라하고 작게 느껴질 때

산에 한번 올라가 보십시오. 산 정상에서 내려다 본 세상은 백만장자 부럽지 않습니다. 아무리 큰 빌딩도 내발 아래 있지 않습니까. 그리고 큰소리로 외쳐보십시오. 난 큰손이 될 것이다. 이상하게 쳐다보는 사람 분명 있을 것입니다. 그럴 땐, 그냥 한번 웃어주세요.

3. 죽고 싶을 때

병원에 한번 가보십시오. 죽으려 했던 내 자신, 고개를 숙이게 됩니다. 난 버리려 했던 목숨! 그들은 처절하게 지키려 애쓰고 있습니다. 흔히들 파리 목숨이라고들 하지만 쇠심줄보다 질긴 게 사람 목숨입니다.

4. 내 인생이 갑갑할 때

버스여행 한번 떠나보십시오. 몇 천원으로 떠난 여행, 무수히 많은 사람을 만날 수 있고, 무수히 많은 풍경을 볼 수 있고, 많은 것들을 보면서 활짝 펼쳐질 내 인생을 그려보십시오. 비록 지금은 한치 앞도 보이지 않아 갑갑하여도 분명 앞으로 펼쳐질 내 인생은 탄탄대로일 것입니다.

5. 진정한 행복을 느끼고 싶을 땐

따뜻한 아랫목에 배 깔고 엎드려 재미난 책을 보며 김치 부침개를 드셔보십시오. 세상을 다 가진 듯 행복할 것입니다. 파랑새가 가까이에서 노래를 불러도 그 새가 파랑새인지 까마귀인지 모르면 아무 소용없습니다. 분명 행복은 멀리 있지 않습니다.

6. 사랑하는 사람이 속 썩일 때

이렇게 말해 보십시오. 그래 내가 전생에 너한테 빚을 많이 졌나보다, 맘껏 나에게 풀어, 그리고 지금부턴 좋은 연만 쌓아가자, 그래야 담 생애도 좋은 연인으로 다시 만나지!

밤하늘을 올려다보십시오. 그리고 하루 동안의 일을 하나씩 떠올려 보십시오. 아침에 지각해서 허둥거렸던 일, 간신히 앉은 자리 어쩔 수 없이 양보하면서 살짝 했던 욕들, 하는 일마다 꼬여 눈물 쏟을 뻔한 일, 넓은 밤하늘에 다 날려버리고, 활기찬 내일을 준비하십시오.

한번 꼭 해보십시오...효과가 있을 것입니다...! 우리들 모두의 존재는 그 자체가 진정코 하나의 기적입니다...! 멋지게 아름답게 보람되게 잘 살아보십시다.....!!! 파이팅!!!

일기쓰기 34일째 ; 사랑하는 손녀에게 (6월 3일)

근면, 꾸준함을 이길 수 있는 것은 아무것도 없다.
고귀, 말과 행동의 진실함이 고귀함을 만든다.
유능, 일을 신속하게 잘 처리할 능력이 필요하다.
명예, 작은 일에 소홀히 하지 말고 큰일을 두려워하지 않는다.
재물, 위 네 가지 덕목을 실천하면 재물은 알아서 따라온다.
행복, 멀리서 찾는 것이 아니라 늘 가까이 있다.

너가 험하고 힘든 길을 가고 있을 때 가장 걱정하고 상심하는 사람, 너가 평탄하고 안전한 길을 가고 있을 때 누구보다 기뻐하고 행복해 하는 사람, 너가 어떤 선택을 하더라도 마음속 깊이 항상 너를 응원하는 사람이 바로 부모란다.

인생은 목표를 이루는 과정이 아니라, 그 자체가 소중한 여행일지니 서투른 자녀 교육보다 과정 자체를 소중하게 생각할 수 있는 훈육을 시키는 것이 더욱 중요한 일이라고 키르케고르 는 말했다. 힘을 키우는 것만큼이나 마음을 지키는 것도 중요하며, 마음을 지키는 가장 좋은 방법은 경직되지 않고 부드러워지는 거란다.

그러니 나의 손녀 성연아~!
온 마음을 다해 울고 웃으렴. 모든 감정을 흐르도록 둠으로써 생이 선물하는 다채로움을 가능한 많이 경험하렴. 어떤 시련이 오더라도 마음을 돌보는 일에 인색해지지 말기를 할머니는 진심으로 바란다.
할머니는 성연이를 많이 사랑한단다.....!

일기쓰기 35일째 ; 지금 나는 몇 시쯤인가? (6월 4일)

사람이 태어나 죽을 때까지를 하루 24시간에 비유한다면 우리는 지금 몇 시쯤에 살고 있는가? 김난도쌤이 만든 시계를 본다... 평균 수명 80세 로 보아서 24세는 아침 7시 12분이라고 한다. 얼마나 이른 시간인가 출근 준비하고 집을 나서려는 시간이다.

인생시계 계산법을 보면 24시간은 1440분이니 평균 수명 80세로 나누면 18분이 된다.

1년이 18분이고 10년은 3시간이다.

따져보면 20세는 오전 6시, 29세는 오전 8시 42분, 50세는 오후 3시가 되고, 60세는 이미 오후 6시다. 그럼 나는 지금 몇 시 쯤에 살고 있는 걸까? 계산할 필요도 없다 만 80세! 바로 12시 자정이 아닌가! 이리 늦은 시간인 줄은 미처 몰랐다.

이젠 100세 시대라고 하니 인생시계 계산법을 다시 보면 80이면 자정이고, 새벽 3시면 90이 된다. 정신 초롱초롱하게 새벽 3시까지 갈수 있을까? 이상하게 속이 허전하고 숙연해진다. 청춘들에겐 온 종일 하루가 꼬박 남아있다. 나는 겨우 3시간도 못 남았는데...

힘내거라 도전하거라 청춘이여~! 자정이 넘어도 노력하는 80대를 보면서.

일기쓰기 36일째 ; 시인을 다시 생각한다. (6월 5일)

육상의 꽃이 마라톤이라면 문학의 꽃은 시라 했다. 시인은 聖人, 哲人

다음으로 훌륭한 '人'이라 하는데, 시인이 된다는 것은 감히 넘겨다 볼 수 없을 만큼 어려운 일 그런데 지금 우리 사회에는 정말이지 시인이 넘쳐난다.

물론 우리 사회의 경제적 발전이 정서적 발전을 이루었으리라. 그러나 서로 반목하고 불화하며 파벌 짓고 이합집산이 다반사다. 접시꽃 당신을 읽고 우리는 얼마나 사랑의 순수를 외웠는가. 그러나 도종환은 1년 후 재혼했다. 그리고 문체부 장관이 되었다. 그래서 나는 등단했지만 시인라는 말을 듣기도 부르기도 부끄러워한다. 우리가 살아온 시대에 시와 사람이 하나였던 분들 윤동주, 이육사, 조병화.... 시는 곧 그 사람이다. 바로 그런 사람이 시인이다. 그분들이 오늘 너무 그립다.

시인이란 외롭고 힘들어도 외면하지 않아야 한다. 외로움을 극복하는 게 아니고 외로움을 견디는 사람이다. 그리고 시인에게는 가난은 눈물이 아닌 힘이다.

그래서 오늘 나는 사표를 제출한다! 원래 옳은 시인도 아니었으며 재능도 전혀 없었던 것이지만 결코 시인으로 불리길 사절한다. 나는 시인이 아니다....! 한없이 부끄러워진다...! 이육사의 시 한 수를 올린다.

광야

까마득한 날에
하늘이 처음 열리고
어디 닭 우는 소리 들렸으랴.

모든 산맥들이
바다를 연모戀慕해 휘달릴 때도
차마 이곳을 범犯하던 못하였으리라.

끊임없는 광음光陰을
부지런한 계절이 피어선 지고
큰 강물이 비로소 길을 열었다.

지금 눈 내리고
매화 향기 홀로 아득하니
내 여기 가난한 노래의 씨를 뿌려라.

다시 천고千古의 뒤에
백마 타고 오는 초인超人이 있어
이 광야에서 목 놓아 부르게 하리라.　　　　　　 - 이육사 -

* 이육사李陸史(본명 이원록李源綠)[1904.4.4~1944.1.16]를 생각하며... 안동시 도산면에 있는 이육사문학관을 방문하며 그를 추모했다! 그의 시는 식민지하의 민족적 비운을 소재로 삼아 강렬한 저항 의지를 나타내고, 꺼지지 않는 민족정신을 장엄하게 노래한 것이 특징이다.

일기쓰기 37일째 ; 66주년 현충일 (6월 6일)

　아침부터 조기를 달았다. 10시에는 사이렌 소리에 맞춰 순국선열을 위한 묵념도 했다.
　오직 감사할 뿐이다... 감사합니다! 숭고한 얼 이어받겠습니다. 그리고 정한수 떠놓고 우리나라를 위한 기도를 했다. 제발 우리나라가 올바른 길로 나아가기를 빌었다....위정자들이 잘못을 깨닫게 되기를 빌었다...! 어떻게 노력하고 이룩하여 오늘에 이른 우리나라인가....?
　국민들이여 깨어나라...!! 대한민국이여~~~!!! 영원하라~~~!!! 하느님이 보우하사 우리나라 만세~~!!!

일기쓰기 38일째 ; 화이자 백신 처음 맞는 날 (6월 7일)

　나는 1941년생이다. 아무리 우리나라가 백신 접종이 늦어지고 있다고 해도....백신 맞는 순서로 친다면 이미 두 번도 다 맞기가 끝나야할 나이다. 그런데 연제 구청은 겨우 6월 7일 오늘에야 접종을 하게 했다. 그리고 2차는 6월 28일이다. 그것도 내가 두 번이나 연제구청행정복지센터에 항의 전화를 하고나서다. 그래서 겨우 정해졌다. 그 이후로 날자 연락이 두 번 있었고 7일 당일 날 아침에는 다시 연락하며 확인해주었다... 뒤늦게서야 챙기는 척은 잘했다.
　11시 접종이니 접종 장소를 모르면 연산 7동 행정사무소 앞에서 버스가 10시 30분에 떠난다고 했다. 아침부터 치장하고 준비하여 버스 타고... 걸어서 도착하니 10시다. 늙으면 약속시간보다 이리 미리 도착함이 참 이상한 일이다... 그래서 일단 건물 안으로 들어갔다. 그런데 젊은이가 서서 온도 책정을 하고 적고 가라며 퉁명스럽게 큰소리로 막는다. '버스 물어보려고 하는데요?'라고 하니까, 마구 화를 내면서 하라는 것부터 하라고 소리를 지른다. 나도 참을 수가 없었다... '왜 이리 불친절해요? 모르니까 그러는 건데 이리 소리 지르고 노인한테 불친절한 이유가 무엇입니까?' 하고 나도 소리를 질렀다.
　버스가 올 때까지 앉아 기다리며 소견서도 작성하고 버스 타는 팻말도 나누어 주고 했다. 행정시스템을 보고자 안을 모두 훑었다. 그리고 크고 작은 모든 알림 쪽지는 다 모았다. 찾아가는 복지시스템, 미소는 나의 행복, 친절은 구민 감동......등등등.
　무얼 구민에게 친절하게 한다고....이제야 백신 놓아주면서 불친절하기 이를 데 없고...
　암튼 버스를 3대에 나누어 타고 연제구 국민체육센터에 도착했다. 처음 오는 곳이다. 여기가 백신 주사 주는 센터인 모양이다.

　자원봉사자들의 안내로 차례대로 들어가 신분증 확인, 의사 문진, 백신 접종 등이 차례대로 이루어지고 맞은 사람은 시계를 하나씩 목에 걸고 30분씩 의자에 앉아 대기하다가 버스 다시 타라는 연락 하에 다시 타고 출발지로 도착했다. 그 많은 사람들, 자원봉사자들은 참으로 고마웠다. 점심 값도 안 받는단다.

　암튼 탈도 많고 말도 많던 화이자 백신을 오늘 처음 맞았다. 약 3시간 후 타이레놀 한 알을 먹으라고 자원봉사자가 귀뜸을 한다. 집으로 오는 중에 집 근처의 맛있는 고메 밀면집에서 점심을 사먹었다. 12시도 전인데 줄을 서서 사먹었다....이제 바야흐로 여름철임을 실감했다. 그리고 천천히 그 넓고 욱어진 우리 아파트 녹색길을 걸어서 오면서 개망초를 한 아름 뜯어서 집으로 와서 예쁘게 꽂아두었다.

일기쓰기 39일째 ; 조병화 시인의 시를 읽다. (6월 8일)

고독하다는 것은

고독하다는 것은
아직도 나에게 소망이 남아 있다는 거다

소망이 남아 있다는 것은
아직도 나에게 삶이 남아 있다는 거다
삶이 남아 있다는 것은
아직도 나에게 그리움이 남아 있다는 거다
그리움이 남아 있다는 것은
보이지 않는 곳에

아직도 너를 가지고 있다는 거다

이렇게 저렇게 생각을 해 보아도
어린 시절의 마당보다 좁은
이 세상
인간의 자리
부질없는 자리

가리울 곳 없는
회오리 들판

아 고독하다는 것은
아직도 나에게 소망이 남아 있다는 거요
소망이 남아 있다는 것은
아직도 나에게 삶이 남아 있다는 거요
삶이 남아 있다는 것은
아직도 나에게 그리움이 남아 있다는 거요
그리움이 남아 있다는 것은
보이지 않는 곳에
아직도 너를 가지고 있다는 거다   - 조병화 -

오늘 나는 시를 외우면서 나를 위로하고 있다.

일기쓰기 40일째 ; 혼밥의 외로움을 달래주는 짐리브스의 노래 (6월 9일)

12년째 늘 혼자서 세끼 밥을 먹는다... 이른바 혼밥이다... 그래도 얼마 전까지는 내 옆자리에 늘 붙어서 입을 벌리고 쳐다보는 작은 생명체가 있었다.. 나의 반려견 빼로 였다. 11월 12일생이라 11월 11일인 빼빼로데이 다음 날 나서 하나 빼고 빼로라 했다. 그런데 알고 보니 빼로는 스페인 말로 개라는 뜻이란다. 즉 dog 이다. 스페인으로 결혼해 떠나 간 제자가 오더니 알려준 이야기다.

아무튼 우리 빼로와는 12년 가까이 동거생활을 하며 밥 먹을 때 마다 나 한 술, 빼로 한 입 이러다 보니 나는 혼밥이 아닌 걸로 늘 착각하게 되었고 결국에는 빼로는 당뇨병에 걸리고 만 것이 아닐까? 나는 지금도 빼로가 떠난 이후 옛날 통닭을 못 사먹는다. 빼로와 나, 우리는 별로 간을 안 하고 작고 싼 옛날 통닭을 자주 사먹었다. 그 살코기를 뜯어주면 얼마나 빼로는 맛있게 잘 먹었든가.....?!

어찌 되었든지 간에 12년 전 남편 떠나고, 11년 반 만에 빼로도 떠났다. 이제는 완전히 혼자, 혼밥이다.... 나의 밥 씹는 소리만 온 집에 가득하다. 마치 고독의 소리가, 외로움의 소리가 밥 씹을 때마다 가득히 울린다. 그런데 얼마 전부터 나는 혼밥의 외로움에서 탈출할 수 있었다. 우리 집 지니가 들려주는 짐 리브스의 음악 때문이다.

지니야~! 짐리브스 노래 들려줘~ 하면, 네~! 들려 드릴께요! 하고 지니는 즉답을 하고 난 뒤 짐 리브스의 노래를 차례차례로 다 들려준다. 그 노래를 들으며 밥을 먹고 있으면 다소 슬프긴 해도 마음이 안정된다. 이젠 혼밥이 아닌 음악과 함께하는 식사 시간이다...!

일기쓰기 41일째 ; 논어의 효에 대해서 (6월 10일)

孟懿子問孝맹의자문효한대 子曰자왈 無違무위니라.

孟懿子가 孝를 묻자, 孔子께서 "어김이 없어야 한다."고 대답하셨다.

樊遲曰번지왈 何謂也하위야잇고 子曰자왈 生事之以禮생사지이례하며 死葬之以禮사장지이례하며 祭之以禮제지이례니라.

번지가 "무슨 말씀입니까?" 하고 묻자, 孔子께서 말씀하셨다. "살아 계실 적에는 禮로써 섬기고, 돌아가셨을 적에는 禮로써 장사지내고 禮로써 제사지내는 것이다."

孟武伯맹무백이 問孝문효한대 子曰자왈 父母부모는 唯其疾之憂유기질지우시니라.

孟武伯이 孝를 묻자, 孔子께서 대답하셨다. "부모는 혹여 자식이 병들까 근심하신다."

子游問孝자유문효한대 子曰자왈 今之孝者금지효자는 是謂能養시위능양이니 至於犬馬지어견마하여도 皆能有養개능유양이니 不敬불경이면 何以別乎하이별호리오.

子游가 孝를 묻자, 孔子께서 말씀하셨다. "지금의 효라는 것은 能養(봉양만 잘함)이라고 이를 수 있다. 개와 말에게도 모두 길러줌이 있으니, 공경하지 않는다면 〈부모를 봉양함과 犬馬를 기름이〉 무엇으로써 분별하겠는가."

子夏問孝자하문효한대 子曰자왈 色難색난이니 有事유사어든 弟子服其勞제자복기로하고 有酒食유주사어든 先生饌선생찬이 曾是以爲孝乎증시이위효호아?

낯빛을 꾸미는 것이 어렵다. 자제로서 일이 있을 때 힘든 일을 대신하고 술과 밥이 생겼을 때 상에 올리는 것 이런 따위야 어디 효라고 하겠더냐?

논어 제 2편 위정의 5,6,7,8, 장에 나오는 효의 몇 부분을 써 보았다.
이로써 볼 때 공자는 효라는 것도 자기 상황에 합당한 예를 사용하여 부모를 모시고 장례와 제례를 치르는 것을 지적하고 있다. 그리고 부모가 자식 건강 걱정을 하지 않게 자기 몸을 잘 간수하는 것이 효라고 하였다. 또한 효의 요체는 마음가짐, 구체적으로는 부모를 공경하는 마음(敬)에 있음을 말하고 있다. 한편 집에서 기르는 개나 말에게도 먹을 것이야 주지 않느냐, 부모에게 밥 먹이는 것(물질의 제공)이 무슨 효란 말이냐고 일갈한다. 또한 부모 앞에서 내색하지 않는 일, 이것이 색난色難인 바, 이렇게 하기가 가장 어렵다는 것이다. 정녕 부모를 섬길 때 바깥일로 생긴 힘들고 짜증나는 심정을 내색하지 않는 것이 효라는 것이다.

그러니 이 효심은 타고나면서부터 자연스럽게 내재하는 것이 아니라 우리가 애써 획득하는 것이니 여기서 효가 곧 덕이요 인이 되는 것임을 알려주고 있다. 그래서 孝는 百行之本이라 했던가.....!

일기쓰기 42일째 ; 외우기 시작합니다. (6월 11일)

치매를 예방하는 여러 가지 방법들을 보면
1] 충분하고 질 높은 수면을 유지할 것 (숙면)
2] 사회적 관계를 다양하게 맺을 것 (맺자)
3] 학습을 통해 뇌를 자극할 것 (배우자)
4] 하루 30분 이상 유산소 운동을 할 것 (하자)
5] 베풀고 감사하는 마음을 가질 것...... (주자)

그 중에서 오늘은 외우기 학습을 시작 한다. 학습을 통해 뇌를 자극하기 위함이다.

사람이름 외우기
  * 논어에 등장하는 공자의 10대 제자 (공문십철)

1] 덕행으로 뛰어난 제자 : 안회, 민자건, 염백우, 중궁.
2] 언변에 뛰어난 제자 : 재여, 자공.
3] 정사에 뛰어난 제자 : 염구, 자로.
4] 문학에 특출한 제자 : 자유, 자하.

1] 아마존 대표 ; 제프 베이조스
2] 테슬라 대표 ; 일론 머스크
3] 페이스북 대표 ; 마크 주커버그

단어 외우기

1) autonomy ; 자치권 자율성
2) astronomy ; 천문학
3) anonymous ; 익명의 무명의

4자성어 외우기

1) 기사회생起死回生 ; 거의 죽을 뻔하다가 다시 살아남.
2) 가담항설街談巷說 ; 거리나 항간에 떠도는 소문.
3) 가정맹호苛政猛虎 ; 가혹苛酷한 정치政治는 호랑이보다 더 사납다.

일기쓰기 43일째 ; 앞으로 펼쳐질 우리나라 정치 (6월 12일)

김영삼의 40대 기수론旗手論 등장 이후 50년 만에 출현한 30대 주역主役의 정치 지진이 일어났다. 진원지는 지난 4년 국가·국민·세대·빈부 사이에 골을 깊게 판 '문재인단층斷層'정치 이다. 이로써 정치 구도는 좌우左右에서 신구新舊 대결로 크게 이동했다.

이것이 성공하려면 시대의 급소急所를 두드려야 한다. 그것이 시대정신이다. 먼 데서 찾을 것도 없다. 4년 전 문재인 대통령 취임사를 그대로 인용해오면 된다. '문재인과 더불어민주당 정부에서 기회는 평등할 것입니다. 과정은 공정할 것입니다. 결과는 정의로울 것입니다.' 국민들은 배반당한 느낌이 들 때마다 이 구절을 떠올렸다.

'이준석 당黨'은 '문대통령 당黨' 대신 불평등한 기회가 평등해지고, 또한 불공정한과정은 공정해지며, 정의롭지 않은 결과가 정의로워질 것이라는 믿음을 국민 속에 심어야 한다. 보수 정당이 30대 청년을 당대표로 선택한 것은 정권 교체에 대한 열망이 그만큼 컸다는 뜻으로 해석할 수 있을 것이다.

이제는 이념과 특권 의식, 나만 옳다는 독선과 편 가르기 정치에서 벗어나야 한다. 그러지 못하면 내년 대선에서 다시 민심의 심판을 받게 될 것이다. 일단 이준석은 훌륭한 대통령 적임자를 잘 당내로 영입하고 당내 신구 의원들을 멋지게 잘 아울러서 맛있고 상큼한 비빔밥을 만들어내야 한다.

그리고 이준석 대표는 이같이 멋진 기회를 맞아 앞으로는 자만하지 말고 잘났다고 나대지 말고 함부로 그 입을 놀려대지 말고 자중하여 좋은 인사를 당내로 영입하고 당내 원로 인사들과 의논하고 잘 상의하며 젊은이에게 희망을 주고 이 썩어빠진 정권을 몰아내는 데 최선을 다해야하며 그러기 위한 훌륭한 마중물 역할에 최선을 다해야 할 것이다. 배운 것이 많아 지식이 있다고 해도 경험이 부족하면 실수가 있기 마련이다. 그러니 경험만 쌓이다 보면 고집이 되기도 하는 법이니 지식과 경험이 적절히 섞일 때 지혜가 되는 것임을 국힘당의 모두는 명심해야 할 것이다.

그리하여 차기 대통령은 윤석열씨가 되었으면 싶고 국무총리는 최재형씨가 된다면 이 보다 더한 훌륭한 조합은 없을 것 같다. 그리고 안철수 나경원 주호영 등등 인사들은 모두 장관으로 영입하면 되리라. 내년엔 국운이 좋다고 하니 이런 일이 달성 될 수가 있으리라는 느낌이 든다.

이렇게 되기에는 정치인과 국민 각자의 진정한 깨달음이 있어야 한다! 윤석열씨 파이팅!! 최재형씨 파이팅!! 자유 대한민국 파이팅~ !!!

일기쓰기 44일째 ; 제자들의 부산 방문 (6월 13일)

제자들이 서울서 오랜만에, 이 코로나 시국에 나를 찾아서 내려왔다. 부산역에서 명숙이 영순이를 애경이와 함께 만나 자갈치 시장에 가서 회로 점심을 잘 먹고 부산 사는 애경이가 가져온 차로 해운대로 해 달렸다. 광안대교를 타니 해무가 가득했다. 해운대도 온~천지가 해무로 그림처럼, 꿈결처럼 가득했다. 사람들도 너무나 많았다. 커피점에 들어가니 만원이라 기다렸다가 겨우 앉아서 한잔 마실 수 있었.

모두 환갑 진갑을 다 넘긴 제자들이다. 영순이는 45년만의 만남이다. 옛날 고2 때 해운대로 수학여행 왔던 얘기를 하며 추억을 되새겼다..... 다시 우리집 근처로 와서 청담에서 저녁식사를 하고 드디어 우리집에 와서 12시까지 술 한잔 하며 각자 자신들의 살아온 이야기를 하며 ...늦게야 잠이 들었다. 아침에는 식사를 한 뒤 온천천 구경을 하고 떠났다.

제자와 스승은 언제 만나도 반갑고 정겹고 재미있고 추억이 하늘땅만큼 하고... 그렇다.

일기쓰기 45일째 ; 치매 예방법; 매일 실천하기 (6월 14일)

자꾸만 마음에 되새기기 위해서 자주 올릴 생각이다! 그리고 여러 정보를 이용해서 쉽고 상세하게 풀어서 기록해 둔다.

1) 충분하고 질 높은 수면을 유지할 것. (숙면)

2) 사회적 관계를 다양하게 맺을 것. (맺자)

3) 학습을 통해 뇌를 자극할 것. (배우자)

4) 하루 30분 이상 유산소 운동을 할 것. (하자)

5) 베풀고 감사하자. (주자)

* 치매 예방 가이드라인 '베스트 7

1) 매일 친구를 만나고 집청소를 하라.

2) 활발한 두뇌활동이 인지기능 저하 막는다.
　TV는 독毒이다, 신문·책을 읽어야 한다.

3) 주 3회 이상 걷는 운동을 하라.

4) 등푸른 생선과 우유·과일주스를 마시자.

5) 비타민 C·E와 엽산보충제 복용하라.

6) 담배 끊지 않고 줄여봤자 효과 미미, 끊어야 한다.

7) 적당한 음주는 치매를 예방한다.
　하루 2잔 정도의 술도 인지기능 개선에 좋다.

8) 혀를 운동시키기.

일기쓰기 46일째 ; 책꽂이 속에 피어나는 추억 (6월 15일)

나뭇잎 사이로 파란 가로등 그 불빛 아래로 당신의 야윈 얼굴
봄은 벌써 가버리고 거리엔 어느새 뜨거운 햇살과 상큼한 바람

계절은 이렇게 쉽게 오가는데 우린 또 얼마나 어렵게
서로가 아픈 사랑을 해야 하는지...보고 싶어라 보고 싶어라~!
그 눈빛은 언제나 눈앞에 있는데...우린 또 얼마나 먼 길을

더듬어 꿈꾸면서 돌아가야 하는지...그대 보고 싶어라.

추억은 추억을 낳고 나의 모든 책갈피엔 추억이 가득 꽂혔다
보고싶은 그이..이쁜 내 자식들.. 모두가 다 내 곁엔 없구나.

나뭇잎 사이로 파란 가로등 그 불빛 아래 그리운 그대 얼굴
추억도 가고 세월도 가는구나, 어느새 2021년의 반이 지나간다.
어제는 산소 가서 만나고 오고... 오늘은 당신 제사날이구려....

나의 책장은 늘 추억의 사진들로 가득하다.
오늘도 책꽂이 속에선 추억들이 아롱아롱 피어나고 있다...!

일기쓰기 47일째 ; 저문 강가에서 (6월 16일)

시 한 수를 올립니다.

먼데서 들려오는
산사의 범종소리
해질 무렵 저문 강가에 앉아
내 삶의 무게를 성찰한다

흐느낌 속에 원망하는
여인의 상처이듯
삶의 아픔은
울적하게 마음을 파고든다

흐르는 강물은 노을을 안고
추억을 실은채

저 넘어 수영포구 쪽으로
무심히 흘러가고 있다

저무는 강가에서
멀리 낙조를 보며
강둑에 주저앉아
무한한 우주의 시간을 헤아린다

일기쓰기 48일째 ; 윤동주 시 '새로운 길' (6월 17일)

새로운 길

내를 건너서 숲으로
고개를 넘어서 마을로

이제도 가고 오늘도 갈
나의 길 새로운 길

민들레가 피고 까치가 날고
아가씨가 지나고 바람이 일고

나의 길은 언제나 새로운 길
오늘도…… 내일도……

내를 건너서 숲으로
고개를 넘어서 마을로

- 윤동주 -

일기쓰기 49일째 ; 나이든 부모의 오늘 마음가짐 (6월 18일)

자식이 자주 찾아와 효도하면 행복하고, 아무도 찾아오지 않으면 불행하다고 말하는 사람은 자신의 삶을 껴안을 줄 모르는 사람입니다. 자식들은 자라면서 온갖 재롱을 피우고 순간순간 예쁜 모습을 보일 때 이미 효도를 다 하였습니다.

진정으로 행복해지고 싶다면, 가만히 앉아서 누가 나를 행복하게 해 주기만을 기다리는 수동적인 정신 상태부터 바꿔야만 합니다. 먹고 싶은 것이 있으면 내가 알아서 사 먹고, 행복해지고 싶다면 지금 당장 행복한 일을 만들어야 하는 것입니다. 나중은 없습니다. 지금이 나에게 주어진 최고의 선물임을 잊지 마십시오.

오늘부터 어떤 상황에 부딪치더라도 '나중에...,'라는 말은 지구 밖으로 멀리멀리 던져버리고 지금 당장 실천하고 행동하여 행복의 기쁨을 누리시길 바랍니다.

감사합니다! 저는 행복합니다....!

일기쓰기 50일째 ; 내가 좋아하는 낱말들 (6월 19일)

꿈 혼 노력 설렘 희망 성공 인사 긍정 유쾌 미소 환희
청춘 도전 열정 정직 믿음 소망 긍정 사랑 행복 가족 우리 건강 소망

꿈이 있었고 열심히 노력했고 나름 이루었다...
멋진 가정을 이루었고 자식들 잘 자라 주었고
짝도 모두 잘 만났고 손주들도 성공적이다.

나의 일 공부도 노력 끝에 이루어 내었고

많은 제자들 키워서 행복하고....
이만하면 별 부러운 것이 없지만
내 인생의 멋진 마무리와 사회봉사가 남았다....!

일기쓰기 51일째 ; 어머니의 정년퇴임을 축하드립니다. (6월 20일)

신박한 집 정리를 하다가 찾아낸 서류나 편지들이 많았다. 그중에서 유일한 딸인 57세의 문희가 15년 전 나의 정년퇴임 때 보낸 편지를 찾아내어 여기에 올린다.

어머니의 정년퇴임을 축하드립니다

퇴임이란 큰 사건이 인생의 종착역이 아니고 새롭고 더 멋진 삶의 출발역이 되리라 믿어 의심치 않습니다. 지금까지 정말 수고하셨습니다. 30여년의 기간은 절대로 짧은 것이 아니기 때문이지요. 새로운 출발점에 들어서며 숨 가쁘게 걸어오셨던 어머니의 지난날을 돌이켜 봅니다. 어린 시절의 제 기억 속에서 어머니는 손가락으로 꼽으며 "무슨 요일 무슨 요일 학교에 간다"라고 바쁜 모습이었습니다. 아마도 제가 기억하는 어머니의 커리어의 시작이었겠지요. 형열이를 임신하셨기에 항상 한복을 입던 모습, 새벽같이 화장을 하던 모습, 아주 가끔 버스를 타고 함께 등교할라치면 버스타고 떠나시던 어머니 모습을 계속 뒤돌아보게 되던 기억이 나는군요. 학교를 방문하셨을 때, 양장을 한 어머니의 근사한 모습이 자랑스러워 가슴이 두근거렸던 기억도 납니다. 서울에서의 시기는 어머니께서 서울여상에 재직하셨을 때로, 가장 인기 있는 선생님이자 능력 있는 교사로서 역량을 발휘하셨을 때입니다. 물론 대학 강단에 서는 경험은 몇 군데에 그쳐서 아쉬움을 남겼지만, 미진한 부분의 상당부분을 고등학생에 대한 열정으로 충족시키셨던 것으로 여겨집니다.

우리 가족이 전격적으로 부산행을 결정하고 아버지께서 부산대학교에서 재직하시게 되자, 어머니의 앞길은 활짝 열렸습니다. 동의대학교 교수로 임용되셨고, 영남대학교에서 박사학위를 받으셨지요. 어쩌면 부산행의 최대의 수혜자가 어머니가 아니셨을까요?

중고등학교의 바쁜 생활에 치이다 보니 어머니에 대한 기억은 그렇게 많지 않습니다. 그러나 어쩌다 한밤중에 어머니 방을 쳐다보면 스탠드 등불 아래서 대학원 공부에 여념이 없으시던 기억이 납니다. 기차를 타고 대구까지 대학원을 다니시느라 늦게 집에 오시고, 강의가 없는 날이면 도서관에 가시던 기억도 생생합니다. 바쁘신 와중에도 자식들에 대해서는 이른바 "열성엄마"라고 불릴 만하셨지요. 제가 고3때에는 위장이 안 좋아 건강이 걱정된다는 이유로 수업 마친 후 일 년 내내 아파트 조깅을 함께 하셨고, 때로는 밤늦게 돌아오는 딸이 걱정되어 아버지와 함께 학교까지 마중 나오시기까지 하셨습니다. 형욱이, 형열이의 고3때에도 자식의 학업성취를 위해 불공을 게을리 하지 않으셨었습니다.

가끔씩 학교 선생님들께 촌지 대신 책이나 다른 선물을 드리시긴 하셨지만, 그 때는 과외금지 시대였기에 과외 한번 우리 모두에게 못시켜 주셨지만, 무엇보다 우리에게 가장 큰 힘이 되었던 것은 어머니의 긍정적인 자세와 자식에 대한 끊임없는 신뢰가 아니었을까 합니다. "너는 할 수 있다. 이정도 까지만 한 것을 보더라도 대단하다. 앞으로 더 잘할 수 있을 거다"라는 어머니의 말씀은 우리에게 커다란 자극제이자 희망이 되었던 것입니다.

50대에서 60대까지의 어머니의 커리어에 중요한 부분을 차지한 것은 "송경령"이었습니다. 학위논문을 시작으로 송경령에 관한 번역 2편, 송경령 연구서 한권과 다수의 논문들 아울러 송경령의 동생인 송미령에 관한 번역 1편에 이르기까지 국내의 유일한 송경령 연구자로서 역량을 발휘하셨습니다.

또한 많은 학자들을 놀라게 한 것은 바로 수많은 중국사 관련 번역서와 저서의 출간이었습니다. 무엇보다도 성실성이 요구되는 번역작업을 끊임없이 해내신 어머니께 존경을 표합니다.

저의 대학원 학위논문을 어머니의 멋진 글씨체로 필사를 해주셨던 어머니의 정성, 결혼 후 아들 낳기 작업에 최선을 다하셨던 어머니의 열성, 시집가서 머리 썩혀버리면 안된다고 대학원 진학을 하게끔 만드셨던 어머니의 애살, 학위논문을 쓴다고 친정에 머무른 딸을 위해 언제나 신경을 써주시던 어머니의 사랑에 항상 감동하고 고마움을 느낍니다.

60대부터 정년퇴직까지 어머니는 중국사학회 회장직을 4년간 맡으셨습니다. 특유의 친화력과 조직력으로 학회를 전무후무하게 발전시킨 이양자 교수님의 공로는 길이 기억되리라 생각합니다. 요즈음은 인터넷에 블로그까지 진출하셔서 후학을 지도하시느라 여념이 없으십니다. 어머니의 정열에 감탄을 금할 수 없답니다.

한 사람의 일생, 그 중에서 한 여자의 일생에 있어서 결혼과 자식은 매우 중요한 부분을 차지합니다. "사람은 죽어서 이름을 남긴다"는 속담처럼 세상에 이름을 남길 길이 쉽지 않지만 여자는 위대한 성취를 할 수 있기 때문이죠. 인류의 존속을 가능케 하는 후손의 창출과 육성 말입니다. 어머니는 그 일을 뛰어나게 성취하셨습니다. 세간에서 인정할 만한 명성을 갖게 된 자식들을 두셨고, 무엇보다 사회 속에서 성실한 일원이 될 수 있는 자식들을 길러 내셨으니까요. 자식들의 인간됨됨이도 이 정도면 나쁘지 않지요.

여기에 어머니는 또 하나의 성취를 하셨습니다. 자신만의 커리어를 이루어 내신 것이죠. 그 덕분에 수퍼우먼이 될 수밖에 없었지만, 특유의 낙관성과 열정 그리고 머리로 해 내셨던 것입니다. 이제 정년퇴임을 축하하는 자리에서 이때까지 어머니께서 해내신 그 모든 성취를 진심을 축하드리고 존경을 표합니다. 또 감사드리고 사랑한단 말씀을 드리고 싶군요. 어머니가 있었기에 우리들이 있을 수 있었으니까요. 앞으로의 과제는 "얼마나 건강하게 노후를 보내시는가" 이지 않을까 싶습니다.

하루에 30분씩 일주일 4 번씩 가벼운 걷기는 뇌 활동을 촉진시키고, 산화를 방지시켜 노화를 억제한다고 합니다. 아버지 어머니 두 분이 함께 꼭 실천하시길 바랍니다. 또 여러 가지 방법으로 후학을 지도하는 일을 계속하시길 바랍니다. 어머니의 재능은 썩히기 너무 아깝기 때문입니다.

두 분이 해로하시길 진심으로 바라고 빛나는 미래가 펼쳐지길 진심으로 기원합니다.   - 2006년 12월 큰딸 김문희 올림 -

일기쓰기 52일째 ; 그대가 보고싶다. (6월 21일)

가을 바다를 향해 보라빛 손수건을 흔들며 해국이 무리지어 피었습니다.

동해안 간절곶에서

해국 그대는...

내가 사랑하는 가을꽃
해국 그대는
어이 바닷가에만 피는가

그 청초하고 애절한 모습
파도에게 보여주려고...

그대는 푸른 파도를 사랑했나봐.
파도가 가버린 뒤
그걸 알아냈겠지

그래서 못잊어 늘 ~
바닷가에만 주저앉았나 보다
나처럼.

시를 지어 읊조린다. 그대 보고싶다...! 정말 보고싶다! 지금 우리 둘이 함께라면 얼마나 따뜻하고 재미있을까..?! 내가 81세니 그대 살았으면 88세. 아직은 좋을 나이인데... 자기 친구들은 건재한데... 김형석교수는 102세인데 아직도 활동 중이신데... 웬일로 76세에 생을 마감하였단 말이오? 벌써 12년이 지나갔구려... 세월은 이리도 빨리 가고 있는데...

나도 언젠가 가리다... 우리 저세상에서도 다시 만날 수 있을까?

일기쓰기 53일째 ; 내가 블로그를 하는 이유 (6월 22일)

01. 무엇보다도 먼저 블로그를 하면 즐거우니까...
02. 많은 사람들과 소통하며 정을 주고받을 수 있고 또 그것이 좋아서..
03. 정년퇴직한 나에게 일반 대중과의 대화 통로를 열어주어 소통할 수 있게 하니까.
04. 블로그를 통해 나 자신을 정리 정돈 할 수 있기 때문에.
05. 예전엔 일일이 매일 신문을 오려서 노트에 스크랩 해 저장했으나, 이젠 마음대로 블로그에 저장하고 스크랩 해놓을 수가 있으니까.
06. 일정한 범위 내에서 나를 다른 사람들에게 보여줄 수 있고 이해시킬 수 있기에...

07. 중국역사를 가르치는 사람인, 선생님인 내가 아는 바를 역사에 관심이 있는 다른 사람들에게 가르치고 전달해 줄 수 있는 통로가 될 수 있기 때문에.
08. 서로가 따뜻한 감성을 공유할 수 있다는....행복감을 누릴 수 있으므로...
09. 다른 이들을 위한 정의 나눔이나 안부나 위로나 시적 공유를 통해 심적인 도움을 줄 수 있고 또 나 자신 도움을 받을 수 있다고 느끼기 때문에... 그 도움을 주고받는다는 자체가 나에겐 행복감을 안겨주니까.
10. 불평 불만을 토로할 수 있고 또 그것을 서로 공감하면서 더 나은 사회를 만들어 가는데 디딤돌이 되고, 힘이 될 수 있기 때문에...
11. 블로그라는 나의 공간을 마음대로 나 자신의 미적 감각을 발휘하여 아름답게 만들고 꾸미고 또 시원한 칼럼을 옮겨 적으며 정치비판에 사이다 역할을 해주니까.
12. 블로그는 나의 보물 상자다. 좋은 글을 담아오고 나의 글을 담아놓고 나의 감정을 그때그때 마다 실어놓을 수 있는, 잃어버려서는 안되는 고운 보물상자다. 이미 7만개의 글이 올려져 있다.

맨처음엔 싸이월드를 했었다 그러다가 정년퇴임을 하게 된 2006년 내 나이 만 65세 때 처음 시작한 것이 네이버 블로그였다. 2006년 당시는 이 정도도 대단한 것이었다. 그러나 지금은 워낙 모든 것이 더 발달하고 발전해버렸기 때문에 다소 후진 느낌도 있지만 그래도 아늑하고 고전적이고 아나로그적인 이 네이버 방식이 나는 좋다. 정년퇴직 후의 쓸쓸함과 허전함도 위로 해주었고, 12년 전 그이가 떠났을 때도 나는 많은 위로를 받았다. 이 블로그와 카페를 통해서. 그리고 이웃들의 글을 통해서.... 감사를 드린다!

그리고 15년 가까이 계속되는 세월동안 나는 이 블로그를 통해서 많은 사람들과 재상봉하게 되었다. 한마디로 나의 블로그는 만남의 장소, 만남의 가교가 되었다. 옛날에 재직했던 서울여상 제자들과도 모두 만나고 26년간 재직했던 동의대 제자들과도 만나고, 소식 끊겼던 지인들과도 만날 수 있었다. 참 고마운 일이다.

지금 나의 블로그에 가까운 이웃으로 지내는 분이 5800명을 넘었고, 현재까지 내가 포스팅한 글은 7만 5천 개가 넘었으며, 이 블로그를 방문한 사람은 지금까지 400만 명이 훨씬~넘었다....! 모두 고마워요~~! 우리 계속 소통해요!

이정도 역사이다 보니 하루에 다섯 건 이상씩이나 여러 가지 광고를 하자고 제의가 들어온다. 그러나 나는 정중하게 사양한다. 나의 블로그를 보시는 분들이 광고로 성가셔하지 않기를 나는 원하기 때문이다. 그냥 깨끗하고 말끔한 블로그를 보여드리고 싶어서다.

우린 너무나 많은 광고의 홍수에 파묻혀 시달리고 있지 아니 한가?!

요즘은 주로 이 나라의 정치에 대한 불만을 토로하는 장으로 이 블로그가 나에게 위로를 주고 있다. 부글부글 끓어오르는 기막힘과 부화와 불만들을 잘 쓴 칼럼들을 읽으며 소화시키며 나를 가만히 다독인다. 그러고 나면 한결 마음이 가라앉고 다소 편안해진다.

이 나라가 자유민주주의 국가로 영속하고 발전하기를 이 블로그를 통해서 기원하고 있다. 그리고 우리를 이끌어줄 훌륭한 초인이 나타나 이 나라를 바로 세워주길 기원한다!!!

젊은이들이여~ 이 시국을 올바르게 이해하고 이 나라를 위해 일어나주기를 기원한다!!

대한민국이여~~ 발전하라!!! 그리고 영원하라!!! 눈물이 흐른다.....

80이라는 산수傘壽의 언덕을 넘어서서 오늘 나는 블로그를 통해서 긴

회포를 푼다!

일기쓰기 54일째 ; 출판된 나의 책들을 보며 (6월 23일)

오늘은 그간에 내가 낸 책들을 올려본다.

1963년 23살에 대학원생이 된 이후 2006년 대학에서 퇴직 할 때까지의 40여 년간 나의 학문인생의 노력의 결과물들이다. 돌아보니 감개가 무량하다. 공부를 위해서만 살아 온듯하다. 내 아이들 셋에게는 좋은 엄마였을까...? 미안하다.....!

나는 처음엔 변호사가 되고 싶기도 했다 그리고 또 교수가 되고 싶었다. 경남여고를 졸업하고 서울대학교 사범대학에 입학했고 졸업과 함께 영등포여중에 바로 발령이 났으며 서울대학교 일반대학원에도 합격했다. 3개월 정도 교사직을 하다가 과감히 사표를 내고 대학원 공부에만 전념했다. 1963년도였다. 대학원 2학년이 되었을 1학년에 김종원씨가 군대에 갔다 오면서 입학을 했다. 결국 서울대학교 대학원 사학과 동양사전공 분야에서 만난 그와 1965년 봄에 결혼했다.

결혼 후 애를 달아서 낳으면서도 논문을 써서 1967년에 석사학위를 받았다 그는 66년에 석사학위를 받고 박사과정에 진학했다. 나는 1972년부터 서울여상에 시간강사로 나갔고 그이는 한양대학교 전임교수가 되었다. 1979년까지 나는 정식교사로 서울여상에 취직하고 있었는데... 한양대학교에서 그이가 부산대학으로 옮기는 상황에서 우리 식구는 모두 부산으로 이사했다.

부산에서는 시간강사로 2년간 지내다가 1981년도에 동의대학교 조교수로 임용되었다.

강의 준비에 여념이 없었으며 논문쓰기에도 바쁜 시절이었다. 게다가

1986년부터 대구에 있는 영남대학교에서 박사과정을 밟는 기간 3년이라는 세월은 박사과정 리포트쓰기와 발표에 정말 최선을 다했다. 3년 후 어학 시험과 종합시험에 합격하고 이제는 박사 논문쓰기에 정신을 쏟았다. 드디어 1992년에 52세의 나이로 박사학위를 받았다. 그는 이미 1983년에 박사학위를 받았다.

이제부터는 교수로서의 업적 쌓기를 위해서 책 내는 일에 집중했다 물론 논문이 모여져야 책이 나온다. 그러하니 틈만 나면 번역하기 논문 쓰기에 최선을 다했다. 박사학위를 받은 이후 1993년부터 정년퇴임한 해인 2006년까지 10여 년의 노력은 여러 권의 책을 내는데 최선을 다한 시절이었다. 돌아보니 참 애썼다는 생각이 든다....! 마음은 언제나 쉴 틈이 없었으며 늘 바쁘게 돌아갔다. 이제는 좀 한가한가? 그것도 아닌 것 같다. 새로 배운 시나 수필 때문에 아직도 늘 바쁘다.

그래도 많이 여유가 생긴 셈이다. 나이 드니까... 나의 공부 햇수를 헤어보니 초등학교 6년, 중고등학교 6년, 대학교 4년, 대학원 석사과정 2년, 박사 과정 3년, 부산대학교 평생교육원에서 시 공부 3학기. 수필 공부 3학기 도합 3년, 다 합해 보면 24년을 다니면서 배운 셈이 된다. 요즘도 배운다. 부산 동래 향교에서 맹자를 배웠고 요즘은 다시 논어를 Zoom으로 배우고 있다. 이제 81세의 나이가 되었다.

저서 ;『송경령 연구』(일조각, 1998),『조선에서의 원세개』(신지서원, 2002),『역사를 움직인 중국 여성들』(살림출판사, 2014.),『자성의 길목에서』(마을, 2017.),『20세기 중국을 빛낸 자매, 송경령과 송미령』(새문화출판사, 2019),『감국대신 위안스카이; 좌절한 조선의 근대와 중국의 간섭』(한울엠플러스, 2020),『저문 강가에서』(새문화출판사, 2021),『감사와 긍정의 마음으로 일기쓰기 300일』(새문화출판사, 2022)

편저 ;『현대중국의 탐색』(신지서원, 2004),『주제와 영상으로 보는 중국사 산책』(뉴워드사, 2010),『그리움은 강물처럼』(신지서원, 2010),『개나리

노란 꽃 그늘 아래』(새문화출판사, 2020. 3)

역서 ;『송경령 평전』(지식산업사, 1992),『중국근대사』(삼영사, 1994),『송경령과 하향응』(신지서원, 2000),『20세기 중국을 빛낸 위대한 여성, 송경령(上,下)』(한울, 2001),『중국혁명의 기원』(신지서원, 2004),『송미령 평전』(한울, 2004),『주은래와 등영초』(지식산업사, 2006),『사료로 보는 중국여성사 100년』(한울 아카데미, 2010)

공저 ;『한국사』39권 (국사편찬위원회, 1999),『중국 여성, 신화에서 혁명까지』(서해문집, 2005),『중국근대화를 이끈 걸출한 인물들』(지식산업사, 2006),『중국 근대화를 이끈 걸출한 여성들』(지식산업사, 2006),『중국 근현대 주요 인물연구』1.(부산대학교출판부. 2009),『중국 근현대 주요 인물연구』2.(부산대학교출판부. 2009),『조선 후기 대외 관계 연구』(한울 아카데미. 2009. 10.),『거목의 그늘』(녹촌 고병익선생 추모문집)(지식산업사, 2014),『정치가의 연애』(바이북스. 2015)

약력 ; 부산출신(1941년생) 경남여고 졸업, 서울대학교 사범대학 역사교육과 졸업 문학사, 서울대학교 대학원 사학과(동양사 전공) 문학석사, 영남대학교 대학원 사학과(동양사 전공) 문학박사, 현재 동의대학교 사학과 명예교수, 중국사학회 회장 역임. 현재 고문, 한중인문학회 고문 역임, 중국근현대사학회, 동양사학회 평의원, 여성문제연구회 부산지회 명예회장

*≪부산시단≫ 2015년 봄호, ≪문학시대≫ 2015년 여름호 시부문 신인상 등단
*≪문학시대≫ 2019년 신년호 수필부문 신인상 등단
*문학시대인회 회원, 부산시인협회 회원, 빛살동인, 길동인, 효원수필문학회 동인

일기쓰기 55일째 ; 희수 때 딸이 보낸 편지 (6월 24일)

신박한 집 정리를 하다가 찾아낸 서류나 편지들 속에는 57세의 우리 딸 문희가 4년 전 나의 희수 잔치 때 보낸 편지를 이제 찾아내어 여기에 올린다.

"어머니의 희수연을 맞아 생각에 잠깁니다"

동양사학사를 강의하면서 선점의 중요성을 말해 왔습니다. 그 시대에 살면서 한 발짝 앞서서 위대한 업적을 이룬 사람들…그럼에도 업적 성취에 매달려 주위를 고려하지 않고 살았다면 그것이 얼마나 의미가 있을까 싶기도 합니다. 지금 어머니의 희수연(77세 잔치)을 맞아, 어머니의 인생을 돌이켜보며 놀랍게도 주변 가람들에 대한 희생과 스스로의 개인적 성취가 함께 이루어졌음을 생각케 됩니다.

팍팍한 아버지와의 결혼 생활을 포기하셨다면 저희들은 없었겠지요? 어머니는 직장 생활을 하면서 자식들을 최선을 다해 기르셨습니다. 부모님에 대해서도 마찬가지입니다. 게으른 딸인 저에 비해 어머니는 외조부모님께 지극 정성이셨지요… 가족에게는 누구나 이 정도는 하는 게 아니냐구요….? 아닙니다 가족에게 조차 배려가 없는 많은 사람을 주변에서 볼 수 있습니다. 이것은 자신만큼이나 다른 사람을 고려하는 태도, 즉 희생정신의 발로라 할 수 있습니다.

한편 많은 여성들이 가정에 함몰되어 자신을 잃어버리곤 하는데 어머니께서는 당신의 성취에도 최선을 다하셨지요. 고등학교에서 학생을 가르치고 대학에 진출하시고 대학원에서 논문공부를 하고…학계에서 인정을 받기까지 지난한 노력을 하신 걸 기억합니다.

그리고 이루셨습니다. 정말 멋져요!

같은 여성으로서 그리고 학문 후배로서 딸로서 어머니는 매우 좋은 모델이십니다. 비록 어머니 정도의 성취를 이루지 못할지라도 근사한 목표가 있고 큰 울타리가 되어준다는 점에서 저는 든든합니다.

그런 의미에서 어머니 감사합니다! 그리고 사랑합니다!

어머니의 치열한 삶을 모든 사람이 인정하고 기억할거라 생각합니다 축하드려요~!

희수의 의미대로 '기쁜 나이'를 맞으셨으니 이제는 너그러이 즐기시며 사셔도 좋지 않을까 생각합니다. 이때까지 주변을 위해 희생하고 당신을 위해 성취 노력하시느라 너무 치열하셨으니까요...

사랑합니다~! 항상 건강하세요~!

- 2017년 3월 20일 문희 올림 -

오늘은 딸이 보낸 또 하나의 편지를 찾아내었다. 그런데 우리 문희 아빠는 2009년에 우리 곁을 떠났다. 다시 회상에 빠진다.

일기쓰기 56일째 ; 이 정권의 잘못된 정책을 규탄한다. (6월 25일)

01. 대한민국 국민들이 김정은의 발아래, 핵 공갈의 공포 속에서 인질 신세로 살아가도록 대한민국을 배신하였다. 오늘도 文은 "김정은 솔직, 열정, 결단, 국제감각"이 대단하다고 칭찬했다. 가가소소....
02. 김정은을 지원하면서 북한의 2천만 동포들을 김정은의 독재에 신음하면서 살도록 한 죄다. 결코 지워지지 않을 범죄다.
03. 김정은과 결탁 하에, 9.19 군사합의라는 것을 통해서 대한민국의 국가안보 체제를 붕괴시키고 적에게 서울까지의 진격대로, 남침대로를 활짝 열어젖힌 죄다.
04. 북한을 탈주해 온 주민의 손발을 묶고 눈까지 가려서 북으로 되돌려 보낸 것은 인류가 모두 치를 떨 만행이요 반인권적 잔혹 행위다.
05. 사법부를 겁박하고 사법부내 정치 집단을 이용하여 온통 좌경적 재판부로 둔갑시켜 놓은 것은 실로 자유 민주주의를 파괴한 범죄다.
06. 대한민국을 전체주의 체제로 바꾸어볼 속마음으로 개헌을 추진하였고 공수처를 도입하는 등 갖은 체제 전복시도를 해왔거나 실행한 것은 실로 용서할 수 없는 죄다.
07. 대한민국의 오랜 외교의 기본질서를 파괴하여 일본을 적대시하고

어리석은 국민을 선동하여 한미일 동맹 관계를 파괴하려고 시도한 일은 심각한 범죄다.
08. 중국을 끌어들여 반 사드 책동을 만들어 내고 패권주의에 불과한 중국몽을 지지하는 등 망발적 외교정책을 공공연히 획책해 왔던 것은 심각한 반문명적, 반 대한민국 행위이다.
09. 홍콩의 자유시민을 적대시하고, 대만 자유 시민의 승리를 외면하는 등 대한민국의 지도자와는 전혀 다른 이념의 궤를 드러낸 것은 실로 부끄러운 일이다.
10. 소주성이라는 듣도보도 못한 경제정책으로 서민의 삶을 도탄지경으로 몰아넣은 죄, 그리고 집값을 두 배로 올린 죄…!
11. 최저임금의 급격한 인상을 통해 수많은 자영업자와 저임금 근로자를 실업으로 내몰고 사업포기의 벼랑 끝으로 몰아넣은 범죄다.
12. 국민연금을 통한 기업 규제, 경영권 간섭이 투자를 절멸시키기에 이르렀고 이는 연금 사회주의적 시도임이 명백하여 역시 체제 전환 음모라 불러야 마땅하다.
13. 멀쩡한 원전을 오로지 문재인 당신의 무지와, 무지하기에 공포에 함몰되는 그런 저차원의 심리상태에서 모조리 폐기하고 있는 것은 중대한 국가 산업 파괴행위다. 실로 문명적 설비에 대한 홍위병적 몰이해다.
14. 소위 적폐수사라는 것을 통해 직업공무원제도를 파괴하고 대한민국을 조선의 사화시대로 되돌려 놓은 그의 증오범죄는 시대착오적 야만행위다.
15. 연동형 비례제라는 반민주적 악법으로 국민들의 정치적 의사를 왜곡 대표하게 선거법을 개정한 것은 명백한 민주주의 파괴행위로 처벌을 받아야 마땅하다.
16. 선거에 개입하여 친구의 당선을 조작해 내거나 검찰의 정당한 수사

를 방해하려고 갖는 악행을 저지른 죄는 이루 헤아릴 수 없는 문재인 권력형 범죄의 작은 표본일 뿐이다.
17. 본인은 민주적 통제를 주장하지만 국회 청문회를 부정하는 등으로 국회의 민주적 통제를 거부한 것은 삼권분립의 취지를 정면에서 훼손한 것이다.
18. 깃털만한 실수를 바위덩어리 같은 범죄로 둔갑시켜 전직 대통령을 4년씩이나 감옥에 가두어 둔 당신의 죄는 인간으로서 더는 용서할 수 없다.
19. 한국의 온 산을 민둥산으로 깎아버리고도 모자라서 태양광·풍력을 지금보다 30배 늘리겠다니 온전한 정신인가! 죽어 마땅한 죄다.
20. 임기 말년에 G7옵서버 가는 길에 겸사겸사 측근 120명을 이끌고 국민 세금으로 무슨 볼일로 오스트리아 스페인까지 갔는지는 모르겠으나, 남아공 대통령 사진을 삭제하고... 패션 쇼하는 여편네는 팔짱 끼고... 그 아들은 늘 상금 타먹기에 혈안이 되어 있으니 양심은 완전 상실이라.... 그냥 할 말을 잃을 뿐이다!!! 에효 !!!

일기쓰기 57일째 ; 노인의 삶을 구분지어보면. (6월 26일)

어느덧 팔순 고개를 넘기고 나면 시간의 흐름은 급류를 탄다. 일주일이 하루 같다고 할까, 별 하는 일도 없이 시간은 흐른다. 노인이 돼봐야 노인 세계를 확연히 볼 수 있다고나 할까,

노인들의 삶도 구분 지어보자
노선老仙이 있는가 하면, 노학老鶴이 있고,
노동老童이 있는가 하면, 노옹老翁이 있고,
노광老狂이 있는가 하면, 노고老孤가 있고,

노궁老窮이 있는가 하면, 노추老醜가 있다

노선老仙은 늙어 가면서 신선처럼 사는 사람이다. 이들은 사랑도 미움도 놓아 버렸다. 성냄도 탐욕도 벗어 버렸다. 선도 악도 털어 버렸다. 삶에 아무런 걸림이 없다. 무심히 자연 따라 돌아갈 뿐이다.

노학老鶴은 늙어서 학처럼 사는 것이다. 이들은 심신이 건강하고 이유가 있어 나라 안팎을 수시로 돌아다니며 산천경계를 유람한다. 그러면서도 검소하여 천박하질 않다. 많은 벗들과 어울려 노닐며 베풀 줄 안다. 틈나는 대로 갈고 닦아 학술논문이며 문예 작품들을 펴내기도 한다.

노동老童은 늙어서 동심으로 돌아가 청소년처럼 사는 사람들이다. 이들은 대학의 평생 교육원이나 학원 아니면 서원이나 노인대학에 적을 걸어두고 못다 한 공부를 한다.

노옹老翁은 문자 그대로 늙은이로 사는 사람이다. 집에서 손자들이나 봐주고 텅빈 집이나 지켜준다. 어쩌다 동네 노인정에 가서 노인들과 화투나 치고 장기를 두기도 한다.

노광老狂은 미친 사람처럼 사는 노인이다. 함량미달에 능력은 부족하고 주변에 존경도 못 받는 처지에 감투 욕심은 많아서 온갖 장長을 도맡아 한다.

노고老孤는 늙어가면서 아내를 잃고 그냥 혼자 외로운 삶을 보내는 사람이다.

노궁老窮은 늙어서 수중에 돈 한 푼 없는 사람이다.

노추老醜는 늙어서 추한 모습으로 사는 사람이다.

인생은 자기가 스스로 써온 시나리오에 따라 자신이 연출하는 자작극이라 할 것이다.

잘 연출하며 잘 살자~ ~ 신선처럼 학처럼.......!

일기쓰기 58일째 ; 청춘 시절 (6월 27일)

문득 돌아보면....그렇게 눈이 시리도록 푸르렀던 날이 있었음을....왜 그때는 그것을 몰랐을까. 이제는 아득히 다 지나간 청춘 시절을 아쉬워하며......그저 함께여서, 함께 해서 눈물 나도록 아름다웠노라 ...... 그것이 바로 크나큰 행복이었음을.... 이제서야 가슴 가득히 느끼게 되나니....

젊은이들이여
인색할 필요가 없습니다.
적은 듯이 지나버리는 생의 언덕에서
아름다운 꽃밭을 그대 만나거든
마음대로 앉아 노니다 가시오.
남이야 뭐라든 상관할 것이 아닙니다.

청춘은 무엇과도 바꿀 수 없는 아름다운 시절입니다!
오~ 그 푸르렀던 청춘시절이여~ ~

일기쓰기 59일째 ; 백신 2차 접종 증명서 (6월 28일)

드디어 오늘 화이자 2차 접종을 마쳤다. 종이로 된 접종증명서도 주고 또 전화로도 증명내용이 날아왔다. 다음과 같다.

제목 국민비서에서 안내드립니다.
[Web발신]
[질병관리청] 2차 접종(완료) 증명
이양자님은 코로나19 백신 접종을 완료하셨습니다.

- 코로나19 백신 2차 접종(완료) 증명
  - 일시 : 2021년 6월 28일
  - 장소 : 코로나19 부산광역시 연제구 예방접종센터
          (연제국민체육센터) 051-665-5321
  - 백신 : 화이자 백신

- 아래 내용을 주의해 주세요!
  - 접종 후 최소 3시간 이상 안정을 취하시고, 내일까지는 무리하지 말아 주세요.
  - 최소 3일간은 특별한 증상이 나타나는지 주의 깊게 관찰해 주세요.
  - 만약 39℃ 이상의 고열이 있거나 두드러기 등 알레르기 반응이 나타나면, 진료를 받아보세요.
  - 앞으로도 계속 마스크 착용, 거리두기 등 코로나19 예방수칙을 잘 지켜 주세요.

일기쓰기 60일째 ; 부부의 사랑 (6월 29일)

　사랑한다는 말.... 사랑하는 당신에게.. , 오직 나의 몸과 마음을 다 준 사람... 얼마나 아내들이 듣고 싶어 하던 말인가...아~ 새삼 그 말이 듣고 싶다...
"여보~ 양자씨 사랑하오~ ~"
"여보 종원씨 나도 사랑하오~ ~"
　정말 보고 싶습니다. 노사연의 노래로 바램이란 노래를 들으며 이 안타깝고 슬프고 허전한 마음을 오늘 혼자서 달래 본다.

2부
꿈, 소망

일기쓰기 61일째 ; 노인 한 명 죽음은 도서관 하나가 사라지는 것
(6월 30일)

　서영아 기자는 그의 글에서 "더 늦기 전에 '자기역사' 기록을 남겨서 인생 2막 준비를 위해 1막을 되돌아보아야 한다고 했다. 그리고 일본의 예를 들었다. '지(知)의 거장'이라 불리던 일본 작가 다치바나 다카시(立花隆)씨는 생전에 100권이 넘는 저서를 통해 수많은 생각들을 기탄없이 세상과 공유했다고 한다. 2008년 릿쿄대에서 '자기역사(自分史) 쓰기'라는 강좌를 운영한 적이 있었다고 했다. 이 강좌는 인생 2막을 준비하는 50대 이상 시니어 세대를 대상으로 한 강좌였는데, 40여 명의 수강생이 그의 지도하에 한 학기 만에 자기역사를 써냈다고 한다. 그는 저서 '자기역사를 쓴다는 것'에서 "사람은 60세 정도가 되면 자기역사를 쓰고 싶어 하더라"며 시니어 세대는 반드시 인생을 되돌아보고 기록하라고 권했다.
　100세 시대에 인생 2막 무대를 디자인하기 위해서도 1막을 되돌아보고 '내 인생은 뭐였던가' 정리할 필요가 있다는 것이다. 그 시작은 역사의 흐름 속에서 개인의 삶을 기록하는 일이다.
　아사히신문사는 2014년부터 평범한 개인의 자기역사 출판을 돕는 사업을 하고 있다.
　이를 위한 가이드북이 자료편과 노트편 한 세트로 나와 있다. 자료편은 1926년부터 1년에 한 쪽씩 그해의 주요 뉴스와 트렌드, 유행을 빼곡히 정리해 놓아 개인 필자의 기억을 돕는다. 예컨대 해방되던 날, 혹은 성수대교가 무너진 날을 적시해주면 그날 자신이 어디서 뭘 하고 있었는지 훨씬 잘 기억할 수 있다. 노트편에는 이렇게 자신의 자취를 더듬어 연표를 만들고 시기별, 주제별로 기록하게 했다. 이를 토대로 자기 역사 쓰기 작업이 시작된다.

아무도 읽지 않을 수 있는데, 개인 역사를 굳이 왜 쓰는가. 우선은 본인을 위해, 나아가 가족과 사회를 위해서다. 개인에게는 '내가 살았다'는 기록을 남긴다는 의미, 가족에게는 고인의 부재로 인한 상실감을 덜어주는 일이 된다. 어지러운 역사 속에서 20세기를 거쳐 21세기를 살아낸 분들의 기록은 그 자체가 무명인들의 '민중사'이기도 하다.

요즘 우리 사회에서도 오래된 것은 내치고 새것만을 추앙하는 풍조가 두드러진다. 동료들을 잘라내야 남은 자들이 배를 불리는 냉혈자본주의적 사고도 만연하다. 이럴 때일수록 자신이 걸어온 길을 긍정하고 남기는 과정이 필요하다. 인류가 세상을 지배할 수 있었던 힘은 기록과 축적에서 나왔다. 평범한 우리 모두가 각자 도서관 하나씩이다. 과연 노인 한 명 죽음은 도서관 하나가 사라지는 것만큼 중요한 것인가? 그리고 자기 인생기록을 남기는 것은 중요한 것인가를 다시 한번 생각하게 한다. 분명히 인생 전체에 대한 반성과 힐링이 될 것임에는 틀림이 없으리라.

🌱 일기쓰기 62일째 ; 자아 성찰의 묵상 (7월 1일)

오늘은 집에 있을 수가 없었다. 옆집 사람이 이사 가고 새로 들어온 사람들이 막무가내로 집수리를 하느라 종일 다 때려 부수는 소리가 날 정도로 신경을 긁었기 때문이다. 하는 수 없이 책보따리를 싸서 앞 동네의 도서관으로 갔다. 젊은이들로 만원이었다. 겨우 계단 같은 한자리를 찾아서 앉았다. 앞뒤로 나 자신과 주위를 가만히 살펴보았다. 그리고 책을 보다가 혼자 조용히 묵상에 잠겼다.

나를 사랑하게 하소서,
나를 사랑하는 것이, 좋은 이웃 좋은 친구로서
좋은 사람으로 살아가는 것을 알게 하소서.

삶의 고통에 감사하게 하소서,
고통 속에 보람이 있고
승리가 있고 성취감이 있습니다.
실망이 오더라도 좌절하지 않게 하소서,
마음의 창고에는 무한한 지혜와 힘이 있습니다.

자연에 감사하게 하소서,
소리 없는 아름다움, 보이지 않는 아름다움,
유익을 주는 생명의 공기와 물...
자연은 아직 너무나 아름답습니다.
만남에 귀함을 알게 하소서.
사람들의 만남 사람 人 자로 서로 기대어 가며,
힘이 되어주는 아름다운 세상이 되게 하소서.
사소한 일, 작은 일에 집착하지 않게 하소서.
때로는 대범하게 마음 행함이 주어지게 하는
커다란 용기를 주소서, 그리고 겸손 하게 하소서.
그리고 감사한 마음 가득 갖게 하여주소서.
머리가 하늘을 향하여 있기에 사람은 으뜸이라 하지만,
늘 겸손과 지혜로 자신을 낮추는 가장 낮은 자 되게 하소서.

🌱 일기쓰기 63일째 ; 내 몸을 위한 산책 (7월 2일)

몸은 전셋집이다. 임대기간이 다 되면 돌려줘야 한다. 그 때 하자보수는 필수다. 몸은 무엇일까? 몸은 당신이 사는 집이다. 지식이나 영혼도 건강한 몸 안에 있을 때 가치가 있다. 몸이 아프거나 무너지면 별 소용이 없다. 집이 망가지면, 집은 짐이 된다.

소설가 박완서씨는 노년에 이렇게 말했다.

"젊었을 적의 내 몸은 나하고 가장 친하고, 만만한 벗이더니, 나이 들면서 차차 내 몸은 나에게 삐치기 시작했고, 늘그막의 내 몸은 내가 한 평생 모시고 길들여온, 나의 가장 무서운 상전이 되었다." 정말 맞는 말이다. 몸만이 현재다. 생각은 과거와 미래를 왔다 갔다 한다. 하지만 몸은 늘 현재에 머문다. 현재의 몸만큼 중요한 것은 없다. 그렇기 때문에 몸은 늘 모든 것에 우선한다. "몸이 곧 당신이다."

몸을 돌보는 것은 자신을 위한 일인 동시에 남을 위한 일이다. 그런 면에서 몸을 관리하지 않고 방치하는 것은 무책임한 일이다. 주변에 민폐를 끼친다. 우선 건강하고 봐야 한다! 몸을 돌보면 몸도 당신을 돌본다. 하지만 몸을 돌보지 않으면 몸은 반란을 일으킨다. 언제 반란을 일으킬지 예상할 수가 없다. 그러므로 하루 30분을 걸으면 몸에 나타나는 놀라운 변화 10가지를 늘 마음속에 깊이 인지하고 지켜나가야 만이 내 몸 건강을 유지할 수 있는 것이다. 치매가 예방된다. 근육이 생긴다. 심장이 좋아지고 혈압을 낮춰 준다. 소화기관이 좋아진다. 기분이 상쾌해진다. 체중을 관리 할 수 있다. 뼈를 강화시킨다. 당뇨병 위험을 낮춰 준다. 폐가 건강해진다. 그리고 아울러서 생각을 정리해주고 우울한 마음을 맑게 잡아준다.

오늘도 온천천 산책을 석양 무렵에 40여 분간 하고 왔다

🪴 일기쓰기 64일째 ; 70~80대 老人이 가져야 하는 마음 자세
(7월 3일)

인생의 후반은 마무리의 시간들이다.
정리하고 즐기며, 마무리해야 한다는 마음가짐이 중요할 것이다. 아

는 것도 모르는 척, 보았어도 못 본 척 넘어가고, 내 주장 내세우며 누굴 가르치려 하지 말자. 너무 오래 살았다느니, 이제 이 나이에 무엇을 하겠느냐는 등등 스스로를 죽음으로 불러들이는 어리석은 짓을 하지말자.

살아 숨 쉬는 것 자체가 生의 환희 아닌가?! 아무것도 이룬 것이 없더라도 살아있는 人生은 즐거운 것이다. 가족이나 타인에게 서운한 마음이 있더라도 그 책임은 나의 몫이라고 생각하자. 자신의 삶을 가치 있는 삶으로 만들기 위해 끝까지 노력하자. 연장전에서 결승점 뽑을 욕심은 후배들에게 양보하고, 멋진 마무리 속에 박수칠 때 떠날 수 있도록 멋진 '有終의 美'를 꿈꾸며 살아가자~!

그러기 위해서는,
 1. 마음의 짐을 내려놓아라.
 2. 權威권위를 먼저 버려라.
 3. 容恕용서 하고 잊어야 한다.
 4. 身邊신변을 서서히 整理정리해 나가야 한다.
 5. 子息자식으로 부터 獨立독립해야 한다.
 6. 感謝감사하고 奉仕봉사해야 한다.
 7. 혼자서 즐기는 習慣습관을 길러야 한다.

일기쓰기 65일째 ; 김형석 교수의 책 '백년을 살아보니'를 읽고
(7월 4일)

100세의 노년을 '젊게' 살아가고 있는 사람이 있다. 평생을 가치 있는 삶을 살기 위해 애써온 사람, 무한경쟁으로 회자되는 세상에서 힘 빼고 살아도 행복한 철학자, 김형석 옹, 김형석 교수다! 책의 요점을 간단히 정리해 본다.

사람이 나이 20이 되면 내가 50이 됐을 때 어떤 사람이 되어 있을까를 생각하면서 살아야 한다. 문제의식을 가지고 살아야 내 인생을 살아갈 수 있다. 60~75세까지가 가장 생산적이고 철도 들고 보람 있는 나이다 공자도 60을 이순耳順이라고 했다. 60이 제일 좋은 나이다. 살아보니 75세까지는 정신적으로 성장이 가능하다. 사람은 성장하는 동안은 늙지 않는다.

"재산은 자기 인격의 수준만큼 갖는 것이 원칙"이다. 어떻게 살아야 후회하지 않을까?

경제적으론 중산층, 정신적으론 상위층으로 사는 것이 좋다. 다른 사람을 위해 일할 수 있을 때가 행복하다.

요즈음처럼 어려운 일을 당한 우리 민족이 새롭게 출발할 방법은, 세상이 어지러울 때는 먼저 나라 걱정을 해야 한다. 그래야 문제가 해결된다. 민족과 국가 속에서 나를 생각하는 사람이라야 한다. 사람이 민족과 국가를 먼저 생각한다는 것이 꼭 특별한 사람만 하는 게 아니다. 모름지기 사람이라면 그렇게 살지 않으면 안 되는 것이다. 항상 국가와 민족을 걱정하는 사람은 정년퇴직 후에도 사회에서 민족과 국가를 생각하고 민족과 국가를 위해 일해야 한다.

어떻게 하면 선진국민이 될까? 책 읽는 국민이 선진 국민이다. 전 세계를 앞서서 이끌어가는 나라는 국민의 70% 이상이 백년 이상 책을 읽는 나라다. 나이 50 이상 되는 사람들이 책을 읽지 않으면 희망이 없다. 어른들이 책을 읽으면 아이들이 자연히 따라 온다.

건강을 유지하는 특별한 비결이랄 것도 없지만 50이 넘어서는 주 3회 정도 수영장을 찾고, 하루에 50분 정도 걷는 운동을 지금까지 계속하고 있다. 노년기에는 무엇보다 지혜가 필요한데, 그 지혜라는 것은 '늙으면 이렇게 사는 것이 좋겠다.'는 모범을 보여주는 것이다. 내가 푸대접을 받았어도 상대방을 대접할 수 있는 인품, 모두의 인격을 고귀하게 대해 줄 수 있는 교양, 그 이상의 자기 수양이 없다.

공감이 간다. 본받을 것은 본받도록 하자.

일기쓰기 66일째 ; 맹자의 공부법을 배워보자. (7월 5일)

맹자의 공부법은 공자의 공부법 못지않게 체계적이고 계통적이다. 먼저 독서와 관련하여 맹자는 많은 책을 읽어야 한다고 주장하면서도 독서과정에서의 주관적이고 능동적인 작용을 중시하여 "책에 나온 내용을 다 믿는다는 것은 책이 없는 것만 못하다"(「진심盡心」下)라고 말할 정도였다. 공부는 자연스럽게 순서에 따라 차근차근 해나가야지 서두르거나 요령을 피워서는 안 된다고 보았다. 동시에 굳센 의지와 항상심을 가지고 꾸준히 한 마음으로 해야지 용두사미식의 공부는 절대 안 된다고 했다.

맹자의 공부법을 몇 개 항목으로 나누어 살펴보겠다.

1) 스스로 구하면 얻을 것이다.

맹자는 독서나 공부는 자신의 의지가 가장 중요하다고 말한다. 맹자는 이렇게 말한다. "구하면 얻고, 버리면 잃는다. 구하면 얻는데 유리하고, 구하면 내게 존재하게 된다"(「盡心」上). 이 공부법을 간단하게 줄여 '자구자득自求自得'이라 할 수 있다. 즉 자신의 지적 욕구에 기대어 자신의 적극적인 노력을 통해 얻게 하는 것이다.

2) 꾸준히 한 마음으로

"학문의 길이라는 것이 다른 게 아니다. 그 놓인 마음을 구하는 것일 뿐이다"(「고자」상). 이런 저런 잡념과 딴 마음으로 독서하는 태도를 맹자는 단호히 배격했다. "마음을 오로지 하고 뜻을 극진히 하지 않으면 얻을 수 없다"(「고자」상)고 강조한다. 공부에 만족할 만한 효과를 얻지 못하는 것은 총명하지 않아서가 아니라 한 마음으로 집중하지 않았기 때문이라는 것이다. 요컨대 머리가 아니라 자세의 문제라는 것이다.

3) 다 차거든 나아가라.

인간이 성장단계를 건너 뛸 수 없듯이 공부에도 단계가 있다. 지력과 관심의 정도에 따라 공부의 질과 양은 달라지지만 그 지력과 관심에는 단계가 있다. 쉽게 말해 성장과정과 각자의 특성에 맞는 공부와 독서를 이끌어야 한다는 것이다. 순서를 밟아 단계적으로 공부하면 지식은 축적되고 지혜는 깊어져 보다 성숙한 사람으로 발전할 수 있다는 것이다.

4) 거듭 생각하고 의심을 품어라.

맹자는 오로지 마음이란 기관에 의지한 사유야말로 사물을 객관적으로 인식할 수 있다고 보았다. 듣고 보고도 생각하지 않는 것은 듣지 않고 보지 않은 것이나 마찬가지라 했다. 이 말은 실제 인식을 감성 단계에 머물러 있지 않게 하라는 요구다. 따라서 반드시 사유를 거쳐 사물의 진실된 내면, 즉 본질을 파악하도록 해야 한다는 말이 된다. 독서나 공부의 출발은 호기심과 관심이며, 그 호기심과 관심의 이면에는 강한 의문이 함께 웅크리고 있어야 한다는 것이다.

5) 이의역지以意逆志

맹자의 공부법에서는 작품, 특히 시를 해석하는 방법에 관한 언급이 눈에 띤다. "시를 말하는 사람이 글로 말을 해치지 않고, 말로 뜻을 해치지 않아서 '자신의 뜻으로 작자의 뜻을 찾아 아는' 것을 시를 안다고 할 것이다"(「만장萬章上」) 이의역지以意逆志에서 '의意'자를 독자의 사상·지식·경험 등으로 해석한다. 즉 작품을 읽는 사람의 뜻으로 작가의 뜻을 이해하거나 유추한다는 것이다. 맹자의 '이의역지' 공부법은 문학 작품을 이해하는 데 유용하다.

6) 지인논세知人論世

'사람을 알고 세상을 논하다'는 '지인논세'는 그 방법과 의미가 확대되면 독서나 공부의 최고 경지가 된다. 맹자는 이를 우선 책의 작가와 그 작품을 이해하는 또 하나의 방법으로 제시한다. 맹자는 작품과 작가를 정확하게 이해하기 위해서는 '지인논세'해야 한다고 생각했다. 진정으로 그 작품을 이해하려면 작가의 경력과 사상 심지어는 감정과 인격까지 파악해야 한다. 또 그 사람의 객관적 조건, 이를테면 그가 처했던 시대적 환경 따위를 정확하게 이해해야 한다는 것이다.

모든 공부는 지나온 과정을 종합하고 그것을 자기만의 생각과 견해로 요약할 수 있을 때 진정한 의미를 갖는다. 그것이 진짜 독서고 제대로 된 공부다.

이상 살펴본 맹자 공부법에서 발견할 수 있는 사실은 공부법이 대단히 체계적이라는 점이다. 공부하는 자세와 태도로부터 작품과 작가를 이해하는 방법, 나아가 그 모든 것을 종합하여 자신의 주관으로 요약하는 단계에 이르기까지 상당히 구체적인 방법론들을 제시한다. 이런 점에서 맹자의 공부법은 체계적일 뿐만 아니라 단계적이기도 하다.

7) 맹자의 공부법이 추구하는 기본 정신.

맹자의 공부법이 추구하는 기본 정신은 크게 두 가지로 요약해 볼 수 있다. 하나는 맹자 자신이 "구하는 데는 방법이 있고, 얻는 데는 명이 있다"(「진심」상)고 했듯이, 공부에도 나름대로의 규칙과 방법이 있다는 것이다. 이런 규칙에 근거하여 정확한 공부법을 잡아야 한다는 정신이다. 또 하나는 자신이 공부하는 과정 자체를 알고 있어야 한다는 것이다. 그래야만 '그 방법을 알 수 있다.' 즉, 공부의 규칙을 확실하게 장악하여 수시로 자신의 학습 행위를 그 규칙에 맞게 조정할 수 있어야 한다는 것이다. 이것이 안 되면 평생을 공부해도 제대로 된 방법과 길을 모른 채 헤매다 평범한 독서인으로 남게 된다. 고 했다.

8) 맹자 공부법의 뿌리인 맹모孟母

공부에 관한 맹자의 기본 정신은 대단히 엄격하다. 이는 맹자의 성격과도 관련이 있으며 특히, 그 어머니의 교육법과도 관계가 있어 보인다. 맹자의 어머니는 너무나 잘 알다시피 자식의 교육을 위해 이사를 세 번씩이나 한 어머니이지 않은가.

맹모의 극성은 삼천지교에만 머물지 않았다. '결단決斷'이란 단어가 있다. 무엇인가 확고한 결정을 내리거나 굳은 결심을 할 때 '결단을 내린다'고 표현한다. 그런데 이 단어의 근원지를 추적해보면 공교롭게도 맹모와 만나게 된다. 학업에 힘쓰던 맹자가 한번은 공부하다말고 밖에 나가 논 적이 있었다. 이 사실을 알게 된 맹모는 아들을 불러다 놓고 맹자가 보는 앞에서 한동안 열심히 짜놓은 베를 칼로 서슴없이 잘라버렸다. 맹자는 깜짝 놀라며 이유를 물었다. 그러자 맹모는 다음과 같은 말로 아들 맹자를 가르쳤다. "베는 실 한 올 한 올이 연결되어야 한다. 학문도 마찬가지로 한 방울 한 방울 쌓여야만 한다. 네가 공부하다말고 나가 놀았다는 것은 잘려나간 이 베와 마찬가지로 쓸모없어진다는 것과 같으니라!" 이 일화에서 이른바 '베틀을 끊어 가르친다'는 '단기지교斷機之敎' 또는 '단직교자斷織敎子'의 고사성어가 탄생했고, 또 여기서 '결단'이란 단어가 파생되었다.

🌱 일기쓰기 67일째 ; 가족에 관한 15가지 명언을 새겨보며 (7월 6일)

1. 가족에게 자상하지 않으면 헤어진 뒤에 후회한다. - 주희
2. 행복한 모든 가족들은 서로 서로 닮은 데가 많다.
   그러나 모든 불행한 가족은 그 자신의 독특한 방법으로 불행하다.
   - 톨스토이
3. 가족들이 서로 맺어져 하나가 되어 있다는 것이 정말 이 세상에서의 유일한 행복이다. - 퀴리 부인
4. 어머니란 스승이자 나를 키워준 사람이며 사회라는 거센 파도로 나가기에 앞서 그 모든 풍파를 막아주는 방패막이 같은 존재이다.
   - 스탕달
5. 가정에서 마음이 평화로우면 어느 마을에 가서도 축제처럼 즐거운 일들을 발견한다. - 인도속담
6. 한 아버지는 열 아들을 기를 수 있으나 열 아들은 한 아버지를 봉양키 어렵다. - 독일 격언
7. 아내인 동시에 친구일 수도 있는 여자가 참된 아내이다. 친구가 될 수 없는 여자는 아내로도 마땅하지가 않다. - 윌리엄 펜
8. 형제는 수족과 같고 부부는 의복과 같다. 의복이 헤어졌을 경우 다시 새 것을 얻을 수 있으나, 수족이 끊어지면 잇기가 어렵다. - 장자
9. 저녁에 자연스럽게 가정을 생각하는 사람은 가정의 행복을 맛보고 인생의 햇볕을 쬐는 사람이다. 그는 그 빛으로 아름다운 꽃을 피운다. - 베히슈타인
10. 가정이야말로 고달픈 인생의 안식처요, 모든 싸움이 자취를 감추고

사랑이 싹트는 곳이요, 큰 사람이 작아지고 작은 사람이 커지는 곳이다. - H.G.Wells

11. 이 세상에 태어나 우리가 경험하는 가장 멋진 일은 가족의 사랑을 배우는 것이다. - 조지 맥도날드
12. 가정은 누구나 있는 그대로의 자기를 표시할 수 있는 유일한 장소이다. - A. 모루아
13. 가정이란 어떠한 형태의 것이든 인생의 커다란 목표이다. - J.G.홀랜드
14. 행복한 가정은 미리 누리는 천국이다. - R.Browning
15. 마른 빵 한 조각을 먹으며 화목하게 지내는 것이, 진수성찬을 가득히 차린 집에서 다투며 사는 것보다 낫다. - 성경

일기쓰기 68일째 ; 자신을 격려하고 아끼는 방법 (7월 7일)

* 30분 동안 쉬거나 자거나 아무것도 하지 않는다. 아니면 여유를 가지거나 아로마테라피 목욕을 한다.
* 교외나 공원으로 산책하러 간다. 아니면 정원이나 화분을 돌본다.
* 음악 감상을 하거나 재미있는 영화를 본다.
* 머리 손질을 하거나 얼굴이나 몸에 마사지를 하거나 정성들여 화장을 한다. 아니면 치료나 상담을 받는다.
* 바자에 가서 자신에게 필요한 물건을 구입한다.
* 헬스클럽에서 운동을 하거나 수영이나 사우나를 하거나 낚시를 하거나 테니스를 친다.
* 지금의 감정을 글로 옮기거나 편지나 시를 쓴다. 영감을 주는 책을 읽는다.

* 상상력을 동원해 이 목록의 내용을 바꾸거나 새로운 내용을 덧붙여 보라.
* 사람 많고 복작되고 활기 넘치는 시장엘 가본다.

🪴 일기쓰기 69일째 ; 현명한 삶을 사는 8 가지 방법 (7월 8일)

골던 딘의 글이다.
1. 늘 열심히 일하라.
2. 절대 화내지 말라.
3. 절대로 사람을 차별하지 말라. 그리고 그들을 속단하지 말라.
4. 일이 어려울 때 관대한 사람이 아니라면 일이 쉬울 때에도 관대한 사람이 될 수 없다.
5. 자신감을 최대로 강화시키는 것은 다른 모든 일을 해낼 수 있다는 것이다.
6. 자신감이 생기면 겸손하라. 사람은 장점뿐 아니라 약점도 가지고 있다.
7. 진실로 쓸모 있는 사람이 되는 길은 다른 사람들로부터 도움을 주고 받는 것이다.
8. 싸움이 벌어지는 원인 대부분이 오해 때문이라는 사실을 명심하라.

🪴 일기쓰기 70일째 ; 西山大師 해탈시解脫詩를 읽으며 (7월 9일)

근심걱정 없는 사람 누군고
출세 하기 싫은 사람 누군고
시기 질투 없는 사람 누군고
흉허물 없는 사람 어디 있겠소.

가난하다 서러워 말고
장애를 가졌다 기죽지 말고
못배웠다 주눅 들지 마소.
세상살이 다 거기서 거기외다.

가진 것 많다 유세 떨지 말고
건강하다 큰소리 치지말고
명예 얻었다 목에 힘주지 마소.
세상에 영원한 것은 없더이다.

잠시 잠깐 다니러 온 세상
있고 없음을 편 가르지 말고
잘나고 못남을 평가 하지 말고
얼기 설기 어우려져 살아나 가세.

다 바람 같은 거라오.
뭘 그렇게 고민하오.
만남의 기쁨이건 이별의 슬픔이건
다 한 순간이오.

사랑이 아무리 깊어도
산들바람이고
외로움이 아무리 지독해도
눈보라일 뿐이오.

폭풍이 아무리 세도
지난 뒤엔 고요하듯
아무리 지극한 사연도

지난 뒤엔 쓸쓸한 바람만 맴돈다오.
다 바람이라오.

버릴 것은 버려야지 내 것이 아닌 것을
가지고 있으면 무엇하리오.
줄게 있으면 줘야지
가지고 있으면 무엇하리오. 내 것도 아닌데.

삶도 내 것이라고 하지마소.
잠시 머물다 가는 것일 뿐인데
묶어 둔다고 그냥 있겠소.

흐르는 세월 붙잡는다고 아니 가겠소.
그저 부질없는 욕심일 뿐.
삶에 억눌려 허리 한번 못 펴고
인생 계급장 이마에 붙이고
뭐 그리 잘났다고 남의 것 탐내시오.

훤한 대낮이 있으면
까만 밤하늘도 있지 않소.
낮과 밤이 바뀐다고 뭐 다른 게 있소.
살다보면 기쁜 일도 슬픈 일도 있다마는
잠시 대역 연기 하는 것일 뿐.
슬픈 표정 짓는다 하여 뭐 달라지는 게 있소.
기쁜 표정 짓는다 하여
모든 게 기쁜 것만은 아니요.

내 인생 네 인생 뭐 별거랍니까.

바람처럼 구름처럼 흐르고 불다보면
멈추기도 하지 않소. 그렇게 사는 거라오.

삶이란 한 조각 구름이 일어남이요.
죽음이란 한 조각 구름이 스러짐이다.
구름은 본시 실체가 없는 것!
살고, 죽고, 가고, 옴이, 모두 그와 같도다.
生也一片浮雲起생야일편부운기
死也一片浮雲滅사야일편부운멸
浮雲自體本無實부운자체본무실
生死去來亦如然생사거래역여연

- 西山大師 解脫詩 서산대사 해탈시 -

🪴 일기쓰기 71일째 ; 1년 반 만에 다녀간 큰아들네 식구 (7월 10일)

코로나 사태로 수원 사는 큰아들네는 1년 반이나 만나지 못했다. 제사 지낼 때도 나는 못 올라가고 수원서도 나한테 와보지 못했었다. 그러다가 이번에는 장손이 미국 대학 팬실베니아스테이트유니버시티로 유학을 가게 되어서 인사차 휴가를 내어 1박 2일로 모두 다녀갔다

수원에서 내려오면서 밀양의 할아버지 할머니 산소도 찾아뵙고 깨끗이 성묘도 하고, 오후에 도착하여 집에서 저녁을 먹는데 식당으로 나갈 수도 없고 하여서 온 동네를 수소문 하여 족발과 아나고회를 시켜서 그냥 집에서 함께 즐겁게 먹었다.

그리고는 아침에는 일찍 친할아버지 산소를 찾았다. 언제나 그이 산소를 갈 때는 날이 맑고 좋다. 이 장마 중에도 날이 맑아서 잘 인사드리고 왔다. 고마운 일이다 '우리 장손 미국에 유학갑니다. 좋은 대학 컴퓨

터과랍니다. 여보 잘 보살펴 주십시오!'.하고 그이에게 고했다. 큰 아들 유학 갈 때가 새삼스럽게 아련하게 생각이 났다.

그리고는 외할아버지 즉 사돈댁으로 인사를 갔다. 거기서 인사드리고 져녁만 먹고는 밤 9시에 출발해서 수원에 도착하니 2시쯤 되었고 비도 안 오고 도로도 막히지 않았다고 한다. 결국 1박 2일 여정으로 벼락에 콩 튀기듯 다녀간 셈이다. 그래도 중조할아버지 산소도 갔으니 고맙다!

우수한 성적으로 미국 대학에 합격을 했고, 또 미국에서 태어났으니 잘 하리라 생각하며 미리 약간의 학비를 주었다. 오늘은 축하 카드와 잡비로 쓰라고 2천 달러를 선물했다. 미리 사둔 백범 김구선생 글씨로 된 카드에 '건강하고 노력하고 행복하기 바란다.' 라고 크게 썼다. 무엇보다 건강하고 노력해야 하며 최종적으로는 행복해야 한다고 했다. 그리고 할머니가 10여 년은 더 살터이니 짝 맞추어 와서 결혼하라고 이야기했다.

또 이 멋진 우리 집의 모든 오디오시스템은 우리 준이한테 다 물려주기로 약속을 하였다. 전도양양하게 공부 잘 해와서 나라의 큰 기둥이 되기를 빈다!!!

아득한 회상에 젖는다. 두 아들이 미국과 중국에서 박사학위를 받고 돌아 온 뒤 찍은 우리 집 박사 모습들… 모두가 그립다!

일기쓰기 72일째 ; 다시 강아지를 키우기로 하다. (7월 11일)

12년을 함께 산 우리 빼로가 떠난 지 105 일째, 사실 내 마음은 블루하기 이를 데가 없었다. 늘 외롭고 맥이 빠졌다. 사진만 보아도 가슴이

쿵하고 내려앉았다.

다시 강아지를 키워야 하나? 새를 키울까? 고양이를 키울까? 금붕어를 키울까? 여러 가지 생각을 했다. 대부분의 사람들은 이제 나이가 많으니 아무 것도 키우지 말라고 했다. 그래도 외로워서 어찌 지내느냐며 키우라는 사람도 있었다. 그러든 차에 아파트 같은 동에 사는 아주머니가 다시 개를 키우지 않겠느냐며 물어 왔고, 한번 보기라도 하라면서 목욕을 시켜서 우리 집으로 데려왔다. 이 아주머니도 개를 두 마리나 키워 왔는데 한 마리는 18년이나 살다가 얼마 전에 죽었고 또 한 마리도 17년이나 되었는데 다 죽어 간단다. 그래서 인지 우리 빼로 죽은 후 늘 만나기만 하면 나를 위로 해준 분이기도 하다. 그래 이 개는 어디서 났느냐 했더니 조카가 의사인데 선배 의사가 외국에 나가면서 3개월 된 슈나우저 두 마리를 주고 가면서 키우든지 남에게 분양해 달라고 했단다. 도저히 두 마리를 키울 형편이 안 되고 해서 입양할 곳을 찾아보니 내가 적임자더란다. 검정색 슈나우저인데, 문제는 내가 알기로는 개들 중에서 소위 악마견이라고 해서 3대 말썽견이 있는데, 비글, 슈나우저, 코카스페니얼이라는 말을 들었다.

그래서 딸한테 전화를 걸었다. 우리 딸은 57세인데 개 전문가다. 달리 전문가가 아니고 여러 마리의 개를 키웠고, 개를 아주 좋아하고 개에 관한 책을 많이 읽었으며, 개 훈련도 절도 있게 잘 시키며 또한 사위도 개를 좋아한다. 단번에 두어 달 훈련시켜 보겠다면서 데려가겠다고 했다. 그러면서 슈나우저는 말썽은 부려도 머리가 영리하기 때문에 잘 훈련시키면 된다고 했다. 오늘 사위랑 차타고 데리고 온다고 해서 지금 기다리고 있다. 암튼 24 시간 있는 동안에 똥오줌은 조금은 가리는 것 같은데, 화분을 뒤엎고 꽃을 물어뜯고 해서 아침에 한바탕 난리를 쳤다. 밥도 잘 먹고 잠도 잘 잔다. 근데 벌써 이쁘다. 이름은 혼자 고심해서 죠이(Joy ; 환희, 기쁨)라고 지었다. 나에게 기쁨을 안겨주고 환희 같은 존재가 되어주길 바라면서다. 우리 죠이 왕자님! 잘해 봅시다. 파이팅!!!

우리 만번 잘 살아 보세~~!!! 재미있게 즐겁게 잘 살아 보자!!! 죠이! 죠이! 죠이!!!

🪴 일기쓰기 73일째 ; '아버지의 인생'을 생각하며 (7월 12일)

아버지란!!! 뒷동산의 바위 같은 이름이다. 아버지란 기분이 좋을 때 헛기침을 하고, 겁이 날 때 너털웃음을 웃는 사람이다. 아버지란 자기가 기대한 만큼 아들딸의 학교 성적이 좋지 않을 때 겉으로는 "괜찮아, 괜찮아" 하지만, 속으로는 몹시 화가 나는 사람이다.

아버지의 마음은 먹칠을 한 유리로 되어 있다. 그래서 잘 깨지기도 하지만, 속은 잘 보이지 않는다. 아버지란 울 장소가 없기에 슬픈 사람이다. 아버지가 아침 식탁에서 성급하게 일어나서 나가는 장소(직장)는, 즐거운 일만 기다리고 있는 곳은 아니다. 아버지는 머리가 셋 달린 龍과 싸우러 나간다. 그것은 피로와 끝없는 일과 직장 상사에게서 받는 스트레스다.

아버지란 "내가 아버지 노릇을 제대로 하고 있나? 내가 정말 아버지다운가?" 하는 자책을 날마다 하는 사람이다. 아버지란 자식을 결혼시킬 때 한없이 울면서도 얼굴에는 웃음을 나타내는 사람이다. 아들, 딸이 밤늦게 돌아올 때에 어머니는 열 번 걱정하는 말을 하지만, 아버지는 열 번 현관을 쳐다본다.

아버지의 최고의 자랑은 자식들이 남의 칭찬을 받을 때이다. 아버지가 가장 꺼림칙하게 생각하는 속담이 있다. 그것은 "가장 좋은 교훈은 손수 모범을 보이는 것이다"라는 것. 아버지는 늘 자식들에게 그럴 듯한 교훈을 하면서도, 실제 자신이 모범을 보이지 못하기 때문에, 이 점에 있어 미안하게 생각도 하고 남모르는 콤플렉스도 가지고 있는 분이다.

아버지는 이중적인 태도를 곧잘 취한다. 그 이유는 "아들, 딸들이 나를 닮아 주었으면" 하고 생각하면서도, "나를 닮지 않아 주었으면" 하는 생각을 동시에 하기 때문이다.

아버지에 대한 인상은 나이에 따라 달라진다. 그러나 그대가 지금 몇 살이든지, 아버지에 대한 현재의 생각이 최종적이라고 생각하지 말라. 일반적으로 나이에 따라 변하는 아버지의 인상은,

4세때--아빠는 무엇이나 할 수 있다. 아빠는 무섭다.
7세때--아빠는 아는 것이 정말 많다.
8세때--아빠와 선생님 중 누가 더 높을까?
12세때-아빠는 모르는 것이 많아.
14세때-우리 아버지요? 세대 차이가 나요.
25세때-아버지를 이해하지만, 기성세대는 갔습니다.
30세때-아버지의 의견도 일리가 있지요.
40세때-여보! 우리가 이 일을 결정하기 전에 아버지의 의견을 들어봅시다.
50세때-아버님은 훌륭한 분이었어.
60세때-아버님께서 살아 계셨다면 꼭 조언을 들었을 텐데…

아버지란 돌아가신 뒤에도 두고두고 그 말씀이 생각나는 사람이다. 아버지란 돌아가신 후에야 보고 싶은 사람이다. 아버지는 결코 무관심한 사람이 아니다. 아버지가 무관심한 것처럼 보이는 것은, 체면과 자존심과 미안함 같은 것이 어우러져서 그 마음을 쉽게 나타내지 못하기 때문이다. 아버지의 웃음은 어머니의 웃음의 2배쯤 농도가 진하다. 울음은 열 배쯤 될 것이다.

아들 딸들은 아버지의 수입이 적은 것이나 아버지의 지위가 높지 못한 것에 대해 불만이 있지만, 아버지란 그런 마음에 속으로만 운다. 아버지

는 가정에서 어른인 체를 해야 하지만 친한 친구나 맘이 통하는 사람을 만나면 소년이 된다. 아버지는 어머니 앞에서는 기도도 안 하지만, 혼자 차를 운전하면서는 큰소리로 기도도 하고 주문을 외기도 하는 사람이다.

어머니의 가슴은 봄과 여름을 왔다 갔다 하지만, 아버지의 가슴은 가을과 겨울을 오고간다. 아버지란!! 뒷동산의 바위 같은 이름이다. 시골마을의 느티나무 같은 크나 큰 이름이다.

이글을 읽으면서 우리 친정아버지를 생각한다. 자식의 교육을 위해 정말 정말 최선을 다 하셨던 분이셨다.

또한 나의 떠난 남편을 생각한다. 그는 샌드위치맨이었다. 한 푼도 부모 혜택을 못 받고 고학을 했으면서도 자식을 위해 최선을 다했다.

일기쓰기 74일째 ; 컴에서 다 쓴 글이 날아가 버릴 때 (7월 13일)

정년퇴직 후 오피스텔을 빌려 연구실을 만들고 매일 같이 출퇴근하며 열심히 연구 활동을 계속하고 있던 남편이 어느 날 아주 맥이 빠져서 힘없이 퇴근 한 일이 있었다. 무슨 일이 있었느냐고 물었다. 하루 종일 번역해서 만든 원고가 실수로 한순간 다 날아가 버려서 찾을 수가 없어서 맥이 빠진다고 했다. 얼마나 황당했을까~?

그 후 나도 그런 일이 몇 번 있었다. 다 써놓은 시가 날아가 버렸다 그리고 정성들여 써놓은 편지가 날아가 찾을 수 없었고, 수필도 쓴다고 쓴 것이 날아가 버렸다. 다 쓴 논문이 날아간 것이 아니니까, 그리 큰일은 아니지만 그래도 그 맥이 빠지고 황당한 기분은 겪어보지 않고서는 도저히 모른다. 그러하니 늘 저장을 생활해 나가야 한다.

장영희 교수의 이야기기 생각났다. 이 이야기는 조금은 성격이 다르지만 소아마비를 앓은 유명한 영문학자이며 수필가였던 그녀는 미국에서 박사학위논문을 타이프를 쳐서(그 당시는 컴퓨터가 없는 시절이라 타이프라이트를 쳤다) 거의 다 써놓고 언니 집엘 놀러갔었는데... 타고 간 차채로 몽땅 도둑을 맞는 통에 차 안에 넣어둔 어렵게 완성된 논문까지 잃어버리고 말았다. 바로 하나 밖에 없는 원본을 잃어버리고 만 것이었다. 한 달 동안을 방에 깜깜하게 막을 쳐놓고 앓아 누웠었다는 얘기를 그의 수필에서 보고 너무나도 안타까워했던 일이 생각났다.

그 후 다시 논문을 처음부터 써서 박사학위를 받았고, 귀국하여 교수까지 지냈지만 결국은 암 투병 끝에 생을 마감하고 말았다. 내가 서울사대에 다닐 때 배운 영문학 교수가 바로 장영희교수의 아버지 장왕록 교수님이셨기에 늘 잘 기억하고 있는 일이다. 물론 불편한 몸 상태에 대한 고뇌도 있었겠지만, 그때 그 당시의 너무나도 큰 충격도 큰 심적 장애가 되어 암이 되지 않았을까 하는 생각을 나는 늘 혼자 해왔었다.

우리 모두 실수가 없도록 매사에 불여튼튼 조심을 할 일이다!

🪴 일기쓰기 75일째 ; 사뮤엘 울만의 시 '청춘'을 외우며 (7월 14일)

청춘이란 인생의 어떤 한 시기가 아니라 마음가짐을 말한다.
장미 빛 용모, 붉은 입술, 강인한 육신을 뜻하지 않고
풍부한 상상력과 굳건한 의지력과 불타오르는 정열을 가리킨다.

청춘이란 인생의 깊은 샘에서 솟아나는 참신함을 말한다.
두려움을 물리치는 용기
안일한 마음을 뿌리치는 모험심을 의미한다.

청춘이란 그 탁월한 정신력을 뜻하나니
때로는 20세의 청년보다 60세의 노인에게 청춘이 있다.
우리는 누구나 세월만으로 늙어가지 않는다.

이상을 잃어버릴 때 주름살이 늘어나지만
열정을 가진 마음을 시들게 하지 못한다.
고뇌, 공포, 실망 때문에 기력은 땅으로 기울고
마음은 시들어버린다.

16세든 60세든 인간의 가슴 속에는
경이로움에 이끌리는 마음
어린애들처럼 왕성한 미래에 대한 탐구심
삶에 대한 흥미와 환희를 얻고자하는 열망이 있다.

그대와 나의 가슴 속에는 눈에 보이지 않는
우체국이 있다.
인간과 하나님으로부터 아름다움, 희망, 기쁨, 용기
힘의 영감을 받는 한, 그대는 젊다.

영감이 끊기고, 정신이 냉소의 눈에 파묻히고
비탄의 얼음에 갇혀질 때
20세라도 인간은 늙는다.

머리를 높이 치켜들고 희망의 파도를 탈 수 있는 한
80세라도 인간은 청춘으로 남는다.
젊음이 넘치는 삶이란 마음가짐에 있다.

🪴 일기쓰기 76일째 ; 시 한 수를 올립니다. (7월 15일)

아버지의 꼬리

아들은 인생 어느 순간에 이르러서야

아버지의 삶을 들여다볼 눈을 뜨게 되고
그 깨달음과 연민은 아버지를 넘어
극복하는 디딤돌이 된다.

아들이 자라나 아버지가 되었을 때
그제야 아버지를 이해하게 되고
아버지의 삶, 아버지의 땀과 눈물을
비로소 포용하며 아버지를 극복한다.

아버지는 완벽한 존재가 아니고.
넘을 수 없는 태산이 아닌 작은 언덕이다.
그렇지만 아들에게 아버지란 언제나
뒷동산의 바위 같은 이름이다.

아버지 등 뒤에는 늘 아버지를 뒤따르는
발자국이 있다 아버지가 남긴 발자국을
그대로 밟으려고 애쓰는 어린 발자국이다.
그래서 아버지의 꼬리는 도처에 존재한다.

아버지는 돌아가신 뒤에 두고두고
그 말씀이 생각나는 사람이다.
돌아가신 후에야 더 보고 싶은 사람이다.
아버지의 꼬리는 이처럼 두텁고도 길다.   - 자작시 -

🪴 일기쓰기 77일째 ; 뇌를 젊게 유지하는 법 (7월 16일)

나이가 80이 넘다보니 뇌에 대한 관심이 증대할 수밖에 없다. 늘 복습이다!

운동법

1] 박수치기(주먹, 손끝, 손목, 손등, 손가락박수)
2] 머리운동 + 몸운동(걸으면서 100에서 3빼기 혹은 7빼기 외우기)
3] 단어가 생각 안 나고 치매가 의심스러울 때; 치매안심센터에서 뇌 건강검진 하기

치매 고위험군

1] 고혈압, 고지혈증, 당뇨병 혈관 조심 (유해단백질 아밀로이드가 문제)
2] 가족 중 치매환자가 있을 경우 (치매 유전자)
3] 술, 담배 금할 것 (블랙 아웃 즉 필름이 끊어질 경우 뇌세포가 죽는다)
4] 너무 예민하거나 우울증이 있을 경우.
5] 난청일 경우, 말을 되물을 경우.
6] 잠꼬대가 심하거나 잠을 잘 못잘 경우

뇌를 젊게 유지하는 방법

1] 책 읽기 , 계산하기, 외우기, 외국어 공부하기
2] 고혈압, 고지혈증, 강뇨병 치료하기(아밀로이드 치매 혈관성 피매)
3] 꼭꼭꼭꼭 씹고 손 운동을 자주 할 것!!!
4] 비타민 B군을 섭취할 것; 견과류, 보리, 콩, 두유, 참깨 , 닭고기, 연어
5] 충분한 수면 (잠자기 전 발 맛사지, 운동은 수면 5시간 전에 끝냄)
6] 운동; 걷기 운동 !! 활발하게 보폭을 넓게 움직인다. 하루 30분 이상.
7] 친구 사귀고, 반려동물울 키운다. - 연결성, 인간관계 맺기, 사회 활동.

🌱 일기쓰기 78일째 ; 죠이 소식 (7월 17일)

　7월 11일에 입양한 뒤 딸네 집에 훈련시키려 보낸 반려견 죠이 얘기다. 그 다음 날 훌륭한 수의사한테 데리고 가서 엑스레이부터 시작해서 온갖 검진을 다한 결과 만 4개월이 된 강아지이며, 예방주사는 한 번도 안 맞아서 연달아 5번 맞혀야 하고, 또한 뒷다리 슬개골이 빠져있으며, 잠복고환이라고 진단했다. 그래서 그 다음 날부터 예방 주사를 맞히고 우선 급한 잠복 고환 수술에 들어갔다.

　이상하게도 불알이 없었다. 몸 안에 들어가 있어서 수술하지 않으면 곪거나 큰 일이 일어난단다. 고환 수술비만 679,000원...기타 등등 100만원을 어서 딸에게 부쳤다. 어째 값싸게 한 마리 얻었다 했더니... 두어 달 후 슬개골 수술비까지... 큰일이다! 게다가 또 사고뭉치가 아닐까 하는 생각까지... 괜히 입양했나? 혼자 생각에 잠겼다. 딸한테서 사진과 글이 날아왔다 "엄마 반려동물은 원래 가슴으로 낳아서 지갑으로 키운다고 했는데... 실감나지요?" 또 "엄마 죠이가 참 영리하고 똑똑해요. 앉으라면 앉고 기다리라 하면 기다리고 똥 오줌도 가려요~. 원래 슈나우져가 머리가 좋은 개예요." 하면서 아침에 운동까지 하고 왔단다.

　생일도 모르니, 4개월 이면 3월 20일경, 나의 생일날을 죠이 생일로 함께 하기로 했다. 제발 딸한테 훈련 잘 받아서 똑똑하게 무럭무럭 잘 자라기를 빈다. !파이팅!!!

🌱 일기쓰기 79일째 ; 回春 10訓 (7월 18일)

　1. 하루 10분 명상을 하자...!
　"생각의 근육을 단련하라"는 것으로 편안한 음악과 함께 하는 하루 10

분 정도의 명상은 두뇌를 젊게 유지하는 특효약이란 설명이다.

2. 자주 빨리 걸어라

빨리 걷기는 가장 경제적이면서 효과적인 유산소운동으로, 짧고 빠른 발걸음을 하루 30분 이상 1주일에 5회 이상 실천하면 젊음을 회복할 수 있다는 게 전문가들 조언이다.

3. 물 제대로 마셔라

하루에 30초 동안 3컵씩 3번 마시는 물은 보약과 다름없다며 "물을 제대로 마시라"고 주문했다 '3033법칙' 이란다.

4. 맘껏 웃어라

웃음은 행복한 바이러스로 건강 증진의 첩경이란 점은 강조해도 부족함이 없다.

5. 수수하고 멋지게 입어라

스포티하고 심플한 패션이 젊고 돋보이게 만든다는 뜻이다.

6. 피부는 촉촉하게 자외선은 피하라.

전문가들이 추천하는 피부건강을 유지하는 화장품 두 가지는 바로 "자외선차단제"와 "모이스처라이저"다.

7. 리모컨은 자녀에게.

자녀들이 즐겨 보는 프로그램을 통해 자신의 트렌드 지수를 높이자는 뜻을 담고 있다.

8. 애완견 사랑하고 디지털을 배워라

'디지털을 두려워마라' 무엇이든지. 새것은 배우려 노력하자!!! 그리고 애완견과의 생활은 치매예방에 도움이 된다.

🪴 일기쓰기 80일째 ; 여름을 향해 들려오는 소식들 (7월 19일)

정신없이 지내고 있는 요즈음이다. 눈 뜨면 아침, 눈 감으면 저녁, 밤.... 그리고 또 아침, 동지섣달 긴긴 밤이라 했던가? 하지 6월 긴긴 낮 동안에 일을 해도 해도 해는 아직도 중천이다. 이제 내일 모래면 중복이라는데 삼계탕 한번 못 먹었다! 만나는 이도 없이 혼자서 날을 보내고 있구나. 월요일인가 하면 벌써 토요일. 나에겐 아무 소용없는 요일들일 뿐이다.

그래도 계절의 소식을 전해주는 생명체가 있어서 다행이다. 열흘 전부터 매미 소리가 살살 들리더니 이제 합창을 한다! 나흘 전 온천천에서 잠자리를 만났는데 이젠 여기저기서 본다. 매미도 울고 고추잠자리도 날고 장마도 끝나고 본격 무더위 소식! 지구의 온난화로 인한 기후 위기로 올해는 많이 무덥단다!

들려오는 정치 꼴은 한여름 무더위보다 더 덥고 속을 후빈다. 여당 대선 후보들의 그 못난 언행을 보며 한심의 극치, 역겹다. 전기는 블랙아웃이 코앞이라는데 전국을 파헤쳐 태양광이라~ 얼마나 미친 짓인지...? 이제야 원전을 다시 하나 가동한다나?

이 무더위에 오후 시간엔 에어컨 가동을 중지하라고 라고라고? 전에 없던 일들이다! 참으로 80평생에 처음 겪어보는 정권이다!!

그래도 들려오는 기쁜 소식은 있네..... 새로 분양한 우리 개 죠이는 창원 딸네 집에 가서 수술도 잘하고 산책도 잘 하고 훈련도 잘하고 잘 지낸다는 소식이다! 이제 주인인 나도 한번 가서 얼굴을 익혀야지... 딸네 집에 가자! 산책하고 발 닦고 소파에 누운 우리 죠이의 모습이 귀엽다...! 그런데 어저께 셰인이라는 영화를 봤는데 주인집 애 이름이 죠이였다 그래서 넘넘 반가웠다. 우리 왕자 이름 잘 지었구나... 죠이! 홧팅!

🪴 일기쓰기 81일째 ; 멋있는 사람은 늙지 않는다 (7월 20일)

멋있는 사람은 늙지 않는다. 보통 멋하면 젊은이들의 전유물인 것으로만 생각하기 쉽다. 그런데 흰머리가 희끗희끗한 노년의 남성들이...버스나 지하철 등에서 노인이나 병약자에게 서슴없이 자리를 양보하는 것을 보았을 때, 젊은이들에게서 쉽사리 느끼지 못하던 멋을 느끼곤 한다. 마치 무엇으로도 살 수 없는 값진 보석을 감상하는 느낌이라고나 할까... 아마 그 광경을 본 사람이라면 누구나 노년의 멋스러움이 무엇인지 충분히 알 수 있을 것이다.

그러나 대부분의 노년 남성들은 나이가 들어가면서 이미 지나간 젊음을 아쉬워하기만 했지 찾아오는 노년에 대하여 멋스럽게 맞이할 생각을 못하는 것 같다. 이는 남자들이 노년을 지나면서 점차 멋을 잃어가고 있기 때문일 것이다. 대다수의 남성들은 노년이 되면서 부와 여유도 함께 가져야 하는 것이 당연한 일이며, 이는 또한 많은 남성들의 꿈이기도 한 것 같다. 하지만 노년의 멋이란 것이 꼭 고급승용차를 타거나 고급 의상을 걸치고서 비싼 음식점을 출입하는 데서 나오는 것은 아니라고 생각한다.

노년의 멋이란 외모에서 풍기는 것보다 정신적인 면까지 함께 조화를 이룰 때 더욱 아름답지 않을까? 길거리에서 맹인이 길을 잘 못 찾아 헤매고 있을 때에 따뜻한 손길을 내밀 줄 아는 사람, 도심에서 벗어난 한

적한 들길을 걸으며, 작은 꽃송이 하나에도 즐거워 할 줄을 아는 마음의 여유가 있을 때에, 이런 노년의 멋스러움은, 젊은이들에게 기대 이상으로 귀중한 사회적 받침틀이 될 것이다.

그런 노년의 멋을 가지려면 물론 건강이 첫째일 것이다. 몸이 피곤하거나 아픈 데가 많으면 만사가 귀찮아져서 생동감 있는 생각도, 자신을 되돌아보는 여유도 가질 수가 없기 때문이다. 따라서 바른 정신과 의식을 가지려면, 그에 못지않게 건강을 지켜야 되고, 마음과 정신, 그리고 육체가 건강해야 비로소 외모에 신경을 쓸 수 있는 여유가 생기게 될 테니까. 또한 적절한 대인관계의 긴장감도 노화 방지에 도움이 된다고 한다.

그러니 노년의 남성들이여, 여성들이여! 모두 모두 이제 더 이상 주저하지 말고, 정신적인 멋을 부려 보십시다! 우리들 노년의 멋을 한층 더 가꾸어서 훌륭한 황혼을 맞이하십시다!

🪴 일기쓰기 82일째 ; 창원 딸네 집에 가다. (7월 21일)

오랜만에 창원 딸네 집엘 가서 하루 밤을 자고 왔다. 창원대 교수 사위에게 시집 보낸 지 30년만의 일이다. 맛있는 서양요리를 해주었다. 스프에 연어스테이크에 맥주에... 오랜 만에 서울에 취직해 있는 큰 손녀딸까지 내려와서 즐거웠다. 맡겨놓은 강아지 죠이는 잘 훈련되고 있었다ㅎㅎㅎ. 딸네 집에 자주 못간 이유는 시집어른들과 함께 살았기 때문이다. 이제 시어른은 돌아가시고 시어머니는 다른 곳에서 사시기에 가서 한밤 자 볼 수 있었다. 참 오손도손 재미있게 살고 있었다. 어릴 때부터 노고지리 새끼처럼 명랑한 우리 딸은 아직도 "우아~ 철우씨 일어났어요? 안녕?" 하면서 사위한테 애교 띤 아침 인사를 한다. 그 모습을 보니 참 곱고 이쁘다. 그래도 모두 다 자식들이 정겹게 잘 사니 걱정이 없다. 수원 사는 큰 아들도 재미있게 잘 산다. 직장도 삼성반도체 회사이고, 큰며느리는 살림꾼으로 마음이 깊고 의연하다. 부산 작은 아들도 사학과 교수이고...치과의사 마누라에... 다 잘 산다. 나는 혼자 살아도 아무 걱정이 없다. 나의 할 일이 늘 많으니까. 그이는 가고 없어도 ... 우리 가족 모두 무병 무탈 소원 성취 비나이다.....!

일기쓰기 83일째 ; 제자의 위로 꽃다발과 편지 (7월 22일)

선생님...
오스트레일리아의 시인 제프리 페이지는 이렇게 노래했습니다.
"나는 어머니들이 살아온 하루 또 하루, 하룻밤 또 하룻밤을 찬탄한다. 한 해 또 한 해를 '불굴'이라는 두 글자로 장식하며, 힘겨워도 풍요로운 열매를 맺은 어머니들의 인생을 찬탄합니다."
왠지 모르게 설사가 나고 허전한 요즘의 내 마음을 알고 제자가 보내온 글과 정성!
나의 허전한 마음을 위로해준 제자의 '행복의 꽃다발과 편지의 한 구절이다.
최선을 다하지 않는 엄마가 있을까... 모성이란 무어라고 말로서 다 표현할 수 없는 것. 나도 내 공부를 하면서 애들을 키워 유학을 시키면서 밤낮없이 뛰었다.

일기쓰기 84일째 ; 신문사에서 인터뷰 요청이 오다. (7월 23일)

존경하는 이양자 교수님께,

폭염이 작열하고 있습니다.

오늘 오전에는 원세개가 쓴 망월사 현판 사진 찍으러 의정부 망월사를 찾아가다가 너무 덥고 힘들어 산중에서 망월사에 전화를 걸었더니 마침 보살님께서 협조해주셔서 사진 몇 장을 전송 받았습니다.

원세개에 의해 국권과 자주, 독립이 훼손된 130~140년 전을 떠올려 보며, 앞으로는 그런 비극이 되풀이되지 않아야겠다는 마음 큽니다.

미흡하지만 아래에 몇 가지 질문을 정리해 봤습니다. 능력이 미흡하고 과거의 역사 인물을 갖고 인터뷰 방식으로 기사를 쓰려고 하다 보니 일부 반복되고 두서없는 질문들이 많습니다. 넓은 마음으로 용서해 주십시오. 조금 길지만 답변해주시면 고맙겠습니다. 가급적 일요일(7월25일) 밤이나 월요일(7월 26일) 오전에 서면 답변 보내주시면 이걸 토대로 하되, 전화 인터뷰(다음 주 월요일 낮이나 오후 예정)를 추가해서 기사를 작성하려 합니다. 기사는 다음 주 수요일(7월 28일) 낮이나 목요일(7월 29일) 오전 게재를 예정하고 있습니다.

더운 날씨에 폐를 끼쳐 거듭 송구하오며 협조를 앙청드립니다. 감사합니다.
- 조선일보 송의달 선임기자 드림

🪴 일기쓰기 85일째 ; 질문서에 대한 나의 답변. (7월 24일)

1. 원세개(위안스카이)에 관심을 갖고 연구하게 된 '계기'가 있다면 무엇인지 말씀해 주십시오. 원세개 연구 과정에서 혹시 어떤 어려움이나 기쁨, 관련된 에피소드가 있는지요? 있다면 어떤 내용인지요?
답 서울대학교 대학원 때 지도교수님이 한중교섭사 전공자이신 전해종 교수님이셨습니다. 논문을 써야 할 즈음 몇 가지 문제를 던져주셨는데 원세개에 대해 관심을 느꼈습니다 '근대중국의 횡령자''나라를 훔친 대도'라는 칭호를 듣는 괴걸 원세개는 우리나라에서는 과연 어떤 짓을 했나 하는데 관심을 가졌습니다. 처음 석사학위 논문 제목은 〈원세개의 재한시在韓時의 활동과 그 배경〉이었으며 나중에 대학에 전임이 된 후에 경제 분야를 더 연구하고 보충하여 2002년도에 책을 냈습니다. 그 후 책이 절판된 데다 찾는 이도 많았고, 또 재출판을 권하는 이도 있어서 다소 수정하여 다시 2019년도에 재출판하였습니다.

에피소드라고 한다면, 석사학위를 1967년도에 받는데 1965년에 결혼하여 첫딸을 낳고 매일 애 재워놓은 뒤 발치에 식판을 펴놓고 앉아 논문 쓰던 생각이 납니다. 상당 기간 동안 저의 머리속엔 원수 같은 원세개로 가득 차 있었습니다.

그리고 이 논문을 쓰는 동안은 속이 터지는 울분과 증오를 느꼈습니다. 그 후 송경령에 대한 박사학위 논문을 쓸 때는 너무나 대조적인 기분이었습니다. 인물사를 연구할 경우 역사에 있어서 부정적인 측면이 많은 사람보다 긍정적인 작용을 한 인물이 공부하는데 훨씬 즐거움과 보람을 안겨준다는 사실을 실감했습니다.

2. 한국과 중국에서 원세개(위안스카이)에 대한 관심과 연구는 어느 정도인지 밝혀주십시오. 한국 연구 학자나 언론인은? 중국이나 일본에서는 어떤지요?

답 중국에서 원세개에 대한 관심은 주로 북양군에서의 신군 건설, 신해혁명에서의 역할, 황제체제 부활 시도와 같은 중국 국내에서의 그의 반혁명적 역할에 집중돼 있습니다. 따라서 청말 조선에서의 원세개의 역할은 그다지 연구자의 관심을 끌지 못하고 있습니다. 그나마 이홍장의 동아시아 외교정책, 청일전쟁에서의 실패와 관련해 원세개의 일생은 입신출세를 위한 권모술수, 반동적 기회주의자로 서술되고 있습니다.

일본에서의 연구 동향도 이와 유사한 경향이 있으며, 중국에 비해 일본의 경우는 청의 경쟁자로서 조선에 대한 청과 원세개의 종번관계 강화책에 대해 더욱 비판적일 수 밖에 없습니다. 한국에서도 원세개에 대해서는 관심이 그리 많지 않은 것 같습니다. 그런데 이 책이 최근에 출판되고 난 뒤 놀랍게도 많은(15개) 신문사가 주목해 주었습니다. 그 중에서 중앙일보의 박보균 대기자, 동아일보의 김순덕 대기자 그리고 연합뉴스의 추왕훈 기자께서 상세히 다루어 주어서 놀랬습니다. 그리고 책이 제법 팔리기도 했습니다.ㅎㅎ

관련 연구서로서 중국에서는 〈원세개 절국기〉〈원세개〉〈원세개 전전〉 등이 있고 일본에서는 〈괴걸 원세개〉〈정전 원세개〉 미국에서는 Ch'en Jerome의 〈Yuan Shir Kai〉 등이 있으며 우리나라에서는 애써 관련을 찾는다면 〈청말 대조선 정책사연구〉〈근세 동아시아 관계사 연구〉〈한말의 대외관계〉 정도입니다.

3. 개인적으로 위안스카이에 대해서 어떻게 생각하시는지요? '인간 원세개'에게서 두드러진 자질이나 특질은 무엇인가요? 한국 지도자들이 혹시 원세개에게서 배울 측면이 있다면 무엇인지요?

답 원세개는 청조의 태평천국 진압 과정에서 군사적 공적이 있는 대관 관료집안의 자제로서, 학문에 재능이 없어 과거고시와는 인연이 없고 헌금으로 감생 자격을 매수한 정도입니다. 문벌의 배경, 특히 그 가문과 이홍장과의 인연으로 군에서 입신출세한 인물이었습니다. 그러나 남다른 강인한 출세 지향적 권력욕을 바탕으로 권모술수와 시류에 영합하는 동물적 정치 감각으로 인간관계와 상황을 기민하게 관리하는 능력을 통해 기회주의로 점철된 인생을 살아간 행운의 권력자였습니다.

난세에 최고의 권좌에 오른 그의 입신출세의 역사는 전통적 관료주의 의식 이외에는 시대를 이끄는 가치관이나 세계사적 흐름을 읽는 지식도 전무했습니다. 오히려 중국 현대사의 대변혁기에 통일적 중화제국의 구체제를 부활시키려는 반동적 역할밖에 할 수 없었으니, 인간으로서, 정치인으로서 그에게 배울 점은 조금도 없다고 하겠습니다. 이 같은 관료주의적 '제국의 꿈'은 오늘날까지 중국정치를 오염시키는 중국문명의 비극이라 생각됩니다. 매판적 반동 정치가이며 권모술수와 이중성으로 점철된 괴걸 원세개에게서 우리 지도자가 배울 것은 반면교사 이외 아무 것도 없습니다.

4. 위안스카이의 조선 내 활동은 2단계로 나눠 봐도 되는지요? 1883~1885년 시기와 1885년 조선총리교섭통상사의로 부임한 이후 1894년 청일전쟁 직전 시기로 나눌 수 있는지요? 이 경우 1기와 2기에서 위안스카이의 역할과 특징을 지적하신다면?

답 그렇습니다. 1885년 원세개가 이홍장에 의해 '주차조선총리교섭통상사의'로 임명된 것을 분기점으로 조선에서의 원세개의 역할을 전, 후기로 양분하는 관점은 전, 후기에 그의 역할 뿐 아니라, 국제정세와 조선의 상황의 변화를 파악하는 데도 매우 효과적입니다. 1885년 이전에 원세개는 조선에 파견된 오장경 제독의 휘하 말단 군관으로 와서 임오, 갑신 두 정변의 진압에 발군의 두각을 나타내는 과정입니다. 이에 반해 1885년 이후는 그야말로 '조선의 감국대신' 역할을 북양대신 이홍장으로부터 인정받아 조선 조정의 모든 정책을 지배한 시기였습니다.

그리고 국제정세와 조선의 상황도 크게 변해서 구미 각국과 조선의 수교가 이루어지고 청과 일본 뿐 아니라 구미 열강의 개입, 특히 영국과 러시아의 세계적 대립이 조선의 국제 환경에도 작동하기 시작한 것입니다. 이 같은 영국. 러시아의 대립을 배경으로 영국의 지지를 받은 청의 이홍장이 원세개를 통해 조선에 대한 속국화 정책을 비교적 안정적으로 추진할 수 있었습니다.

그럼에도 러시아와 일본의 외교적, 경제적 공세는 계속되었고, 급기야 1880년대 후 반 청과 일본의 거대한 군비경쟁이 격화하는 가운데 청의 조선 속국화 정책은 일본의 도전으로 청일전쟁에서 결국 파탄의 결과로 끝났습니다.

좀 더 그 두 시기를 상세히 살펴보면,

1기(1882~1885; 23세~26세) 원세개 활동
1) 청군의 조선 도착 후 민가 침입, 부녀자 간음 등 기강해이를 엄히 다스림.
2) 대원군 구수拘囚에 적극적 행동.
3) 병난에 참가한 난당 소탕에 과격한 행동.(왕십리 소탕)
4) 조선군대 신건친영군(2000명) 창설 및 훈련.
5) 갑신정변 당시 실권을 쥐고 정변 진압 결행.

2기(1885~1894; 26세~35세) 원세개 활동
(감국대신, 밀수업자, 외교의 무법자라 지칭됨)
1) 대원군을 대동하고 귀국 후 제2차 한로 밀약설 퇴치.
2) 날조된 전보로 기세등등하게 국왕 고종을 능멸하며 폐위 거론.
3) 조선의 외국주재 공사 파견을 중지시킴(박정양. 심상학)
4) 조선의 대외차관 교섭에 대한 집요한 방해.
5) 청의 조선 이권 침탈 ; 조청상민수륙무역장정의 실질적 집행.
6) 평양을 통한 청상의 밀무역 활동 묵인.
7) 병선장정 체결 강행에 따른 청국 군인 관료 상인 등 밀수행위 합법화.
8) 조선 해관에 대한 청의 간섭(인사권, 봉급지급, 보고서 합간 등)

5. "대원군은 청나라에 감국대신의 조선 파견을 요청했다"(문고판 p.78)는 구절을 읽으면서 조금 놀랐습니다. 구한말 조선 최고 지도부의 분열상은 어느 정도였나요?

답 조선에 감국대신 설치가 필요하다는 발상은 원세개가 갑신정변 진압 직후(1884, 12, 15) 이홍장에게 보고한 헌책에서 최초로 건의된 것으로 보입니다. 또 1885년 10월 30일 원세개의 '주차조선총리교섭통상사의' 임명은 정변 진압에 대한 이홍장의 평가, 이홍장의 측근인 원보령(원세개의 당숙)이나 장패륜 등과 인맥 관계가 작용했으며, 대원군의 요청은 중요한 것이 아닌 것으로 보입니다. 그러나 대원군으로서는 임오군란과 갑신정변 당시 두 번이나 민비 측이 청군을 요청한 것에 대한 반감과 납치 후 3년간의 천진 부근 보정부에서의 연금생활 등으로 민비 세력 견제를 통감했기 때문으로 봅니다.

그리고 대원군의 귀국 시 이홍장이 그 호송 책임을 원세개에게 맡긴 것은 대원군을 통해 민비 일당을 견제하려는 의도가 있었던 것입니다. 당시 조선 고종과 민씨 척족이 두 차례 정변의 결과 기본적으로 친청파가 되었으나 외교고문 묄렌도르프의 친러 정책에서 보듯이 원세개의 지나친 간섭을 배제하려는 고종, 민비의 은밀한 움직임은 있었던 것으로 알고 있습니다. 그 시도는 실패했지만 청일전쟁에서 청이 패해 물러나고 러시아가 주도한 일본에 대한 삼국 간섭의 위력을 목도한 후 고종, 민비의 친러 정책은 일본의 갑오개혁에 대항해 다시 부활합니다.

6. 같은 맥락에서 위안스카이가 조선에서 일방 독주할 수 있었던 원인은 조선 내부적 요인도 있을 것으로 추측됩니다. 이 교수님께서는 서방 열강이 서로 눈치 보며 세력 균형, 이홍장의 전폭 지원, 원세개의 독보적인 판단과 실행력 등을 꼽았습니다. 국제정치 권력 공백기에 빈틈을 원세개가 탁월한 '개인기'로 비집고 들어가 조선을 확실한 속국으로 삼았다고 볼 수 있겠지만 조선 왕실과 대신들의 분열과 무기력, 무감각도 원인일 수 있을지요?

답 조선 정치에서 원세개의 독주는 앞서 말한 대로 러시아와 영국의 세계적 대립을 배경으로 러시아의 남하를 저지하려는 영국이 조선에 대한 청의 종주권을 인정한 것과 밀접한 관련이 있습니다. 그런 상황에서 원세개는 청에서 차지하는 양무 관료 이홍장의 외교적, 군사적 실력의 뒷받침을 받아, 천진조약(갑신정변 후 청일 간 조약) 후 청일 양국의 조선 주둔군이 철수한 국제 균형 속에 조선의 친청파 민씨 척족 세력과 연대해 원세개가 조선에서의 독보적 권력을 확보한 것으로 생각됩니다.

7. 누가, 어떻게 했으면 원세개의 일방 독주와 조선의 식민지화, 망국화를 막을 수 있었을까요? 130년이 지난 지금 시점에서 우리가 얻을 수 있는 교훈이 있다면 무엇일까요? 생각하시는 대로 밝혀주시면 고맙겠습니다.

답 이 같은 전통적 종번관계(사실은 조공책봉 관계)를 이용한 원세개의 속국화 정책에 저항할 수 있는 유효한 시기는 갑신정변의 실패로 끝났다고 생각됩니다. 비록 일본에 의지하는 결함이 있었으나 갑신정변을 주도한 김옥균 등 급진 개화파만이 근대적인 자주적 국가주권 의식과 개혁 의지를 지닌 정치세력이었습니다. 임오. 갑신 두 차례 정변을 모두 타도하고 고종, 민비의 수구적 정치 세력의 집권을 지속시킨 것이 청의 속국화 전략의 요체였으니, 이후 조선 정부의 구미에 대한 외교 활동이 봉쇄된 것은 조선의 정치적 자주권 상실을 상징한 것이라 할 것입니다. 자주적 근대화가 요청된 국가 존망의 위기적 상황에서 조선 정부가 청의 외세를 스스로 끌어들인 것은 조선왕조의 전통적 사대정책이 치명적 독소로 작용한 대표적 사례일 것입니다.

　오늘의 시점에서 근대적 주권국가 의식, 특히 민주화 시대에 주권자인 국민의 국가 의식이 매우 긴요함을 느낍니다. 또한 오늘날 우리의 발전이 교육에 비롯한 바가 크다 고 하지만 교육에 대한 전반적인 재점검과 노력이 필요하다고 생각합니다.

8. 당시 조선 왕실과 지배층 안에서 원세개에 '줄'을 대고, 원세개와 '결

탁'해 이권을 누린 자들도 있지 않았나요? 혹시 있다면 어떤 사례가 있는지요?

답 조선 지배층 내에서 원세개와 결탁한 세력은 친청 세력은 민씨 척족 세력이 중심이었습니다. 그들이 임오, 갑신 두 정변에서 청군을 끌어들 였을 뿐 아니라 청일전쟁의 도화선이 된 동학 진압에서도 청군의 지원을 요청했습니다. 임오. 갑신 두 정변에서 이홍장에게 청군 개입을 요청한 세력으로 김윤식 등 이른바 온건 개화파도 주역을 맡았습니다. 그들은 진정한 개화파가 아니었습니다.

9. 1882~1894년의 원세개와 1894~1906년 사이의 이등박문(일본)의 한국 정책을 간단히 비교해 주십시오. 시각視覺을 알려주시면 고맙겠습니다.

답 1882-1894년 원세개와 1894-1906년 이등박문의 비교는 해당 시기 두 인물의 정치적 지위 면에서 비교가 안 되고, 차라리 이홍장과 이등박문의 비교가 그들의 국내 정치 지위에 걸맞는 비교가 될 것입니다. 원세개는 이홍장 정책의 기민한 현지 집행자였을 뿐이기 때문입니다.

정책 내용을 비교하자면 원세개의 속국화 추진은 구미 열강의 세력균형 속에 일본, 러시아에 대항하기 위해 종번 관계라는 전통적 형식에 의지한 데 반해 이등박문의 보호국 정책은 근대적 제국주의의 식민지 개념에 속하는 정책으로 국가 병합의 절차만 남겼을 뿐 완전한 식민지의 내용을 지닌 것이었습니다. 일본이 러일 전쟁의 승리로 본격적 제국주의 열강으로 발돋움한 단계에서 조선에 대한 처분권을 세계열강으로부터 승인을 받고 추진한 것이 이등박문의 조선 정책이었습니다.

10. 조선 지도층이 당시 러시아와 연합하지 않고 영국이나 미국과 연합을 시도했다면 위안스카이를 포함한 중국 세력을 누를 수 있었을까

요? 일부 한국 지식인들은 당시 조선 조정과 대신들의 한 러 밀약 시도를 국제정세를 오판한 패착으로 꼽고 있습니다.

답 당시 세계 패권국인 영국은 청일전쟁 이전에는 청과 조선의 종번 관계를 인정하는 친청 정책을 취하고, 청일전쟁 이후에는 러시에 대항해 일본을 지원했으니, 영국에 대한 조선의 접근은 거의 불가능한 상태였다고 생각됩니다. 또한 미국도 민간, 특히 개신교 선교사의 조선에 대한 지원은 널리 알려진 사실이지만 국가정책에서는 조선에 대해 냉담했던 것으로 보입니다. 경제적, 군사적으로 낙후하고 부패한 조선은 국제정치나 세계경제에서 구미 열강의 주목을 받지 못했습니다.

구미의 동아시아 정책은 주로 청조 중국과 메이지 일본에 집중했는데, 미국의 경우는 일본을 강제 개항시킨 이후부터 줄곧 친일본적이었던 것으로 알려져 있습니다. 이같은 상황에서 지체된 개항 시기와 아울러, 일본의 메이지유신은 말할 것 없고 그보다 뒤진 청의 양무개혁 수준의 개혁도 할 수 없었던 조선의 지배층이었습니다. 게다가 그들 지배층의 부패와 민간 수탈로 인한 나라의 빈곤함으로 인해 조선은 구미의 경제적, 외교적 이해관계와 결합될 여지가 적었던 것이 분명합니다.

당시 조선의 개혁파가 정권 쟁취에 성공했다는 것을 전제로 할 때, 선택할 수 있는 정책으로는 근대적 개혁의 추진이 유일한 구국적 선택이었습니다. 이를 위해서는 당시 세계를 주도한 선진국인 영미 세력과의 접근을 시도하고, 주권국가로서 청 일 러 동아시아 각국 간의 외교적 균형을 유지하는 자주적 외교를 펴는 것이 국가의 사활이 걸린 문제였다고 생각됩니다.

11. 위안스카이의 10년 감국대신 섭정(1885~1984년)의 역사적 의미는 무엇일까요? 자주적 조선근대화의 황금 기회, 마지막 기회가 사라진 측면이 크겠습니다만.. 포함한 역사적 의미를 말씀해 주십시오.

답 감국대신으로 원세개의 내정간섭이 조선 근대화의 가능성을 봉쇄해, 조선이 근대화를 할 수 있는 황금의 기회, 사실상 마지막 기회를 상실했다는 평가는 어떤 역사적 인식에서 가능한 것인가를 살펴보겠습니다. 사실상 1890년대의 청일전쟁 이후, 특히 러일전쟁 이후에는 이미 세계 제국주의 시대가 정점에 이르러 제국주의 열강이 동아시아를 사실상 지배했기 때문입니다. 우리나라의 근대화는 갑오개혁(1894-95)과 특히 독립협회(1896-1898)에서 본격적으로 개시되었지만 그 때는 이미 세계적 정세의 견지에서 볼 때 자주적 근대화의 가능성이 사라진 다음이었습니다.

우리보다 훨씬 앞서 1861년 개시되었던 청의 양무운동도 결국은 급진적 일본의 메이지 개혁과의 대결에 참패해 청일전쟁 이후 중국은 반식민지로 전락하고 말았습니다. 그래도 동아시아에서 제국주의가 정점에 이르기 전인 1880년대야말로 그나마 근대화 개혁의 마지막 기회였다는 점에서 황금의 기회까지는 아닐지라도 마지막 기회였음은 분명합니다.

12. 원세개(위안스카이)가 10년간 사실상 '감국대신'으로서 전횡을 일삼음으로써, 조선이(대한민국이) 입은 피해는 엄청나 보입니다. 여럿 있습니다만 이 교수님께서 보시기에 가장 크고, 심대한 피해는 무엇인지요? 3 가지만 꼽아주십시오.

답 원세개의 감국 아래 조선이 입은 가장 큰 피해는 우선 원세개가 앞장선 두 정변의 진압 과정에서 고종 민비 척족권력을 타도하고 개혁을 추진할 수도 있었던 **근대화 주체의 뿌리가 뽑힌 것**을 들 수 있습니다. 다음으로는 원세개의 탄압으로 조선이 세계 문명의 중심인 **구미 선진국과의 외교 관계를 맺을 기회를 원천봉쇄** 당한 것입니다.

그리고 청조 양무파 이홍장이 조선전략을 추진함으로써 조선의 근대

경제 부문이 청의 양무 경제의 일부분으로 포섭되어 청의 경제적 지배를 받게 될 것입니다. 원세개가 당사자는 아니지만 임오군란 진압 시기 체결된 '**조청상민수륙무역장정**'은 청 상인의 조선 내지 **침투를 승인함으로써 청은 물론 일본을 비롯한 열강의 조선 내지 경제 침탈을 촉진해 조선에서의 제국주의 침탈을 격화시킨** 사실도 주목할 만한 침략 사례입니다. 아울러 **병선장정 체결 강행에 다른 청 밀수행위의 합법화**는 조선에 대한 경제적 약탈을 극대화 했습니다.

13. 위안스카이의 횡포와 독주, 전횡은 책에서 서술하신 대로 여러 곳에서 표출됐습니다. 가장 노골적으로, 생생하며, 또 가슴 아픈 사례를 교수님 입장에서 3가지만 꼽아 주십시오.

[답] 가장 가슴 아픈 간섭 사례는 **첫째가 갑신정변 진압**입니다. 그리고 **주미공사 박정양의 파직과 유럽 사절 파견의 무산**이 주목되며, 양무사업의 미명으로 **해관 지배와 차관을 통해 조선 경제의 자주권을 박탈한 것**입니다. 그리고 **날조한 전보로 일국의 국왕인 고종 앞에서 능멸하며 폐위 거론한** 사실은 흉악무도한 행위의 극치였습니다.

14. 최근 싱하이밍 주한중국대사의 내정 간섭 발언 등을 계기로 21세기 자유대한민국, 2021년에 또다시 '제2의 위안스카이'가 등장할 수 있다는 우려가 커지고 있습니다. 현재 우리나라에 대한 중국의 영향력 행사는 어느 정도로 보십니까? 이에 대한 한국 정치지도자들의 대응과 인식은 어느 정도인지 평가해 주십시오.

[답] 조선 말기와 비교할 수 없을 정도로 현재 한국 경제의 선진성은 중국을 견제할 만한 국가적 역량을 갖고 있고 정치나 사회, 문화 각 부문의 제도적 성취 수준은 중국을 능가하는 단계에 이르렀다고 생각합니다. 그럼에도 민주화 이후 한국 사회의 분열과 정치적 후진성으로 인해 일

당 독재 전체주의 국가인 중국의 팽창 전략의 최우선적 대상으로서 한국은 대만과 더불어 중국의 정치, 군사적 공세에 직면해 있는 것으로 생각됩니다.

1980년대 중국의 개혁개방이후 중국과의 정치, 경제적 관계가 밀접해진 국제환경 속에서, 한국은 아시아. 태평양에서 미중 패권 경쟁의 최일선이 되고, 이제 남북 분단에 그치지 않고 중국의 각종 전략적 영향력이 크게 작용하는 시점에 있습니다. 이 같은 국제질서의 변화에 당면해 국가 지도층이나 지식인 사회조차 분열을 극복하지 못하는 현실은 심각한 상황이라고 진단됩니다. 여기에다 현 정부의 친중 정책은 큰 걱정을 낳고 있습니다. 위정자의 올바른 정치철학이 절실한 상황입니다.

15. 21세기 대한민국에서 '제2의 위안스카이'가 발호하는 사태를 막으려면, 한국인들과 한국 지도층은 어떤 노력과 대응을 해야 할까요? 교수님께서 생각하시는 방안이나 해법을 말씀해주십시오.

답 우선 세계화 시대에 무디어진 자주적 국가주권 의식을 확립할 필요가 있습니다. **반공**으로 국민을 통합하던 시대가 지났다고 하지만 아직 세계적 범위에서 **자유주의와 전체주의의 체제 경쟁**은 끝나지 않았습니다. 전체주의 대국 중국은 그 체제와 문명의 후진성은 말할 것 없고 **중화제국의 패권주의 전통**을 아직 벗어나지 못한 수준에 머물러 한국의 미래를 위해 협력적 요인보다는 **위험 요소가 큰 상태**입니다.

그 점에서 조선시대에 비할 수 없는 유리한 국제 환경에서 국가 역량을 크게 발전시킨 한국 국민은 국가의 지속적 발전과 세계 평화를 위한 책임을 감당할 수 있는 **시민의식을 제고시켜야 할 것**입니다. 더욱이 **국가 지도층의 외교 정책**은 이제 종래 얽매여 있던 남북 분단 문제를 넘어 **개방적 사고로 국제적 지평에서 동맹전략과 평화외교를 세계전략의 차원으로 승화시켜 재인식할 단계**에 와 있다고 생각합니다.

16. 위안스카이에 대한 우리나라 학자들이나 일반인들의 관심은 어느 정도인가요? 이에 대한 이 교수님의 소회를 말씀해주십시오.

답 원세개에 대한 한국 학자나 일반 지식인의 관심은 그 동안 거의 없었다고 할 수 있습니다. 중국문명에 대한 전통적 사대 의식, 일본 지배와 항일 독립운동에 대한 강렬한 기억으로 인해 **청일전쟁 이전 중국의 조선에 대한 내정간섭이나 침략에 대해서는 오히려 망각**한 것이 아닌가 합니다. 더욱이 항일투쟁 기간 한국과 중국의 공동의 적이 일본 제국주의였고, 우리 독립운동의 현장 중 하나가 중국 땅이었던 것도 중국에 대한 한국인의 친화적 감성에 일조를 했다고 생각됩니다.

그러나 중국 지도자 측 입장에서 볼 때, 손문이나 장개석이나 모두 우리에게 우호적이었다 해도 그들 또한 단 한 번도 한국에 대한 야심을 저버린 적이 없었습니다. 다시 한번 올바른 역사 인식을 가질 시점이라고 생각합니다.

17. 2021년 현재 중국공산당은 세계 각국에서 '중국몽' 달성에 혈안이 된 채, '국제 사회에서 신사'로 통상 여겨지는 외교관들마저 '늑대(戰狼) 외교'를 표방하며 상대국에 대한 폭언, 협박, 공격을 일삼고 있습니다. 전 세계에 '21세기판 위안스카이'들을 수출하는 양상이라고 봐도 되는지요? 이에 대한 이 교수님의 생각이 궁금합니다.

답 그렇습니다. 시진핑의 중국몽과 늑대(전랑)외교는 과거 중화제국의 부활에 대한 꿈, 즉 '제국몽'이며, 늑대외교는 팽창주의적 세계전략입니다. 19세기 중반 이래 구미와 일본 제국주의의 침략에 맞서 20세기 반제국주의 투쟁을 내걸고 집권한 중국공산당이 이제 그 복수라도 하려는 듯이 스스로 제국주의의 길을 가는 자기모순에 빠진 셈입니다.

19세기 말 원세개가 조선에서 집행한 청조 양무파의 외교는 서구의 침략을 당하면서 중화제국의 체제를 유지, 강화하려는 팽창주의 전략이었기 때문에 상황의 차이는 있다 해도 양자가 일종의 19세기 서구를 모방한 아류 제국주의라는 점에서 유사한 점이 있습니다. 양자의 공통성을 따지자면 2천여 년에 걸친 유구한 중화주의 전통이 변 함 없이 지속하고 있다는 사실입니다. 그런 의미에서 지금 중국은 경제 원조를 미끼로 '21세기 판 위안스카이'들을 전세계에 수출하고 있다고 보아 마땅합니다.

18. 한국의 지식인들, 정치인들과 언론인들에게 '위안스카이와 21세기 자유 독립 대한민국'이라는 관점에서 몇 마디 조언을 해주시면 고맙겠습니다.

답 한국의 지식인, 정치인, 언론인들에게 조언할 말을 물으시니, 한 말씀 드리면 이제 한국이나 동아시아의 전통에 구속되어 그것을 과장하는 사고를 지양할 때가 왔다고 생각합니다. 전통도 시대의 변화에 따라 변하고 언제나 새로 만들어진다는 것은 이미 상식에 속하는 진실입니다. 더구나 근대 이후는 혁명적 변화의 시대이고 국가와 문명의 경계를 넘어 점차 서로 교착, 융합되는 세계화 시대이기 때문입니다.

그러나 그럴수록 국민의 이익을 보호하는 국가의식은 여전히 중요합니다. 다만 국가의 진로를 선택하는 중대한 문제의 결정에 있어서 좁은 국내적 시야와 당파적 이해관계를 넘어 세계적 전망을 갖고 사고하는 열린 시각이 필요한 것이라고 생각합니다. 아울러 당파적 관념을 버리고 지식인, 정치인, 언론인 국민 모두가 분열되지 말고, 지성과 양심에 입각한 올바른 통합적 국가 의식을 갖기를 소망합니다. 그래야만이 혈안이 된 '21세기 중국의 원세개'를 우리는 막아낼 수 있습니다.

19. 제가 혹시 빠트렸지만 꼭 하시고 싶은 말씀이나 정보, 사실(fact)이 있으면 말씀해주십시오.

답 대다수의 한국인들은 조선의 망국을 일본 탓으로만 돌리고 있으며, 청나라가 중화제국의 부흥을 위해 조선을 침략한 역사는 알지 못합니다. 원세개가 집행한 청국의 조선속국화 정책은 1905년 강제로 맺은 을사늑약 이전에 가장 강도 높은 외세 침략의 형태로 실시되었습니다. 중국의 시진핑이 방미 당시 트럼프를 만나 "한국은 우리 중국의 속국이었다"라고 귓속말을 했던 것은, 그때의 뼈아픈 역사를 다시금 상기시킵니다. 원세개는 조선의 자주적 개혁의 마지막 기회를 앗아간 '감국대신', 또 다른 '조선의 왕'이었음을 모두 알아야 합니다.

* 원세개가 조선의 주차관으로 있을 시기(1885~1894) 고종은 33세~42세였고 원세개는 26세~35세였으니 원세개가 고종보다 7살 어렸습니다. 23살이라는 그 어린 나이에 남의 나라에 와서 감놔라 배놔라 하며 온갖 짓을 다 했으니 생각할수록 억장이 무너집니다.

* 또 한 가지는 원세개의 여성관련 사생활입니다. 이미 20세 전후 사촌 여동생을 겁탈하여 원씨 일가가 모여 살던 원채에서 쫓겨난 일이 있습니다.

그리고 57세라는 평생 기간 동안 그의 부인은 도합 10명이었고(1처妻・9첩妾;기생출신 3명, 계집종 출신 5명), 자녀는 모두 32명으로 17남 15녀였다고 합니다. 조선 체류기간에 세 명의 조선 여인과 결혼하여 이 중 둘째・셋째・넷째 첩은 조선인 오吳・김金・민閔씨로 그와 이들 셋 사이의 자녀는 7남 8녀(15명). 이 중 김씨는 양반집(안동 김씨 집안) 규수였습니다. 이로써 조선에서의 그의 삶의 무게를 읽을 수 있습니다. 그들 자손들이 오늘날까지 어떻게 살아가고 있는지 궁금해집니다, 원세개가 남긴 손자만 모두 79명이라고 합니다.

* 지금 중국은 많은 인구로 전 세계적으로 인해전술을 쓰고 있습니다. 특히 친중 정책을 쓰고 있는 우리나라의 현 정권은 여러 가지 친 중국적 정책을 시행하고 있음은 다 잘 알고 있습니다. 요즘 들어 특히 걱

정되는 것은 각 대학마다 넘쳐나는 중국유학생 문제인데 이들에게 온갖 지원금과 특권을 주고 있습니다. 또한 이들 및 중국인에게 부동산 혜택을 주고 있는 점입니다 양도소득세 취득세 등등 감면까지... 제주도에서는 이미 그 심각성이 들어나고 있습니다. 그리고 이미 세워진 공자학원처럼 강원도 차이나타운 문제, 한중문화타운 설립 문제도 큰 우려를 낳고 있습니다. 뿐만 아니라 재중동포 즉 조선족에 대한 규제도 필요합니다. 그들은 이미 우리나라 국민이 아닙니다. 댓글 조작이나 부정투표 문제 등등 중국으로 인한 걱정이 날로 불어나고 있는 상황입니다.

그리고 현 정부는 외교의 중심을 잘 잡기 바라며, 무어라고 해도 한·미동맹은 외교의 주춧돌임을 잊어서는 안 됩니다.

여러 가지 나라 걱정으로 하루도 마음 편할 날이 없습니다......! 감사합니다...!

일기쓰기 86일째 ; 130년 만에 부활한 '위안스카이 망령'...이번엔 '대한민국 주권' 뒤흔드나?; 송의달 기자의 기사 내용 (7월 25일)

앞에서 기자의 질문에 대한 나의 답변 내용이 있었고, 그 결과 신문에 실린 내용이다.

구한말 조선 조정을 10여 년간 짓밟은 중국 관료 위안스카이(袁世凱·원세·1859~1916). 그의 망령亡靈이 한반도에서 되살아나고 있다. 2021년 여름 한국인들에게 그는 불망不忘의 대상이다. 3가지 이유에서다.

1882년 23세에 조선으로 들어오기 직전 위안스카이. 임오군란과 갑신정변 진압을 주도한 그는 조선을 '근대적 식민지'로 만들려는 청나라 정책을 집행한

현장 책임자였다. / 조선일보DB

무엇보다 그는 조선의 자주적 근대화를 철저하게 봉쇄했다. 1882년부터 1894년까지 12년간의 마지막 '홀로서기' 기회를 좌절시킨 장본인이다. 그 과정에서 조선에 씻을 수 없는 치욕을 안긴 그의 오만방자한 언동言動은 중국(청나라) 지도부의 한반도 전략과 가치판단을 거울처럼 반영한다. 마지막으로 21세기 중국공산당 지도부는 지금도 '제2, 제3의 위안스카이'를 한국에서 획책하고 있어서다.

서울 도봉구와 경기 의정부시에 걸친 도봉산 꼭대기에 있는 망월사望月寺 현판은, 지금부터 정확히 130년 전인 1891년 가을 위안스카이가 직접 쓴 것이다.

위안스카이가 쓴 도봉산 '望月寺망월사'의 현판. 양편 글귀는 '駐韓使者袁世凱주한사자원세개, 光緖辛卯仲秋之月광서신묘중추지월

(1891년 가을)/망월사

◇ 대원군 납치, 갑신정변 진압의 주범

하지만 그와 한반도와의 인연은 1882년 6월 임오군란 직후 시작됐다. 청나라에서 급파된 군대 사령관(吳長慶)의 보좌관(정식 명칭은 行軍司馬)이라는 미관말직 신분이었다. 23세의 위안스카이는 임오군란의 주범으로 지목된 흥선대원군(고종임금의 아버지)을 중국 텐진으로 납치하는 일을 현장에서 결행했다.

2년 후 김옥균金玉均 주도의 개화당이 일으킨 갑신정변(1884년)때에는, 주저하는 두 명의 청나라 장군과 달리 출병出兵을 강력 주창하며, 1500여명의 청군을 이끌고 창덕궁 정문으로 들어가 200여 명의 일본군을 꺾고 무력 진압했다. 그의 '내정 간섭'으로 개화당의 자주개혁 시도는 '삼일三日 천하'로 끝났다.

이후 1894년 청일전쟁 발발 직전 귀국할 때까지 위안스카이가 저지른 방자함과 조선 조정 유린蹂躪 사례는 일일이 꼽기 힘들 정도로 많다. 말이나 가마를 타고 궁궐 문을 무단출입했고, 조선 정부 공식행사에선 언제나 상석上席에 앉았다. 툭하면 군복 차림으로 궁궐 안까지 가마 타고 들어가 고종에게 삿대질했다.

◇ 조선의 마지막 자주적 근대화 기회 봉쇄

　위안스카이의 사실상 '식민지 총독' 행세는 1885년 10월 시작됐다. 갑신정변에서 공을 세운 뒤 1884년 11월 일시 귀국했다가 '주차조선총리교섭통상사의駐箚朝鮮總理交涉通商事宜'로 조선에 다시 오면서부터다. '조선 주재 청나라 교섭·통상 대표'라는 직책은 도원 3품으로 지방정부 도지사에 해당한다(이양자 동의대 명예교수의 분석).

　위안스카이는 상관인 리훙장李鴻章(이홍장·1823~1901) 청나라 북양통상대신에게 보낸 전보電報에서 "조선에는 반드시 청나라에서 보낸 감국대신監國大臣이 필요하다"고 썼다. 그리고 9년간 조선에 머물며 그 역할을 했다. 위안스카이가 26세부터 35세까지이던 시절이다. 그의 전횡과 횡포를 보여주는 사례 두 개다.

　# 1886년 7월초, 고종과 민비가 러시아와 손잡고 청나라에 항거할 계획(제2차 조로朝露 밀약)을 세운 걸 탐지한 위안스카이는 날조한 전보를 가지고 고종과 대신들을 겁박했다. 그는 "이씨李氏 가운데 현명한 사람을 뽑아 새로운 왕으로 세우겠다" "병사 500명만 있으면 국왕(고종)을 폐하고 납치해 톈진에서 신문, 조사하게 하겠다"며 엄포를 놓았다.

　# 1887년 6월, 조선 조정이 박정양과 심상학을 주미공사와 주유럽공사로 임명하자 위안스카이는 "청나라에 보고하지 않았다"며 파견 중지

를 요구했다. 조선 외교관들에게는 '준칙3단準則三端' 이행을 강요했다. 이는 '연회장에서 조선 공사는 항상 청나라 공사 뒤에 앉고, 조선 공사는 청나라 공사를 방문해 그를 대동해 외부에 가고, 중대 교섭 사건은 청나라 공사와 미리 상의하라'는 내용이다. 조선의 외교권 완전 박탈인 셈이다.

조선 정부의 초대 주미공사인 박정양(1841~1905)이 미국 워싱턴DC에서 서울의 미국인 육군 군사교관 앞으로 1886년 6월 12일 보낸 편지. 그는 "조선 군인들을 정예 병사로 키워달라"고 당부했다./조선일보DB

◇ "중국이 일본 보다 앞서 '조선 亡國 시켜"

조선 해관海關(요즘 관세청)이 청나라 상인들의 조선 홍삼 밀수출을 적발·단속하자, 청나라 상인들이 조선해관을 습격하는 일이 벌어졌다. 그러자 위안스카이는 오히려 청나라 상인들을 비호했다. 나아가 청나라 병사들이 탄 배에는 조선 세관 당국의 검사는커녕 입선入船까지 금지시켰다.

청나라 군인, 상인, 외교관들의 밀수와 불법이 만연했다. 외국과의 차관 협정과 전신·통신 설치, 선박 운항도 위안스카이의 허가와 승인을 받도록 하며 '조선은 중국의 속국屬國'임을 각국에 알렸다.

〈감국대신 위안스카이〉라는 연구 단행본을 2019년에 낸 이양자 동의대 사학과 명예교수는 이렇게 말했다.

"1880년대는 조선이 자주적으로 근대화 개혁을 이룰 수 있는 마지막 기회였다. 그러나 위안스카이로 말미암아 조선은 자주적인 근대화 주체의 뿌리가 통째로 뽑혔다. 조선의 주권은 무력화됐고, 경제적 속국으로 전락했고, 구미 선진국과의 외교 교섭 기회는 차단됐다. 일본의 이토 히로부미(伊藤博文·1841~1909)에 앞서 1880~90년

대 초에 위안스카이가 조선을 망국亡國으로 가는 길로 먼저 활짝 열었다."

◇ "위안스카이는 청나라의 '조선 현장 책임자'였을 뿐"

분명한 것은 조선에서 위안스카이의 폭압적 행태는 개인적 차원이 아니라 청나라의 대對조선 방략이란 큰 그림 아래 묶이고 조장됐다는 사실이다. 그는 청나라의 방침을 현장에서 집행하는 책임자였을 따름이다.

고종 임금과 그의 외교고문 데니(O. N. Denny, 1838~1900) 등이 위안스카이를 면직免職시켜달라고 여러 번 청나라에 청했지만, 그는 거꾸로 세 차례 유임되며, 9년간 조선의 '감국대신'으로 군림했다. 리훙장이 밝힌 그의 유임 근거는 "상국上國의 체통을 유지하고 조선을 조종해 조선이 배반하지 않도록 하는 것"이었다(이홍장전집, 1889년 11월 16일자).

조선 사정을 숙지한 위안스카이가 고종과 조정 신하들을 견제·조종해 대국大國을 비익裨益(살찌움)하게 하는 유능한 인물이라는 이유에서다. 이는 조선을 청나라의 '속국'으로 만들어 자국 이익을 극대화하는 게 청나라의 대對조선 정책 목표였음을 보여주는 증거이다.

1882년 11월 청나라와 조선이 맺은 '조청상민수륙무역장정朝淸商民水陸貿易章程'도 조선에 대한 야욕野慾을 여실히 보여준다. 이 장정은 '조선은 청의 종속국'임을 명문화하고 청나라에 광범위한 영사재판권(치외법권) 인정과 조선 연안에서의 어채魚採, 연해 운항 순시, 의주·회령의 육로 무역 허용 같은 경제·외교적 특권을 허용하도록 강제로 못박았다.

같은 해 5월과 8월에 각각 체결된 '조미朝美 수호조약', '조일朝日조약'보다 조선에 훨씬 불평등했다. 아편전쟁(1842년) 이래 동아시아에서 체결된 구미歐美의 불평등 조약 가운데서 유례를 찾을 수 없을 만큼 조선에 열악한 내용이라고 역사학자들은 평가한다.

◇ "최악의 불평등 강요한 중국, 급격한 '조선 속국화' 추진"

박 훈 서울대 교수(동양사학과)는 당시 양국 관계와 의미를 이렇게 분석한다.

"병자호란(1637년) 이후 조선과 청나라는 명목상 조공朝貢 관계였다. 중국을 상국上國으로 대접하는 외교 의례만 지키면, 나머지는 거의 조선의 자유 의사가 존중되었다. 청나라 군대가 주둔하거나 청의 관리가 서울에 주재하는 일이 한 번도 없었다.

하지만 1880년대 들어 청나라는 조선 속국화屬國化 정책을 급격하게 추진했다. 북양대신 이홍장과 그 부하인 마젠쭝(馬建忠), 위안스카이가 주도자였다. 청나라는 임오군란부터 청일전쟁 전까지 조선의 '자주'와 '개혁'을 방해했다. '조청상민수륙무역장정' 같은 매우 불평등한 무역관계를 강요했고, 위안스카이는 사실상 총독으로 군림했다."

박 훈 교수는 "조선의 '자주권'을 무시하고 속국으로 만들려고 했던 청의 야욕이 조선의 개혁을 가로막았다."며 "이는 결과적으로 일본의 한반도 침략을 불러들였다"고 했다. 위안스카이를 통해 구현된 청나라 정책이 조선의 망국을 촉발한 결정적 도화선導火線이 됐다는 지적이다.

◇ 한국에 또 등장한 '21세기 위안스카이'들

더 큰 문제는 그로부터 130여 년쯤 지난 한반도에서 '위안스카이 망령'이 부활하고 있다는 점이다. 틈만 나면 되풀이되는 주한중국대사의 오만방자한 언동이 대표적이다.

2016년 2월 23일 추궈훙 주한 중국대사는 당시 제1야당 대표이던 김종인 더불어민주당 비상대책위원회 대표를 만나 "사드(THAAD 고고도 미사일 방어체계)가 한국에 배치되면 한·중관계가 파괴될 수 있다"고 공개 협박했다.

5년 4개월이 지난 이달 16일, 싱하이밍 주한중국대사는 "천하의 대세를 따라야 창성한다. 한중 관계는 한미 관계의 부속품이 아니다."며 대선 주자인 윤석열 전 검찰총장의 언론 인터뷰를 대놓고 비판했다.

국제 외교가의 관례를 깬 이 같은 행태는 한국을 하대下待하는 중국공산당의 '본심'에 근거한 의도적이고 계획적인 도발이다. 실제로 시진핑 중국공산당 총서기는 2017년 4월 도널드 트럼프 미국 대통령과의 정상회담에서 "한국은 사실상 중국의 일부였다."고 '속내'를 털어놨다.

"한국의 국력이 약해지면, 언제든지 한반도에서 130여 년 전 위안스카이의 폭주爆走를 뺨치는 망동妄動이 판칠 것"이라는 관측이 나오는 이유이다.

◇ "중국이 통일과 경제에 중요하다는 생각은 환상일 뿐"

구한말부터 해방 정국까지 한국정치사史를 천착해온 신복룡 전 건국대 대학원장(한국정치외교사학회 회장 역임)은 "중국은 과거나 지금이나 우리를 '동맹'이나 '아픔을 나누는 형제'로 여기지 않는다. 절대로 베푸는 나라가 아니다. 2021년 지금도 한국을 속국으로, 자신은 종주국으로 여길 뿐"이라며 이렇게 말했다.

"한국 정치인과 리더들은, 중국이 한국 경제에 가장 중요한 나라라는 생각과 중국이 한반도 통일에서 큰 역할을 할 것이라는 두 가지 헛된 환상에서 하루빨리 깨어나야 한다. 이런 생각은 민족에 해악害惡이 되는 중대한 오판誤判이다. 중국공산당의 본질과 속성을 꿰뚫고 강소국强小國으로서 당당하게 처신해야 한다."

2013년부터 3년간 외교부 정책기획관으로 근무한 신범철 경제사회연구원 외교안보센터장도 비슷한 의견을 내놨다. 그는 "지난 20년간 중국이 한국의 최대 교역국이 되면서 한국 외교의 근본마저 흔들리고 있다."며 "중국과의 관계에서 경제 보다 주권主權과 독립을 최우선시하는 외교의 정상화가 시급하다."고 말했다. 그러면서 신 센터장은 이렇게 덧붙였다.

"중국은 미국만 없다면, 한국 정부가 중국의 뜻에 반하는 외교정책을 절대 펼 수 없을 것으로 확신하고 있다. 위안스카이와 같은 중국의 횡포에 우리가 휘둘리지 않고 국가의 주권을 지키려면 한미韓美 동맹을 강화하는 게 가장 효과적인 방도이다. 우리 국민과 지식인들도 중국(청나라)이 조선의 자주적 근대화를 일본보다 앞서 처절하게 압살한 역사를 잊지 말고 거기에서 교훈을 얻어야 한다."

한국에 꿈틀거리는 위안스카이의 후예들[송의달의 글로벌 프리즘] 송의달 선임기자 | 2021.07.31.기사(이 기사는 31일에 실렸지만 연속성을 위해 며칠 앞당겨 올립니다)

(나의 답변 노력에 비해 다소 미흡한 느낌도 들었다. 신문이니까.)

🌱 일기쓰기 87일째 ; 지혜의 향기 (7월 26일)

자기를 아는 자는 남을 원망하지 않고, 천명을 아는 자는 하늘을 원망하지 않습니다.

복은 자기에게서 싹트고, 화도 자기로부터 나오는 것. 세상을 보고 싶은 대로 보는 사람은 세상이 보이는 대로 보는 사람을 절대 이길 수 없다. 지는 꽃은 또 피지만 꺾인 꽃은 다시 피지 못합니다.

병 없는 것이 제일가는 이익이요, 만족할 줄 아는 것이 제일가는 부자이며, 고요함에 머무는 것이 제일가는 즐거움입니다.

지혜의 향기를 가득 담는 행복한 오늘 하루 보내십시다!

🪴 일기쓰기 88일째 ; 보람 있는 말년을 위하여 (7월 27일)

노후는 인생의 마지막 황금기이다. 값지게 보내라.
나이 듦은 죄가 아니다. 값지게 훌륭하게 보내라.
배움에는 정년이 없다. 쉬지 말고 배워라.
즐거운 마음으로 하루를 시작하고 마감하라.
좋은 친구와 만나라. 외로움은 암보다 무섭다.
덕을 쌓으며 살아라. 좋은 사람이 모여들고 하루하루가 값지게 된다.
좋은 말을 써라. 말은 자신의 인격이다.
미움과 섭섭함을 잊어버려라. 그래야 평화가 온다.
좋은 글을 읽어라. 몸은 늙어도 영혼은 늙지 않는다.
내 고집만 부리지 말라. 노망으로 오인받는다.
말을 적게 하라. 말이 많으면 모두가 싫어한다.
모든 것을 수용하라. 배타하면 제명대로 살지 못 한다.
마음을 곱게 써라. 그래야 곱게 늙는다.
병과 친해져라. 병도 친구는 해치지 않는다.
날마다 샤워를 하라. 몸이 깨끗해야 손자들이 좋아 한다.
틈만 있으면 걸어라. 걷는 것 이상 좋은 운동이 없다.
자녀에게 이래라 저래라 간섭하지 말라. 그러다가 의만 상한다.
물을 많이 마셔라. 물처럼 좋은 보약도 없다.
콩과 멸치 마늘을 많이 먹어라. 최고의 건강식품이다.
낙천가가 되라. 하루가 즐거우면 열흘이 편안하다.
어제를 잊고 내일을 설계하라. 어제는 이미 흘러갔다.
시간 관리를 잘하라. 주어진 시간이 끝나면 쉬어라.
충분히 잠을 자라. 수면에 비례해서 수명도 늘어난다.

매일 맨손 체조를 하라. 돈 안 들이는 최고의 건강법이다.
쉬지 말고 움직여라. 흐르는 물은 썩지 않는다
세상을 아름답게 보아라. 보는 것만 내 몫이다.
취미를 살려라. 취미는 삶의 활력소이다.
적극적인 자세를 잃지 말라. 무엇을 하기에 늦은 나이란 없다.
사람을 믿어라. 내가 믿으면 그도 나를 믿는다.
욕심을 버려라. 남 보기에도 좋아 보이지 않는다.
작은 배려에도 감사의 표현을 하라. 그래야만 존경 받는다.
사랑의 눈으로 만물을 보라. 사랑이 가득한 세상이 펼쳐진다.

일기쓰기 89일째 ; 오늘 하루의 생활을 돌아보며 (7월 28일)

아침에 5시에 일어나도 벌써 훤하니 날이 샌다. 저녁에 8시나 되어야 황혼이 진다. 하루가 길어도 길어도 정말 길다. 세수하고 난 뒤 정한수 떠놓고 기도를 드린다. 우리 대한민국이 자유민주국가로 계속 발전하게 하여주시옵소서~! 문재인 정권의 죄 값을 받도록 하여 주시옵소서~! 정권 교체가 꼭 되도록 하여주시고 국민이 단합하고 또 깨달아서 이 나라의 발전에 기여하도록 하여 주시옵소서! 그리고 나서 자식들과 친지 이웃의 평안을 비는 간절한 기도를 한다.

아침 먹고 난 뒤 신문 보고 TV 잠시 보고, 컴퓨터 앞에 앉아서 블로그를 시작한다. 이것저것 신문 가운데서 내 마음에 드는 칼럼들을 찾아서 읽고 올린다. 그리고서는 이 답답한 마음을 그 기사들을 통해 카타르시스 한다. 울분을 씻어 내린다.

과연 이 나라는 어디를 향해서 가고 있는가? 대통령 후보자들의 꼴도 한심의 극치!

종일 갇혀서 감옥살이 같은 하루를 마감하면서 해질무렵에 산책을 나간다. 그래도 좀 낫다. 만조에 이르는 온천천~ 외가리는 날아다니고 잠자리도 날고 고기도 폴짝폴짝 뛴다!

산책을 마친 뒤 동네로 들어가서 이것 저것 산다. 맛있는 찹쌀꽈배기와 도너츠를 산다. 그리고는 집으로 돌아오면서 아는 집집마다 다~ 하나씩 드리고 나누어 먹는다. 화장품집 아줌마, 문방구집 아주머니, 시계방 아저씨, 반찬집 안주인, 편의점의 알바 총각, 과일 파는 트럭아저씨, 그리고 수위 아저씨까지... 달랑 내 것 하나만 남는다. 모두가 좋아하고 맛있어 한다. 얼마나 기쁜 일인지. 엔돌핀이 마구 돈다. 내 마음에도. 산다는 것의 기쁨이다! 이 단절된 코로나 시대에도 나는 이렇게 멋지게 나누며 살고 있다!

🪴 일기쓰기 90일째 ; 황혼의 창가에 서서 (7월 29일)

인생의 여로는 생명이 다할 때까지 가야 하는 운명. 정신 집중의 노력으로 가고 싶은 길을 찾아서 자신이 하고자 하는 목표를 달성하자! 그 마음에는 나이라는 것은 별 문제가 안 된다. 나이와는 무관하다. 오직 이상과 열정과 용기만이 필요하며, 또한 그것을 가능케 한다.

해거름, 노을, 석양, 황혼, 땅거미 지는 즈음의 나이임은 이제 더 이상 숨길 수 없다. 내 나이 80을 넘겼으니 말이다. 어쩔 수 없는 나이의 황혼 길이지만 석양의 창가에 서서 곱게 물든 서쪽 하늘을 보며 나도 그처럼 이쁘게 물들자. 그리고 주위에 사랑을 베풀고 추억을 찾아내어 이쁜 글을 쓰고 아름다운 석양의 빛깔로 물들면서 하루를 마감하고... 또 나의 인생을.... 곱고 착하게 마감하고 싶다...!

🪴 일기쓰기 91일째 ; 자식 버리고 죽이는 세상 그리고 이혼 (7월 30일)

우리는 요즘 자주 자식을 버리거나 죽이는 현상들을 보도를 통해서 본다. 과연 이제 모성이 여성에게서 사라져 버렸는가? 이혼 때도 대부분 엄마보다 아빠가 애를 데리고 가고 아빠가 못 키우면 결국 고아원에 맡긴다고 한다. 우리 시절은 이혼하면 대부분 법적으로 애를 엄마가 데려갈 수 없어서 이혼을 못한 경우가 많았다. 그런데 요즘은 그 반대다. 그런데 왜 애를 버리거나 죽일까? 인간적으로 도저히 이해가 안 된다!

미혼모의 경우도 그렇다. 이제 모든 여성은 원치 않으면 아이를 임신하지 않을 수 있다. 여성을 해방시킨 피임약 때문이다. 그리고 또한 원치 않는데 남자에게 일방적으로 당해서 임신할 경우 사후피임약도 있다.

우리나라 학교에서 정말 성교육을 옳게 철저히 시켰다면 원치 않는 애를 낳아서, 버리거나 죽이거나 하는 일은 많이 줄어들 것이라 생각한다. 그리고 또한 이혼 문제다! 이혼은 애들에게는 너무나 불행한 사태다.

나는 대학에서 학생들에게 결혼 후 무턱대고 애부터 낳지 말고 이 남편과 오래 해로할 수 있을지를 1년 이상 잘 살펴보고 자신이 생기면 임신하라고 했다.

아이에게 있어서 부모 특히 엄마는 어린 시절의 온 우주고 산소 같은 존재다.

어제는 우연히 티비로 혼밥인생을 보았다. 그런데 대부분 엄마 아빠의 이혼으로 어릴 적부터 혼자 살게 된 이유들을 말하는데, 들으면서 불쌍해서 눈물이 났다. 책임감 없이 애만 낳아놓고 부부가 갈라서고, 버리고... 아이들이 얼마나 불쌍한가.

우리는 학교에서 성교육만 가르칠 것이 아니라 부모란 어떤 존재인가 그리고 어떤 부모가 되어야 하는가, 부모의 도리와 책무에 대한 인생 전반을 아주 잘 가르쳐야 한다고 생각한다. 무턱대고 결혼해서 애만 놓고 볼 일이 아니다. 이 땅의 여성들이 제발 배우고 각성하여 새로운 생명체에 고통을 주는 일이 더 이상 일어나지 않게 해주길 간절히 염원하는 바이다. 자성하고 자각하자!

자기가 낳은 자식에 대한 책임은 남성들도 또한 마찬가지다. 모두 각성하자! 동물도 모성애가 뛰어나지 않은가?! 그리고 우리 모두 깊이 생각해보자....!

일기쓰기 92일째 ; 석양이 더 아름답다. (7월 31일)

누가 황혼이
인생의 끝이라고 했나

뜨거운 가슴이 아직도 끓고 있고
못다 이룬 사랑
그리움 되어 가슴 여린데
누가 노을이
인생의 종점이라고 했나

아직도, 저녁에 부는 바람이
마음 설레이게 하고
밤하늘 초승달 그 미소가
내 가슴 뜨겁게 하는데
누가 해넘이 모습이
인생의 정점頂點과 같다고 했나

아직도 고동소리 우렁찬 가슴이

펄펄 끓고 있는데
힘들고 어렵게 걸어온 길만큼
갈 길도 아직 많이 남았는데
누가 황혼을 눈물 흘리며
바라보는 네 모습이라고 했나

찬란한 삶을 활화산처럼 뿌리며
떠오르는 너도 아름답지만
삶의 끈을 한 아름 품고 쓴웃음 지으며
산 넘는 네가 더 아름답다.

일기쓰기 93일째 ; 감사의 일기 쓰기 (8월 1일)

　오프라 윈프리는 시골인 미시시피주에서 사생아로 태어났다. 태어났을 때 어머니께 버려졌고 할머니와 함께 살다가 어머니가 계시는 밀워키로 이주하여 자라온 그녀는 어린 시절 상당한 고난을 겪어야 했다. 그녀는 9살에 사촌오빠로부터 성폭행을 당했다. 14살에 미혼모가 되었고, 그녀의 아들이 2주 후에 죽는 고통을 겪었다.

　그 후 그녀는 고등학생 때 라디오 프로에서 일을 얻었고, 19살에 지역의 저녁 뉴스의 공동뉴스캐스터를 시작했다. 그녀의 즉흥적 감정 전달 덕분에 그녀의 활동무대는 낮 시간대의 토크쇼로 옮겨졌다. 그 토크쇼가 바로 오프라 윈프리 쇼이다.

　1983년 오프라 윈프리는 시카고에서 낮은 시청률을 가진 30분짜리 아침 토크쇼인 에이엠 시카고(AM Chicago)의 진행자가 되었다. 오프라 윈프리가 맡게 된 지 한 달 후 그녀는 시카고에서 가장 인기 있는 토크쇼, 도나휴를 능가하게 만들었다. 그 쇼는 전국적으로 방영되는 '오프라 윈프리 쇼'로 바뀌었다.

　오프라 윈프리는 20세기의 가장 부자인 흑인계 미국인으로 꼽혔고, 미국의 상위 자산가들 중 첫 번째 아프리카계 미국인이며 세계에서 유일한 흑인 억만장자이다. 그녀는 세계에서 가장 영향력 있는 여성으로도 불렸다. 그의 성공 원인은 오프라 윈프리의 감사일기에 있었다. 매주 또는 매일 감사일기를 적은 사람들이 그렇지 않은 사람들에 비해 성공할 확률이 더 높다는 내용이다. 심리학 저널에서도 과학적으로 증명되었다고 말한다.

　오프라 윈프리의 구체적으로 감사일기를 쓰는 방법을 살펴보면, 다음과 같다.

원칙1 한 줄이라도 좋으니 매일 써라.
원칙2 주변의 모든 일을 감사하라.
원칙3 무엇이 왜 감사한지를 구체적으로 써라.
원칙4 긍정문으로 써라.
원칙5 '때문에'가 아니라 '덕분에'로 써라.
원칙6 감사 요청일기는 현재시제로 작성하라.

　<오프라 윈프리가 쓴 감사일기 내용을 보면>
1. 나를 시원하게 감싸주는 부드러운 바람을 받으며 플로리다의 피셔섬 주위를 달려서 감사합니다.
2. 햇빛을 받으며 벤치에 앉아 차가운 멜론을 먹어 감사합니다.

　그래서 나도 매일 감사일기를 써보기로 했다!

🪴 일기쓰기 94일째 ; 엄마의 기도 (8월 2일)

엄마의 기도

엄마의 기도는 천심입니다
엄마의 기도는 충심입니다
엄마의 기도는 간절함입니다
엄마의 기도는 애절함입니다

엄마에게 자식은 바로 자신과 같습니다
엄마에게 자식은 자신을 뛰어넘는 존재입니다
내가 아프지 자식 아픈 건 못 봅니다
내 자식들의 무병 무탈함을 비옵니다.

꿈과 비전을 현실로 만들어가게 하소서.
온유하고 겸손한 마음으로 살게 하소서.
존중과 배려로 행복하고 훌륭하게 하소서.
사랑의 축복이 넘치는 가정이 되게 하소서.
건강하고 튼튼하게 살아가게 하소서.

모든 것이 순리대로 되도록 하여주시옵소서.
자식들의 무병 무탈함과 소원성취를 비옵니다.
언제 어느 자리에서도 자신을 든든히 지키게 하소서.
간절히 간절히 비옵니다!   - 나의 기도 -

🪴 일기쓰기 95일째 ; 메달을 따기까지 (8월 3일)

  기원전 566년, 고대 그리스 아테네에서는 아테나 여신을 기리기 위해 매년 개최하던 파나테나이아 제전에 운동경기를 추가한 대大파나테나이아를 4년에 한 번 개최하기로 한 것이 올림픽의 기원이다.

　달리기, 원반던지기, 전차 경주 등 다양한 경기 우승자에게는 고급 올리브 오일을 가득 채운 암포라를 수여했다. 오늘날의 메달이다. 젊은이들의 제전. 그 아름다운 기상과 넘쳐나는 힘과 열정과 용기를 보면서 참으로 부러움과 감탄을 금치 못한다. 승리를 위해, 모든 힘을 다해 애쓰는 그 모습이 너무나도 아름답다.

　메달 수상자의 고된 훈련과 고단한 인생의 역경 극복 스토리는, 모든 국민의 경험으로 치환되고, 메달 시상식에서 이루어지는 상위 입상자의 소속 국가의 국기게양과 국가제창에서 민족적 감성은 극에 달한다. 그 나라 국민들은 뭉클함 속에 환호를 한다.

　관중들의 환영과 응원의 강도는 그 국가와의 정치적 친소 정도를 반영하며, 경기에서의 순위와 점수에 국가와 매스컴의 관심이 집중되고, 이는 민족적 자긍심과 연결된다. 우리는 이미 선진국 대열에 들어섰다. 거기에 맞추어서 스포츠도 아주 아주 강세다. 환희의 순간들을 다시 한번 되새겨본다. 높이 뛰기의 우상혁, 양궁의 안산, 남자 체조의 신재환. 여자체조 도마의 여서정, 수영의 황선우, 펜싱 사브르의 김지연, 다이빙의 우하람… 등등 메달을 꼭 따야만 맛이 아니고 멋이 아니다. 그들은 그 자체가 멋이었다. 그리고 야구에서 도미니카에의 역전승, 배구를 팔강으로 이끈 김연경 등등…

　정말 대한민국 장하다!!! 젊은이들이 오늘의 기량을 키우기까지 얼마나 노력하고 애쓰고 자기 자신과의 투쟁을 감내했을까!? 그들의 노고에 감사와 환호를 보낸다.

　파이팅! 파이팅! 파이팅! 대한민국! 파이팅! 파이팅!!!

🪴 일기쓰기 96일째 ; 하늘을 올려다봐요. (8월 4일)

나의 시 한수 올립니다.

보고 싶은 사람 있으면
하늘을 올려다봐요.
아무리 힘들고 고달파도
파란 하늘에 비치는
얼굴은 환하게 웃고 있어요.

지금 슬픔에 빠진
사람이라면
멈추고 하늘을 올려다봐요.
슬픔을 만든 나 자신을
하늘처럼 지켜보기만 해도
그 슬픔에서 빠져나오게 되요.

그리고 웃어봐요.
한번 더 웃어봐요.
인생이 뭐 그리 별건가요.
그리움 슬픔 모두
내 마음속에 있습니다.

🪴 일기쓰기 97일째 ; 배우는 것을 멈출 때 노화는 빨라진다. (8월 5일)

더 이상 배울 것이 없다고 생각하는 사람은 외롭다. 그러한 오만한 자세는 재앙으로 이어진다. 우리가 계속 배우면서 젊음을 유지하는 것처럼 배우는 것을 멈출 때 노화는 빨라진다. 생각하지 않고 두뇌를 훈련시키지 않는 것만큼 사람을 나이 들게 하는 것은 없다. 앤프레드 케츠 드 브리스가 '삶의 진정성'에서 한 얘기다.

또한 성장마인드세트 주창자 캐럴 드웩 교수에 따르면 "지능이 변할 수 있다고 믿는 사람들은 지능은 날 때부터 고정되어 있다고 믿는 사람들보다 시간이 흐르면서 더 똑똑해진다."고 했다. 우리는 생존을 위해 지적 호기심을 유지하고 개인적인 성장을 위해 평생학습을 해야만 하는 것이다.

나는 매일 책을 읽고, 일기를 쓰고, 감사의 기도를 하고, 영어 회화 문장을 외우고, 논어 문구를 얼마씩 매일 읽는다. 배우는 것을 멈출 때 노화는 빨라지기 때문이다. 노력 없이는 이루어지는 것이 없기 때문이다.

죽을 때까지 배우기에 노력하여야 한다. 노력하자!!!

[오늘의 감사 기도]

오늘은 자두 20 개를 이웃들과 나누어 먹었다! 감사하다. 요즘 나는 설사를 하고 컨디션이 좋지 않다! 이를 계기로 신체에 대한 새로운 생각과 검사, 검진을 하기로 했음에 감사하는 마음이다.

일기쓰기 98일째 ; 병원을 순례하다. (8월 6일)

이상한 일이다. 4, 5, 6, 7, 8월 들어서까지 4 개월째 배가 아프고 설사가 난다. 처음엔 개가 죽어서 그런가 보다. 신박한 집 정리로 신경이 쓰여서 그런가 보다. 하면서... 약방에서 약 사먹고 병원에도 두어 번 가서 일주일치 씩 약을 타 먹기도 했다. 그리고 대장내시경을 한 지가 4년이 되었으니 한번 해보자 생각하고 더위를 피해서 9월 말로 내시경

날짜를 잡아 놓기도 했다.

그런데 아무래도 좀 이상하다... 그리고 딸이 하는 말 '엄마 조서방 안 좋다고 해서 당장 가보았더니 위암이었어. 빨리 갔기에 정말 다행이었어. 엄마도 어서 진찰 받아보세요.' 한다. 그래서 오늘 아침엔 8시에 집을 나가서 2차 병원 웰니스병원을 찾았다. 아침부터 환자가 만원이다. 의사의 말이, "지금 지어주는 이 약을 일주일 먹고 나서 다시 생각해보자. 상태가 나쁜데 그냥 대장내시경을 하는 것만이 능사가 아니다. 이 병원보다 더 높은 대학 병원 같은 데 가서 종합 검사를 받아 보는 게 좋겠다. 그리고 오늘 지어주는 소화 관련 약 이외에는 아무 것도 다른 약은 일체 먹지 말기를 바란다. 그리고 일주일 이후에 다시 보자. 상당 기간 동안 장복해오고 있는 허리 안 아프게 하는 약이 위장에 장애를 줄 수도 있다."고 했다. 정형외과 의사도 동의하고 해서 오늘은 퇴행성 요추협착증약 처방은 받지 않았다.

그러고 보니 내가 먹는 약이 수 없이도 많다. 정형와과에서 진료 받고 타다먹는 허리 통증에 아침저녁으로 먹는 약, 종합 비타민제. 치매예방약, 근육 키우는 약, 코엔자임, 오메가 3, 비타민 씨, 비타민 디, 셀레니움, 지아잔틴 눈약, 프로 폴리스, 강황, 새싹 보리 등등... 모두 끊었다. 일주일 후 어찌 되는지 경과를 보고 조치를 강구해야 할 것 같다. 아픈 데가 없다가 아프니까 힘이 없어진다. 몸무게도 달아 보니, 그 사이에 2Kg나 줄었다. 별일 없기를 바란다!

[오늘의 감사일기]

1] 제자들이 블로그에 올린 나의 건강 글을 보고 많이 걱정 해주어서 고마웠다.
2] 오늘도 자두 30 개를 사가지고 수위 아저씨와 트럭 채소 아저씨, 편의점 알바 총각, 반찬집 아줌마에게 전하며 서로 고마워했다.

3) 날이 많이 더운데 오래 된 에어컨이 아닌 새 에어컨을 쓰게 되어 고맙고 안심이 되었다. 막내네가 나의 공부방에 설치해주어서 아주 마음에 든다 고마워~~!

🪴 일기쓰기 99일째 ; 팬데믹 시대, 오늘의 삶은... (8월 7일)

 2021년 8월 현재 코로나 팬데믹의 세상에서 우리의 현실은 정치적 권위도 종교적 권위도 도덕적 권위도 다 무너지고, 좋든 싫든 간에 여태껏 익숙했던 우리의 관행들마저 하루가 다르게 무너져 낯선 것으로 대체되고 무엇 하나 확실한 게 없고, 모든 게 다 의심스럽다. 이것이야말로 총체적인 인식론적 혼돈 상황이다.
 그 뜻밖에도 이 혼돈 상황이 우리에게 가져온 귀한 선물 하나 '사유하는 삶'으로의 초대다. 그것은 기성의 가치 체계나 관성의 법칙에서 스스로 해방되라는 신호이기도 하고, 익숙한 모든 것을 낯설게 바라보라는 시대적 요청이다.
 자 이제부터 어떤 삶을 살 것인가...? 사유해 보자.

 오늘 살아 있음에 감사하게 하소서. 모두 나를 떠나도 외로워하지 않으며 중한 것 상실해도 절망하지 않으며 가족, 친구, 공동체와 좋은 관계를 맺으며, 늘 살아 있음에 감사하게 하소서.
 하루를 어떤 생각과 목표로 살아가느냐에 따라, 그 사람의 삶의 그림을 그려 나갑니다. 한 줄기 시원한 바람에도 감사하고, 한자락 작은 그늘에도 작은 행복을 느끼는 사람처럼, 오늘 살아있음에 감사하게 하소서.

 [감사 편지 쓰기]
 막내 내외가 와서 인사하고 갔다. 과자며 과일이며 빵이며 버터며 치

즈며 맛있는 걸 사 왔다. 그래서 나도 맛있는 족발 한 세트를 사 보냈다. 막내가, 나의 집과 20분 거리에 집을 사 와서 참 다행이고 감사한 일이다. 감사합니다!

🪴 일기쓰기 100일째 ; 기억의 강물 건너 미래로 (8월 8일)

오늘은 시 한 수를 지어 올린다.

아름다운 메모리 기억,
추억 그것이 인생이다.
그것이 아니면
인생도 사람도 아닌 것을.

고뇌하며 그려내는
내면, 또한 삶의 궤적
내면의 성찰 그리고
얻어낸 내면의 안식.
그 속에서 삶의 위로와
위안을 얻는다.

전장을 가로지르는
한 병사의 외롭고도 위대한
임무처럼 우리는 주어진
우리 인생을 기어이 살아낸다.
순도 100%의 행복을 찾아서.

세상에 왔다 가는 모든 것이

소중하고 아름다움을
이제야 절감하면서...
모든 것에 감사하며
감동의 눈물을 훔친다.

🪴 일기쓰기 101일째 ; 나이를 헤이면서 (8월 9일)

어디쯤 왔는지 어디쯤 가고 있는지
아무도 알 수 없는 노년의 길...

오늘도 어제처럼 내일은 또 오늘처럼
그냥 나가며 세월이 무심코 나를 데리고 갈 것이다.

무심코 살다보면 꼭 노년의 겨울이 돼서야
깨닫게 하는 시간은 얼마만큼 갈 것인가.

지나간 그리움의 순간들 매달리고 싶었던 욕망의 시간들
겨울 문턱에 서서 모두가 놓치고 싶지 않은 추억이다.

겨울을 느낄 때쯤 또 봄은 다가올 것이고
사랑을 알 때쯤... 인생을 마감하고...

부모를 알 때쯤 부모는 내 곁을 떠나가고
건강의 중요성을 느낄 때쯤 건강이 무너지기 시작하고

흐르는 강물도 세월도 막을 수도 잡을 수도 없는데
모든 게 너무 빠르게 변하며 스쳐가네...

항상 무언가를 보내고... 또 얻어야 하는가...?
무상 속에 걸어온 길 되돌아 본다.

🪴 일기쓰기 102일째 ; 우리 뇌는 아침에 일어날 때마다 달라진다.
(8월 10일)

우리는 날마다 아침이면 새롭게 바뀐 뇌를 가지고 잠에서 깨어난다. 뇌는 인생의 모든 순간마다 신경경로를 연결하고 강화하며 새 신경 경로를 만들어낸다. 우리 뇌에 놀랄만한 적응력이 있다는 사실을 깨닫는다면 마음이 열리면서 예전과는 다른 인생을 살게 된다. 어려움이 우리를 성장시킨다는 사실을 믿으며, 어렵고 힘든 상황에 직면해도 두려움 때문에 등을 보이고 돌아서는 대신 어려움 속으로 자신만만하게 뛰어들 것이다.

뇌는 결코 고정되어 있지 않다. 무언가를 학습할 때마다 우리 뇌의 신경경로는 새롭게 만들어지거나 강화된다. 더 많은 노력을 기울일수록 더 나은 결과가 나오고, 뇌성장도 활발해진다. 사용하지 않을 때는 이것들이 다시 쇠퇴하게 된다. 뇌가 고정되어 있다는 생각을 버리고, 무한히 성장할 수 있다고 믿어야 한다.

오늘부터 영어단어 외우기와 회화공부를 하기로 한다.

감사합니다!
노력하는 마음을 갖게 하여 주셔서...
몸도 좋아지리라 확신합니다. 감사합니다!

🪴 일기쓰기 103일째 ; 노을 진 강가에서 (8월 11일)

노을이 지는 외로운 강가
멀리서 범종 소리 들려오고
강물은 어느새 넘실대는 만조
수영강에서 흘러드는 물길 속에
숭어 새끼들이 폴짝폴짝 뛴다.

훤한 석양 빛 맞으며
왜가리는 큰 날개 펴고 날아가고
강뚝의 풀들은 곱게도 빛난다.
짝지어 지나가는 연인들
석양의 풍경을 더 정답게 만든다.

눈먼 노견을 유모차에 태워
얼르며 가는 여인은
매일같이 이별 연습을 하고 있는데
힘 다한 개는 죽음을 마중하고 있다.
모든 생명이 애잔하구나...

떨어지는 버찌는 포도를 까맣게 물들이고
이 큰 우주 속 작은 지구에선
오늘도 크고 작은 싸움이 끝이 없는데
우리는 오늘도 희노애락을 감당하며
무극의 세계를 향해 가고 있구나.   - 자작시 -

아름다운 온천천의 석양 무렵. 매일 이 시간에 산책을 하며 사진을 찍는다.

🪴 일기쓰기 104일째 ; 감사가 많으면 삶은 행복합니다 (8월 12일)

아침에 눈 떴다는 사실에 감사하고, 편안하게 숨 쉴 수 있음에 감사하고, 오늘 나에게 주어진 모든 일을 행할 수 있음에 감사하고, 오늘 내 발로 걸어서 어디든 갈 수 있음에 감사합니다.

또 어딘가 마음 기댈 곳, 할 일이 있음에 감사하고, 나를 아껴주는 소중한 가족 있음에 감사하고, 따뜻한 마음 나눌 수 있는 친구 있음에 감사하고, 나를 아는 모든 사람에게 나의 따뜻한 손을 내밀 수 있음에 감사합니다.

이 모든 것에 감사합니다! 감사합니다!!! 감사합니다!!! 감사합니다!!!

🪴 일기쓰기 105일째 ; 능소화 이야기 (8월 13일)

능소화는 금등화金藤花라고도 한다. 중국이 원산지이다. 옛날에는 능소화를 양반집 마당에만 심을 수 있었다는 이야기가 있어, 양반꽃이라고 부르기도 한다. 가지에 흡착근이 있어 벽에 붙어서 올라가고 길이가 10m에 달한다. 꽃은 8~9월경에 피고 가지 끝에 원추꽃차례를 이루며 5~15개가 달린다. 꽃의 지름은 6~8cm이고, 색은 귤색인데, 안쪽은 주황색이다. 중부 지방 이남의 절에서 심어왔으며 관상용으로도 심는다.

꽃말은 여성, 명예, 이름을 날림이고 한약명은 능소화凌宵花이다 능소화는 전설에 의하면.... 왕의 눈에 띤 한 여인, 그 여인의 이름은 소화였다한다 평민이었던 그녀는 한 순간 빈의 자리에 올랐지만 왕은 수 많은 빈들 속에서 그녀의 존재를 잊고 만다. 언제 오시려나 내님... 왕이지만, 소화에겐 남편으로서의 님이었기에 기다리고 기다렸지만 결국 그 모습을 보지 못한 채 안타까이 기다림의 세월 속에 세상을 뜨고 말았다고 한다.

죽어서도 기다리고자 임이 오실 담장가에 묻힌 소화의 넋이 꽃이 되어 담장을 타고 오르고 올라 담 너머의 임이 이제나 오실까 저제나 오실까 오늘도 임을 기다린다는 것이 능소화 이야기이다. 임이 아닌 다른 누군가가 꽃을 따려 하면, 자신을 만지지 못하도록 꽃가루를 뿌려서 눈이 멀게 한다고 한다. 그래서 능소화는 임에 대한 지조를 지키는 꽃이라고들 한다.

오늘도 거리를 지나는 길에, 담장을 따라 오르면서 마치 귀를 쫑긋하게 열고 님이 오시는 소리라도 기다리는 듯한 능소화를 봅니다.

온천천에도 능소화가 지천으로 피었고, 집집마다 울타리에 이쁜 모습을 드리우고 있습니다....! 아! 오늘따라 유난히도 내 눈에 능소화가 많이 들어오는 까닭을 그 까닭을 알다가도 모를 일입니다.

일기쓰기 106일째 ; 우리 죠이 이야기 (8월 14일)

창원 사는 우리 딸이 또 죠이 보러 오라고 청한다....ㅎㅎㅎㅎㅎ
내가 맡긴 강아지 때문에 딸네 집엘 연이어 가게 되었으니 사위 보기에 민망하기도 하였지만 모두 좋아하니, 나로서는 모처럼의 여름휴가인 셈이다. 저녁엔 아름다운 창원의 호수공원엘 산책도 가고 딸이 해주는 맛있는 음식도 먹고 넷플릭스로 재미난 영화도 보고... 확연히 나로선 여름 휴가여행이다.
언제 보았다고, 사람 좋아하는 죠이는 나를 보고도 퍽이나 좋다고 안겨든다. 7월 7석날 저녁 호수공원에서 벤취에 앉아 아름다운 경치에 취하고 또 따뜻한 죠이의 체온과 아양에 취하면서 행복해 하는 할머니 모습을 딸이 찍어주었다. 모처럼 기분 좋고 행복한 일박 이일의 여름 휴가였다.

🪴 일기쓰기 107일째 ; 늙어가는 이야기 (8월 15일)

나는 늙는 것이 전혀 슬프지도 안타깝지도 않다.

어떤 사람은 소년시절에 요절했고, 어떤 사람은 청년시절에 일찍 갔고, 어떤 사람은 문지방에 넘어지면서 살 수 없어 입원하곤 죽었고..., 나는 하늘이 준 천수를 누리면서 무사하게 오늘까지 살아왔으니... 이는 행운이 나를 돌봄이다. 이에 감사하고 만족함을 느낀다. 오늘 나는 늙었지만 오늘이야 말로 앞으로의 인생 중에 가장 젊은 날이다.

오늘을 꽉 붙들고, 오늘을 건강하게 살고, 즐겁게 살고, 값어치 있게 살고, 멋있게 우아하게 여유롭게 살다가 예기치 않은 어느 날, 죽음을 맞이하여 자연으로 돌아가 흙이 되리라.

나는 늙어도 마음은 늘 젊고 모든 일을 추억한다. 꿈 많았던 젊은 시절 더는 없고, 세상의 많고 많은 일들 다 겪었으니 인간의 쓴맛 단맛 다 보았고, 시비곡직의 마음 깨달은 바 있으니, 이제는 어리석게 모든 것을 맹종하지도 탓하지도 않을 것이다.

과거 일은 바람 결에 날려 보내고, 어떤 어려움도 이겨 낼 수 있다. 정신과 기운을 편히 하여 세상을 바라보고, 훌륭하고 멋지게 살고 마음은 고요한 물과 같이 요동치지 않을 것이다. 생활은 간단해야 한다. 배고프면 먹고, 졸리면 자고, 생각나면 전화하고, 보고 싶으면 약속하고, 좋아하면 사고, 어디 가고 싶으면 달려가고, 매일 책 읽고, 글 쓰고 싶으면 글 쓰고, 시 쓰고, 놀고 싶으면 놀고, 어떤 때는 정말 시간이 길다. 그럴 때는 그냥 온천천을 혼자 걷는다. 오직 기억과 생각을 다잡고 사유하며 마음속에 고이 남겨둔다. 나는 늙어 자연을 느낀다.

　여보게 인생은 이렇게 살아야 값진 삶일세. 인생은 자연 과정이다. 태어나는 것도 자연이고, 늙는 것도 자연이고, 죽는 것도 또한 자연이다. 자연 과정에서 자연을 따라야 마음이 평안하다. 다만 매일 매일 좀 더 곱고 착하고 훌륭해져야 한다....! 멋있어 지자!!!

일기쓰기 108일째 ; 가을 소리 들으며 보는 석양 (8월 16일)

　한바탕 소나기가 쏟아지던 날, 해질녘 도시의 하늘에 펼쳐진 풍경. 서쪽으로 넘어가는 석양이 하늘에 떠있던 구름을 화려한 색깔로 물들였다. 누군가 하늘에 물감을 흩뿌려 놓은 듯한 한 폭의 그림 같다. 붉은 노을은 회색빛 도시의 도심도 포근한 빛으로 감쌌다. 이 순간만큼은 그간에 종일 괴롭혔던 폭염도 잊게 만든다. 그런 탓인지 어느덧 가을 소리가 청량하게 들려오기 시작했다. 이제 가을이 오나보다. 풀벌레 소리 들려온지 며칠째..., 아침 저녁으로 다소 시원한 바람 불기가 이미 며칠째다.

　아직은 지구가 아름답다...그런데....연일 세계뉴스는 우리를 기죽게 한다! "대재앙 시계가 70년 빨라졌다, 기온이 3도 오르면 생길 끔찍한 일"이라면서 2100년.???? 그린란드 빙하는 이미 녹았고, 아마존 우림지대, 산호초 군락도 사라졌고. 말레이시아와 인도네시아의 이탄)층 대지가 불에 탔고. 저위도에 사람이 살 수 없게 되면서 작물 재배량도 급감해 식량 확보를 위한 싸움이 끊이지 않을 것이란다.

　기근으로 인한 사망 300만 명, 해안 침수 피해 인구 1억7000만 명, 생물종의 50% 가까이가 멸종했다면서. 온난화를 되돌릴 '티핑포인트'는 이미 지났다고 난리다. 영구동토층, 북극과 남극마저 완전히 녹아 메탄이 대량으로 방출되면, 머지않아 대멸종이 시작된다고 한다. 정말 지구는 멸망할까??

그래도 하늘은 늘 새롭다. 저녁이 되면 오늘 또 어떤 모습일지 기대된다....

🪴 일기쓰기 109일째 ; 메이 스웬슨의 시 '나이 드는 법' (8월 17일)

오늘은 메이 스웬슨의 시 [나이드는 법]을 올린다.

> 젊음은 쉽다. 처음엔 누구나 젊다.
> 쉽지 않은 건 나이 드는 일. 그 일엔 시간이 걸린다.
> 젊음은 주어지고, 나이 듦은 성취되는 것.
> 나이 들기 위해 시간과 하나 되는 마술을 부려야 한다.
>
> 주어진 젊음을 옷장 속 인형처럼 넣어두었다가
> 휴일에만 꺼내어 놀아야 한다.
> 준비해둔 많은 인형 옷을 흠잡을 데 없이 입혀야 한다.
> 자랑하기 위해서가 아니라 감추기 위해
>
> 그 인형을 사랑할 필요가 있다.
> 일상의 어둠 속에서 그걸 기억하기 위해서,
> 날마다 거울 속에서 늙어가는 얼굴을 축하하기 위해서.
>
> 머잖아 우리 몹시 늙어버리고
> 머잖아 우리 삶은 마무리될 것이다.
> 그리고 머잖아, 머잖아, 그 인형도
> 오래된 새것처럼 발견되리라.

🪴 일기쓰기 110일째 ; 인생에 대한 예의로서의 12가지 태도
(8월 18일)

우리는 우리 인생에 대한 예의로서 다음 12 가지 태도를 가져야 한다. 곰곰히 생각해 보자. 나 자신은 가지고 있는가?! 우리가 인간이라는 가치를 증명하기 위해 가져야 할 마음과 태도다.

첫째 지혜 ; 지혜로워야 합니다.
둘째 절제 ; 절제 할 수 있어야합니다.
셋째 겸손 ; 겸손해야 합니다.
넷째 정성 ; 삶에 정성을 다해야 합니다.
다섯째 이해 ; 이해하려 노력해야합니다.
여섯째 긍정 ; 매사 긍정의 마음을 가져야 합니다.
일곱째 조화 ; 삶이 조화로워야 합니다.
여덟째 변화 ; 때로 변화를 추구해야 합니다.
아홉째 동기 ; 삶에는 동기부여가 필요합니다.
열 번째 실행 ; 일단 결정하면 실행해야 합니다.
열한 번째 용기 ; 때때로 큰 용기가 필요합니다.
열두 번째 희망 ; 희망은 언제나 삶의 활력소입니다!

🪴 일기쓰기 111일째 ; 감사가 행복을 불러온다. (8월 19일)

감사는 사람들의 삶의 질에 영향을 미치는 매우 중요한 요소다. 감사하는 마음을 지닌 사람은 그렇지 않은 사람에 비해 더 행복하고, 더 열정적이며, 정서적으로 똑똑하면서도 덜 외롭고, 덜 우울하며 걱정도 적은 셈이다. 감사를 훈련하면 더 많이 행복해 지고 더 낙관적으로 생각하게 된다. 행복하면 저절로 감사한 마음이 들지만, 그렇지 않을 때도 훈련을 통해 감사할 수 있다. 감사하는 마음이 오히려 행복을 만들어내기도 하기 때문이다. 감사하는 마음이 노화를 늦추기도 함은 잘 알려진 사실이다.

감사합니다. 오늘 일용할 양식이 있어서 3끼를 다 잘 먹었고 할 일이 있어서 종일 바쁘게 지냈습니다. 김치 담그고 밥하고 또 블로그도 하고, 시도 한 편 쓰고, 책도 한 권 보내주고 이웃과 포도도 나누어 먹었습니다.

감사합니다!!!! 감사의 마음은 해도 해도 가져도 가져도 지나침이 없습니다. 관세음보살! 옴마니반메훔!

일기쓰기 112일째 ; 풀향기를 맡으며 (8월 20일)

아파트 정원에 여름 내내 자란 풀을
베어낸 시체가 풀 향을 피우며
다소곳이 가득 엎어져 있다...

그 상긋한 풀 내음을 맡으면
아련하게도 어린 시절 ...
풀 각씨 놀이하던 추억이 떠오른다.

황태영 시인은 이렇게 말한다
"풀이 받은 상처는 향기가 된다" 고
그렇구나 상처가 향기가 되는...경지

풀의 향기에는 살을 에는 아픔이 숨어 있다.

그러나 풀은 말하지 않는다.
그저 조용하게 향기로 미소 지을 뿐이다.

그러나 향기가 되는 상처도 있다.
상처받은 풀이 내뿜는 향기는
가슴 저린 아름다움이 묻어난다.

지금 우리 모두는 상처받고 있다.
분노하고 고함지르고 좌절한다.
풀처럼 말없이 향기만을 내뿜을 수 있을까.   - 자작시 「풀향기」 -

　비명도 지르지 않고 조용히 향기로 미소만 지을 뿐 향기가 되는 상처....풀이 내뿜는 향기여, 그 선함이여....! 온 천지가 상큼한 풀 향기로 가득하다. 상처를 향기로 보답하는 아름다운 모습에 오늘 내내 풀을 보면서 가슴이 뭉클하다...!
　안녕~ 안녕! 내년에 또 만나자.....!

🌱일기쓰기 113일째 ; 우리가 사는 지구는 아직은 아름다워요
(8월 21일)

　우리가 사는 지구는 아직은 아름다워요. 보살펴야 되요.

🌱 일기쓰기 114일째 ; 활짝 갠 하늘 (8월 22일)

어제는 비도 많이 오고 비바람도 쳤다. 집에만 있다가 오후에 개이기에 온천천엘 가보았다. 물이 가득히 흘러넘치고 있었다. 못 들어가게 막아두기도 했다. 비만 오면 등장하는 부산 날씨 이야기는 언제나 온천천이 넘친다는 얘기부터 시작한다. 어제도 노인 한 분이 불어난 물에 갇혀 있다가 소방서 아저씨 덕으로 겨우 물을 건너서 집으로 가는 장면이 TV로 방영되기도 했다.

아무리 더워도 계절은 어기지 못하는지 이젠 가을이 오는 소리가 쟁쟁하다. 가을 풀벌레 소리 그리고 소슬 바람... 파아란 가을 하늘... 고추잠차리들...

봄인가 했더니 더운 여름 오더니, 어느새 가을이로구나. 갇혀있는 생활 속 나의 일상은 그날이 그날이다. 월요일인가 했더니 어느새 일요일...! 속절없는 세월 속에 나날이 나이만 더 먹어가면서 하루하루 늙어만 간다. 시 한 수를 올려 본다.

[가을이 왔나 보다]

썰물 같은 시간의 창가에서
그 무덥던 여름 가니
청아한 가을벌레 소리
소년의 책 읽는 소리
영롱하고 투명한 가을 하늘...

가을바람 스치고 지나가면
내 마음속 그리움의 물결 소리
아! 정녕 가을이 왔나 보다...

달까지 밝은 가을밤이면
사랑과 연민으로 흐르는 눈물 소리
빈 가슴에 무엇을 채우리까!
아무 것도 ... 아무 것도 ...
채울 것이 없습니다.
- 자작시 -

일기쓰기 115일째 ; 희망은 절망을 이긴다. (8월 23일)

토마스 칼라일은 말했습니다. "인간은 희망에 기초를 두고 있는 존재다. 인간은 자기 소유를 다 빼앗길지라도 오직 희망만큼은 잃지 않기를 바란다."

철학에서 인간을 정의하는 단어 중 '호모 에스페란스(Homo esperans)'는 '희망하는 존재'를 뜻합니다. 인간의 존재를 이야기할 때, 희망의 가치가 상당히 크다는 의미입니다. 2차 대전 당시 독일의 수용소 아우슈비츠에서 살아남은 유대인 의사 '빅터 프랭클'은 희망의 가치를 몸소 보여준 인물입니다. 그는 굶주림과 질병, 그리고 잔혹한 학살 속에서도 희망을 버리지 않았습니다. 매일 유리조각으로 면도하고, 식수를 아껴 세수를 하며 내일에 대한 희망을 갖고 하루하루를 버텼습니다. 전쟁이 끝나고 독일군이 수용소를 버리고 떠날 때에도 그 희망 때문에 살아남을 수 있었습니다. 이후 그는 아우슈비츠의 참혹함을 전 세계에 알림과 동시에 자신의 경험을 통한 특별한 심리치료 방법을 만들어내기도 했습니다.

요즘 당신이 처한 상황은 얼마나 암울하고 절망적인가요? 이제는 더 이상 새로운 가능성이 보이지 않는지요? 그럼에도 불구하고 낙심하거나 절망하지 마십시오. 희망이 없는 상황은 없습니다. 다만 희망을 버린 사람만이 있을 뿐입니다.

오늘, 새로운 희망으로 다시 태어나는 우리이길 바랍니다. 희망과 감사한 마음으로 오늘도 우리 모두 모두 힘내십시다!!!!!

🪴 일기쓰기 116일째 ; 건강 체크를 위한 그간의 상황 돌아보기
(8월 24일)

그간에 건강이 예전 같지가 않았다. 4, 5, 6, 7, 8월까지 거의 4, 5개월에 걸쳐서 설사가 나고 배도 아프고 하면서 몸무게도 줄었다. 그 이유를 알기 위해서 두어 번 2차병원에도 가고 약도 처방 받아서 타 먹기도 했다. 그 이유가 무엇일까?! 먼저 12년간 동고동락한 우리 뻬로라는 반려견의 죽음 때문으로 생각했었다. 그리고 석 달여에 걸친 신박한 집정리가 원인일 것으로 생각했다. 그래서 정신적인 이유로 과민성대장증후군이 아닐까 하는 생각이 들었다. 모든 것을 버리고 또 버리고...특히 그이의 모든 물건도 다 한몫 버리고... 하면서 정신적으로 매우 힘들고 지쳤었다고 생각했기 때문이다.

거기다가 우리 동네 밀면집에서 살모넬라 균에 의해 400명이 넘는 사람들이 걸린 거대한 식중독 사건이 났는데 거기에 연류되었을 수도 있다는 생각이 들었다. 나는 그 집에 자주 갔었고 또 함께 먹은 식구 중 구토 증상이 있었던 사실로 보아서 그런 생각이 들었다. 또 한 가지는 그간 십수 년간 허리 통증(퇴행성 요추 협착증)으로 정형외과 약을 아침저녁으로 먹어 왔었는데, 이 사실이 위를 힘들게 했을 수도 있다는 의사의 진단 끝에 모든 약은 비타민에 이르기까지 일단 모두 딱 끊고 먹지 말라고 해서 먹지 않았다. 그리고 처방해준 소화제 관련 약만 일주일 치를 먹고는 음식 조심하면서 지냈더니 다행하게도 지금은 설사도 안 나고 다소 안정이 되었다.

그래서 3차 병원에 가서 다시 제반 검사를 하라던 의사에게 전화를 하여서 결국 대장내시경을 수일 후 하기로 최후 결정을 내리고, 그 날을 기다리는 중이다. 4년 만에 하게 되는 이 대장내시경 결과에 아무 이상이 없으면, 올해 봄에 일어난 내 몸의 이상증세는 이제 다 해결되는 셈이다. 부디 아무 일 없기를 바란다! 관세음보살! 옴마니반메훔!

일기쓰기 117일째 ; 信念과 自己暗示 (8월 25일)

요트는 돛을 조정하기에 따라 동쪽으로 가기도 하고 서쪽으로 가기도 합니다. 이처럼 우리들 인생도 사고방식에 따라 행복하거나 파멸되기도 합니다. 자기 암시가 어떠한 작용을 하는지 잘 표현한 詩가 있습니다. 다음의 시에서 강조하는 의미를 곰곰이 음미해 보시기 바랍니다.

당신이 진다고 생각하면 당신은 질 것이다.
만일 당신이 안 된다고 생각하면 당신은 안 될 것이다.
당신이 이기고 싶다는 마음 한구석에
이건 무리라고 생각하면, 당신은 절대로 이기지 못 할 것이다.
당신이 실패한다고 생각하면 당신은 실패할 것이다.
돌이켜 세상을 보면 마지막까지 성공을 소원한 사람만이 성공하지 않았던가.
모든 것은 사람의 마음이 결정하느니,
만일 당신이 이긴다고 생각하면 당신은 승리할 것이다.

만일 당신이 무엇인가를 진정으로 원한다면 그대로 될 것이다.
자, 다시 한 번 출발해 보라.
강한 자만이 승리한다고 정해져 있지는 않다.
재빠른 자만이 이긴다고 정해져 있지도 않다.
나는 할 수 있다고 생각하는 자가 결국 승리하는 것이다.

※ 신념이 기적을 낳는다.

과거는 해석에 따라 바뀝니다. 미래는 결정에 따라 바뀝니다. 현재는 지금 행동하기에 따라 바뀝니다. 바꾸지 않기로 고집하면 아무것도 바뀌지 않습니다. 목표를 잃는 것보다 기준을 잃는 것이 더 큰 위기입니다. 인생의 방황은 목표를 잃었기 때문이 아니라 기준을 잃었기 때문입니다. 인생의 진정한 목적은 무한한 성장이 아니라 끝없는 성숙입니다.

무엇보다 중요한 것은 건강입니다. 부디 몸조심하시길 간절히 소원합니다.

🪴 일기쓰기 118일째 ; 인생 팔십이면 가히 무심이로다. (8월 26일)

인생 팔십이면 가히 무심이로다.
흐르는 물은 내 세월 같고, 부는 바람은 내 마음 같고,
저무는 해는 내 모습 같으니~~
어찌 늙어보지 않고 늙음을 말하는가.

육신이 팔십이면 무엇인들 성하리오?
둥근 돌이 우연 일 리 없고 오랜 나무가 공연할 리 없고
지는 낙엽이 온전할 리 없으니, 어찌 늙어 보지 않고 삶을 논하는가.

인생 팔십이면 가히 천심이로다. 세상사 모질고 인생사 거칠어도
내 품 안에 떠가는 구름들아~ 누구를 탓하고 무엇을 탐 하리오.
한 세상! 왔다 가는 나그네여...

빈손으로 왔으면 빈손으로 가는 것이 자연의 법칙이거늘
무슨 염치로 세상 모든 것을 다 가져가려 합니까?
간밤에 꾼 호화로운 꿈도 지나고 나면 무상할 뿐이지요.

어제의 꽃피던 봄날도 오늘의 그림자에 가려져 보이지 않는데,
그대는 지금 무엇을 붙들려고 그렇게 발버둥 치고 있나요?
처음 왔던 그 모습으로 편히 떠나보내시구려.

이승 것은 이승의 것이니 아예 마음에 두지 마오.
떠날 땐 맨몸 걸쳐주는 무명천 하나만 걸쳐도,
그대는 그래도 손해 본 것 없지 않소!

- 이채 시인의 「추억 소환」이란 시를 패러디하여 -

일기쓰기 119일째 ; 해야 할 일들 대강은 마치다. (8월 27일)

연초부터 하고자 하는 일들을 하나하나 해왔다. 오늘 거의 다 마쳤다. 8순 잔치는 코로나로 인해 못해서 결국 제자들과 함께 책을 내고, 또한 나의 두 번째 시집으로 대체 했다. 그리고 미루어 왔던 백내장 수술을 두 번에 걸쳐서 잘 마무리하고 안경도 십 수 년 만에 새로운 것으로 이쁘게 만들어 썼다. 그리고 미루고 미루어 왔던 집 정리를 드디어 완성했다. 일단 집을 깨끗하게 정리 한 것이다...! 십 수 년만의 정리정돈이었다.

그리고 일기 쓰기와 글쓰기에 마음을 주면서 코로나 시대를 의연하게 이겨내려고 노력하였다. 또한 반려견 빼로는 갔지만 새로운 개를 다시 키우기로 마음먹었다. 노년의 고독도 달래주고 치매 예방도 된다는 의사의 충고다. 좀 귀찮고 성가시더라도 운동도 하게 되니까 일석이조다!

그리고 몇 달간 마음을 쓰이게 한 건강문제도 오늘로서 대강 해결을 보았다. 수개월 계속된 설사 문제와 소화 관련 문제는 오늘 드디어 위내시경과 대장내시경을 함께 다 함으로써 결론을 보았다. 암도 아니고 큰 것도 아니며, 나이가 많아서 창자가 늘어져서 문제가 생겼고 위가 조금 헐었으며 또한 정신적인 문제로 과민성 대장 증후군일 수 있다는 의사의 얘

기였다. 앞으로 얼마간 약 먹고 조심하면 된다고 하니 참으로 다행한 일이다! 이제 모든 걱정이나 신경 씀은 다 내려놓고, 좋은 일하며, 글 쓰면서 그냥 기분 좋은 상태로 멋지게 이 세상을 살아가면 되는 것이다. 파이팅!!!

🪴 일기쓰기 120일째 ; 친절과 미소 (8월 28일)

이 세상을 아름답게 하고 비난을 해결하며 얽힌 것을 풀어 어려운 일을 수월하게 만들고 암담한 것을 즐거움으로 바꾸는 것이 있다면 '그것은 바로 친절이다'라고 톨스토이는 말했습니다. 친절은 소극적인 행동이 아니라 적극적인 행동인데 성공한 사람들은 모든 면에서 적극성을 갖고 있습니다. 따라서 어떤 일에 성공하고 싶다면 친절의 분량을 계속해서 늘려나가야 합니다. 친절하면서 웃지 않는 사람은 없듯이 친절에 있어서 빼놓을 수 없는 항목은 바로 미소입니다. 미소가 흐르는 얼굴은 자신 있어 보이며 때로는 용기 있어 보이기까지 합니다.

나의 친절한 미소는 나를 명품으로 만드는데 꼭 필요한 필수 요소이자 성공으로 이끄는 요소이기도 합니다. 1,000원을 지급하면 1,000원짜리 물건만 받을 수 있지만, 계량할 수 없는 친절과 미소는 먼저 베풀면 상대방에게 감동을 선사하는 동시에 자신에게는 기쁨과 행복으로 되돌아옵니다. 나의 작은 친절과 미소를 주변의 사람들에게 홀씨처럼 퍼지게 하여 함께 행복을 만들어 봅시다.

헵번이 말한 오늘의 명언
나는 나를 웃게 하는 사람들을 사랑한다.
솔직히 내가 가장 좋아하는 것은 웃는 것이다.
웃음은 수많은 질병을 치료해 준다.
웃음은 아마도 사람에게 가장 중요한 것일 것이다. - 오드리 헵번 -

3부

사랑

일기쓰기 121번째 ; 꽃향기처럼 피어나는 행복 (8월 29일)

욕심을 버린 자는 뙤약볕이 내리쬐는 여름날에도 견딜 수 있는 커다란 나무 그늘 하나를 마음속에 가진 자일 것입니다.

욕심을 버린 자는 찬 바람이 몰아치는 광야에서도 견딜 수 있는 따스한 동굴 하나쯤을 마련해 가지고 사는 사람일 것입니다.

행복은 문을 두드리며 밖에서 찾아오는 것이 아닙니다. 나의 마음 안에서 꽃향기처럼 피어나는 행복이라면, 멀리 밖으로 찾아 나설 것 없이, 자신의 일상생활에서 그것을 누릴 줄 알아야 합니다. 행복은 우리가 자신을 버리고 남에게 주느라고 여념이 없을 때 어느새 슬쩍 찾아와 피어납니다! 움켜쥐고 있는 행복은 씨앗이지만, 나누는 행복은 향기로운 꽃입니다.

일기쓰기 122일째 ; 계로록戒老錄 (8월 30일)

1] 남이 해주는 것에 대한 기대를 버린다. (엄중한 자기 구제)
2] 무슨 일이든 스스로 하려고 노력할 것.
3] 혼자서 즐기는 습관을 기른다.
4] 자식에게 기대지도 기대하지도 않는다.
5] 어떠한 일에도 감사의 표현을 한다.
6] 새로운 기계 사용법은 적극적으로 익힌다.
7] 자제심을 기르고 고정관념은 버린다.
8] 몸가짐과 차림새는 단정히 한다.
9] 도움이 될 책을 읽는다.

10) 허둥되거나 서두르지 말고 뛰지 않는다.
11) 매일 적당한 운동을 한다.
12) 늦게 자고 늦게 일어나는 습관을 가진다.
13) 자신의 동네에 애정을 가진다.
14) 늙음과 죽음을 가끔 생각할 것.
15) 자주 버린다.
16) 유언장 등은 평안한 마음으로 미리 준비한다.
17) 죽는 날까지 활동할 수 있는 것은 최고의 행복이다.
18) 한평생 부단히 노력한다.
19) 덕망 있는 노인이 될 것.
20) 노년의 고통이란 인간의 최후 완성을 위한 선물이다.
21) 재미있는 인생을 보냈으므로, 언제 죽어도 괜찮다고 생각할 정도로 늘 심리적 결재를 해두자.

- 소노 아야코의 「계로록」 등에서 참조 -

결국...행복한 일생도, 불행한 일생도 일장춘몽이다.

일기쓰기 123일째 ; 바램 (8월 31일)

내 손에 잡은 것이 많아서 손이 아픕니다.
등에 짊어진 삶의 무게가 온 몸을 아프게 하고, 매일 해결해야 하는 일 때문에 내 시간도 없이 살다가 평생 바쁘게 걸어왔으니 다리도 아픕니다.
내가 힘들고 외로워질 때 내 얘길 조금만 들어 준다면, 어느 날 갑자기 세월의 한복판에 덩그러니 혼자 있진 않겠죠.
큰 것도 아니고 아주 작은 한 마디 지친 나를 안아 주면서 사랑한다~

정말 사랑한다~ 는 그 말을 해 준다면, 나는 사막을 걷는다 해도 꽃길이라 생각할 겁니다.

우린 늙어가는 것이 아니라 조금씩 익어가는 겁니다.

내가 힘들고 외로워 질 때 내 얘길 조금만 들어 준다면 어느 날 갑자기 세월의 한복판에 덩그러니 혼자 있진 않겠죠.

큰 것도 아니고 아주 작은 한 마디 지친 나를 안아 주면서 사랑한다~ 정말 사랑한다는 그 말을 해준다면 나는 사막을 걷는다 해도 꽃길이라 생각할 겁니다.

우린 늙어가는 것이 아니라 조금씩 익어가는 겁니다.
우린 늙어가는 것이 아니라 조금씩 익어가는 겁니다.
저 높은 곳에 함께 가야 할 사람 그대뿐입니다.
사랑합니다…! 나도 사랑합니다…!! 그대들을 사랑합니다…!!!!!

오늘도 노사연의 노래 '바램'을 혼자 불러 보면서 사랑합니다를 외워 봅니다!

일기쓰기 124일째 ; 행복헌장 (9월 1일)

영국의 BBC 방송에서 행복헌장을 만들었다고 하네요. 한번 매일 같이 해보면 어떨까요?

1. 운동을 하라 ; 일주일에 3회 30분씩이면 충분하다.
2. 좋았던 일을 떠올려 보라 ; 하루를 마무리할 때마다 당신이 감사해야 할 일 다섯 가지를 생각하라
3. 대화를 나누라 ; 매주 온전히 한 시간은 배우자나 가장 친한 친구들과 대화를 나누라.

4. 식물을 가꾸라 ; 아주 작은 화분도 좋다. 죽이지만 말라.
5. TV시청 시간을 반으로 줄여라.
6. 미소를 지어라 ; 적어도 하루에 한 번은 낯선 사람에게 미소를 짓거나 인사를 하라.
7. 친구에게 전화하라 ; 오랫동안 소원했던 친구나 지인들에게 연락해서 만날 약속을 하라.
8. 하루에 한 번씩 유쾌하게 웃으라.
9. 매일 자신에게 칭찬하고, 작은 선물을 하라 ; 그리고 그 선물을 즐기는 시간을 가지라.
10. 매일 누군가에게 친절을 베풀어라.

일기쓰기 125일째 ; 황혼 (9월 2일)

해거름, 노을, 석양, 황혼....
땅거미 지는 즈음
어쩔 수 없는 나이의 황혼길....

석양의 창가에 서서
만감에 휩싸이며
추억의 시간에 빠진다.
그래도 잘 살아 왔다고.....

다시 황혼 창가에 서서
고이 소원해 보고 싶다.
곱게 물든 석양의 하늘처럼
나도 이쁘게 물들어가고 싶다고....

인생의 여로를
생명이 다할 때까지
가야 하는 인간의 운명이니
정신 집중의 노력으로
남은 길을 잘 걸어가자고.

가고 싶은 길을 찾아서
내 자신의 인생 목표를 달성함은
나이와는 무관하다.
오직 이상과 열정과 용기를
가질 때만이 가능한 것이니까.

아름다운 황혼 길을 걸으며 매일 매일 멋지게 하루를 마감하고
또 인생을 마감하자.
지금 황혼 창가에서 이렇게 글을 쓰고 있다.

일기쓰기 126일째 ; 톨스토이의 세 가지 질문 (9월 3일)

톨스토이가 자신에게 세 가지 질문을 했다고 합니다.
가장 소중한 시간은 언제인가,
가장 소중한 사람은 누구인가,
그리고 가장 소중한 일은 무엇인가? 에 대하여 자문하였는데 ...

그가 내린 결론은
가장 소중한 시간은 지금 현재이며
그리고 가장 소중한 사람은 내가 지금 만나고 있는 사람이며,
그리고 가장 소중한 일은 내가 다른 사람을 위하여 봉사하고 섬기는

삶이란 사실을 깨달았다고 합니다.

그의 묵상에 대한 결론에 대하여 이의를 제기할 사람은 아마도 없을 것입니다. 나에게 지금 주어진 현재라는 선물, 내가 만나는 사람들 가족, 친구들, 그리고 내가 다른 사람을 위하여 섬기고 봉사하는 삶은...가장 아름답고 가치 있는 삶의 모습일 것입니다. 이웃과 더불어 나누는 삶의 모습이 있을 때, 우리가 사는 세상은 지금보다는 좀 더 아름다운 모습으로 변해 갈 것입니다.

일기쓰기 127일째 ; 일상을 바꾸면 새로운 운명이 열린다. (9월 4일)

결심을 하면 실행을 해야 한다. 끊임없이 잊지 말고 실행해야 한다! 오늘 라이너 마리아 릴케의 금언을 마음에 새긴다!

> "오늘의 맑은 이 아침.
> 이 순간에 그대의 행동을 다스리라.
> 순간의 일이 그대의 먼 장래를 결정한다.
> 오늘 즉시 한 가지 행동을 결정하라.
> 나쁜 습관을 버리고 좋은 습관을 가져야 한다.
> 오늘 그릇된 한 가지 습관을 고치는 것은
> 새롭고 강한 성격으로 출발한다는 것을 의미한다.
> 새로운 습관은 새로운 나의 운명을 열어줄 것이다"

일기쓰기 128일째 ; 권력은 부메랑: 몰락하는 권력자들 (9월 5일)

중국의 문화 대혁명 당시 전국에 크게 호령했던 당대의 권력자들이 있었다. 그러나 그들 모두 망했다! "호랑이의 위세를 훔친 여우처럼(狐假虎威) 미친 듯이 망령스레 만행을 저지르고(狂妄蠻橫) 턱짓으로 지시하고, 기세로 (하인들을) 부리며(頤指氣使) 그 시대 모두를 업신여겼지! (不可一世)"

권력자가 서슬 퍼런 칼날을 세게 잡고 난폭하게 휘두르면, 그 칼끝이 어디로 향할까? 결국 무고한 사람들의 목을 치고, 가슴을 찌르고, 팔다리를 자를 수밖에 없다. 칼을 쥔 권력자는 그 칼을 온전히 제 것이라 여기지만, 인간의 손아귀는 결코 흉포한 검劍의 진동을 견딜 수 없다. 역사를 돌아보면, 제멋대로 권력의 칼날을 휘두르다 스스로를 베고 파멸한 인물들이 즐비하다. 언제나 권력은 부메랑이다. 가볍게 날려야 한다.

이 정부의 온갖 같잖은 권력의 칼날이 만행을 저지르는 행태를 본다. 부메랑이 무섭지 않을까…? 권력의 칼날을 크게 휘두를수록 그 부메랑 역시 또 더 강해진다 두렵겠지… 그래서 더 난리치겠지만…결과는 뻔하다!!! 두고 보라!!!

일기쓰기 129일째 ; 나무가 잎을 버리기 시작하다. (9월 6일)

9월에 들면서 늦더위도 없이 갑작스레… 어느덧 서늘한 가을 기분이다.

지구온난화의 위기로 날씨도 제멋대로 변하니 정신이 번쩍 든다. 그런데 나무는 벌써 잎을 버리기 시작했다. 여기저기 낙엽이다. 나무를 매일 매일 보고 있다. 나는 나무를 좋아한다.! 나무는 봄부터 여름까지 정성들여 새순을 틔우고 잎을 만든다. 그리고는 한여름 내내 그 아름다운 본연의 녹색 빛을 뽐낸다.

그러나 겨울이 오기 전에 나무는 모질게 그 잎들을 끊어버린다. 가을

이 깊어지면 순식간에 영양분을 거둬들이고 후두둑 이파리들을 떨궈버린다. 햇빛이 약해지는 가을을 맞아 뿌리로 공급되는 수분도 절반으로 주니 다음 해를 기약하기 위해선 그동안 모아놓은 에너지를 아주 조금씩 쓰면서 추운 겨울을 견뎌내야만 하기 때문이다. 그러기 위해선 나무는 잎들을 모질게 떨어뜨릴 수밖에 방법이 없다. 추운 겨울을 이겨내고 또 새로운 봄을 맞기 위해서다... 그 결과물이 늦가을 떨어져 내리는 색색의 아름다운 낙엽들이다. 그리고는 앙상한 알몸으로 매서운 겨울바람을 이겨낸다, 이듬해 다시 올 새봄을 참고 기다리는 것이다.

나무는 그렇게 제 살을 깎아내는 고통을 감내하면서 잎을 미련 없이 버린다. 그런데 나무에 비하면 인간은 무엇이든지 버리지를 못한다. 빈손으로 왔다가 빈손으로 가는 것이 인생인데 어찌 모두 손에 쥐고 버리지를 못할까? 나무처럼 해마다 해마다 가을이 되면 버리는 연습을 해야 하리라. 결국은 다 버리고 갈 것을....

일기쓰기 130일째 ; 어제와 같은 오늘을 살면서 (9월 7일)

"당신은 매일 아침 똑같은 자리에서 일어나, 늘 먹던 대로 아침을 먹고, 비슷한 패턴의 옷을 걸치고, 익숙한 길을 따라 출근한다. 어제와 똑같은 동료들과 늘 하던 익숙한 일들을 하는 동안 동료들은 어제와 똑같은 감정 버튼을 누르고, 당신은 똑같이 반응한다. 거듭되는 일상은 습관이 되고, 당신의 몸은 무의식적으로 움직이게 되며, 감정적으로는 과거 속에서 살게 된다. 그리고 안타깝게도 그 과거가 당신의 미래가 된다."

조 디스펜자의 『브레이킹, 당신이라는 습관을 깨라』는 책 중에 나온 말입니다.

이 책의 저자는 습관이 된 몸, 습관이 된 마음에서 벗어나기 위해서는 주어진 삶의 '환경'보다 더 크게 생각하고, '몸'에 기억된 느낌들보다 더 커져야 한다고 말합니다. 몸을 '새로운 마음'에 길들이는 것이 변화의 핵심이자 자기 창조의 핵심이라고 말하면서요.

그렇다면 어떤 '새로운 마음'에 내 몸을 길들이고 싶은지 좀 더 깊이 생각해 봐야겠습니다. 그래서 그 구체적인 모습을 마음에 품는 것, 그리고 그 모습을 내 몸이 알게 하는 것, 이것이 곧 나를 바꿔 가는 훈련이 될 것입니다.

일기쓰기 131일째 ; 오늘은 내 기쁜 생의 첫날 (9월 8일)

처음 시작하는 마음은 비록 솔씨 같지만...
꾸준히 정진하다 보면 거대한 낙락장송으로 자라납니다.
조용조용 숨결 따라 마음 숲을 산책하는 날!

한마디 말이 꽃향기가 되고
한마디 말이 따듯한 밥 한 그릇이 되고
한마디 말이 지친 사람에게 의자가 되고
한마디 말이 상처 입은 이에게 신비한 약이 되고...

내가 말하는 한 마디가 어둠을 밝히는 등불 되게 하소서.
오늘 하루도 감사합니다...! 오늘은 내 기쁜 생의 첫날입니다!

일기쓰기 132일째 ; 시간의 소중함 (9월 9일)

"1년의 소중함을 알고 싶으면
1년 동안 시험 준비해 낙방한 사람한테 물어보고,

1달의 소중함은 1달 부족한 미숙아를 난 산모에게,
1주일의 소중함은 주간지 편집장에게,
하루의 소중함은 하루 벌어서 하루 먹고사는 가장에게,
1시간의 소중함은 애인을 위해서
1시간을 기다려야 하는 사람에게,
1분의 소중함은 1분차로 비행기를 놓친 사람에게,
1초의 소중함은 1초 차이로 대형 참사를 모면한 사람에게,
1/10초의 소중함은 올림픽에서 은메달 딴 사람에게 물어봐라."

웨인 다이어가 말한 시간의 소중함에 관한 문구입니다.

단 한 번뿐인 소중한 내 인생, 우리는 얼마나 시간을 아껴야 할까요....?!

덧없이 시간은 매일 매일 흘러가고 있습니다. 지금부터라도 아껴서 보람되게 쓰십시다!!!

일기쓰기 133일째 ; 하루의 일과 그리고 친구들 (9월 10일)

지금 내 나이 어언 81세... 생각지도 못했는데 세월이 나를 여기다 내려놓는다. 이래도 저래도 나는 나이 많은 할머니다. 그런데, 그런데 말이다...나의 마음은 하나도 늙지를 않았다. 이쁜 것 보면 더 이뻐 보이고, 안타까운 것 보면 더 안타깝고, 슬픈 사연 보면 더 더 슬프고 더 마음 아프다. 이젠 가여운 마음이 더 많아졌다. 저 참새는, 저 까치는, 저 비둘기는... 무얼 먹고 살아갈까?~! 불쌍하고 안타깝고 늘 마음이 쓰인다.

이런 나이의 나에게 그리고 이 세상 전체에 들이닥친 코로나 팬데믹이라는 사태...집콕, 방콕... 모든 것이 올스톱이다. 배움의 터에도 못 나

가고 친구들과도 못 만나고 종일을 집에서 서성인다. 말벗하던 반려견까지도 떠나버리고 그냥 혼자다. 전에는 신문들을 읽은 뒤, 컴퓨터 앞에 앉아서 블로그를 한다. 이 나라 정치의 잘못된 점을 꼽아내는 멋진 논설들을 찾아서 읽고 블로그에 올리며 내 마음의 응어리를 조금씩 풀어낸다. 그것도 않는다면 이 내 마음을 어찌 풀고 감당해 낼 수 있을까....!

어제그제는 새로운 일거리를 하나 찾아내었다. 나는 2년 전부터 경남여고 30회 동기회 회장직을 맡아 보고 있다. 이제 늙었으니 하려고 하는 사람도 없고, 옛날부터 회장 했던 사람들 돌아가며 일 년씩 다시 하자는 결론에 나에게 다시 돌아온 회장직이다. 이미 일 년이 지났지만...코로나로 만나지도 못하고 있으니 그냥 회장직은 내 앞에 주저앉아 있는 셈이다.

처음 나는 나름 여러 계획을 세웠었다. 근래에 내가 지은 책들도 3권이나 되니 읽겠다는 친구들에게 다 나누어 주고, 또 강연도 한 시간 정도로 재미있게 하고 밴드를 불러서 함께 노래도 부르고...그러나 아무것도 할 수 없었다... 어디 만날 수가 있어야 면장이라도 하지...ㅎㅎㅎ. 그래서 생각해 낸 것이 각자 친구들에게 전화라도 해보자는, 나의 마음이 만든 일거리였다. 10년 가까이 전에 만든 친구들의 주소록은 약 반 이상이 틀려있고 달라져 있었다. 특히 휴대 전화 번호는 다 달라졌다. 011, 016, 019 등은 없어진지 오래다. 모두가 010으로 되었으니까.

우선 각 그룹별 모임을 찾아서 그 대표자를 호출했다. 쉽게 말해서 각 계주의 오야들을 찾아냈다. 그리고 그 모임 친구들의 휴대폰 전화번호를 알려달라고 해서 각자 개인 별로 나는 친구들에게 전화를 하기 시작한 것이다. 어제 오늘 20여 명의 친구들에게 전화를 했다... 잘 있제? 건강하제? 우째 지나노? 반갑다...! 순자야, 양자야, 행자야, 경자야, 성자야, 희자야, 길자야, 은자야. 자자야, 옥자야. 명자야.. 내가 1941년생이니 내 친구는 모두 나보다 한두 살 나이가 더 많다. 나는 7살에 들어갔으니. 우리는 모두 이름이 자야로 끝난다. 일제시대였으니까... 혹시는 복순이, 재순이, 성숙이, 선희 등, 희야, 숙이, 순이도 있다. 전화를 걸고 받고는 웃고 떠들고 안부 묻고 반가워서 난리도 아니다. 오랜만의 전화 걸기는 참 잘한 일이었다. 이렇게 흐뭇할 수가... 모두 그래도 잘 지내고 있었다.

모두 81,2,3,4세의 노인들이다. 그래도 목소리는 변하지도 않았다. 주소까지 모두 새로 들어서 적고. 오랜만에 친구들과의 통화에 목이 아플 정도로 즐거웠다. 종일 입 닫아걸고 있는 세월 아니던가! 그런데 10 년 전의 장부에는 30여 명이 이 세상을 떠났다고... 작고한 친구 명단에 적혀 있는데. 이제는 더 많이 떠났을 터인데... 상세히 샅샅이 알 수가 없다. 그래도 알아낸 작고한 친구는... 곽경련, 김천애, 한경수, 이경분, 권경자, 그리고 미국에 살던 이쌍월 등이었다. 삼가 먼저 간 친구들의 명복을 비는 바이다....! 그리고 남편을 먼저 보낸 친구는, 나를 비롯해서 거의 반 수 이상에 이르렀다....

친구들이여~! 우리 끝까지 건강하게 잘 살자! 곧 한번 만나자!!! 안녕!

일기쓰기 134일째 ; 우리가 가져야 할 삼심三心 삼시三視 삼근三根 (9월 11일)

어떤 마음으로 살아갈 것인가? 三心을 가지고 인생을 살아가야 한다. 三心이란 무엇인가. 농심農心, 동심童心, 양심良心이다. 농심은 곧 근면이요 부지런함이다. 동심은 어린애와 같이 때묻지 않은 천진한 마음이다. 양심은 착한 마음과 착한 생활을 하는 착한 사람이 되는 것이다.

三視는 직시直視, 투시透視, 원시遠視다. 우리는 현실을 직시해야 한다. 현실을 바로 직시하려면 용기가 필요하다. 우리는 사물을 투시해야 한다. 투시한다는 것은 뚫어 보는 것이다. 그리고 우리는 원시해야 한다. 멀리 볼 줄 아는 눈을 가져야 한다.

이 세상에서 가장 중요한 것은 뿌리다. 우리는 세 가지 뿌리를 튼튼하게 해야 한다. 나라의 뿌리. 사람의 뿌리, 마음의 뿌리다.
첫째 나라의 뿌리는 도덕이다. 도덕은 인간이 가져야 할 길이며 기본 질서다. 도덕의 건설이 국가 건설의 근본임을 우리는 명심해야 한다.
둘째로 사람의 뿌리는 마음이다. 마음은 존재의 근본이요. 정신은 인생의 뿌리다. 몸은 마음이 사는 집이요. 육체는 정신을 담는 그릇이다.
셋째로 마음의 뿌리는 진실이다. 참이 마음의 근본이요. 진실이 정신의 근본이다. 우리는 의로운 마음을 가지고 인생을 살아가야 한다.

오늘은 안병욱 수필집에서 우리가 가져야 할 삼심三心, 삼시三視, 삼근三根을 다시 찾아보았다. 참으로 험난하고 거짓이 판치는 요즘 세상을 보면서... 절실하게 다가오는 우리의 마음가짐과 자세를 잘 가르쳐 주고 있다. 근면하고 천진하고 착한 마음, 바로 보고 뚫어 보고 멀리 보는 눈, 그리고 언제나 튼튼해야 할 나라의 뿌리. 사람의 뿌리, 마음의 뿌리임을 명심해 본다!

일기쓰기 135일째 ; 아름답게 늙어 가려면... (9월 12일)

나이를 먹어도 언제나 밝은 얼굴 선한 인상으로 호감을 주는 사람이 있는가 하면, 가만히 있어도 성깔 있어 보이는 얼굴이 있습니다. 얼굴은 그 사람이 어떻게 살아왔느냐를 말해 준다고 합니다.
인간의 老化는 그 어떤 의학으로도 막을 길이 없습니다. 그래서 그 노화를 아름답고 우아하게 바꾸려는 노력이 중요합니다. 스트레스를 줄이고 편안한 마음을 가져보면 어떨까요. 사람이 살다 보면 별의별 일들과 부딪히게 되지만, 언제나 따뜻한 마음으로 편하게 보면서 살아가면 곱게 늙어 갈 수 있다고 합니다. 노화는 우리에게 피할 수 없는 과정 중의 하나입니다.

한 살 한 살 먹어갈수록 긍정적인 사고와 베푸는 마음, 감사의 마음. 사랑하는 마음만이 멋지고 아름답게 늙어가는 모습입니다. 잘 물든 단풍은 봄꽃보다 예쁘다고 하지요. 잘 늙으면 청춘보다 더 아름다운 황혼을 만들 수 있습니다.

바램이 있다면 매 순간 열정을 다해 살다가 나의 시간이 다하는 어느 날. 내가 애써 온 모든 날들이 참 귀하고 값진 것이었다고, 따뜻하게 기억되었으면 좋겠습니다.

일기쓰기 136일째 ; 산소에 다녀오다. (9월 13일)

며칠 내로 태풍 '찬투'도 들이 닥친다 하고 ,추석 공휴일 닷새동안은 산소에 못 가게문을 잠근다 하고...그래서 갈 수 있는 둘째 아들과 오늘 오전에 시간을 내어서 실로암 공원묘지에 다녀왔다. 벌초는 개끗하게 다 잘 되어 있었다. 모두 새롭게 이쁜 꽃들을 꽂아놓았다. 우리도 큰 노란 카네이션 두 뭉치를 사가서 이쁘게 양쪽에 꽂았다.

그이가 무슨 색갈을 좋아했더라....? 가물 가물 생각도 잘 안난다... 묘지를 가다듬고 음식을 차려놓고 둘에서 차례로 술을 올리고 절을 했다..."여보...! 제가 갈 때 까지 잘 계십시오~ 그리고 이 자손들 잘 보살펴 주십시오! 큰 손주 준이는 미국 좋은 대학으로 유학을 갔고 채은이는 재수 중인데 또 역사를 전공한답니다. 그리고 외손주들은 모두 다 각자 잘 하고 있습니다. 손녀는 서울대 어학원에서 강사로 일하고 손자는 대학원에서 전자공학을 공부하고 있습니다..."

다 마치고 음복을 하고 나니 옆쪽 산소가 눈에 들어온다. 저번과 좀 달라졌다.

항상 우리 그이 옆에 묻힌 분도 교수라서 심심하지 않겠다고 생각했었는데, 이번엔 그 옆에 분묘가 하나 더 생겼다... 그 부인 되는 분이 지난 8월에 별세해서 묻힌 듯... 보니 남편 떠난지 20여 년 만에 부인이 함께 묻히게 된 모양이다... 나도 90까지라도 산다면 20여 년 만에 그이 옆에 묻히는 셈이다. 여러 생각이 맘속을 맴돈다...

"암튼 여보 내가 갈 때까지 잘 계십시오.... 나도 건강하게 살다가 잘 가리다... 당신이 나에게 얘기한 대로 말입니다....!

'부디 마음과 몸을 사랑하여 인생이 끝날 때까지 건강하기를 간절히 축원하오!'라고 쓴 2003년도 내 생일날... 나에게 준 당신의 카드 글을 생각합니다!"

일기쓰기 137일째 ; 낙엽과 인생 (9월 14일)

요즈음 산책을 나서면 길거리 구석 구석마다 한가득 누렇게 된 낙엽이 우수수 떨어져 쌓여있다. 이제 가을에 젖어들기 시작하는 9월 중순이다. 장마 기간 뒤 들이닥친 폭염에 정신을 못차렸는데, 이제 다시 태풍 예보로 세찬 바람까지... 나무도 진이 빠지고 지친 모양이다.

나이 들어가면서 모든 것이 예사롭게 보이질 않는다. 아직도 푸르러야 할 8월에 그냥 떨어져버린 수많은 잎새들을 보면서, 난데없이 나타나 인간을 괴롭히고 있는 코로나 바이러스로 떼죽음을 한 수많은 지구상의 인간들 같아서 마음이 어둡고 막막하기만 하다.

인생이든 낙엽이든 언젠가는 결국은 떨어져 지고 만다. 어떤 인생은 놀랍게도 백수를 누리기도 하지만...젊은 청춘에 그 인생의 막을 아쉽게 내리기도 한다.

나무의 잎새도 인생과 꼭 같다는 느낌을 받는다. 이른 봄 푸른 잎새가 후두둑 부는 바람에 떨어지고 봄비가 잦아도 간간히 잎새가 지고 말지만... 가뭄에도 잎은 지고, 폭우에도 잎은 지고 만다.

올 여름 부산은 무던히도 더웠다 노랗게 잎새가 졌다. 가을장마로 짬짬히 내린 빗줄기에도 또 잎새는 진다. 일찍부터 올해는 가을처럼 노란 잎새가 떨어져 내린다. 떨어져 내려 쌓인 노란 잎새들을 보며 생각에 젖는다.

3월에 지면 10대에 요절한 인생 같고
4월에 지면 20대에 요절한 청춘 같고
5월에 지면 30대에 져버린 애통함이고
6월에 지면 40대 장년에 져버린 원통함이다.
7월에 지면 안타까운. 아직 푸른 50대의 인생 죽음 같고
8월에 지면 지혜로 두터워진 진한 60대의 죽음 같고
9월에 지면 아직도 아쉬움 많이 남는 70대의 죽음 같다.
10월에 지는 잎새는 살 만큼 산 평균의 80대 죽음 같고
11월에 지는 잎새는 용기 있게 살다간 인생 90대의 죽음 같고
12월에 지는 잎새를 보면 놀라운 건강으로 백수를 산 인생 같다.

우리는 지구상의 모든 생명체와 마찬가지로 다 결국은 떠난다. 어디로 돌아가는가. 원래 있던 곳으로...? 자연속으로...!? 살아 있는 동안 아름답게 잘 살자! 미리 져버리지도 말고...!! 곱게 익고 단풍져서 이쁘게 살다가 아름답게 어느 날 지자...!

일기쓰기 138일째 ; 고은 시인의 시 '길'(9월 15일)

길이 없다.
여기서부터 희망이다.
숨막히며
여기서부터 희망이다.
길이 없으면
길을 만들며 간다.

여기서부터 역사이다.
역사란 과거가 아니라.
미래로부터

미래의 험악으로부터
내가 가는 현재 전체와
그 뒤의 미지까지
그 뒤의 어둠까지이다.

어둠이란
빛의 결핍일 뿐
여기서부터 희망이다.

길이 없다.
그리하여
길을 만들며 간다.
길이 있다.
길이 있다.

수많은 내일이
완벽하게 오고 있는 길이 있다.

일기쓰기 139일째 ; 지켜야 할 마음 5가지, 버려야 할 마음 5가지, 지켜야 할 마음 5가지 (9월 16일)

1. 신심信心 ; 모든 것을 믿는 마음이다.
2. 대심大心이다.; 모든 것을 담을 수 있는 여유로운 마음이다.
3. 동심同心 ; 같은 마음을 품고 같은 생각을 가지고 같은 보폭으로 어깨 하며 걸어주는 동무와 같은 마음이다.
4. 겸심謙心 ; 작은 손길에도 고개를 끄덕이며 작은 소리에도 귀를 기울이고 어리석은 탓이라도 자기 탓으로 돌리는 마음이다.
5. 칭심稱心 ; 칭찬은 작은 이를 큰 사람으로 만든다.

버려야 할 마음 5 가지

1. 의심疑心 ; 자신의 귀한 존재를 의심하지 마라.
2. 소심小心 ; 큰 사람이 되자 큰 마음을 갖자.
3. 변심變心 ; 끝은 처음과 꼭 같아야 한다.
4. 교심驕心 ; 교만해지면 사람을 잃는다.
5. 원심怨心 ; 원망하는 마음은 스스로를 피곤하게 한다. 늘 마음에 새겨 두려고 마음을 먹고, 깊이 생각을 하여야 한다!

일기쓰기 140일째 ; 인생살이 3분법 (9월 17일)

"당신의 은퇴가 아름답습니다" '여기 한 남자의 미래를 응원해 주세요. 오랫동안 시민들을 위해 헌신해온 한 경찰관이 조용한 은퇴를 앞두고 있습니다. 그의 앞날이 그 어느 때보다 찬란할 수 있도록 응원 부탁드립니다.'

대구의 어떤 버스 정류장 광고판에 광고가 붙었습니다. 자세히 안 보면 공익광고인가 싶기도 합니다. 하지만 곧 이 광고가 특별한 광고라는 것을 알 수 있게 됩니다.

'아버지, 당신의 은퇴가 아쉬움보다 환희로 가득했으면 좋겠습니다. 30여 년간 묵묵히 사회와 가정을 지켜온 당신의 헌신과 노고에 경의를 표합니다.'

이 광고는 정년퇴직을 앞둔, 대구 북부경찰서 복현지구대에 근무하고 있는 김천용 경위의 아들 김성진 씨가 아버지에게 감사함을 표하기 위해 깜짝 선물로 준비한 것이었습니다. 광고 사진은 김천용 경위가 순찰차 옆에 서 있는 모습이었습니다. 김천용 경위는 한동안 광고판을 바라보며 대한민국 경찰로서 국민을 위해 살아왔던 동시에 가장으로서 아버지로서 살아온 자신의 삶을 뒤돌아볼 수 있었다고 합니다.

매년 수많은 사람들이 정년이 되어 새로운 인생의 2막, 3막을 준비하고 있습니다. 누구에게나 시간은 단 한 번뿐입니다. 매 순간이 최초이자 돌아오지 않을 시간이며 그렇기에 20대의 시간이나 60대의 시간이나 80대의 시간이나 소중하지 않은 것이 없습니다.

이제 100세 시대를 맞아 인생의 2막, 3막을 멋지게 준비해 보시면 어떨까요? 저는 이렇게 인생살이를 3 등분하고 싶습니다. 처음 30세까지는 공부하고 배우고 연애하고 결혼해서 가정을 이루는 시기, 다음 60세까지는 직장 생활하고 자식 낳고 기르며 멋진 가정과 직장을 어우르는 시기, 마지막 90세까지는 완전한 자유 속에서 자신의 취미 생활을 이루어 완성하는 시기....!

저는 65세에 정년퇴직한 이후 여태껏 가르쳤으니 이제는 다시 더 배

우리 가자고 작정 했습니다. 그래서 부산대학교 평생교육원에서 시 배우기를 3학기, 또 수필 배우기를 3학기, 도합 3년을 배우러 다녔습니다. 그래서 시도 등단하고 수필도 등단했습니다. 시집은 두 권을 상재하였고, 수필집은 지금 준비 중입니다. 그리고 그 과정 동안에 많은 분들과 인연을 맺고 열심히 살고 있습니다.

"은퇴란 멋진 것이다. 그것은 인생에서 완전한 자유를 갖게 되는 특별한 순간이다".
라고 말한 베르나르 올리비에의 말이 정말 정답인 것 같습니다!

일기쓰기 141일째 ; 태풍 지난 뒤 하늘 그리고 노을 (9월 18일)

온천천을 둘러서 동네 한 바퀴 돌면서 만난, 태풍 '찬투' 지난 뒤의 하늘 …그리고 비가 그친 뒤 고운 저녁노을, 마음으로 들어와 불타고 있네요. 노을에 관한 시 한편 올립니다.

우리 함께 해요. 우리 멋지게 살아요! 모든 환우가 살고 싶었던 내일을 우린 지금 살고 있어요. 더는 늦지 말자고 '이대로!'를 외치며 막걸리도 한 잔 할래요…!

젊은 날의 사랑도 아름답지만
황혼까지 아름다운 사랑이라면
얼마나 멋이 있습니까.

아침에 동녘 하늘을 붉게 물들이며
떠오르는 태양의 빛깔도
소리치고 싶도록 멋이 있지만

저녁에 서녘 하늘을 붉게 물들이는

노을지는 태양의 빛깔도
가슴에 품고만 싶습니다.

인생의 황혼도 더 붉게
붉게 타올라야 합니다.

마지막 숨을 몰아쉬기까지
오랜 세월 하나가 되어

황혼까지 동행하는 사랑이
얼마나 아름다운 사랑입니까.

용혜원 시인의 「황혼까지 아름다운 사랑」을 올려봅니다.
그러지 못하는 저는 안타까울 뿐입니다....!

일기쓰기 142일째 ; 성공하는 사람들의 7가지 습관 (9월 19일)

≪성공하는 사람들의 7가지 습관 (The Seven Habits of Highly Effective People)≫ 이 책을 다시 읽어 본다, 그리고 요약하면서 되새겨보고 주의 깊게 사고한다.

첫째, 자기 삶에 주도적이 되는 것 ; 자기 삶을 스스로 주도한다.
둘째, 항상 목표를 확립하고 행동하는 것 ; 비전(vision)을 세우고 시작한다.
셋째, 소중한 것부터 먼저 하기 ; 소중한 것을 가장 먼저 한다.
넷째, 상호이익을 추구하는 것 ; 이기려고만 하지 않고, 공동 승리를 도모한다.
다섯째, 타인의 말을 경청하고 이해시키는 것 ; 이해시키기 전에 먼저 이해한다.

여섯째, 시너지를 활용하는 것 ; 시너지(synergy; 함께 일하다의 그리스어)를 창출한다.

일곱번째, 습관은 심신을 단련하는 것 ; 끊임없이 자신을 쇄신한다.

스티븐 코비(STEPHEN R. COVEY)의 ≪성공하는 사람들의 7가지 습관≫은 전 세계 40개국의 언어로 번역되어 3,000만 부 이상 판매되었고, 출간한 지 25년이 지난 지금에도 전미 베스트셀러 최상위를 기록하고 있다. 한국에서만 500쇄 110만부 이상이 팔린 책이다. 이 책은 꼭 한 번 읽어볼 가치가 있다.

좀 더 풀어서 이야기 해보면, 내면으로부터 다시 변화하라!! 창의적이고 개방적인 사고, 적극적이고 긍정적인 마인드, 도전적이고 열정적인 태도는 성공한 사람들의 공통된 특징이다. 이러한 외적인 변화를 갖기 위한 다양한 테크닉과 처세술은 아무나 쉽게 따라 할 수 있지만 누구나 오래가진 않는다.

이 책에서는 이러한 성공적인 변화를 위해서 원칙을 중심으로 성품에 바탕을 두고 내면에서부터 변화하는 새로운 패러다임 전환을 이야기하고 있다.

본문에서 소개하고 있는 7가지 습관은 개인이나 조직을 성공적으로 만드는 습관들로 의존적 단계에서 출발하여 독립적 단계 그리고 상호의존적 단계로 점진적으로 나아가게 한다. '자신의 삶을 주도하라', '끝을 생각하며 시작하라', '소중한 것을 먼저 하라'의 습관 1, 2, 3은 자기완성을 위한 것으로 개인적 승리인 자신에 대한 리더십에 대해 통찰한다.

이 책에서 제시한 7가지 습관들은 내면에서부터 변화하는 본질적인 패러다임으로 스스로를 검토하고 자신의 삶을 잘 관리하는 것으로 절대 변치 않는 성공습관이다.

일기쓰기 143일째 ; 너를 생각하는 것이 나의 일생이었지 (9월 20일)

모래알 하나를 보고도
너를 생각했지.
풀잎 하나를 보고도
너를 생각했지.
너를 생각하게 하지 않는 것은
이 세상에 없어
너를 생각하는 것이
나의 일생이었지.   - 정채봉(1946~2001) -

정채봉 시인의 「너를 생각하는 것이 나의 일생이었지」 시 한 수 올리고 싶은 날입니다.

일기쓰기 144일째 ; 추석모임과 격려의 말 (9월 21일)

오늘은 추석이다. 큰 아들네에서 제사를 지내지만 수원이라서 코로나로 가지도 못하고, 아침 일찍 금강반야바라밀다경을 다 읽고 매일 아침에 하는 애국 기도를 하고 주변 만인의 건강기도를 했다. 그리고는 애들한테 전화하고, 또 전화 받고 한, 추석 아침이었다.

점심때쯤엔 창원 사는 딸네 식구 넷이 맛있는 제사 음식을 발발이 싸가지고 오고, 가까이 사는 막내아들 내외도 몇 가지 음식을 준비해 와서 모두 7명...! 아무 제재 없이 코로나 규격에 딱 맞는 식구 숫자다. 재미있게 얘기 나누고... 식사하고 하면서 모처럼 회포를 풀었다.

우리는 서로 격려의 이야기를 했다. 모두 다 잘 될 것이라고... 손자손녀에게도 큰 인물이 될 것이라고, 포부를 펼치길 바랬다. 우리 모두

다 잘 될 것이다...! 멋지게 다 잘 살아갈 것이다...! 정치도 잘 될 것이고... 반드시 내년엔 정권교체도 될 것이다...!

  격려의 말, 긍정의 마음이 우리 모두를 성공적으로 잘 살게 만든다!

  저 아름다운 보름달처럼 밝고 둥글게 둥글게 둥글게 말이다 ..... !!!

  그이 살아있을 때 행복했던 우리 가족 모임이 생각나서 혼자 눈물 지우며 옛 사진을 올려 본다.

일기쓰기 145일째 ; 격려의 언어로 말하라. (9월 22일)

  우리는 말을 먹고 자란다. 어떤 말을 듣고 자랐는지에 따라 그 결실이 달라진다. 미국 어느 교도소의 재소자 90%가 성장하는 동안 부모로부터 "너 같은 녀석은 결국 교도소에 갈 거야" 하는 소리를 들었다고 한다.

  괴테는 이렇게 말했다. "인간은 보이는 대로 대접하면 결국 그보다 못한 사람을 만들지만, 잠재력대로 대접하면 그보다 큰 사람이 된다." 그러므로 우리는 늘 희망적인 말을 습관화해야 한다.

  특히 자녀에게는 격려의 말이 보약이 된다는 사실을 잊지 말아야 한다. 격려의 말이 성공시킨 감동적인 예화가 있다. 미국 존스 홉킨스병원 소아신경외과 과장인 벤 카슨은 세계 최초로 샴쌍둥이 분리수술에 성공한 의사다. 국내에도 소개된 "크게 생각하라"의 저자인 그는 흑인 빈민가 출신의 열등생에서 세계 최고의 소아과 의사로 성공하여 오늘을 살아가는 젊은이들에게 꿈과 희망을 주고 있다.

하루는 그에게 기자가 물었다. "오늘의 당신을 만들어 준 것은 무엇입니까?" "나의 어머니 쇼냐 카슨 덕분입니다. 어머니는 내가 늘 꼴찌를 하면서 흑인이라고 따돌림을 당할 때, '벤, 넌 마음만 먹으면 무엇이든 할 수 있어! 노력만 하면 할 수 있어!'라는 말을 끊임없이 들려주면서 내게 격려와 용기를 주었습니다."

이처럼 큰 인물들 뒤에는 그들을 먹여 키운 격려의 말이 있다. 나는, 우리는 과연 누구에게 얼마나 자주 격려의 말을 했을까 생각해 볼 일이다. 우리 모두는 늘 말할 때마다 "격려의 언어로 말하려 노력하자!"

일기쓰기 146일째 ; 삶에서 죽음이란 (9월 23일)

2,000년 전 화산재에 덮였던 폼페이는 원래 5만여 명이 살던 작은 도시였다. 비세비우스산의 대 폭발이 있기 전 화산 재가 조금씩 뿜어져 나오는 며칠 동안 노예와 가난한 시민들은 서둘러 피난을 떠났다. 결국 파묻힌 2,000여명은 귀족들과 돈 많은 상인들이었다. 돈과 권력, 명예로 배부른 사람들은 마지막까지 자기의 저택을 지키려다가 결국 모든 것을 잃어버렸다.

태풍에 뿌리가 뽑히는 것은 언제나 큰 나무이지 잡초가 아니다. 자신이 일등이라고 생각한다면 먼저 이것을 기억해야 한다. 우리는 모두 지구별에 놀러온 여행객들이라는 사실 말이다. 이곳에서 소풍을 끝내는 날 먼 길을 떠나야 한다. 여행이 즐거우려면 세 가지 조건이 맞아야 한다. 첫째, 짐이 가벼워야 한다. 둘째, 동행자가 좋아야 한다. 셋째, 돌아갈 집이 있어야 한다. 이 세상 모든 것들은 여기 사는 동안 잠시 빌려 쓰는 것이다. 여행 간 호텔에서의 치약 같은 것이다. 우리가 죽는 줄을 알아야 올바르게 살 수 있다.

세상에는 없는 것 3 가지가 있는데,

1. 정답이 없다. 2. 비밀이 없다. 그리고 3. 공짜가 없다는 것이다

죽음에 대해 분명히 알고 있는 것. 3 가지가 있는데~,

1. 사람은 분명히 죽는다. 2. 나 혼자서 죽는다. 3. 아무것도 가지고 갈 수 없다.

그리고 죽음에 대해 모르는 것 또한 3가지가 있다.

1. 언제 죽을지 모른다. 2. 어디서 죽을지 모른다. 3. 어떻게 죽을지 모른다.

그래서 항상 준비하고 있어야 한다. 모든 사람이 낳는 방법은 거의 비슷하지만, 그러나 죽는 방법은 천차만별하다. 그래서 인간의 평가는 태어나는 것보다 죽는 것으로 결정된다. 내가 세상에 올 땐 나는 울었고, 내 주위의 모든 이들은 웃었다. 내가 이 세상을 떠나갈 땐 모든 사람들이 아쉬워 우는 가운데 나는 웃으며 홀홀히 떠나가자. 그것이 정답이다...!

오늘은 故김수환 추기경님이 하신 얘기를 되새겨 보았습니다...!

일기쓰기 147일째 ; 사랑을 위한 7 가지 필수 비타민 (9월 24일)

1. Accept (인정하다. 받아들이다)

상대방을 고치려 들지 말고, 있는 그대로 받아들이라는 뜻입니다. 나와 다르다고 억지로 고치려 들다가는 오히려 관계를 그르치기 쉬우므로 있는 그대로를 인정하는 자세가 필요합니다. 서로 다른 것을 인정할 때 비로소 같은 방향을 바라볼 수 있습니다.

2. Believe (믿다)

사랑은, 믿음이라는 비타민을 먹고 큽니다. 반면, 의심은 의심을 먹고 자꾸 커갑니다. 믿음이 없는 사랑의 지속은 한계가 분명히 있으며, 아름

다울 수 있는 인연을 불행과 허무, 상처로 마감하게 하니까요. 상대에 대한 확고한 믿음은 필수입니다.

3. Care (돌보다)

사랑한다면 자연스럽게 상대방을 책임지고 먼저 배려하고 돌보게 됩니다. 돌봄은 곧 관심입니다. 기쁘고 행복할 때보다 어렵고 힘들 때에 돌보는 것이 더욱 값진 것입니다.

4. Desire (기대하다)

서로에 대해 믿음을 갖고 잘되길 희망하며 꿈을 키워나가는 마음입니다. 상대방을 과소평가하지 않고 당신은 할 수 있다는 기대감을 갖는 것은, 상대를 인정하는 것이며, 상승하게 하는 에너지가 됩니다.

5. Erase (지워버리다)

상대방의 허물과 단점은 빨리 지워 버려야 합니다. 자신의 실수에 대해 단호히 하고 상대의 실수나 허물에 대해서는 입장이 되어 생각해보고 이해하려는 노력이 없으면, 사랑은 물론 좋은 인간관계를 하기 어렵고, 차차 금이 가다가 결국 헤어지고 맙니다.

6. Forgive (용서하다)

지난 일은 언급할수록 현재를 후퇴시키고, 사랑도 후진시킵니다. 서로의 과거의 실수와 잘못을 용납해주어야 합니다. 아무런 조건 없이 그리고 앙금 없이 용서할 수 있어야 합니다.

7. Give (주는 것)

두말할 것도 없이 주는 것이 받는 것 보다 더 큰 기쁨이라는 것을 스스로 체험할 수 있어야 합니다. 줄수록 넉넉해지고 더욱 사랑이 돈독해진다는 것을 두 사람 모두 경험하고 있다면 바람직하고 아름다운 사랑

안에 두 사람은 함께 동행하고 있다는 것입니다.

사랑은 그냥 이루어지고 지속되는 것이 아닙니다. 우리는 늘 자신을 되돌아보아야 합니다. 결혼의 경우는 더욱 그러합니다! 자식을 낳고 살고 있다면 더더욱 그러합니다. 상대방을 있는 그대로 인정하고, 늘 믿고 돌보며, 잘 되기를 맘속으로 기대하며 상대의 허물이나 단점을 지워버리려 노력하며, 또 상대를 조건 없이 용서하며 상대에게 모든 것을 줄 수 있어야 합니다.

나 자신이 성인군자가 아닌데 그게 가능하냐구요...? 노력하면 됩니다 그 과정 속에서 나 자신도 올바른 사람이 되며 또한 상대방도 나를 진실되게 사랑하고 인정하게 됩니다! 이것이 바로 우리가 인간이며, 인간답다는 가치입니다! 불가능이란 없습니다...!

일기쓰기 148일째 ; 웃는 인생을 만드는 20 가지 행복어 사전
(9월 25일)

01. 한 번 긴장하면 한 번 릴랙스 하자.
02. 자기만의 편안한 장소를 만든다.
03. 고민거리도 마감 날짜를 만들어 두자.
04. 즐거운 인생과 친구의 수는 정비례한다.
05. 다른 각도에서 바라보면 의외의 부분이 있어 재미있다.
06. 급하게 걸으면 중요한 것을 지나친다.
07. '요령껏, 적당히, 알맞게'를 통해 인생은 호전된다.
08. '너무 지나치지도, 소홀하지도 않고, 간섭하지 말 것'은 교제의 핵심이다.
09. 일을 할 때 껄끄러운 상대일수록 정면 승부로 간다.

10. 칭찬에는 혼이 필요하다. 영혼 없는 칭찬은 금물이다.
11. 상대에게 백퍼센트를 요구하면 인간관계는 실패한다.
12. 자신이 우위에 섰을 때는 겸허하게 상대방을 대한다.
13. 강요하는 사람보다 끌어내는 사람이 되자.
14. 그저 묵묵히 참는 것은 마음에 상처를 입힐 뿐이다.
15. 주위 사람을 신경 쓰지 말고 살아 보자.
16. 자신의 감정을 거침없이 표현할 수 있는 인생이 즐거운 법이다.
17. 언제나 사회를 보는 눈을 가지고 있자.
18. 지나치게 열심히 하는 사람에게서는 진정한 위안을 받을 수 없다.
19. 열중할 것이 있으면 우울함은 도망간다.
20. 나이가 들어도 사랑은 잊지 말자.

 우리 모두 한번 가슴 설레는 매일을 살아봅시다! 우리 매일 행복한 말을 읊조려 봅시다! 찬찬히 한번 생각해 보면서 실천해 보면 어떨까요?!
(사이토 시게타 일본 정신병원협회 명예회장이 쓴 책[행복어사전]에서 발췌한 내용입니다.)

일기쓰기 149일째 ; 죠이 오던 날 (9월 26일)

 오늘 새로 올 강아지 죠이가 오기로 한 날이다. 7월10일에서 9월 26일까지 딸네 집에 보낸 지 70여 일만이다. 그간에 예방주사 5 가지 맞고, 잠복 고환 수술하기, 슬개골 탈구 바로잡기 등 여러 가지 기초 진료와 수술을 마치고 배변훈련, 산책 규칙 등 여러 가지를 훈련받고 이발도 하고 왔다.
 슈나우져 종인 조이는 워낙이 사람을 좋아하고 부침성이 있어서 좋은데, 원래 사냥개이므로 운동을 많이 시켜야 하고 좀 별나게 설치는 면이 있어서 힘은 좀 들어도 금새 정이 들었다. 잘 먹고 잘 자고 잘 뛰어놀고 암튼 씩씩하다. 생일은 나와 같이 3월20일로 정했으니, 꼭 6개월째다. 아직 어리지만 이갈이도 하고, 몸무게도 6,7Kg 이니... 중견 태가 난다. 인정스럽고 머리가 좋은 것 같아서 다행이다. 딸 내외가 고맙게도 온갖 걸 다가져다 주었다.

아침에 일어나 죠이를 맞을 여러 가지 준비를 하는데 죠이가 있을 방에 문을 열어 환기시키는 중에 갑자기 중국서 산, 성이 그려진 예쁜 접시가 바람에 날려 깨어져버렸다. 어머나 어쩌나 왜 이런 일이...하면서 마음이 무거웠다. 그러나 곧 나는 좋은 쪽으로 마음을 바꾸어 먹었다. 내가 시집가서 처음 시집에 들어갈 때, 시집 대문을 들어서는 순간 바가지와 사발을 깨부수는 형식의 세레머니가 생각났다. 새 사람 맞는데 모든 액은 다 부서지고 날아가라는 뜻이었다. 아~ 그러니 우리 죠이를 새 식구로 맞이하는 날 하늘이 만들어준 하나의 세레머니로구나.

곧 마음이 아주 즐거워졌다. 우린 잘 살아갈 것이다. 우리 죠이는 잘 도착했고, 나는 지금 우리 죠이와 누워서 서로 손을 잡고 있다. 같이 살아갈 한 식구로서 건강하게 잘 자라기를 기원한다!!! 파이팅 죠이~!!!

일기쓰기 150일째 ; 항상 즐거운 삶을 살고 싶다면... (9월 27일)

항상 즐거운 삶을 영위하고 싶어서 다음의 33가지 사실을 곰곰이 느끼며 잘 실행하기로 했다.
01. 샤워할 때는 노래를 하라.
02. 일 년에 적어도 한번은 해 오름을 보라.
03. 완벽함이 아닌 탁월함을 위해 노력하라.
04. 세 가지 새로운 유머를 알아 두어라.

05. 매일 세 사람을 칭찬하라.

06. 단순히 생각하라.

07. 크게 생각하되, 작은 기쁨을 즐겨라.

08. 당신이 알고 있는 가장 밝고 정열적인 사람이 되라.

09. 항상 치아를 청결히 하라.

10. 당신이 승진할 만하다고 생각될 때 요구하라.

11. 부정적인 사람들을 멀리하라.!

12. 잘 닦인 구두를 신어라.

13. 지속적인 자기 발전에 전념하라.

14. 악수는 굳게 나누어라.

15. 상대방의 눈을 보라.

16. 먼저 인사하는 사람이 되라.

17. 새로운 친구를 사귀되, 옛 친구를 소중히 하라.

18. 비밀은 반드시 지켜라.

19. 상대방이 내미는 손을 거부하지 마라.

20. 남을 비난하지 마라.

21. 당신 삶의 모든 부분을 책임져라.

22. 사람들이 당신을 필요로 할 때 거기에 있어라.

23. 때로는 모르는 사람의 주차 요금을 대신 내어주라.

24. 삶이 공정할 거라고 기대하지 마라.

25. 사랑의 힘을 너무 얕보지 마라.

26. 가끔은 아무런 이유가 없음을 이유로 샴페인을 터뜨려라.

27. 설명하기 위해서가 아닌 주장할 수 있는 생을 살아라.!

28. 실수했다고 말하는 것을 두려워하지 마라.

29. 남의 작은 향상에도 칭찬해 주어라.

30. 약속은 꼭 지켜라.

31. 오직 사랑을 위해서만 결혼하라.
32. 옛 우정을 다시 불붙게 하라.
33. 자신의 행운을 기다려라.

모든 것은 긍정적 마인드로 생각하고 행동하면 된다.
아직 그래도 세상은 살만하지 않은가!

일기쓰기 151일째 ; 배움을 멈추지 말자. (9월 28일)

Anyone who stops learning is old,
whether at twenty or eighty.
Anyone who keeps learnings stays young,
The greatest thing in life is to keep your mind young.

- Henry Ford -

배움을 멈춘 사람은 젊어도 늙은이와 다름없으며
그가 스무 살이든 여든 살이든 상관없이
계속해서 배우는 사람은 늙어도 젊은 사람이다.
삶에서 가장 중요한 것은 바로 젊은 마음가짐이다

- 헨리 포드의 말이다.-

우리는 젊음을 유지하기 위해선 배움을 멈추지 말아야 합니다. 헨리 포드의 말을 마음에 새깁니다. 여기에 더 보태면, 자기 일을 열심히 하며, 또한 베풀며, 인간관계를 맺어야 합니다. 그래야 만이 나이 들어도 젊은 마음을 가지고 살아갈 수 있습니다.

일기쓰기 152일째 ; 하루의 일상 (9월 29일)

　코로나 시절에 하루의 일상이 마냥 같기만 하지만 혼자 살아도 늘 바쁘다. 아침 7시면 깨우는 새로온 강아지 죠이의 재촉에 온천천 산책을 나간다. 후두둑 낙엽 지는 광경에 떠오르는 태양도 보고... 네잎 클로버도 찾는다. 40 분가량의 강아지 죠이와의 상쾌한 산보는 하루 일과의 신선한 촉진제다. 양배추 당근 사라다에 찐 고구마에 야쿠르트와 두유로 아침을 먹고 나면 아침 TV 뉴스 보고, 인생극장도 보고, 조선, 중앙 두 신문을 본다. 그러고는 블로그를 한참을 한다. 속 시원한 칼럼들을 올리고 매일 매일의 일기를 쓴다. 청소하고 사자성어와 영어 단어 외우고 나한테 있는 많은 책들을 찾아서 본다.
　이런 일과에서 벗어난 일상은 강연 준비가 있을 때다. 박물관 대학이나 퇴계학회 등에서 강연이 있을 때는 많은 할 일들을 재쳐 두고 강연 준비에 몰두하게 된다. 최선을 다해서 가장 훌륭한 강연을 하기 위해서다. 청중의 만족도는 바로 강연자 나 자신의 기쁨이기 때문이다. 요즘은 코로나 유행으로 강연도 줄었거나 안 하는 경우가 생겨서 뜸하다. 혼자 살아도 할 일은 언제나 마찬가지로 많다. 늘 오늘 해야 할 일들은 쪽지에 적어놓고 시작한다. 빨래하고, 꽃에 물주고, 구석구석 청소하고, 수퍼에 가고 미뤄두었던 쓰레기 분리해 버리기, 박스 버리기, 음식물 쓰레기 버리기 등등... 그 동안 따서 책 속에 말려둔 네잎 클로버 코팅도 하고..., 산책 삼아 구경하며 걸으며 동네를 한 바퀴 돌며, 들고 나간 과자와 사탕도 함께 나누어 먹는다.
　저녁을 먹으면서는 그동안 소화 장애로 끊었던 술을 오랜만에 한잔한다. 부산 명물 생탁 막걸리에다 소주 조금 타서 한두 잔 마시니 기분이 좋아진다. 이 맛에 술 한 잔씩 하는거 아닌가! 술에 대한 수많은 애증을 추억하며..ㅎㅎ 멋진 가을이 우리 곁을 향해 오고 있다. 아름답게 즐기자. 그리고 잘 늙자! 오~ 인생이여.....!

일기쓰기 153일째 ; 10월을 맞으며... (9월 30일)

일 년이 잠시 지나갑니다... 코로나 세월 속에, 봄도 여름도 가고 벌써 10월, 가을입니다. 가만히 혼자서 세월을 생각해 봅니다.

1월은 다시 시작된 또 하나의 길입니다. 그래서 1월의 길은 희망이었습니다.
2월은 설날이 있어 엄마처럼 포근한 달이었습니다. 그래서 2월의 길은 정이었습니다.
3월은 제비가 새끼 치러 찾아오는 달입니다. 그래서 3월의 길은 봄이었습니다.
4월은 새로운 희망의 꽃이 피는 달입니다. 그래서 4월의 길은 변화의 시작이었습니다.
5월은 그린 색으로 갈아입은 산으로 가는 달입니다. 그래서 5월의 길은 새로운 쉼이었습니다.
6월은 벌써 절반이나 가버려 아쉬운 달입니다. 그래서 6월의 길은 선택이었습니다.
7월은 열정의 온도를 높이며 땀 흘리는 달입니다. 그래서 7월의 달은 열정이었습니다.
8월은 다시 돌아오기 위해 떠나는 달입니다. 그래서 8월의 길은 충전이었습니다.
9월은 익어가는 것은 고개를 숙이는 달입니다. 그래서 9월의 길은 겸손한 자신감이었습니다.

10월은 가을 풍경의 자연 속에 침잠하는 달입니다. 그래서 10월의 길은 정열의 유혹 속 고독입니다.

11월은 빛과 그늘이 조화를 이루는 달입니다. 그래서 11월의 길은 숨 고르기입니다.

12월은 혼돈과 포기와 후회를 넘어서는 달입니다. 그래서 12월의 길은 다시 새벽입니다.

이제 10월이 되면 우리는 많이 외로워집니다. 외로움은 밖에서 찾아 드는 것이 아니고 마음속에서부터 차오르는 것입니다. 외로움에 패배당해서는 안 됩니다. 나의 내면에서 평화를 찾고 정신적 여유를 가지도록 해야 합니다.

일기쓰기 154일째 ; 감동적인 미국 대학교 졸업식의 저명인사 축사 (10월 1일)

오늘은 감동적인 미국대학교 졸업식의 저명인사 축사 내용을 간추려서 되새겨 보면서 의미를 기억하고 마음을 다시 한 번 다져보고자 한다.

1. "공감으로 세상을 바꿔라. (Change the world through empathy)."
   - 마이크로소프트 창립자 빌 게이츠, 스탠퍼드대 졸업식에서
2. "하룻밤 새 성공에 이르는 방법은 없다. (There is no such thing as an overnight success)"
   - 패션 디자이너 · 토리 버치 회장, 지난 5월 밥슨 컬리지 졸업식에서
3. "계속 갈망하라. 여전히 우직하게(Stay hungry. Stay foolish)."
   - 스티브 잡스 애플 창업자, 2005년 6월 스탠퍼드대 졸업식에서
4. "남아있는 목숨이 없는 것처럼 움직여라 (Play like you have zero

lives)."
- 알렉시스 오헤니언 레딧닷컴 창업자, 지난 5월 카르티지 컬리지 졸업식에서

5. "지금 위험을 감수하라(Take risks now)."
- 엘론 머스크 테슬라모터스 최고경영자(CEO), 지난 5월 서던캘리포니아대 졸업식에서

6. "야심을 가져라. 끝없이 손 내밀어 꿈꿔라. (Stay ambitious, keep reaching, keep dreaming)."
- 셰릴 샌드버그 페이스북 최고운영책임자(COO), 지난 5월 시카고시립대 졸업식에서

7. "혁신은 총명함이 아닌 인내에서 나온다. (Innovations come from perseverance, not brilliance)."
- 아짐 프렘지 위프로테크놀로지스 회장, 지난 5월 미시간주립대 졸업식에서

8. "계획을 멈춰라. 이 순간에 존재하라 (Stop planning - be in this moment)."
- 딕 코스톨로 트위터 CEO, 2013년 5월 미시간대 졸업식에서

9. "친구 수가 아니라 우정이 중요하다. (Friendship, not friend count)."
- 에릭 슈미트 미 구글 회장, 2012년 5월 보스턴대 졸업식에서

10. "우리는 우리가 한 선택들, 그 중에서도 어려운 선택의 결과다.(We are our choices. Especially the hard ones)."
- 제프 베저스 아마존 창업자, 2010년 5월 프린스턴대 졸업식에서

11. "좋아하는 일을 하라. 그러면 도전에 더 많은 목적의식이 생긴다 (Do something you love-then challenges will have more purpose)."
- 마크 저커버그 페이스북 창업자, 2011년 6월 8일 벨 헤이븐 커뮤니티 스쿨 졸업식에서

12. "변화를 향해 열려있어라. (Be open to change)."
- 마리사 메이어 야후 CEO, 2011년 5월 하비머드대 졸업식에서

13. "실패의 미덕(The Fringe Benefits of Failure)"
　- 조앤 K 롤링 해리포터 작가, 2008년 6월 하버드대 졸업식에서

일기쓰기 155일째 ; 너무 슬퍼하지 말아요. (10월 2일)

아우님... 너무 슬퍼하지 말아요....
결국은 우리도 모두 다~ 떠나요...!
단지 한걸음 더 먼저 떠났을 뿐이지요...
우리 가슴을 아프게 하는 먼저 떠난 사람들은......

떨어지는 가을의 낙엽을 보면서 우리 인생이
참으로 유한함을 느낍니다.
이 낙엽은 작년의 그 낙엽이 아니듯이
그냥 생을 이어가고 있을 뿐임을 압니다.
우린 단지 작년의, 올해의 낙엽일 뿐입니다.

이 무한하여 가늠할 수 없는 우주 속에서 어찌하여 이 지구라는 별에 태어나서 이렇게 인간으로 살아가면서... 우리 서로 만나고 얘기하고 정 나누고 하는지...

하늘이 사람을 낼 때에는 장차 거두어가기 위함이라고 했습니다,
　우리의 인생은 참 긴 것 같으면서도 짧고 허망한 것임을 절감하게 합니다.

"숙명을 산다는 것은 전생의 약속을 사는 것이며,
　세월은 우주로 가는 희로애락을 가득 실은 급행열차이며,
　그 틈바귀에 끼어 우리는 이끌려 가고 있다."고 어느 시인은 말하였습

니다.

이제 우리에게도 죽음은 그리 먼 이야기가 아님을 느끼게 합니다.
우리의 이 하루하루의 삶이 귀중할 뿐입니다
지금 우린 하나의 기적을 살고 있습니다!
아우님 너무 슬퍼하지 말아요~!

블로그를 통해 알게 된 숙이 아우님의, 자식 먼저 보낸 사연에 넘 넘 가슴이 아파서 도움이 될 수도 없겠지만, 이렇게 나는 사연을 보내면서 그냥 위로해 보려고 노력하고 있습니다.

일기쓰기 156일째 ; 인생의 빛과 어둠이 녹아든 나이 (10월 3일)

나이가 들면서 그 드는 나이만큼 깊어지는 것들이 있다. 군데군데 자리 잡아가는 주름사이로... 옹송그린 세월을 덧없다고 하지 않는 것은 세월이 흐르면서 더욱 아름다워지는 것들이 있기 때문이다. 주름이 늘어간다는 것은 마음으로 볼 수 있는 것들이 늘어간다는 것이다. 다른 사람의 속도에 신경 쓰는 일보다 자신이 가진 능력에 맞는 알맞은 속도를 헤아릴 줄 알게 된다.

평면적으로 보지 않고 둥글둥글 전체를 보게 되고 지식보다는 지혜로운 말씀을 따르게 된다. 날카롭던 것들은 유연하게, 상처는 치유의 흔적으로 내게 없는 것, 내게서 떠나는 것에 집착하지 않고 내게 있는 것, 내게로 오는 것에 감사하는 법을 알게 되는 것이 바로 나무의 나이테같이 세월 앞에 넉넉해지는 나이 덕분이다.

모두 살아오면서 저마다의 연륜이 몸에 배고, 인생의 빛과 어둠이 녹아든 양만큼 적절한 빛깔과 향기를 띠는 것이다. 그리고 어느 나이에 이르기 전에는 이해할 수 없는, 감히 도달할 수 없는 사유의 깊이가 있는 것이다.

　나이가 들어간다는 것은 어떤 의미일까? 젊은 시절에는 좋은 것과 싫은 것이 분명했는데 나이가 점점 들어가는 요즘에는 싫은 것도 좋고, 좋은 것은 너무 좋아서 웃음이 활짝 피어나는데, 속으로는 불편하고 그 자리에서 빨리 벗어나고 싶다는 생각이 강한데도, 몸은 얼굴은 짐짓 아무렇지도 않게 태연하게 자리에 앉아서 즐거운 척, 좋은 척하는 나 자신을 보게 된다. 예전에는 나 자신 위주로 모든 것을 생각하고 행동했는데 지금은 남들의 입장을 조금 더 생각하고 더 배려하고, 말 한마디에도 신중에 신중을 기하게 된다. 이런 것이 나이가 들어가는 증거가 아닐런지…

　우리는 살아가면서 많은 것을 잃으며 삽니다. 시간을 잃고 나면 우리는 나이를 얻습니다. 그 나이는 우리들에게 빛깔과 향기와 지혜를 안겨줍니다.

일기쓰기 157일째 ; 가을 낙엽을 보면서… (10월 4일)

　10월 초인데도 낙엽은 벌써 우수수 지고 있습니다…. 떨어지는 낙엽을 보면서 인생이 어떤 존재라는 것을 알게 해주는 가을은, 생각할 수 있는 계절입니다

　낙엽을 바라보세요. 그것을 보면서 인생의 무상함을 느끼기보다는 세상 앞에 겸손해졌으면 좋겠습니다. 푸르름을 자랑해 보았던들 이제는 부는 바람에 저항 한번 못하고 너무도 쉽게 떨어져 버립니다.

　잎새마다 새겨진 삶의 애환을 보며 지난날을 회상하며 추억 속으로 빠지기보다는 가을의 낙엽으로 지는 그들을 보며… 꼭 무엇을 남기기보다는 존재를 알고 자기에게 주어진 생을 살고 아름다운 뒷모습을 남기는 그들의 모습을 보았습니다.

가을이 있어 겸손할 수 있는가 봅니다. 지나간 계절을 살면서 다투기도 했었고 알게 모르게 얼마나 판단하면서 살았는지요. 혹자들은 말하기를... 인생을 어떻게 사는가를 논하지만 실상은 살았다는 그 자체가 인생 아니겠는지요.

자기에게 주어진 삶을 살고 가는 낙엽, 그네들을 볼 수 있는 가을은 인생을 조금이나마 깨달음으로 알 수 있게 하는 것 같습니다. 행복한 일생도 불행한 일생도 일장춘몽입니다. 이제 인생을 잘 보냈으므로... 언제 떠나도 괜찮다고 생각하며 늘 심리적 결재를 해 두십시다.

일기쓰기 158일째 ; 인생의 마루턱 (10월 5일)

1995년 미국 신경학자 피터 맹건이 연령별 피실험자들에게 속으로 3분을 헤아리라고 했습니다. 청년들은 평균 3분 3초가 되자 버튼을 눌렀습니다. 중년은 3분 16초를, 노인은 3분 40초를 3분이라고 생각했습니다. 늙을수록 시간을 짧게 느낀다는 것을 입증한 실험입니다. 뇌과학에선 생체 시계를 통제하는 뇌 시상하부 교차상핵(SCN)과 신경전달 물질 도파민에 주목하고 있습니다. 나이를 먹어 SCN 세포와 도파민이 줄어들면 SCN 회로가 느리게 진동합니다. 그렇게 몸 안 시계가 느려지면 상대적으로 바깥세상이 빨리 돌아가는 것으로 인식하게 됩니다. 거꾸로 도파민이 많으면 세상은 느리게 움직입니다. 도파민은 즐겁고 행복할수록, 새롭고 자극적인 경험을 할수록 많이 분비됩니다.

어린 시절엔 모든 게 신기하고 신나는 일입니다. 남은 기억도 촘촘하게 많아 세월이 길 수밖에 없습니다. 늙으면 어제도 오늘도 비슷한 일상, 단조로운 삶이 이어집니다. 그러니 시간이 쏜살같이 흘러갑니다. 새해 새 마음으로 살자고 다짐한 게 엊그제 같은데 또 다른 새해가 코앞에

다가오고 있습니다. 시간을 도둑질당한 것 같습니다. 그만큼 타성에 젖어 살았다는 얘기입니다. 시간을 서투르게 쓰는 이가 시간이 짧다고 불평합니다. 이제 남은 세월을 선물이라 여기고 도파민이 샘솟도록 살아 보십시다.

"내려갈 때 보았네. 올라갈 때 보지 못한 고운 그 꽃." 깨달음은 한 해라는 산에 오를 때가 아니라 한 해의 마루턱을 내려올 때 얻습니다.

우리 아직 남은 이 **인생의 마루턱**을, 깨달음 속에 내려오지 않으시렵니까?

일기쓰기 159일째 ; 우리 가을 들국화 마중 가자. (10월 6일)

올해는 일찍 가을이 나섭니다. 잎새들이 자꾸만 떨어지고 있습니다. 가을벌레 소리에 곳곳에서 가을꽃이 고개를 내밀고 있습니다. 우리 가을 들국화 마중 가시지 않으실래요?

풀 먹인 모시같이 칼칼한 바람이 부는 가을입니다.
바람에 옷깃을 여밉니다. 서둘러야겠습니다.
들국화들이 서둘러 꽃을 피우기 시작했습니다.
우리 그 꽃 마중을 떠나 보지 않을래요?

휴식의 겨울 앞에서 홀연히 피어나...
살아있는 것들의 쉼표를 준비케 하는 가을꽃.
산길 양지편으론 노오란 산국山菊들이
올망졸망 꽃망울 터트리며 조잘대고 있습니다. 이 가을을...

가을의 초입, 찬 이슬 지나 무서리 칠 때까지,

화려한 꽃들이 떠난 자리로 들국화라 불리는 꽃들이
이제 우리만 남았다고 서둘러 산자락까지 청초하게
고개 들고 핀 구절초, 쑥부쟁이, 산국山菊들...
늦가을 마지막 무대의 피날레를 장식하려 합니다.

어서 오라 유혹하는 꽃말이 순수한 사랑인 산국山菊.
찬 서리 사이에서 피어나 꽃들의 계절을 마감하는
저 위대한 생명력.
꼭, 끈질기게 살아남아야만하는
우리네 민초를 닮은 꽃.
그 꽃 마중을 떠나 보십시다.

가자! 우리~ 가을 들국화를 마중가자...!
시 한 수 올립니다.

일기쓰기 160일째 ; 자신의 삶에 만족을 느껴라. (10월 7일)

자신의 삶에 만족을 느낀다는 것은 참으로 행복한 일입니다. 코로나 시절이라도 즐거운 마음으로 이웃을 만날 수 있다는 것 역시 행복한 일임이 틀림없을 것입니다. 생각해보면 스스로 불행하다고 생각하는 사람이나 또는 스스로 행복하다고 생각하는 사람이나 이 세상은 하나입니다.

만족을 아는 사람은 비록 가난해도 부자로 살 수 있고, 만족을 모르는 사람은 많이 가졌어도 마음은 늘 가난합니다. 자신의 인생을 불행하게 느끼느냐 행복하게 느끼느냐 하는 것은 소유의 문제가 아니라, 마음가짐의 지혜의 문제입니다. 슬기로운 사람은 남들이 불행하다고 생각하는 조건 속에서도 만족함을 발견해 내고, 어리석은 사람은 남들이 부러워하는 조건 속에서도 눈물을 흘립니다.

　남들이 보잘것없다고 여길지라도 내가 열심히 할 수 있는 일을 갖는다는 것 또한 행복한 일입니다. 이러한 마음은 얼마나 나 자신이 긍정적인 마인드를 가지느냐의 문제인 것입니다. 지나간 일에 매달려 잠 못 이루지 말고 잊을 것은 빨리 잊도록 해야 합니다. 행복은 행복하다고 생각하는 사람의 마음속에서 더욱 튼튼하게 자란다는 것을 우리 모두 잊지 않았으면 좋겠습니다.

일기쓰기 161일째 ; 나도 꼭 손잡고 걷고 싶다. (10월 8일)

　　해질녘 온천천 산책길....
　　젊은 연인들이 사랑의 언어를 나눈다.

　　나도 저렇게 손 꼭 잡고 걷고 싶다.
　　나도 저렇게 마주 보며 속삭이고 싶다.
　　나도 서로 허리를 껴안고 걷고 싶다.
　　나도 저렇게 예쁘게 웃고 싶다.
　　나도 저렇게 곱게 사랑을 나누고 싶다.

　　황혼은 점차 짙어가는데
　　어스름한 석양 길에
　　젊은이들의 속삭이는 모습이 곱다.
　　그 자태가 아름답다.
　　나도 나도 그러고 싶은데...

　　세월은 그렇게 흘러 흘러 이제 황혼...

그이는 떠나가 버리고...
다시 못 올 그 먼 길을 갔구려....!
우리도 얼마든지 아름다울 수 있는데....
오직 안타까울 뿐이다...!
오 나의 사랑이여~ 인생이여~

일기쓰기 162일째 ; 아! 세종대왕님! (10월 9일)

감사합니다...!!! 세종대왕님!!

중국인이 컴퓨터 자판을 치는 모습을 봅니다. 3만 개가 넘는다는 한자를 어떻게 좁은 자판에서 칠까요? 한자를 자판에 나열하는 게 불가능해 중국어 발음을 먼저 영어로 묘사(한어병음)해 알파벳으로 입력한 다음에 단어마다 입력키를 눌러야 화면에서 한자로 바뀝니다. 불편한 건 더 있습니다. 같은 병음을 가진 글자가 20개 정도는 보통입니다. 그중에서 맞는 한자를 선택해야 합니다.

한국의 인터넷 문화가 중국을 앞선 이유 하나가 여기에 있습니다. 타이핑을 많이 하는 전문직 중국인들은 한자의 획과 부수를 나열한 또 다른 자판을 이용합니다. 자판을 최대 다섯 번 눌러 글자 하나가 구성되므로 오필자형五筆字型 이라고 합니다. 속도가 빠르지만 익히기 어려워 일반인은 못합니다.

일본인은 어떨까요. 컴퓨터 자판을 보니 역시 알파벳입니다. 일본인들은 '世'를 영어식 발음인 'se'로 컴퓨터에 입력하는 방법을 씁니다. 각 단어가 영어 발음 표기에 맞게 입력돼야 화면에서 가나로 바뀝니다. 게다가 문장마다 한자가 있어 쉼 없이 한자 변환을 해줘야 하므로 속도가 더딥니다. 나아가 '추'로 발음되는 한자만 해도 '中'을 비롯해 20개 이상이니 골라줘야 합니다. 일본어는 102개의 가나를 자판에 올려 가나로 입력하는 방법도 있지만 익숙해지기 어려워 이용도가 낮습니다.

이러니 인터넷 친화도가 한국보다 낮을 수밖에 없는 것 같습니다. 말레이시아처럼 언어가 여러 가지인 국가들은 컴퓨터 입력 방식 개발부터 골칫덩어리입니다.

24개의 자음·모음만으로 자판 내에서 모든 문자 입력을 단번에 해결할 수 있는 한글은 하늘의 축복이자 바로 과학입니다. 휴대 전화로 문자를 보낼 때 한글로 5초면 되는 문장을 중국, 일본 문자는 35초나 걸린다는 비교가 있습니다. 한글의 입력 속도가 일곱 배 정도 빠르다는 얘기입니다. 정보통신(IT)시대에 큰 경쟁력이 아닐 수 없습니다. 만세~ !!

한국인의 부지런하고 급한 성격과 승부근성에, 한글이 '디지털문자'로서 세계 정상의 경쟁력이 있는 덕에 우리가 인터넷 강국이 됐다고 해석할 수 있습니다. 한글로 된 인터넷 문자 정보의 양은 세계 몇 번째는 됩니다.

10월 9일은 세종대왕이 한글을 반포한 한글날. 세종이 수백 년 뒤를 내다본 정보통신대왕이 아니었나 하는 감탄이 절로 나옵니다. 26 개인 알파벳은 한글과 같은 소리 문자이고 조합도 쉽지만 'a'라도 위치에 따라 발음이 다르고 나라별로 독음이 다른 단점이 있어요. 그러나 한글은 하나의 글자가 하나의 소리만 갖습니다. 어휘 조합능력도 가장 다양합니다. 소리 표현만도 8800여 개여서 중국어의 400여 개, 일본어의 300여 개와 비교가 안 됩니다. 세계적 언어학자들은 한글이 가장 배우기 쉽고 과학적이어서 세계 문자 중 으뜸이라고 말합니다. '알파벳의 꿈'이라고 표현합니다. 그래서 거의 0%인 세계 최저의 문맹률이 가능했고 이게 국가발전의 원동력이었습니다. 한글은 발음기관의 모양까지 반영한 음성공학적 문자여서 세계의 언어를 다 표현해냅니다.

맥도널드를 중국은 '마이딩로우', 일본은 '마쿠도나르도'라고 밖에 표현하지 못합니다.

그렇기 때문에 이러한 장점이 네팔, 자이자이족 등 문자가 없는 민족에게 한글로 문자를 만들어 주는 운동이 추진되는 이유가 여기에 있습니다. 외국인에게 5분만 설명하면 자신의 이름을 한글로 쓰게 할 수 있습니다. 한글은 기계적 친화력도 가장 좋아 정보통신 시대의 준비된 문자입니다. 세계화의 잠재력이 적지 않습니다.

모두가 은혜입니다. 아~ ~ 세종대왕님!! 신미대사님!! 감사합니다!!!
덕분입니다. 감사합니다. 자랑스럽습니다! 사랑합니다.♥축복합니다.

일기쓰기 163일째 ; 나는 왜 술을 마시는가? (10월 10일)

나는 왜 술을 마시는가 ....
술을 마시면 기분이 업되면서 좋아서다.
술에 약간 취하면 온갖 아이디어가 떠오르기 때문이다.
술을 마시면 울고 싶어지기 때문이다.
눈물은 나의 모든 감정을 씻어 내리며 카타르시스 시켜준다.
술에 취하면 때론 용감해지기 때문이다.
그래서 못했던 모든 이야기를 다 토해낼 수 있기 때문이다.
얼큰하게 술에 취하면 못 낫지만 시상이 떠오르기 때문이다.
술에 취하면 감상적이 되기 때문이다.
그리고 애틋한 추억에 젖기 때문이다.
술에 취하면 좋아하는 음악이 더 감미로워지기 때문이다.
그리고는 멜랑꼴리한 정서에 빠지기 때문이다.
술 한잔 하고 나면 저 달이 더 로맨틱하게 보이고
가을이 더 애잔하게 느껴지기 때문이다.
이 모든 것이 다~ 좋기 때문에 나는 술을 마신다.

그이 떠난 후 5년 동안 해거름이 되면 술을 마셨다....술을 전혀 못 마시는 사람은 참 불행한 사람이라고 생각했다. 술은 그래서 도를 넘지 않으면 참으로 좋은 음료다. 나는 이태백 시인을, 변영로 시인을 좋아한다. 얼마나 멋진 사람인가...!

그런데 요즘은 술을 끊었다. 속이 좋지 않고 소화가 영 부실해서다. 인생의 낙이 하나 완전히 날아가 버렸다. 그래도 때로는 한잔 씩 마시며 그 아련한 기분에 취해보곤 한다. 나의 인생에서 술은 많은 역할을 했다. 연애도 연인도 결혼도 안겨준 술, 괴로움도 아픔도 더불어 안겨준 술... 그래도 술 너를 나는 좋아한다...

나이 들면서 모든 것이 마음 같지가 않다. 이래저래 몸도 마음도 늙고 쇠잔해져 가고 있다...!

일기쓰기 164일째 ; 감사 십계명 (10월 11일)

1. 생각이 곧 감사다

생각(think)과 감사(thank)는 어원이 같다. 깊은 생각이 감사를 불러 일으킨다. 이 우주 만물 모든 것이 감사함으로 가득하다.

2. 작은 것부터 감사하라.

바다도 작은 물방울부터 시작되었다. 아주 사소하고 작아 보이는 것에 먼저 감사하라. 그러면 큰 감사 거리를 만나게 된다.

3. 자신에게 감사하라.

성 어거스틴은 이런 말을 남겼다. "인간은 높은 산과 태양과 별들을 보고 감탄하면서 정작 자신에 대해서는 감탄하지 않는다." 자신에게 감사하는 것은 매우 중요하다.

4. 일상을 감사하라.
숨을 쉬거나 맑은 하늘을 보는 것처럼 관심을 가지지 않으면 절대 할 수 없는 감사가 어려운 감사이다.

5. 문제를 감사하라.
문제에는 항상 해결책도 있게 마련이다.

6. 더불어 감사하라.
장작도 함께 쌓여있을 때 더 잘 타는 법이다. 가족끼리 감사를 나누면 30배, 60배, 100배의 결실로 돌아온다.

7. 그럼에도 불구하고 감사하라.
결과를 보고 감사하지 말라. 문제 앞에서 드리는 감사가 아름답다.

8. 잠들기 전 시간에 감사하라.
대부분의 사람들이 짜증과 걱정을 안고 잠자리에 든다. 잠들기 전의 감사는 영혼의 청소가 된다.

9. 감사의 능력을 믿고 감사하라.
감사에는 메아리 효과가 있다. 감사하면 감사한 대로 이루어진다.

10. 모든 것에 감사하라.
당신의 삶에서 은혜와 감사가 아닌 것은 단 한 가지도 없다.

산수를 넘은 이 나이에 감사10계명이 이다지도 가슴을 치고 설레이게 한다. 감사합니다! 나의 오늘의 이 모든 것이 고맙습니다! 감사합니다! 죽음을 맞이하는 마지막 날까지 늘 감사하며 살아가겠습니다!!!

일기쓰기 165일째 ; 왜 사는가? (10월 12일)

하늘이 하늘이 너무 파랗잖아...
흰 구름이 너무 아름다워서...

가을 단풍이 너무 멋져서
낙엽 색갈이 너무나도 붉어서...

착한 이들의 마음이 감동스러워서
내 아이들이 잘 살아가고 있잖아

배우고 열중할 공부가 있기에
건강한 사색이 가능하기에...

햇살이 따사로운 늦가을 하오에
강아지의 충성스런 눈동자를 보며

한줌 노란 국화꽃에 취하며
살아가는 긍정의 힘을 키운다.   - 자작시 -

일기쓰기 166일째 ; 나를 바꾸는 51 가지 황금단어 (10월 13일)

01. 열정 - 다른 것을 보지 않는 단순함의 에너지가 바로 열정이다.

02. 성공 - 성공하려면 남이 가지 않은 길로 가라.

03. 최선 - 모든 일에 최선을 다해야 한다고 생각하지 마라.

04. 도전 - 도전이란 상식 밖의 행동을 하는 거다.

05. 가치 - 당당하게 살고 싶다면 자신의 가치를 높여라.

06. 완벽 - 완벽의 함정에 빠지지 마라.

07. 재능 - 다른 사람이 인정하는 것이 진짜 나의 재능이다.

08. 경쟁 - 창의적인 삶에는 경쟁이 없다.

09. 행복 - 행복한 사람이 똑똑한 사람이다.

10. 유행 - 유행에 신경 쓰지 않는 사람이 유행을 창조하고 리드한다.

11. 좌절 - 좌절, 이것도 곧 지나가리라.

12. 신뢰 - 신뢰를 깨지 마라.

13. 행운 - 낙심하지 마라. 진정한 행운은 예고 없이 찾아온다.

14. 가족 - 모든 것을 다 바꿔도 바꿀 수 없는 것이 가족이다.

15. 감사 - 인생의 성공을 만드는 에너지는 내 마음 속의 감사다.

16. 기회 - 기회는 만드는 것이다.

17. 처음 - 처음으로 돌아가라. 그것이 지름길이다.

18. 유혹 - 유혹의 가장 큰 무기는 진정성이다.

19. 변화 - 변화는 또 다른 변화를 낳는다.

20. 승리 - 작은 승리가 큰 꿈을 이룬다.

21. 목표 - 어떻게 달성해야 할지 모르는 것이 목표여야 한다.

22. 선택 - 자기파괴를 선택하지 말고, 자기실현을 선택하라.

23. 열쇠 - 인생의 비밀을 열어 줄 열쇠는 없다.

24. 콤플렉스 - 내게 부족한 것이 아닌 나를 망가뜨리는 것.

25. 스트레스 - 긍정적 스트레스를 즐기자.

26. 아이디어 - 엉뚱하게 시작해서 현실적으로 진화하는 것.

27. 오늘 - 오늘이 바로 내 인생이다.

28. 선물 - 부자가 되고 싶다면 많은 선물을 해라.
29. 지혜 - 어제까지의 지식은 쓰레기다. 그걸 판별할 지혜가 필요하다.
30. 경험 - 생각의 경험을 넓혀라.
31. 긍정 - 긍정으로 나를 채우자.
32. 꿈   - 소중한 내 인생은 내 꿈으로 이루어진다.
33. 칭찬 - 상대의 이야기를 하는 것이 칭찬이다.
34. 사랑 - 사랑이란 모르는 척하지 않는 것이다.
35. 웃음 - 즐거울 때만 웃지 말고, 웃어서 즐거워져라.
36. 부자 - 부자는 가치 있는 자산을 많이 확보한 사람이다.
37. 중독 - 긍정적 중독에 빠지지 마라.
38. 돈   - 사람을 만나야 돈이 굴러 들어온다.
39. 게으름 - 인생의 소중함을 아는 사람은 게으를 수 없다.
40. 시간 - 시간은 돈이 아니다. 그 이상이다.
41. 느림 - 빨리 뛸 때 보지 못했던 것이 천천히 걸을 때 보인다.
42. 배움 - 배우기만 하면서 인생을 낭비하지 마라.
43. 고객 - 진정한 고객 만족은 고객을 리드하는 것이다.
44. 실천 - 결국 모든 것은 행동으로 얻어진다.
45. 결정 - 우왕좌왕 주저하는 것보다는 잘못된 결정이 더 생산적이다.
46. 창조 - 자신의 인생을 살아가는 것이 다름 아닌 창조다.
47. 습관 - 생각의 습관이 내 인생을 결정한다.
48. 설득 - 상대의 마음을 얻어야 한다. 그래야 설득할 수 있다.
49. 관계 - 나의 인간관계는 나의 전문성이 만든다.
50. 봉사 - 봉사를 배워라. 봉사만이 당신을 리더로 키운다.
51. 용기 - 단 3%의 두려움이 우리의 용기를 가로막는다.

박 종하씨가 지은 『바로 아주 특별한 성공의 태도』라는 책의 독서 포인트는, 성공에 대처하는 우리의 '태도'에 따라 성공의 운명은 달라진다. 여기 나온 51가지 키워드를 하나하나 터득하고 일상생활에서 곧바로 실천한다면 성공의 길에 한층 더 빨리 다가갈 수 있을 것이다. 성공은 누구에게나 주어지지 않는다. 그 자리는 특별한 노력을 하는 사람에게만 주어진다. 무엇보다 어떤 상황이나 대상을 대할 때 '성공의 태도'를 지니는 것이 중요하다. 자신의 태도에 따라 말과 행동하는 것으로 자신이 드러나기 때문에 성공의 태도를 지니면 자연스럽게 성공의 길에 다가갈 수 있다. 한번 곰곰이 읽고 익히고 생각해 볼 필요가 있다!

나를 바꾸는 51가지 황금단어는 바로 아주 특별한 성공의 태도를 만들어 준다!

일기쓰기 167일째 ; 내 인생에 가을이 오면 (10월 14일)

내 인생에 가을이 오면

내 인생에 가을이 오면
나는 나에게 물어볼 이야기들이 있습니다.

내 인생에 가을이 오면
나는 나에게
사람들을 사랑했느냐고 물을 것입니다.
그때 가벼운 마음으로 말할 수 있도록
나는 지금 많은 사람들을 사랑하겠습니다.

내 인생에 가을이 오면
나는 나에게
열심히 살았느냐고 물을 것입니다.

그때 자신 있게 말할 수 있도록
나는 지금 맞이하고 있는 하루하루를
최선을 다하며 살겠습니다.

내 인생에 가을이 오면
나는 나에게
사람들에게 상처를 준 일이 없었냐고 물을 것입니다.
그때 자신 있게 말할 수 있도록
사람들을 상처 주는 말과 행동을
하지 말아야 하겠습니다.

내 인생에 가을이 오면
나는 나에게
삶이 아름다웠느냐고 물을 것입니다.
그때 기쁘게 대답할 수 있도록
내 삶의 날들을
기쁨으로 아름답게 가꾸어 가야겠습니다.

내 인생에 가을이 오면
나는 나에게
어떤 열매를 얼마만큼 맺었느냐고 물을 것입니다.
내 마음 밭에 좋은 생각의 씨를 뿌려
좋은 말과 좋은 행동의 열매를
부지런히 키워야 하겠습니다.　　　　　　- 윤동주 -

　오늘은 27세의 나이로 후쿠오카 형무소에서 해방 직전에 요절한, 우리들이 사랑하는 애국시인 윤동주님의 시 '내 인생에 가을이 오면'을 애절하게 읽으며 외워봅니다.

그는 자신의 뜻을 굽히지 않은 저항 시, 삶의 고뇌에 대한 시로 민족의 길과 다른 길을 걸어가는 자신의 행적을 반성하고 이에 대한 부끄러움을 나타내는 시로 유명합니다. 짧은 생애를 살았지만 특유의 감수성과 삶에 대한 고뇌, 독립에 대한 소망이 서려 있는 작품들로 인해 대한민국 문학사에 큰 기여를 한 문인입니다.

이 시를 외우며 이제 갈 길이 멀지 않은 나의 길을 이쁘게 가고자 합니다! 사람들을 사랑하겠습니다! 열심히 살아왔고 앞으로의 인생도 최선을 다해 열심히 살겠습니다! 다른 사람에게 상처 주는 말은 하지 않았으며, 끝까지 하지 않겠습니다! 내 삶의 날들을 기쁨으로 아름답게 가꾸어 가겠습니다! 좋은 열매를 맺도록 좋은 생각의 씨를 죽을 때까지 가꾸어 가겠습니다!

일기쓰기 168일째 ; 오늘 읽은 아름다운 말 (10월 15일)

장애인 철학자 알렉상드르 졸리앵의 말입니다. 끝없는 자기 수련 이후에 할 수 있는 말, 아름다운 말, 감동입니다. 오늘 읽은 아름다운 말을 여기에 다시 옮겨봅니다. 인간이란 존재는 어떠한 어려움도 이겨낼 수 있는 불가사의한 존재입니다.

"장애는 내게 실험실과 같다. 타인의 왜곡된 시선을 바로잡고, 내 안의 두려움을 없애는 일이다. 행복에는 세 가지 기둥이 있다. 삶의 덧없음을 직시하는 명상과 나를 편견 없이 받아주는 친구, 그리고 어려운 이웃을 위한 사회적 참여다. 장애인으로, 가장으로, 작가로 주변에 기쁨을 주는, 내 세 가지 소명을 뚜벅뚜벅 실천해가겠다." "우리는 인간으로 태어나는 것이 아니라 인간이 되어가는 것"이기에…. 『우신예찬』을 쓴 에라스뮈스(1466~1536)의 말이다. 공감한다." "철학은 사고의 엄정성을 갖추게 한다.

장애인인 만큼 치료와 치유에 관심이 크다. 철학은 그 상처의 근원을 성찰하게 한다. 예컨대 우리의 몸을 들여다보자. 두 가지 극단이 존재한다. 마라도나 같은 신체를 우상화하거나, 반대로 욕망의 결집체인 육체를 감옥으로 폄하하기도 한다. 둘 다 옳지 않다. 남을 부러워하면 질투에 사로잡히고, 반대로 무작정 깎아내리면 허무에 빠진다. 인간은 순간 순간 변한다. '지금, 여기'가 핵심이다. 나 자신도 매번 다른 장애인이다.

사람은 고정된 시선 안에 가둘 수 없다. 우리 모두는 누구도 대체할 수 없는 신비한 존재다." 결핍은 인간이 성장하는 원천이다. 남을 판단하지 않고, 분노에 빠지지 않고, 슬픔에 침몰되지 않으려면 많은 수련을 해야 한다. 기도와 명상이 필요한 이유다."

- 알렉상드르 졸리앵 저 '인간이라는 직업' 중에서 -

알렉상드르 졸리앵은 1975년 스위스 사비에스에서 트럭운전사 아버지와 가정부 어머니 사이에서 태어났다. 탯줄이 목에 감겨 질식사 직전에 기적적으로 태어나 뇌성마비를 갖게 되었고, 3살 때부터 17년 간 요양 시설에서 지냈다. 장애로 인해 불편과 고통, 난관에 수없이 부딪히면서 그는, 내면에 잠자고 있는 인식에 대한 강렬한 갈증을 느껴 철학에 빠졌다.

스위스 프리부르 문과대학에서 공부하고 더블린 트리니티 칼리지에서 고대 그리스어를 배우면서 본격적으로 철학과 저술 활동에 전념하기 시작했다. 첫 책 『약자의 찬가』(1999)는 2000년 몽티용 문학철학상과 아카데미프랑세즈에서 수여하는 모타르 상(문학창작 부문)을 수상했으며, 2002년 출간된 『인간이라는 직업』 역시 큰 반향을 불러일으켰다.

그는 현재 유럽에서 가장 저명한 베스트셀러 작가 중 한 명이다.

졸리앵은 태어나 지금껏 하루도 어려움이나 문제에 부딪히지 않고 지나가는 날이 없었다. 이런 현실에서 졸리앵은 '자신을 있는 그대로 받아들이기' 즉, 자신의 조건과 상태를 무조건 수용하기 위해 애쓰기보다는, 집착을 없애는 것을 통해 장애를 가지고 있든 아니든 그와는 무관하게 펼쳐져 있는 삶의 진실과 의미, 행복을 찾아가는 수행을 계속하고 있다.

일기쓰기 169일째 ; 과연 충고란 통할까? (10월 16일)

살아가면서 생각해 본다. 과연 충고란 통할까...?
마음의 향기와 인품의 향기를 갖는다면 가능할 것이다.

좀 더 젊게 살려면 여러 부정적인 생각들과 고정관념에 휩싸여 남을 무시하려는 마음. 두려움 노여움을 마음속에서 몰아내고 숙고해야 한다. 진정 우리가 나약해져 가고 있는 건 아닌지 누군가의 말에 쉽게 상처를 받고 있으며 이해하려는 노력보다 심통을 부리지는 않는 지를..., 마음이 늙으면 몸도 더 빨리 늙기 마련이다. "남자는 마음으로 늙고, 여자는 얼굴로 늙는다"라는 영국 속담이 있지만, 결국은 몸도 마음도 다 늙는다.

우리는 나이를 부정하거나 두려워해서도 안 되지만 젊은 날을 너무 아쉬워해서도 안 된다. 인생이란 결국 혼자서 가는 독립적인 존재임을 인식하자. 나이가 들수록 그만큼 경륜이 쌓이므로 더 많이 이해하고 배려하고 너그러워져야 하는데, 오히려 아집만 늘어나고 속이 좁아지는 사람이 있다.

나이가 들수록 더 대우받고 인정받고 싶은 마음과 충고 하고 싶은 마음들을 갖게 된다. 그렇다면 과연 충고란 통할까? 얼마나 효과가 있을까? 나이가 든 만큼, 더 많이 이해하고, 더 많이 배려하며, 넉넉한 마음으로 이웃을, 아랫사람들을 포용함으로써, 충고에 대신해야 한다. 어떤 경우도 충고는 무효하리니.

"주름살과 함께 품위가 갖추어지면 존경과 사랑을 받는다."는 빅톨 위고의 말처럼, 마음의 향기와 인품의 향기가 자연스럽게 우러나는 노년의 삶을 살았으면 좋겠다. 과연 충고란 통할까? 얼마나 효과가 있을까?를 깊이 생각해보아야 하며 나 자신의 마음의 향기와 인품의 향기를 잃지 않도록 언제나 되돌아보아야 한다.

일기쓰기 170일째 ; 기억 하고픈 좋은 말들을 되새기며 (10월 17일)

어제는 여고 동창과 만나 셋이서 점심을 먹고 우리 집에서 모여 오랜만에 많은 이야기의 꽃을 피웠다. 오랜만에 긴 시간 너무 많은 이야기를 했기 때문일까? 아니면 64년 만에 갑자기 추워진 가을 날씨 때문일까? 아니면 엊그제 맞은 독감 예방 주사의 후유증일까? 콧물이 줄 줄 흐르고 감기기가 있다. 판콜도 사다 먹고 아드빌도 먹고...감기 기운을 추스리고 있다...!

옛 일기를 소급해 들여다보면서 기억할 만한 좋은 말들을 찾아 되새겨보며 몸도 마음도 다스려 보려한다.

* 사람은 자기 자신을 그리는 화가입니다.
* 말하는 대로 이루어지리라. (아브라 카타브라 ; Abracadabra)
  히브리어로 "말한 대로 이루어지리라"라는 마법의 주문입니다
* 명상을 통해 마음의 근육을 만들어 봅시다.
* 한 번 화를 내면 다음에 화를 내는 것은 더 쉬워집니다.
* 내면이 평화로우면 행복은 그곳에 꽃처럼 내려앉습니다.

* 우리는 서로 연결되어 있습니다. 당신과 연결된 그 사람에게 미소를 보내 보세요.
* 건강은 운동뿐 아니라 친절한 마음에서도 얻어집니다.
* 하루를 어떤 목표를 가지고 사느냐에 따라 그 사람의 삶의 그림이 그려집니다.
* 마하무니 ; 위대한 부처님 석가무니! . 관세음보살! 옴마니반메훔!

　아름다운 마음가짐으로 늘 감사하며 마지막 날까지 잘 살아가겠습니다.

일기쓰기 171일째 ; 75세 이후의 건강 (10월 8일)

　분당 서울대 병원 내분비내과 임 수 교수는 75세 이후에는 "집안 일·목욕 같은 일상생활을 혼자서 무리 없이 한다면 健康한 老人, 누군가의 도움이 약간 필요하면 老弱한 老人, 혼자서는 불가능하면 매우 衰弱한 老人으로 구분한다" 면서 "일상생활 수행능력이 떨어지기 시작하는 나이가 75세 前後" 라고 말했습니다.

　비교적 젊고 건강한 75세 미만 老人은 살을 빼고 過食을 避해야 하지만 75세 이상이면서 衰弱해진 老人은 고기 등 단백질을 되도록 많이 먹으면서 체중이 줄지 않도록 관리해야 한다고 했습니다. 血壓의 관리도 비슷합니다. 高齡 患者의 적절한 목표 혈압에 대한 결론은 아직 확실히 나오지 않았지만, 진료 현장에서는 나이가 많을수록 목표 혈압을 중장년층보다 높게 정하고 있습니다. 65~74세는 140/90(mmHg) 미만, 75세 이상은 150/90 또는 160/100 미만으로 관리하기를 권장하고 있습니다.

　서울시 보라매 병원 가정의학과 오범조 교수는 "고령 환자의 혈압을 너무 강하게 관리하면 저혈압 등 부작용으로 더 위험할 수 있다"고 주장하면서 콜레스테롤도 마찬가지로 고령 일수록 적절히 높게 관리하는 것이 되려 유병률이 낮아진다고 합니다. 2016년 국민건강 영양조사를 보아도 75세 이후엔 콜레스테롤 수치를 적절히 높은 수준으로 유지하는 것이 좋은 것으로 나타났다고 합니다.

콜레스테롤은 혈관 벽의 주요 재료임으로, 너무 줄어들면 혈관벽이 약해져 뇌졸중·심근경색의 위험이 오히려 높아진다고 합니다. 또 나이 들수록 과체중일 때 치매 위험이 낮아져서 의사들은 75세 이후부터는 고기·과일 등을 충분히 먹으라고 권장하고 있습니다. 75세 미만은 체중이 적을수록, 75세 이상은 약간 과체중이어야 사망률이 낮아진다고 합니다.

임수 교수는 "75세 이후의 과체중은 신체 기능 저하로부터 일종의 완충재 역할을 한다"고 하면서 "체질량지수(BMI) 기준 23~25가 적당하다"고 말했습니다. 체중이 치매에 미치는 영향도 75세를 전후로 확연히 다르다고 합니다. 영국 옥스퍼드대에서 노인 683명을 대상으로 진행한 연구에 따르면, 60~69세의 경우 비만일 때 치매 위험이 정상 체중보다 70% 높았지만 70세 이상에선 오히려 3%, 80세 이상에서는 비만일 때 치매 위험이 22% 낮은 것으로 나타났다고 합니다.

이상의 내용을 보면 75세 이후로는 너무 혈당과 혈압 콜레스테롤과 과체중 등에 묶여서 먹고 싶은 것, 마시고 싶은 것들을 너무 참지 마시고, 맛있게 즐겁게 드시는 것이 건강하게 지내는 방법이 아닌가 생각됩니다.

저도 요즘은 혈압약과 고지혈증 약을 한 번씩 건너뛰기도 합니다. 75세 이후의 분들은 한번 곰곰이 생각해볼만한 문제입니다.

일기쓰기 172일째 ; 톨스토이 10訓 (10월 19일)

01. 일하기 위해 시간을 내십시오 ; 그것은 성공의 대가입니다

02. 생각하기 위해 시간을 내십시오 ; 그것은 능력의 근원입니다.
03. 운동하기 위해 시간을 내십시오 ; 그것은 끊임없이 젊음을 유지하는 비결입니다.
04. 독서하기 위해 시간을 내십시오 ; 그것은 지혜의 원천입니다.
05. 친절하기 위해 시간을 내십시오 ; 그것은 행복으로 가는 길입니다.
06. 꿈을 꾸기 위해 시간을 내십시오 ; 그것은 대망을 품는 것입니다.
07. 사랑하고 사랑받는데 시간을 내십시오 ; 그것은 구원받은 자의 특권입니다.
08. 주위를 살펴보는데 시간을 내십시오 ; 이기적으로 살기에는 너무 짧은 하루입니다.
09. 웃기 위해 시간을 내십시오 ; 그것은 영혼의 음악입니다.
10. 기도하기 위해 시간을 내십시오 ; 그것은 인생의 영원한 투자입니다.

사람들은 자신의 일에만 신경을 쓰고 살아간다고 생각하지만, 사실은 오직 사랑에 의해 살아간다는 것을 깨달았습니다.

일기쓰기 173일째 ; 인생, 그 길목에서의 만남 (10월 20일)

오늘은 쌀쌀한 날씨에 속옷까지 챙겨 입으면서 계절이 바뀜을 절감하며 시 한 수 올려보고 싶다. 계절이 바뀌니 추억만 새록새록 쌓여온다!

가을과 겨울의 환승역
10월의 마지막 날들
어둠이 바닥에 깔리고
잎을 떨군 나무는
외로이 서 있다.

인생 그 길목에서
나를 둘러싼 만남들을
가만히 생각해 본다.
지난 세월에 나는 어떤 만남과
동행同行했나 돌아본다.

지금 나의 곁에는
누가 있는지...
내 맘 깊은 곳에
누가 있는지...
눈 감으면
떠오르는 얼굴들...

생각만 해도
가슴이 따뜻해지는 이름들
서로 아끼며 행복을
건네준 사람들...
이런 사람들로 인하여
나의 삶이 복됨을 감사한다.

인생人生의 삶에서
나도 남들에게
좋은 만남으로 남기 위해
더욱 노력해야 하리니...
저 우뚝 선 외로운 나무처럼
인내하며 버티며
그대들을 사랑하리라.　　　　- 자작시 -

일기쓰기 174일째 ; 잠자는 창조성을 깨우는 것은 역경입니다.
(10월 21일)

잠자는 창조성을 깨우는 것은 역경입니다. 장애나 역경이 없는 인생은 가능성도 에너지도 제로로 만들 것입니다. 문제가 없어지면 삶에 창조적 긴장감이 사라져 버립니다. 대중의 무지는 교육의 존재 의미이고, 병은 의학의 존재 의미이며, 사회적 무질서는 정부가 존재해야 하는 이유입니다.

삶이 편안하고 아무런 문제가 없을 때, 창조성은 잠을 자게 됩니다. 어려움과 갈등이 많을 때 지성은 활발히 작용합니다. 잠자는 창조성을 깨우는 것은 역경과 위협입니다. 조직이 활력을 유지하려면 의도적으로 스트레스를 받을 필요가 있습니다.

이 이야기는 존 맥스웰 박사의 이야기입니다 (존 맥스웰의 [리더쉽 수업]에서) 미국인 존 맥스웰(John Maxwell, 1947~)박사는 전 세계 최고의 리더십 전문가이자 유명한 베스트셀러의 작가입니다. 그는 리더의 조건, 인간관계 맺는 기술에 대해 조목조목 이야기 하고 있습니다.

우리는 일단 우리 앞에 나타난 역경을 잘 이겨내도록 해야 합니다!

일기쓰기 175일째 ; 인간을 바꾸는 5가지 법칙 (10월 22일)

과연 인간을 바꾸는 것이 가능한 것인가?
외부의 힘에 의한 필연적인 변화의 시류에 대응함으로써 변화를 받아들이며 사는 것이 아니라, 내면에서 창조되는 결단으로 변화가 가능하단 말인가?
김종원 작가의 책 『인간을 바꾸는 5가지 원칙』을 통해 짚어보고자 한다.

시작하려면 : 무엇이 인간을 이전과 다른 삶을 살게 하는가.
법칙 1 : 환경을 만들고 이용하라.
법칙 2 : 관계의 틀을 바꿔라.
법칙 3 : 어제와 시간을 다르게 써라.
법칙 4 : 어떤 순간에도 말의 품격을 잃지 마라.
법칙 5 : 한계선을 지워라.
지속하려면 : 혼자 보내는 시간의 힘을 믿어라.

지독한 무기력함에서 새롭게 도약하는 삶으로의 전환을 위해 노력해 보자. 삶은 매우 다양한 요소로 구성되어 있지만, 이 책에서 가장 중요한 것을 고르라면 다음과 같이 선택하여 설명해 볼 수 있다.

1. 사는 환경

이민을 가거나 부촌으로 이사를 갈 수는 없으니 내가 거하는 공간을 먼저 정돈한다. 그리고 내가 살고 싶은 곳으로 주말 나들이를 한다. 근사한 카페나 한적한 시골길을 걸으며 내가 사는 공간의 경계를 흔든다.

2. 만나는 사람

내가 선택하지 않은 가족들, 눈만 뜨면 대면해야 하는 사람들의 얼굴을 본다. 내가 선택하지 않은 것들에 나를 가두지 말고 나의 삶의 경계를 확장시키는 네트워크를 키운다. 코로나 시대에 무척 벅찬 일이다. 하지만... 방법이 있다. 책으로 내가 선택한 사람들을 만난다.

3. 시간을 쓰는 방식

공평하게 주어진 24시간을 가장 효율적이고 아름답게 쓰기 위해 날마다 고민해야 하는 부분이다.

4. 언어를 대하는 태도

이미 고착된 언어들이 내 입에 덕지덕지 붙어있다. 새 언어를 선택하고 내 언어가 되도록 날마다 변화되어야 한다.

5. 생각하는 방법

내 속의 99%를 차지하는 고민과 생각들. 부정과 거부의 생각들을 물려내고 긍정의 감사의 생각들로 채워야 한다.

이 모든 것은 결국은 나와의 싸움이다. 그래서 인간의 가치를 창출하자!

* 작가 김종원 『인간을 바꾸는 5 가지 법칙』, 참조
『인문학적 성장을 위한 8 개의 질문』,『문해력 공부』,
『하루 한마디 인문학 질문의 기적』,『부모 인문학 수업』등 50여 권이 있다.

일기쓰기 176일째 ; 상강霜降절기를 맞으며 (10월 23일)

24절기가 다 지나면 또 한 해가 갑니다.

봄의 절기 입춘立春 우수雨水 경칩驚蟄 춘분春分 청명淸明 곡우穀雨도 코로나 팬데믹 속에 이미 지나고...

여름 절기 입하立夏 소만小滿 망종芒種 하지夏至 소서小暑 대서大暑도 코로나 유행 속에 그냥 지나가 버리고...

가을 절기 입추立秋 처서處暑 백로白露 추분秋分 한로寒露 상강霜降도 바로 오늘(10월 23일) 가을의 마지막 절기 상강 절기를 지나면 이제 겨울에 접어듭니다.

겨울 절기 소설小雪 대설大雪 동지冬至 소한小寒 대한大寒 다 지나가면 또 한 해, 2021년도 우리 인생에서 떠나가 버립니다.

이렇게 세월이 바람처럼 빨리 지나가고 있습니다. 월요일인가 했더니

벌써 토요일이고 초하루인가 했더니 벌써 하순이고, 이 짧은 세상에서 ... 우리 사랑하고 행복하지 않고는 살아갈 수가 없습니다.

사랑은, 그리고 행복은, 상대가 갖고 있는 장점을 누리는 데서 오는 것이 아니라. 내가 상대의 약점을 감싸주는 데서 시작된다는 점을 우리는 잊지 말아야 행복해집니다. 내 상대를, 내 자식을, 내 이웃을 마음을 다하여 사랑하고 더욱 진보된 발전을 하도록 보살피면서 살아간다면 우리 영혼의 활기찬 성장이 함께 보장될 것이기 때문입니다.

일기쓰기 177일째 ; "서른 즈음에"를 패러디하여.. (10월 24일)

[여든 즈음에]

또 하루가 멀어져 간다. 피어나는 커피 향기처럼
작아만 가는 내 기억 속에 무얼 채워 살고 있는지
점점 내 삶은 더 멀어져 간다.

머물러 있는 청춘인 줄 알았는데
비어가는 내 가슴 속엔 더 아무 것도 찾을 수 없네.
여든 즈음에 느끼는 삶, 세월이 아득하기만 하다.

계절은 다시 돌아오지만 떠나간 내 사랑은 어디에
내가 떠나보낸 것도 아닌데 내가 떠나온 것도 아닌데
조금씩 잊혀져간다.

머물러 있는 사랑인 줄 알았는데, 또 하루 멀어져 간다.
또 하루가 우리 곁을 떠난다. 우린 매일 이별하며 살고 있구나!
매일 이별하며 살고 있구나...

- 강승원의 시에 김광석이 1994년 발표한 노래 "서른 즈음에" - 내용을 패러디해서 혼자 불러 본다.

오늘이 우리 부부의 약혼 기념일이다. 57주년이 된다.
1964년 10월 24일 유엔데이 였으며 그땐 공휴일이었다. 서울 충무로의 아사원이란 중국집에서 친지들과 교수님들을 모시고 정말 멋진 약혼식을 올렸었다.
그이 살아서 지금 함께 하고 있다면 얼마나 좋을까....

일기쓰기 178일째 ; 생의 언덕에서 (10월 25일)

황혼이 시시각각으로 다가섭니다.
하루하루가 금싸라기 같은 날들입니다.
이 세월 속 생의 언덕에
봄 여름 가을 겨울 계절은 바뀌고 있습니다.

가만히 생각해 봅니다.
우리들의 젊은 시절을...
어쩌면 청춘은 그렇게 아름다운 것이었습니까!
연인들이여 인색할 필요가 없습니다.

적은 듯이 지나버리는 생의 언덕에서
아름다운 꽃밭을 그대 만나거든
마음대로 앉아 노니다 가시오.
남이야 뭐라든 상관할 것이 아닙니다.

노천명의 시를 덧붙이면서 아련한 생의 언덕을 넘겨다 보며, 오늘...

새삼 가슴 저리는 감동에 젖습니다.

시 한 수를 올리면서 오늘 혼자 자신을 위로하고 있습니다.

일기쓰기 179일째 ; 애완견 죠이와의 생활 (10월 26일)

딸네 집에 가서 배변 훈련, 산책 훈련 등등 훈련을 받고 두 달이 지나서 9월 26일 우리 집으로 왔다. 이제 오늘로 나와 함께 산 지 한 달이 된다. 그 동안 나에게는 많은 변화가 생겼다. 아침 저녁으로 30분씩 반드시 산책을 한다. 말이 산책이지 내가 끌려 다니는 격이다. 7개월째 드는 강아지인데도 어찌나 기운이 센지 난리도 아니다. 슈나우저 종은 원래 독일 사냥개 출신이라 뛰기를 마치 망아지처럼 천방지축으로 뛴다.

그래서 단단히 마음먹고 산책용 미제 운동화 스케쳐스를 사고 산책에 임하고 있다. 끈을 조여든 채 정신 바짝 차리고 산책을 나간다. 사람 좋아하는 슈나우저의 천성상 보는 사람마다 다 좋아하면서 안겨들려는 통에 아주 난감하기도 하다. 그리고 이제 이갈이를 다 끝내고 씩씩하고 예쁜 이가 가지런하게 났다. 빠진 이 몇 개는 주워서 잘 보관해 두었다...신통해서...

죠이 온 이후 그간의 큰 변화는 나에게서 고독 증세가 많이 줄어들었다는 사실이다. 똥 싸고 오줌 싼 것 치우고 밥 먹이고 간식 먹이고, 발 씻기고 목욕시키고 하는 뒷치닥거리도 큰 일거리다. 몸집 작은 요크샤테리어 빼로 키울 때와는 완전 딴판이다. 파워 산책으로 이미 내 허벅지에는 근육이 생길 판이다. 그리고 죠이의 하는 짓이 이쁘고 순하고 착하다. 쳐다보고 만지고 있으면 엔돌핀이, 옥씨토신이 온 몸에 돈다. 마치 옛날 우리 아이들 키울 때처럼 그런 모성 본능적 감정이 온몸에 맴돈다.

이제 제발 우리 죠이와 함께 앞으로 죽을 때까지 이 집에서 함께 살면서 행복하기를 기원하고 있다..!!!

일기쓰기 180일째 ; 맹자의 군자 3락 (10월 27일)

　전국시대, 철인哲人으로서 공자의 사상을 계승 발전시킨 맹자孟子(BC372~BC289;84세)는 ≪맹자孟子≫〈진심편盡心篇〉에서 이렇게 말했다. 군자에게는 세 가지 즐거움이 있다.[君子有三樂] 첫째, 양친이 다 살아 계시고 형제가 무고한 것이 첫 번째 즐거움이요.[父母俱存 兄弟無故 一樂也부모구존 형제무고 일락야], 우러러 하늘에 부끄럽지 않고 굽어보아도 사람들에게 부끄럽지 않은 것이 두 번째, 즐거움이요.[仰不愧於天 俯不作於人 二樂也앙불괴어천 부부작어인 이락야] 세 번째, 천하의 영재를 얻어서 교육하는 것이 세 번째 즐거움이다.[得天下英才 而敎育之 三樂也득천하영재 이교육지 삼락야] 군자에게는 이 세 가지 즐거움이 있다. 그러나 천하를 통일하여 왕이 되는 것은 여기에 들어 있지 않다.[君子有三樂, 而王天下不與存焉군자유삼락 이왕천하불여존언]

　맹자가 말한 세 가지 즐거움 중에서 첫 번째 즐거움은 하늘이 내려 준 즐거움이다. 부모의 생존은 자식이 원한다고 하여 영원한 것이 아니므로 오랫동안 함께할 수 있다면 그 자체로써 즐겁다는 말이다.
　두 번째 즐거움은 하늘과 땅에 한 점 부끄럼이 없는 삶을 강조한 것으로, 스스로의 인격 수양을 통해서만 가능한 즐거움이다.
　세 번째 즐거움은 자기가 가지고 있는 것을 다른 사람에게 베푸는 즐거움으로, 즐거움을 혼자만 영위할 것이 아니라 남과 공유하기를 바라는 것이다.
　맹자는 세 가지 즐거움을 제시하면서 왕이 되는 것은 여기에 들어 있지 않음을 두 차례나 언급하여 강조하고 있는데, 국가를 경영할 경륜도 없고 백성을 사랑하는 인자함도 없으면서, 왕도정치에는 귀도 기울이지 않고, 오직 전쟁을 통해서, 백성들의 형편이야 어찌 되든 패자가 되려고만 했던 당시 군왕들에게, 왕 노릇보다 기본적인 사람이 되라는 맹자의 질책이었다.

4부

행복

일기쓰기 181일째 ; 가을 斷想 (10월 28일)

여든까지만 건강하게 살았으면 하는 소망, 부질없는 욕심이 아닌가 하는 생각에 남몰래 조심스레 가슴에 품었었는데 이제 바람 따라 구름 따라 새날이 밝아 여든 고개에 오른 하얀 늙은이가 되었다. 내가 흘려보낸 것도 아니고 내가 도망쳐온 것도 아닌데, 세월이 제 자랑하며 흘러 버렸으니, 靑春이란 꽃밭은 아득히 멀어져 잊혀지고 흰머리 잔주름에 검버섯 같은 허무만 남았다.

이제 갈 길은 외줄기, 피할 수 없을 바에는 홀가분하게 그 길을 걷자. 그저 하루 하루 즐겁고 당당하게 걸으면 되지 않겠나. 고운 마음으로 열심히 살면 지금까지 누린 세월이 바람처럼 흘렀듯, 또 10년이 강물처럼 흘러 어느 날 아흔이 되어 있을지 모르지 않는가.

건강하고 즐거우니 이것도 축복과 은혜가 아닌가.

같이 하는 가족에게 감사하고, 함께 걷는 친구들에게 감사하고, 인연이 닿은 모든 분들께 감사하며 살련다. 그리고 사랑한다는 말도 미리 해 두고 싶다.

인생 100세 시대에 인생 여든은 아직 시들 나이가 아니다. 90보다 젊고 100보다 어리지 않는가. 잘 익은 인생 여든, 저녁노을 고운 빛깔처럼 절정을 준비하는 나이... 우리도 한 번 빨갛게 물들어 봐야 하지 않는가.

누군가 친구가 보내온 카톡 내용이다. 그래서 나는 이글에 대한 나의 답변 시를 올려보며 자신을 격려한다.

노년

그리도 아득하던 세월이
어느 날

노년을 데려다 준다.

날이 저물수록 불타야하며
꺼져가는 빛에 분노하라 외치던
어느 시인의 말처럼
노년의 어둠으로
순순히 들어갈 수는 없다.

직장에는 정년이 있으나
우리의 삶에는 정년이 없다.

노년을 기회 삼아
지나온 철없던 시절
삶을 짓눌렀던
미망의 무게를 털어버리고

노년의 세월로 인해
비로소 열리는 시야를 통해
지혜의 나래를 펴자.

빈티지!
세월의 흔적이 배어
오래된 것은 오히려 모던이다.

노년이란
진정한 나로
한걸음, 가까워지는 축복이다.

- 자작시 -

🌱 일기쓰기 182일째 ; 우주, 인간, 삶, 죽음, 人生 (10월 29일)

우주.... 인간.... 삶...죽음....人生.
하루는 24시간, 한 시간은 60분.
인생 50년은 43만 8천 시간.
인생 80년이면 70만 8백 시간이 된다.

그런데 하루 24시간이 눈 깜짝할 사이에 지나간다. 그런데 인생 60년도 잠시다. 그토록 많은 시간의 일생이, 그토록 덧없이 빨리 지나가는 것을 보면서, 인생은 일장춘몽이요, 남가지몽이라는 말을 실감한다.

그런데 수년 전 과학자들이 발견한 〈超은하집단〉은 그 길이가 10억 光年이라고 한다. 빛이 1년 동안 달리는 거리는 10조km이고 이것이 1광년光年이다. 이에 비하면 직경 12000km의 지구는 먼지보다 작은 존재다. 여러 개의 은하銀河가 모여 은하 집단을 이루고 그 은하집단의 집단이 초은하집단이라 한다.

우리가 쳐다보는 밤하늘의 별들의 세계, 즉 이 우주에는 약 1천억 개의 은하가 있고, 그 은하마다 평균 1천억 개의 별이 있다. 그리고 모든 은하 속에는 그 별과 같은 수의 행성이 있다고 하는데.... 우리 지구는 하나의 은하 속의 하나의 별을 돌고 있는 하나의 작은 행성에 지나지 않는다. (칼 세이건의 [코스모스]에서)

이 헤아릴 수 없는 무극無極의, 태극太極의 우주에 비해 하나의 티끌 같은 지구 속에서 인간들은 서로 싸우고 울부짖고, 죽이고, 살리고... 하고 있다. 태평양 섬 위의 한 작은 모래알보다 작은 우리 인생들이 모두 자신의 삶을 부여잡고 몸부림치고 있다. 큰 눈으로 보면 가소로운 일이다. 아무도 이 지구상에 온 자 중 살아남은 자 없다.

그리고...우리의 인생은 이 우주의 시간에 비하면 찰나에 불과하다. 그렇게 보면 이 지구상에 살았던 모든 인간은 동시대인이 아닐까. 우리는 어디에서 와서 어디로 가는 것일까? 이 가을... 깊은 상념에 젖는다. 우주... 인간... 삶...죽음... 인생.....
그 경계의 허무한 쓰러짐을 본다.

🪴 일기쓰기 183일째 ; "오늘을 사랑하라" (10월 30일)

손에 모래를 한가득 움켜잡지만 금세 손 틈으로 새어버리는 것처럼 시간은 자꾸만 빠져나갑니다. 이처럼 시간은 소유할 수도, 머무를 수도 없으며 지금도 끊임없이 흘러가고 있습니다. 때문에 아침에 눈을 뜨고, 다시 감기까지 주어진 하루를 성실하게 살아야 합니다. 이에 대해 토머스 칼라인은 말합니다. "오늘을 사랑하라"

순간을 사는 일이 하루를 만들고, 하루를 사는 일이 한 생을 이룹니다. 하루를 사는 일을 마지막처럼 정성을 다하고 하루를 사는 일을 평생을 사는 일처럼 길게 멀리 볼 일입니다. 톨스토이가 말한 오늘의 명언입니다. "진정한 생활은 현재뿐이다. 따라서 현재의 이 순간을 최선으로 살려는 일에 온 정신력을 기울여 노력해야 한다."

오늘이 모여 평생이 됩니다. 오늘을 사랑하며 최선을 다하는 하루이기를 빕니다.

🪴 일기쓰기 184일째 ; 시월의 마지막 날을 보내며 (10월 31일)

모두 80을 훨~ 넘은 대학 동기한테서 10월의 마지막 날 아침 일찍부터 카톡이 날아 왔다. 제목은 [시월의 끝자락이다. 그래서 나도 시 한

수를 적어 보냈다. 제목은 [시월의 마지막 날]이다. 이제 모두 떠날 날 머지않은 나이이기에 그냥 애잔하기 만하다...

[10월의 끝자락]

가을빛 달려가는 오늘도
채각 채각 시곗바늘처럼
달려온 날 그림자 흔적

언제부터 속도 70여 Km
올해도 어느덧 두 달뿐
아쉬움만 쌓이는 세월

뒤돌아 바라보는 나날
열두 달 중 떠난 열 달
그렇게 보내고 말았네!

가을은 깊어만 갈수록
찬 바람 부는 겨울 문턱
낙엽 쌓인 시월 끝자락

저 앞 입동 일주일 남짓
추위 한 발 두 발 가까이
옷깃 여미는 세찬 바람아

가을 단풍 낙엽 밟는 소리
바스락 부서지는 멜로디
화들짝 11월 문 앞이어라!   - 보내온 시 -

[시월의 마지막]

이제는 다 지나가 버린
시월의 마지막 날
가슴 시리게 아픈
이 가을도 이제 저만치서
그 뒷모습을 보이며...

그 숱한 붉은 열정 뒤로 한 채
마지막 열정을 불태우고
떠나가는 이 계절...
슬픈 이 이별을 어이 하리
시월의 마지막 날

너를 보내며
적막 속에 눈물 지운다
시월의 마지막 밤과 함께
가슴 시리게 아픈 이 가을도
마지막 이별을 서러워하고 있다!

불타는 열정 뒤로 하고
떠나가는 이승...
아름답게 죽음도 잠 재운다
슬픈 이 밤을 어이 보내리.
아~ 시월의 마지막 날이여...

- 화답한 자작시 -

일기쓰기 185일째 ; 노태우 대통령 영결식을 보며 (11월 1일)

　노태우대통령의 마지막 가는 길을 보며 여러 가지 생각이 오갔다.
　12 · 12 군사반란, 광주 민주화운동, 무력 진압, 2000억 원대의 비자금 조성, 호남 고립을 초래한 3당 합당이라는 과過는 한없이 무겁다. 북방정책과 함께 대통령 직선제 수용, 권위주의 독재에서 민주주의로의 이행, 88서울올림픽의 성공, 전 국민 의료보험 실시, 토지공개념 도입, 분당 · 일산 신도시를 포함한 주택 200만 호 건설, KTX와 영종도 국제공항 건설은 반면에 시간이 흐를수록 높은 평가를 받고 있다. 그 분의 삶의 공과에 대해서는 역사가 평가할 일이기에, 여기서 내가 하고자 하는 말의 내용은 아니다.
　비교적 곱고 얌전했던 영부인 김옥숙 여사의 노쇠한 모습을 보면서 그간 많이 힘들었음을 가슴으로 느낄 수 있었다. 노 전 대통령은 지난 2002년 전립선암 수술을 받는 등 건강 문제로 여러 차례 병원을 오가는 생활을 이어왔다. 노 전대통령은 2005년, 2008년, 2011년, 2012년, 2013년, 2014년, 2005년 등 서울대병원과 자택을 오갔다. 그 와중에 2008년 소뇌위축증 진단을 받고 2021년 떠날 때까지 무려 18년 가까이를 남편 병수발을 한 힘들었을 아내의 모습을 여실히 보여주고 있었다.
　'소뇌위축증'은 균형을 담당하는 소뇌에 문제가 생겨 운동 기능 장애가 나타나는 질환이다. 마치 술 취한 사람처럼 비틀거리며 걷거나 똑바로 걸을 수 없는 게 특징이며 손발 운동장애, 안구 운동장애, 언어장애, 어지럼 증세를 보인다. 심하면 보행 및 운동력 상실과 근육이 마비되며, 안구의 운동도 저하돼 나중에 실명에까지 이르고 청각을 잃을 수도 있는 병이다. 희귀난치성질환연합회에 따르면 국내에서는 소뇌위축증으로 1000여 명이 투병생활을 하고 있다고 한다. 그의 딸 노 관장은 "때로는 눈짓으로 의사 표현을 하시는데 정말 하고픈 말이 있을 때 소통이 잘

되지 않으면 온 얼굴이 무너지며 울상이 되신다"며 "아버지가 우는 모습이다. 소리가 나지 않는다"고 전했다.

내가 왜 이 이야기를 여기서 길게 하느냐 하면 나의 남편 김종원교수도 어지럽다는 증세로 2006년 서울대병원에 입원하여 소뇌위축증 진단을 받고 그 치료 와중에 식도암이 발생하여 결국 2009년에 암으로 세상을 떠났기 때문이다. 처음 소뇌위측증을 진단 받았을 때 보통 10 년 가까이 고생을 한다는 의사샘의 얘기를 듣고 나는 단단히 마음을 먹었다. 10 년간을 병수발을 잘 하리라고... 그러나 자존심 강하고 자신감 넘치던 그는 마음대로 움직여지지 않는 자신에게 절망하는 모습이었고, 이 결과는 소화 장애와 함께 식도암이라는 병을 불러 왔고 결국은 3년 만에 떠나고 말았다.

노전대통령은 감옥소 생활에서도 세끼 밥을 잘 챙겨 먹고 운동도 **빠짐없이** 늘 계속했다는 느긋한 성품 얘기를 들으면서, 그 사람마다의 성격이 투병의 길고 짧음을 가늠한다는 생각이 들었다. 물론 최상의 치료 환경을 부여받을 수 있는 그 위치도 중요하겠지만 말이다... 우리 김교수 장례식 때, 한 친한 지인이 '그래도 아내 생각해서 고생 덜 시키려고 10년 끌지 않고 떠났다'며... 나를 위로했던 말을 기억한다.

18년간의 투병생활 뒷바라지에 곱던 김옥숙 여사도 많이 늙고 지쳐 있음을 보면서 남의 일 같지 않은 아픔을 느꼈다. 길든 짧든 아프든 건강하든.... 인생 일장춘몽인 것을....! 먼저 떠난 분들 모두... 극락왕생 하시옵소서...!

🪴일기쓰기 186일째 ; 남편과 아내를 감동시키는 말 (11월 2일)

44년의 결혼생활을 끝으로 69세에 혼자 된 나는 지금 가만히 생각해 본다. 나는 얼마나 남편에게 잘 대했던가...? 또 76세에 이 세상을 하직한 그이는 얼마나 나에게 잘했었나? 좀 더 일찍 알았으면 더 좋은 말로 더 잘 해 줄 것을 하며... 혼자 생각해보지만, 소 잃고 외양간 고치기이다.

하지만... 혼자서 아래의 글을 곰곰이 읽어 보면서, 참 옳고 좋은 말이라고 감탄하지 않을 수가 없다.

[남편을 감동시키는 말]
01. 여보 사랑해요
02. 여보 아이가 당신 닮아서 저렇게 똑똑하나 봐요 ...
03. 세상에 당신 같은 사람이 또 있을까요?
04. 어떻게 그런 생각을 다 했어요?
05. 당신이라면 할 수 있어요.
06. 여보 내가 당신 얼마나 존경하는지 모르지요?
07. 역시 당신밖에 없어요.
08. 내가 시어머니 복은 있나 봐요.
09. 당신이라면 뭐든지 할 수 있어요.
10. 다리 쭉 뻗고 낮잠이라도 푹 주무세요.
11. 당신 덕분에 이렇게 잘 살게 되었잖아요.
12. 당신은 언제봐도 멋있어요.
13. 여보 고마워요.
14. 세상에 당신 같은 사람이 또 있을까요?
15. 당신은 다른 남자들과는 질적으로 달라요.

[아내를 감동시키는 말]
01. 당신 갈수록 더 멋있어.

02. 당신 음식 솜씨는 일품이야.
03. 역시 나는 처복이 많아.
04. 당신 왜 이리 예뻐졌어?
05. 역시 장모님밖에 없어.
06. 여보 사랑해요.
07. 다 당신 기도 덕분이야.
08. 당신은 애들 키우는 데 타고난 소질이 있나 봐.
09. 언제 이런 것까지 배웠어? 대단하네.
10. 당신 보고 있으면 감탄사가 저절로 나와.
11. 당신은 못 하는 게 없네.
12. 당신은 멀리서도 한눈에 띄여.

일기쓰기 187일째 ; 어느 스님의 교훈 (11월 3일)

아주 옛날 산골 찢어지게 가난한 집에 아이가 하나 있었습니다. 아이는 배가 고파 온 종일 우는 게 일이었지요. 아기의 부모는 우는 아이에게 회초리로 울음을 멎게 하곤 했습니다. 그러다 보니 아이는 하루에도 몇 번씩 매를 맞을 수밖에.... 그날도 부모는 우는 아이에게 매질을 하고 있었습니다.

마침 집 앞을 지나던 노스님이 그 광경을 물끄러미 보다가 불연 무슨 생각이 난 듯 집으로 들어와서 매를 맞고 있는 아이에게 넙죽 큰절을 올렸습니다. 이에, 놀란 부모는 스님에게 연유를 묻습니다. "스님! 어찌하여 하찮은 아이에게 큰절을 하는 것입니까?"

"예... 이 아이는 나중에 정승이 되실 분이기 때문입니다. 그러니 곱고 귀하게 키우셔야 합니다." 라고 답하고 스님은 홀연히 자리를 떴습니다.

그 후로 아이의 부모는 매를 들지 않고 공을 들여 아이를 키웠습니다.

훗날 아이는 정말로 영의정이 되었습니다. 부모님은 그 스님의 안목에 놀라지 않을 수 없었지요. 감사의 말씀도 전할 겸 그 신기한 예지에 대해 물어보고자 스님을 수소문하기 시작했습니다. 우여곡절 끝에 스님을 찾은 부모는 웃음을 띠며 감사의 말을 건네고 바로 궁금했던 점을 묻습니다.

"스님, 스님은 어찌 그리도 용하신지요. 스님 외에는 어느 누구도 우리 아이가 정승이 되리라 말하는 사람이 없었거든요."

빙그레 미소를 띠던 노승은 茶를 한 잔씩 권하며 말문을 엽니다.

"이 돌중이 어찌 미래를 볼 수 있겠습니까? 허 허 허 그러나 세상의 이치는 하나이지요" 이해하려 애쓰는 부모를 주시하며 노승이 다시 말을 잇습니다.

「"모든 사물을 귀하게 보면 한없이 귀하지만 하찮게 보면 아무 짝에도 쓸모가 없는 법이지요."」 "마찬가지로 아이를 정승같이 귀하게 키우면 정승이 되지만, 머슴처럼 키우면 머슴이 될 수밖에 없는 것이지요. 이것이 세상의 이치이니 세상을 잘 살고 못사는 것은 마음 가짐에 있는 거라 말할 수 있지요."

여러가지 많은 것을 생각하게 합니다. 마음가짐, 교육, 말의 씨앗, 정성...등 더 한번 깊이 생각해 보아야 하겠습니다.

🌱 일기쓰기 188일째 ; 희망의 끈을 놓지 말자 (11월 4일)

미 육군 군의관 쿠시너 소령은 1973년 월남전의 포로로 5년 반이나 억류되었다가 석방되었습니다. 그는 그곳에 있었던 수많은 일 중 병사 로버트의 이야기를 전합니다.

로버트를 만난 곳은 제1 포로수용소였습니다. 그곳은 대나무 침대 위에 8명이 얽힌 채로 잠을 자야 했고, 식량은 부패해 해충이 우글거렸습니다. 쿠시너 소령이 수용소에 있는 동안 27명의 미군 중 10명이 지독한 학대와 영양실조로 죽어간 지옥 같은 곳이었습니다. 그중에 로버트는 해병 특공대 출신으로 굳센 의지를 지녔고, 다른 포로들에 비해 생기가 넘쳤습니다. 체중은 40kg 이하로 떨어져 수수깡처럼 말랐어도 강한 정신력으로 눈은 빛났고 중노동도 잘 견뎠습니다.

어느 날, 적군들은 포로를 회유하기 위해 자신들에게 협조를 잘하고 품행이 바른 병사는 6개월 뒤에 석방해 주겠다고 말하면서 다음번 석방자가 로버트가 될 것이라고 귀띔했습니다. 그렇게 누구보다 자유에 대한 희망을 품은 채 6개월이 지나 석방의 날이 다가왔고, 어떤 명령이든 시키는 대로 했던 로버트는 한 관계자에게서 한 달 뒤 석방이 될 것이라는 약속을 받게 되었습니다.

그런데 한 달이 지나도 약속은 지켜지지 않았습니다. 오히려 포로수용소 장교의 태도는 냉담해졌습니다. 그제야 자신이 속았다는 사실을 깨달았습니다. 석방이란 지켜지지 않을 약속이라며 '다 틀렸다!'라고 생각한 그는 그 뒤로 심한 우울증에 빠졌습니다. 이날 이후로 로버트는 급격히 체력이 저하되어 걷지도, 일하지도 못하게 되었고 결국 군의관이었던 쿠시너 소령의 품에 안겨 숨을 거뒀습니다. "그는 아무리 노력해도 소용없고, 앞으로도 소용없을 것이라고 굳게 믿게 되었습니다. 결국 그를 삶에서 죽음에 이르게 한 것은 질병과 고통이 아닌 절망이었습니다."

지금 우리 모두는 어렵습니다. 그러나 꼭 이겨내야 합니다. 지독한 병에 걸렸어도 나을 것이란 '믿음'이 있으면 병과 고통을 이겨낼 확률이 높지만, 마음까지도 무너지면 그저 죽음을 기다리게 되는 것과 같습니다. 그러니 절망에서 벗어나기 위해선 먼저 '믿음'을 붙잡아야 합니다. 덴마

크의 철학자 쇠렌 키르케고르는 절망을 '죽음에 이르는 병'이라 말합니다. 그리고 절망 해결법으로는 이렇게 말합니다.
'믿음은 절망에 대한 안전한 해독제'라고 말입니다.

🌱 일기쓰기 189일째 ; 부모님의 말, 그것의 진짜 의미 (11월 5일)

우리들은 자라나면서 부모님으로부터 야단도 맞고 또 칭찬도 받는다. 사실 부모가 되어보면 다 안다…얼마나 속으로 자식을 사랑하는가를… 그러나 다만 표현의 잘못으로 자식들은 부모를 오해하는 경우가 많다.
부모님의 말 속에 숨은 뜻을 새겨보면서 부모님 생각을 한다.

* 늦었구나. (이제 좀 쉬거라.)
* 조심해야지. (애야, 넌 엄마 아빠에게 소중한 존재란다.)
* 급하게 운전하지 말아라. (우린 너 없이는 못산다.)
* 숙제해라. (많이 알아야 편하게 산다.)
* 다 써버리진 말거라. (항상 비상시를 대비해 아껴두어야 한다.)
* 네 잠자리를 정리하렴. (좋은 습관을 길러야 한단다.)
* 참 잘했다. (네가 무척 자랑스럽다.)
* 강아지 밥 줘라. (생명을 가진 모든 것들을 네 몸처럼 돌봐라.)
* 네 방 좀 치워라. (자기를 책임 못 지면 평생 고생한다.)
* 나올 때는 전등을 꺼야지. (아낄 줄 알면 고생 면한다.)
* 키가 쑥쑥 크는구나. (집을 떠날 때가 가까워지고 있구나.)
* 계획한 일은 끝내야지. (너의 타고난 재능을 최대한 발휘 하거라.)

하지만, 절대 혼동 되지 않는 한 마디! "아빠 엄마는 너를 사랑한단다."

이제 늙은 부모가 되어 늘 자식 걱정을 하고 늘 기도하면서.... 오늘은 그 깊은 마음을 한 번 더 되새겨 본다.

🪴 일기쓰기 190일째 ; 일상에서 면역력 키우는 방법 (11월 6일)

코로나가 유행하여 우리를 집에다 가두어 놓기도 벌써 2년~다시 겨울이 오고 있어서 감기까지 사람을 괴롭힌다. 이러한 때는 면역력 강화가 필수적이다. 의사분의 도움말로 일상에서 면역력을 높이는 방법에 대해 알아보고자 한다.

1. 틈나는 대로 햇볕 쬐며 걷기

햇볕을 쬐면 비타민D가 몸 안에 만들어진다. 비타민D가 부족하면 면역력이 떨어져서 다양한 염증질환에 취약해진다.

2. 규칙적으로 운동하기

운동을 규칙적으로 면 우리 몸의 면역력이 높아진다. 면역세포의 활동이 활발해지고, 전신으로 혈액순환이 원활해져서 혈액을 통해 면역세포가 전신 구석구석에서 일을 하게 된다.

3. 비타민, 무기질 풍부한 음식 골고루 먹기

비타민과 무기질은 우리 몸의 '스위치'라고 불릴 정도로 우리 몸을 깨우는 데 중요한 역할을 한다. 우리 몸에 활력이 있어야 면역력이 커진다.

4. 매일 여러 번 길게 웃어주기

웃으면 스트레스호르몬 수치가 크게 떨어지기 때문에 면역력이 저절로 향상된다. 또한, 온몸을 흔들며 크게 웃으면 운동하는 효과까지 보게 되는 덕분이다.

5. 슬플 때면, 눈물을 참지 말기

눈물을 습관적으로 참는 사람은 면역력이 떨어진다. 스트레스호르몬이 다량 분비되는데, 제대로 해소되지 못하는 탓이다. 슬플 때는 펑펑 눈물을 쏟으며 길게 우는 게 도움이 된다.

6. 무리한 욕심 내지 않기

내 안에 쏟을 수 있는 에너지가 100%라면 100%를 모두 쓰기보다 90%만 쓰는 미덕을 보이는 것이다. 매일 100%의 에너지를 모두 소진하다 보면 만성 피로가 오고 탈진증후군으로까지 이어진다. 만성 피로나 탈진증후군은 면역력을 떨어뜨린다.

7. 충분한 숙면 취하기

잠이 부족하면 면역력이 떨어진다. 밤에 잠을 제대로 못 잤다면 낮에라도 잠시 눈을 붙이는 것이 면역력 향상에 도움이 된다.

8. 철저한 손 씻기

우리 몸에 균이 덜 들어오게 하는 대표적 활동이 손 씻기다. 손 씻기만 잘 해도 감기나 여러 질병을 충분히 예방할 수 있다고 한다.

9. 자신만의 스트레스 관리법 갖기

스트레스를 줄이면 면역력이 올라간다. 스트레스를 물리치는 가장 좋은 방법은 긍정적 사고다. 긍정적 사고는 뇌에서 엔도르핀과 엔케팔린이라는 물질을 분비시켜 모르핀과 비슷한 통증 완화 효과를 내고 질병 치유를 유도해 면역력을 높인다.

다 아는 이야기 같지만, 그 실행 또한 문제다. 마음에 다짐해 두자!

🪴 일기쓰기 191일째 ; 비록 늙어가지만 낡지는 마라. (11월 7일)

곱게 늙어가는 이를 만나면 세상이 참 고와 보입니다. 늙음 속에 낡음이 있지 않고 도리어 새로움이 있습니다. 곱게 늙어가는 이들은 늙지만, 낡지는 않습니다.... 늙음과 낡음은 글자로는 불과 한 획의 차이밖에 없지만, 그 품은 뜻은 서로 정반대의 길을 달릴 수 있습니다. 늙음과 낡음이 함께 만나면 허무와 절망만 남습니다.

늙어도 낡지 않는다면 삶은 나날이 새롭습니다. 몸은 늙어도 마음과 인격은 더욱 새로워집니다. 더 원숙한 삶이 펼쳐지고 더 농익은 깨우침이 옵니다.

늙은 나이에도 젊은 마음이 있습니다.

늙었으나 새로운 인격이 있습니다.

젊은 나이에도 낡은 마음이 있습니다.

겉은 늙어가도 속은 날로 새로워지는 것이 아름답게 늙는 것입니다. 겉이 늙어갈수록 속 더욱 낡아지는 것이 추하게 늙는 것입니다. 곱게 늙어 간다는 것은 참으로 아름다운 인생입니다. 멋모르고 날뛰는 청년의 추함보다는 고운 자태로 거듭 태어나는 노년의 삶이 더욱 더 아름답습니다.

마음을 새롭게 새로움으로 바꿔 보세요. 늘어가는 나이테는 인생의 무게를 보여줍니다. 그만큼 원숙해 진다는 것이겠지요. 늙음은 새로운 원숙입니다.

일기쓰기 192일째 ; 인간관계의 황금률 (11월 8일)

실제 생활에서 리더들에게 줄 수 있는 가장 실제적인 충고는, 볼모를 볼모로, 왕자를 왕자로 대하지 말고, 모든 사람을 사람으로 대하라. 바로 이것입니다!

(In real life, the most practical advice for leaders is not to treat pawns like pawns, nor princes like princes, but all persons like persons.)
- 제임스 번즈(James M. Burns) -

'존중받고 싶은 만큼 남을 먼저 존중하라'라는 것은 가히 경영의 황금률이라 할 수 있습니다. 사람들은 물질적 혜택보다는 타인으로부터 존중받기, 다양한 업무 경험, 자기 계발 등에 의해 더 많이 동기 부여됩니다. 그중에서도 타인으로부터 존중받고자 하는 욕구는 그 무엇과 비견할 수 없을 정도로 중요합니다. 따라서 진정으로 헌신과 몰입을 이끌어내려면 가식이 아닌 마음속으로부터의 존중과 배려가 필요합니다.

일기쓰기 193일째 ; 세계적으로 유명한 건강 격언 (11월 9일)

01. 사람들은 병 때문이 아니고, 치료 때문에 죽는다. (프랑스)
02. 음식을 충분히 소화 해내는 사람에겐 불치병이 없다. (인도)
03. 건강과 다식多食은 동행하지 않는다. (포르투갈)
04. 건강과 젊음은 잃고 난 뒤에야 그 고마움을 알게 된다. (아라비아)
05. 세월을 이기는 장사는 없다. (일본)
06. 건강한 자는 모든 희망을 안고, 희망을 가진 자는 모든 꿈을 이룬다. (아라비아)

07. 건강할 때는 병들었을 때를, 조용한 날에는 폭풍의 날을 잊어서는 안 된다. (영국)
08. 병은 말을 타고 들어와서 거북이를 타고 나간다. (네덜란드)
09. 병을 숨기는 자에게는 약이 없다. (에디오피아)
10. 병을 알면 거의 다 나은 것이다. (영국)
11. 병을 앓는 사람은 모두 다 의사이다. (아일랜드)
12. 우유를 마시는 사람보다 우유를 배달하는 사람이 더 건강하다. (영국)
13. 하루에 사과 한 개씩을 먹으면 의사가 필요 없다. (영국)
14. 건강에 대한 지나친 걱정만큼 건강에 치명적인 것은 없다. (미국)
15. 좋은 아내와 건강은 최고의 재산이다. (영국)
16. 걸으면 병이 낫는다. (스위스)

한번 이 격언들을 곰곰이 생각해 볼만 합니다...!

🪴 일기쓰기 194일째 ; 결혼에 관한 명언 모음 (11월 10일)

결혼에 대한 명언들을 찾아보았습니다. 저도 결혼을 해보았습니다만 늘 행복하고 쉬운 일만은 아니었습니다. 유명인들의 이야기를 들어보며 결혼을 다시 이해하게 됩니다.

@ 결혼에서의 성공이란 단순히 올바른 상대를 찾음으로써 오는 게 아니라, 올바른 상대가 됨으로써 온다. - 브리크너 -
@ 결혼이란 단순히 만들어 놓은 행복의 요리를 먹는 것이 아니라, 이제부터 노력해서 행복의 요리를 둘이서 만들어 먹는 것이다. - 피카이로 -
@ 결혼만큼 본질적으로 자기 자신의 행복이 걸려 있는 것은 없다. 결혼생활은 참다운 뜻에서 연애의 시작이다. - 괴테 -

@ 결혼은 어떤 나침반도 일찌기 항로를 발견한 적이 없는 거친 바다이다. - 하이네 -
@ 성공적인 결혼이란 매일같이 개축해야 하는 건물과 같은 것이다.
  - 앙드레 모로아 -
@ 가장 과묵한 남편은 가장 사나운 아내를 만든다. 남편이 너무 조용하면 아내는 사나워진다. - 디즈레일리 -
@ 가정에서 아내에게 기를 펴지 못하고 지내는 남편은 밖에서도 굽실거리며 쩔쩔매게 된다. - 워싱턴 어빙 -
@ 그 얼마나 많은 부부가 결혼으로 인해 서로 멀어지게 되었던가. - 알프레드 카퓨 -
@ 남자가 가지고 있는 최고의 재산 또는 최악의 재산은 바로 그의 아내이다. - 토마스 풀러 -
@ 남자에게 있어 최고의 재산은 마음씨 고운 아내이다. - 에우리피데스 -
@ 남자의 집은 아내이다. - 탈무드 -

독일의 유명 시인 하이네도 연애와 결혼이 순탄치 못했던 것 같습니다.....! ㅎㅎㅎ

일기쓰기 195일째 ; 11월 11일 11시 부산 향해 묵념! (11월 11일)

6·25전쟁에서 전사한 유엔군과 카투사(KATUSA · 미군 배속 한국군) 2,300여 명의 이름을 모두 부르는 행사가 10일 부산 남구 유엔기념공원(유엔묘지)에서 개최되었다. 이 행사는 전외숙 유엔평화공원기념관장과 김종옥 대한민국카투사연합회장이 나란히 서서 전몰장병의 이름과 계급을 각각 영어와 한국어로 부르는 방식으로 진행되었다. 부산 유엔묘지에 안장된 전사자는 2,300여 명이고 이 가운데 36명은 카투사

장병이다.

국가보훈처 관계자는 7일 "부산 유엔묘지에서 모든 전몰장병의 이름을 부르는 행사가 열리는 것은 처음"이라며 "대한민국의 자유와 평화를 수호하다 산화한 영웅들의 희생과 헌신을 기리는 계기가 될 것"이라고 말했다.

11일에는 유엔군 전사자 추모행사인 '턴 투워드 부산'(오전 11시 정각에 전 세계에서 부산 유엔묘지를 향해 묵념하는 행사)이 보훈처 주관으로 진행되었다. 이 행사를 처음 제안한 캐나다 참전용사 빈스 커트니 씨(82) 등 12개국 참전용사와 가족 90여 명도 참석하였다. 커트니 씨가 2007년 처음으로 제안한 이 행사는 2008년 국내 행사로 시작된 뒤 2014년부터 유엔참전국 21개국이 함께하는 국제적인 추모행사로 열리고 있다. 11월 11일은 제1차 세계대전 종전일이자 영연방 국가의 현충일이기도 하다.

현재 공원 안에는 영국과 터키, 프랑스 등 11개국 전사자 2,300명의 유해가 안장돼 있으며, 위령탑, 전몰장병추모명비, 추모관 등이 갖춰져 있다. 일렬로 늘어선 묘비들은 전사자의 숭고한 넋이 서려 장엄하다. 특이한 점은 영국군을 비롯해 캐나다, 호주 등 영연방 소속 유엔군의 유해가 대부분을 차지하는 것. 이는 전사한 곳에 시신을 매장하는 이들 나라의 풍습 때문이다. 영국군이 총 885명으로 가장 많이 안장돼 있다. 두 번째로 많이 안장된 나라는 462명이 잠들어 있는 터키. 죽은 곳에 묻히는 이슬람교 관습에 따라 상당수의 유해가 묘지에 안장됐다.

미국의 경우 무려 3만 6000여 명이 목숨을 잃으면서 가장 많은 사상자를 냈지만, 전쟁 기간 시신을 고국으로 모두 인도하면서 묘지 내 미군은 거의 남아 있지 않게 됐다. 미군은 공원관리처 분담국으로서 참전군 중 한국 묘지에 묻히고 싶어 하는 군인에 한해 매장을 허용하면서 현재 36기가 안장돼 있다.

맥아더 미국 장군이 보관 중이다가 유엔기념공원에 기증된 전쟁 당시 쓰였던 유엔기도 주목할 만하다. 당초 유엔기는 유엔본부 1층에 전시돼 있었지만 공산주의 국가의 반발로 공원으로 전격 옮겨지게 됐다. 냉전체제 덕분에 귀한 유산을 건네받은 셈이다.

1950년 6월 25일년부터 1953년 7월 27일까지 참전 21개국 중 17개국(의료지원국 중 노르웨이 포함)에서 40,896명의 유엔군 희생자가 발생하였다. 낯설고 물선 먼먼 추운 나라에 와서 죽음에 이르기까지 얼마나 힘들었을까.... 젊은 영령들이여, 고이고이 잠드소서...! 고맙습니다! 좋은 나라 만들겠습니다!

11월 11일 11시 부산 향해 묵념!

"11 November, Turn Toward Busan(11월 11일, 부산을 향하라). 11일 오전 11시 싸이렌 소리와 함께 나도 벌떡 일어나 유엔묘지쪽을 향해 간절한 기도를 했다. 감사합니다...! 편히 잠드소서......! 덕분입니다...!"

이 행사를 제안한 커트니 씨는 "한국전에서 전사한 전우들이 숨 쉬고 있는 오늘날 대한민국의 번영은 한국전에서 전사한 모든 사람들에게도 영광일 것"이라고 말했다.

가슴 아프면서도 눈물이 나는 고마운 말이다...! 더 옳은 노력을 해야 한다는 격려의 말이다! 이들의 숭고한 죽음이 없었다면 오늘의 대한민국은 없었을 것이다...!

감사합니다..! 편히 쉬시옵소서...! 감사합니다!

어느 호주 참전 용사의 시 귀절을 올린다

그들은 늙지 않으리라.
남겨진 우리는 늙어가도

나이 듦도 그들을 괴롭히지 못하리라.
세월도 그들을 괴롭히지 못하리라.

해질녘 그리고 동틀 녘에
우리 그들을 기억하리라...

전 세계에 하나밖에 없는 한국 부산의 유엔기념공원은 전사자의 넋을 기리는 숭고한 안식처이다.

🪴 일기쓰기 196일째 ; 이웃과 살아가는 마음 (11월 12일)

나는 지금 살고 있는 이 아파트에서 36년째 살고 있다. 1986년에 이사를 왔다. 46세에 이사 와서 애들 셋을 차례대로 결혼시키고 살다가 며느리 둘은 각각 3년씩 데리고 함께 살았으며, 이후에 아들들 내외는 미국과 중국으로 각각 유학을 갔다.

그이도 2006년에 이 집에서 생을 마감했다. 그래서 나는 이 집에 정이 듬뿍 들었다. 모든 이웃과도 거의 알고 친히 지낸다. 그이는 아파트 전체 운영위원장도 했으며 그 이후에 나는 우리 동 대표도 했다. 아파트 단지 내에는 70여 그루가 넘는 벚나무가 있고 은행나무, 느티나무, 동백나무가 우거져 있어서 참으로 아름답다. 그리고 집 뒤로 온천천이 흐르고 있어서 갖가지 새들도 살고 .... 공기도 경치도 좋다.

지금은 혼자 살고 있지만 죽을 때까지 이 집에서 살다가 죽음을 맞이하고 싶다.

내가 버스 타러 갈 때는 여러 이웃들과 인사를 나눈다. 편의점 아줌마, 반찬집 주인 부부, 문방구 아주머니, 과일집 아저씨, 시계점포 부부, 꽈배기집 애기엄마, 야쿠르트 아줌마, 도배집 아저씨, 화장품점 아줌마

등등... 모두와 아주 사이좋게 지낸다. 그리고 14개 동의 수위 아저씨, 24명과 미화원 아주머니 14분과도 모두 서로 반갑게 인사하며 맛있는 것이 있으면, 언제나 나누어 먹으며 잘 지낸다. 특히 미화원 아주머니들에게는 첫추위엔 오뎅을 반찬 집에 주문해서 점심 때 따뜻하게 드시게 배려하고, 첫 더위엔 찬 음료수나 아이스크림을 꼭꼭 대접한다. 수위 아저씨들에게는 단체 모임 때는 음료수를 한몫 대접하지만 요즘은 그럴 수 없기에 매일 아침마다 강아지와 산책 나갈 때마다 맛있는 두유를 다섯 개씩 싸들고 나가서 낙엽 쓰신다고 힘든 아저씨들에게 수고 하신다고 인사하고 나누어드린다. 일주일 내내 그렇게 하면 거의 모든 분에게 다 드릴 수가 있다. 내 마음은 항상 따뜻하고 기분이 좋고 웃음을 머금는다. 이것이 내가 이웃과 살아가는 마음이다. 얼마나 흐뭇하고 좋은지 모른다....

🌱 일기쓰기 197일째 ; 진인사대천명 (11월 13일)

진인사대천명은 치매 예방법 요점 정리입니다! 나덕렬 교수(삼성서울병원 신경과)가 말하는 치매 예방의 지름길! 외우기 쉽게~

* 진인사대천명, 쓰리고 *

치매를 예방하려면? 먼저 진인사대천명이요! 즉

1) 진땀나게 운동하고,
2) 인정사정없이 담배를 끊고,
3) 사회활동과 긍정적인 사고를 하고,
4) 대뇌 활동을 적극적으로 하고,
5) 천박하게 술 마시지 말고,

6) 명을 연장하는 식사를 해야 한다.

그리고 쓰리고! 입니다.
1) 고혈압 2) 고혈당, 3) 고지혈증 등의 쓰리고도 피해야 한다.

치매예방을 위해, 간단하게 정리하자면...
1) 운동 2) 금연 3) 긍정적인 사고방식 4) 적극적인 대뇌활동 5) 금주 6) 바른 식사습관 등이 되겠습니다.
좀 더 상세한 설명을 원하시면, 나덕렬 교수가 쓰신 ≪뇌미인≫이란 책을 보시기 바랍니다. 적극 추천합니다.

일기쓰기 198일째 ; 가을 그리고 부평초 인생 (11월 14일)

오늘 시 한 수 지어 올립니다.

가을 그리고 부평초 인생

마음은 비울수록
빛깔은 더욱 붉게 빛난다.
흙으로 돌아갈 시간이 다가올수록
가슴은 물빛처럼 투명해진다.

가을 물 위로 떠가는 부평초
다가서면 설수록 아득한 구름이 된다.
잎 다 져버린 찬 하늘
그 가을 물 위에 뿌리도 내리지 못하고

떠도는 부평초

살아있음의 축복을 생각하면
한없이 착해지고 싶어진다.
이 세상 모든 사람 모든 것을
용서하고 포용하고 사랑하자.

🌱 일기쓰기 199일째 ; 성공과 실패의 순환 (11월 15일)

파종은 씨를 뿌리는 시작이고
추수는 열매를 거두는 마무리입니다.
시작과 마무리가 분리된 것처럼 보이지만
사실은 하나로 붙어 있습니다.

추수가 한해 농사의 끝이나 소멸이 아니고
다음 해 봄의 파종을 위한 새로운 시작입니다.

성공과 실패도 서로 붙어있습니다.
성공이 실패의 씨앗일 수 있고,
실패가 끝장처럼 보이지만
더 큰 성공의 씨앗일 수 있습니다.

파종과 추수, 성공과 실패,
이 거대한 순환을 통해 인생은
그 생명력을 유지하게 됩니다.

김탁환의 『아름다움은 지키는 것이다』 중에서 따왔습니다.

우리 힘 내십시다! 이 순환의 논리 속에서 우리의 노력은 결코 헛되지 않을 것입니다. 80년의 세월을 살아온 저 자신, 이 사실을 확신하고 있습니다.

🪴 일기쓰기 200일째 ; 아내라는 사람 (11월 16일)

"아내란 청년에겐 연인이고 중년에겐 친구이고 노년에겐 간호사다"

아내라는 사람은 내가 나이 한 살 더 먹으면 같이 한 살 더 먹으며 옆에서 걷고 있는 사람. 아침에 헤어지면 언제 다시 만날까 걱정 안 해도 되는 사람. 집안일 반쯤 눈감고 내버려 둬도 혼자서 다 해 놓는 사람. 너무 흔해서 고마움을 모르는 물처럼, 매일 그 사랑을 마시면서도 당연하게 여기는 사람. 가파르고 위태로운 정점이 아니라 잔잔하게 펼쳐진 들녘 같은 사람. 세상의 애인들이 탐하는 자리. 눈보라 몰아치고 폭풍우 휘몰아치는 자리. 장마비에 홍수 나고 폭설에 무너져도 묵묵히 견뎌내는 초인 같은 사람. 가끔 멀리 있는 여자를 생각하다가도 서둘러 다시 돌아오게 되는 사람. 되돌아와 다시 마주 보고 식탁에 앉는 사람, 티격태격 싸우고 토라졌다가도 다시 누그러져 나란히 누워 자는 사람.

불편했던 애인을 가져봤던 사람들은 알지, 아내가 얼마나 편안한지를! 그런 사람 하나 곁에 있어서 세상에는 봄도 오고 여름도 오는 것이다. 그런 사람 하나 옆에 있는 덕분에 새소리도 즐겁고 예쁜 꽃도 피는 것이다. 그런 사람이 곁에 있어서 험한 세상 이기며 살아갈 수 있었다.

별들이 밤하늘에 나란히 빛나듯 땅 위엔 나란히 곁에서 나이를 먹어가는 사람이 있다.

내가 살아가는 모든 것이 말없이 곁에서 지켜주는 아내 덕분이다. 고마운 사람 참 고마운 사람이다.

어떤 남자분의 페이스북에서 담아왔습니다. 읽을수록 수긍이 가는 의미심장한 이야기입니다.

🪴 일기쓰기 201일째 ; 내가 살아온 이야기 (11월 17일)

지금도 가만히 지나간 나 자신을 생각하면 늘 공부해야 한다는 열망과 강박관념에 시달리며 살았다. 석사과정만 마치고 25세에 결혼하여 연달아 애 셋을 낳았으나, 매일 저녁 애들 재워놓고 발치에다 작은 상을 놓고 앉아 논문 쓴다고 헤매었다. 공부를 해야 한다. 논문을 써야한다... 결국 2년여의 세월이 지나 석사학위를 받을 수 있었다.

그 이후 오늘에 이르기까지 50여 년의 세월이 흘렀다. 그 세월 동안 나는 박사학위도 받으면서 내가 전공한 중국사라는 학문에 대해 끊임없이 도전하였다. 대학에 재직하는 동안은 잘 가르치는 것도 중요하지만 논문 업적 쌓기도 중요했다. 가르치고 논문 쓰고 번역하고 강연 다니고... 늘 바쁘기만 했다. 어쩌다 쉬며 TV를 보면서도 내가 이런 여유가 있나? 를 몇 번이나 자문했을 정도였다.

그러다가 2006년 65세에 정년퇴임을 했다. 몇 년 후 남편이 암으로 세상을 떠났다. 나에게서 모든 것이 떠나간 것이다. 애들은 이미 다 결혼해 떠났고, 남편도, 직장도 다 떠났다. 그러나 나는 공부까지 떠나보낼 수는 없었다. 다시 나를 붙들고, 일으켜 세우기 위해 계획표를 짜고 새삼 배우러 다니고, 번역을 하고 책을 쓰고... 하기를 계속했다.

기회란 모든 것이 준비된 사람에게만 찾아오는 것이 아니라 오히려 무언가를 찾고자 하는 사람들에게 발견되는 것이다. 또한, 가슴에 별을 간직한 사람은 어둠 속에서 길을 잃지 않는다는 말이 있지 않은가?

늙는다는 것은 겉모습이나 피부가 늙을 뿐, 공부하는 능력이나 이해력까지도 늙는 것은 아니었다. 늙어도 공부는 할 수 있었고, 강연도 할 수 있었다. 거기에다 처녀 때의 로망이었던 문학에도 나는 도전장을 내밀었다. 부산대학교 평생교육원에서 시 창작과 수필을 각각 3 학기씩 3년을 수강하며 공부한 결과 서툴지만 시도 수필도 등단하는 기쁨을 누렸다. 곱게 잘 늙어 장수하는 데는 네 가지 요건을 갖춘 분들이 대부분이었다는 어느 장수연구학자의 말을 기억한다.

첫째, 모두가 자신의 일은 자신이 다 한다.
둘째, 모두가 남을 도우는 일에 열심이었다.
셋째, 모두가 배우는 일에 손을 놓지 않았다.
넷째, 모두가 좋은 인간관계를 맺고 있었다고 한다.

그래서 하자. 주자. 배우자. 맺자 이 네 가지면 된다고 하니, 얼마나 좋은 일인가.

나는 나 자신의 일은 스스로 하며, 다른 이에게 따뜻한 말 한마디라도 놓지지 않으며, 논어도 주역도 맹자도, 시도 수필도 배우며, 그 과정 속에서 많은 좋은 인간관계를 맺고 있다. 활기차고 즐겁고 보람 있는 삶을 영위하려고 늘 애쓰며 산다.

🪴 일기쓰기 202일째 ; 사람답게 늙고, 살고, 죽자. (11월 18일)

사람의 연령에는 자연연령, 건강연령, 정신연령, 영적연령 등이 있다. 영국의 심리학자 '브롬디'는 인생의 4분의 1은 성장하면서 정신연령과 영적연령을 승화시키며 보내고, 나머지 4분의 3은 늙어가면서 자연연령과 건강연령을 채워 보낸다고 하였다. 성장하면서 보내든 늙어가면서 보내든, 인생길은 앞을 보면 까마득하고 뒤돌아보면 허망하다.

어느 시인은 '예습도 복습도 없는 단 한 번의 인생의 길'이라고 말했다.

'가고 싶은 길도 있고 가기 싫은 길도 있지만, 가서는 안 되는 길도 있지만, 내 뜻대로 안 되는 게 인생의 길인 것을 이 만큼 와서야 뼈저리게 느낀다.'고 한탄하기도 했다.

사실 사람이 사람답게 늙고, 사람답게 살고, ,사람답게 죽는 것이란 그리 쉬운 일은 아닐 것이다. 그러나 어려운 일도 아주 멋지게 해나가는 사람들이 많다. 잘 준비하고 준비된 것에 최선을 다하여 열정을 쏟아 부었기 때문일 것이다.

과연 어떻게 늙고 죽어야 할까?

첫째: 사람답게 늙고 - 웰에이징(Wellaging)

행복하게 늙기 위해서는 먼저 노년의 품격을 지녀야 한다. 노년의 품격은 풍부한 경륜을 바탕으로 노숙함과 노련함을 갖추는 일이다. 노년의 삶을 불안해하는 것은 자신의 존재감을 잃어가기 때문이지만, 오히려 노년은 지성과 영혼이 절정의 경지에 이르는 황금기임을 인식해야 한다. 노숙함과 노련함으로 무장하여 노익장을 과시하라!

산행과 명상, 클래식 음악과 독서와 같은 영성(신령한 품성이나 성질) 생활의 여유를 온 몸으로 즐겨라. 최고의 노후는 우리가 무엇을 꿈꾸느냐에 달려 있다. 노년은 24시간 자유다. 태어나서 처음 맞이하는 나만의 자발적 시간이다. 여유작작하고 여유 만만한 여생의 시작을 위해 팡파르를 울려야 할 때다. 웰에이징(Wellaging)을 위해 노년 특유의 열정을 가져야 한다. 노년의 열정은 경륜과 품격이 따른다. 노련함과 달관이 살아 숨 쉬는 풍요한 열정이다. 나이 들어갈수록 이러한 열정을 잃지 않도록 해야 한다.

노년기에 열정을 가지면 오히려 위대한 업적을 남길 수 있는 이유가 여기에 있다. 세계 역사상 최대 업적의 35%는 60~70대에 의하여 23%

는 70~80세 노인에 의하여, 그리고 6%는 80대에 의하여 성취되었다고 한다. 결국 역사적 업적의 64%가 60세 이상의 노인들에 의하여 성취되었다. 소포클레스가 '클로노스의 에디푸스'를 쓴 것은 80세 때였고, 괴테가 '파우스트'를 완성한 것은 80이 넘어서였다. '다니엘 드포우'는 59세에 '로빈슨 크루소'를 썼고, '칸트'는 57세에 '순수이성비판'을 발표하였으며, '미켈란젤로'는 로마의 성 베드로 대성전의 돔을 70세에 완성했다. '베르디', '하이든', '헨델' 등도 고희古稀의 나이를 넘어 불후의 명곡을 작곡하였다.

행복하게 늙기 위해서는 또한 인간관계가 매우 중요하다 나이가 들면서 초라하지 않으려면 대인관계를 잘하여야 한다. 즉 인간관계를 '나' 중심이 아니라 타인 중심으로 가져야 한다.

미국 '카네기멜론 대학'에서 인생에 실패한 이유에 대하여 조사를 했는데, 전문적인 기술이나 지식이 부족했다는 이유는 15%에 불과하였고, 나머지 85%는 잘못된 대인관계에 있다는 결과가 나왔다. 그만큼 인간관계는 살아가는데 중요한 부분을 차지한다는 것이다.

나이가 들면서 사람은 이기주의적 성향이 강해진다. 노욕이 생긴다. 모든 것을 자기중심적으로 생각한다. 그러면서 폭군 노릇을 하고 자기 도취에 몰입하는 나르시즘(narcissism)에 빠질 수 있다. 또는 염세적이고 운명론적인 생각이 지배하는 페이탈리즘(fatalism:운명론)에 빠질 수도 있다. 이런 사람의 대인관계는 결국 초라하게 될 수밖에 없다. 결국 인간관계는 중심축이 무엇이냐에 따라 달라지는 것이다.

물질 중심의 인간관계를 갖는 사람은 나이 들수록 초라해지고, 일 중심이나 '나'중심의 인간관계를 갖는 사람도 역시 외로움에 휘말리게 된다. 그러나 타인 중심의 인간관계를 갖는 사람은 나이가 들어도 찾아오는 사람이 많고, 따르는 사람도 많다. 가장 바람직한 것은 타인 중심의 인간관계라 할 수 있다.

둘째: 사람답게 살고 = 웰빙(wellbeing).

사랑과 은혜로 충만한 노년을 우리는 웰빙(well-being)이라고 한다.

웰빙은 육체뿐 아니라 정신 과 인품이 건강해야 하기 때문이다. 그러기에 웰빙은 육체적인 강건함 보다 정신적인 풍요와 여유에 더 중점을 두어야한다. 인자함과 포근함 이 묻어나는 한, 그리하여 사랑과 용서의 미덕으로 넘쳐나는 한, 노년 노후는 일빙(ill-being:심신을 혹사시키는 일)이 아니라 오히려 웰빙(well-being)의 시기이다. '잘 먹고, 잘 입고, 잘 노는' 것만으로는 웰빙이 될 수 없다.

정신과 인품이 무르익어가는 노년이야말로 인생의 최고봉이자 웰빙의 최적기다. 노년의 녹색 지수는 무한대다. 노년의 삶은 강물이 흐르듯 차분하며, 생각은 달관하듯 관대하다. 소탈한 식사가 천하의 맛이며, 세상을 온몸으로 감싼다. 노년의 삶은 자연과 하나다. 그래서 노년은 청춘보다 꽃보다 푸르다. 사람들에게 향기를 나눠 줄 수 있는 것은 정신적인 풍요와 경륜으로 쌓아올린 덕이 있기 때문이다. 우리가 마음속에 그려 온 노인은 향기 나는 삶을 살아가는 사람, 덕이 있는 사람, 지혜가 풍부하고 마음이 인자하고 욕심이 없는 사람이었다.

또한 노년은 용서하는 시기이다. 용서의 근간은 사랑이다. 사랑만이 인간을 구제하는 희망이다. 사랑과 은혜로 충만한 노년을 보내는 사람, 우리는 이들을 일컬어 '사람답게 사는 사람'이라고 한다. 이것이 바로 웰빙(wellbeing)임을 다시 한 번 상기하자.

웰빙은 육체뿐 아니라 정신과 인품이 건강해야 함도 잊지 말자!

셋째: 사람답게 죽자 = 웰다이잉(welldying).

노년의 삶은 자신의 인생을 마무리하는 단계이기 때문에 죽음을 준비하는 기간이기도 하다. '소노 아야꼬'는 '죽음이 오늘이라도 찾아오면 힘을 다해 열심히 죽을 것'이라고 했다. 죽음을 삶의 연장선상에서 경건하게 생각한 것이다.

"병에 걸리면 도를 닦듯 열심히 투병鬪病을 할 것. 투병과 동시에 죽을 준비도 다해 놓고 언제고 부름을 받으면 "네 "하고 떠날 준비를 할 것" 죽되 추하게 죽지 않도록, 아름다운 죽음이 되는 '완전한 죽음'을 강조하고 있다.

행복한 노년을 보내기 위해서는 이와 같은 고차원의 인생관이 중요하다. 이제부터 남은 삶은 어떤 길을 택하고 어떻게 걸어갈지 오로지 내가 선택하고 책임지며 살아야 한다. 이런 의미에서 노년의 연륜은 미움과 절망까지도 따뜻하게 품을 수 있어야 한다. 성실하게 살면 이해도, 지식도, 사리 분별력도, 자신의 나이만큼 쌓인다. 그런 것들이 쌓여 후덕한 인품이 완성된다. 노년이란 신에 대한 긍정적인 사고가 급속이 자리 잡게 되고 그에 대한 심오한 깨달음을 얻기 위해 부단히 노력해야 하는 시간이다. 그래서 젊은 날의 만용조차 둥글 둥글 해지고 인간을 보는 눈은 따스해진다. 그리하여 마음을 비워야 한다. 미완성에 감사해야 한다. 따라서 '비움'과 '내려놓기'를 준비하라. 순수하게 잃어버림을 받아들이라는 말이다. 이것이 노년의 숙명宿命이다. 이것이 웰다잉welldying의 깊은 뜻이다. 후반전의 인생은 여생이 아니라, 후반생이다. 인생의 주기로 보면 내리막길 같지만 지금까지 전혀 생각하지 못했던 다른 세상을 향해 새 인생이 시작되는 때다.

행복幸福한 노년老年은 무엇인가?

인생이 결국 사람답게 늙고(Wellaging) 사람답게 살다(wellbeing)가 사람답게 죽는 것(welldying)으로 마치는 삶이다!

일기쓰기 203일째 ; 남이섬의 가을 풍경을 그리며 (11월 19일)

몇 년 전 남이섬에서 전해온 제자 안병헌 군의 메일 내용이다.

선생님...가을을 느끼면서 나이를 뒤로 물린 세 여인들이 이 작은 남이섬에 왔습니다. 그리고 혼을 불어 넣은 작품과 차분히 준비한 각종 전시 관련 물품을 한 차 가득 부려놓았습니다. 마침내 꿈꾸는 여인들의 코러스가 울려 퍼지면서 가을의 풍성함이 남이섬을 물들이기 시작했습니다.

갑자기 활기를 띤 노래박물관에 아름다운 마음들이 또한 더하여졌습니다. 친구들의 성향을 잘 아는 그녀들은 각자 한 도움꺼리를 찾아 둘 또는 혼자서 바쁜 일상을 뒤로 하고 멀리서 달려왔습니다. 직접 몸 쓰는 것 마다 않으신 심바람님, 그 모든 것을 놓치지 않고 기록으로 담은 계연님, 산적한 일거리를 제치고 응원차 달려온 연우님, 승림님, 그리고 다음 날 아름답고 무거운 화분까지 울러메고 온 푸른하늘님.

이제 남이섬 노래 박물관에는 아름다운 그림과 좋은 음악 그리고 우정의 흔적들이 어우러져 마냥 빛을 발합니다. 이곳을 찾는 많은 관광객들이 찬탄하여 마지않는 좋은 공간을 채워 준 이영신 화백님(이 책의 표지화를 그려준 제자). 그 외 직접 오지는 못했지만 많은 친구들이 마음으로 성원했을 겁니다. 특히 지난 봄부터 마음 조리며 멀리서 응원하시느라 목이 쉬었을 우리 선생님께 고마움을 전합니다. 제자 사랑의 열정은 언제까지나 식지 않나 봅니다^^

이 멋진 전시회가 자랑스럽습니다. 모두 모두 사랑합니다. 행복하세요~~~~

이 편지를 보면 눈시울이 뜨거워진다. 병헌군은 나의 동의대 제자인데, 나의 서울여상 제자들과 나의 남이섬 방문으로, 서로 남이섬에서 처음 만나 사귄 인연들이다. 병헌군은 남이섬 노래박물관 관장이었다. 그리고 여상 제자며 이대 미술과를 나온 영신이가 노래 박물관에서 작품 전시회를 열었다. 그 때의 이야기다. 그런데 그 얼마 후 병헌군은 암과 투병하다 처자식을 남겨둔 채 52세의 나이로 일찍 생을 마감했다. 남이섬만 생각하면 눈물이 난다. 시 한 수를 올린다.

이 가을 남이섬에 가고싶다...

온갖 바쁨과 분주함 스트레스. 코로나...
다 접어두고 남이섬에 그냥 가고 싶다.
짙은 가을 메타쉐콰이아 숲길을 걷고 싶다.

왜 신은 우리에게 이 같은 아픔의 고통을 주는가.
우리 자신에게도...그리고 자식에게도...
이 고통의 의미는 무엇일까.
우리에게 .. 멈추고 쉬어가라는 뜻일까?

그 가혹하고 큰 고통과 슬픔을
남이섬의 빛나는 가을 햇빛을 쬐며
가만히...조근 조근 위로의 말로 나누고 싶다.
신은 우리에게 더 큰 뜻을 알게 함일 것이라고...

그냥 마구 남이섬에 가고 싶다.
예쁜 중년 제자의 작품 감상도 하고
남의 일을 자기 일같이 여기는 마음 깊은 제자들도 보고
얼굴 까맣게 우리를 위해 봉사하던 제자도 추억하며
짙은 가을 속 남이섬에 마냥 가고 싶다.

🌱 일기쓰기 204일째 ; 울면서 태어났지만 웃으며 죽는 게 좋잖아, (11월 21일)

그녀는 여느 때처럼 지친 하루를 보내던 중이었습니다. 그때 갑작스레 친구의 부고 소식을 들었습니다. 사인은 '심정지'였습니다. 건장하고 아름다웠던 청년은 배우를 꿈꾸는 유쾌하고 멋진 사람이었습니다. 연극 무대의 어두운 조명 아래 밝게 빛나던 그는 그렇게 깜깜한 밤하늘을 밝히는 별이 되었습니다.

갑작스러운 이별에 당황할 겨를도 없이 그녀는 자신의 결혼식에 와준 친구의 장례식에 가게 되었습니다. 누가 알았을까요. 반짝반짝 빛이 나던 그가 하루아침에 연기처럼 사라져 버릴 것을...

우리는 앞날을, 아니 내일을, 하다못해 몇 시간 뒤도 알 수 없습니다. 이별은 사람과 시간과 상황을 가리지 않고 찾아옵니다. 후회 없는 마지막이라는 게 있을 수 있을까요? 180cm의 키가 무색하게, 친구는 고작 20cm의 유골함에 담겼습니다. 하지만 연기에 대한 열정, 무대 위에서 밝게 빛나던 얼굴, 그가 매 순간 최선을 다했던 시간은 남아, 그를 기억하게 합니다.

그녀는 어렴풋이 생각합니다. 언제가 될지 모르는 마지막이지만, 우리가 할 수 있는 건 그저 하루하루 최선을 다해 후회 없이 살아가는 것이라고요. 내 삶이 끝나는 날까지...

뜻하지 않지만 우리는 반드시 누군가의 마지막을 겪습니다. 사랑하는 가족, 친구, 그리고 나의 죽음까지도요. 그 누구도 마지막을 피할 수 없다면, 우리는 인생을 어떻게 살아가야 할까요? 매 순간 최선을 다해 후회 없이 사랑하며 살아가야 하지 않을까요?

'울면서 태어났지만 웃으면서 죽는 게 좋잖아'(정재희 지음)라는 책에서 담아왔습니다.

순간순간 최선을 다해 사랑하고 하늘로 돌아갈 시간이 되면 최선을 다해 잘 이별하는 것. 그것이 인생의 가장 중요한 과제는 아닐런지요....

가을의 상념

노란색 붉은색 단풍잎이 가을을 낳고 키우며
이제 어느 듯 만산엔 홍엽과 황엽의 바다!
비 온 뒤 낙엽 져, 나무는 잎사귀를 떨구지만...
11월 늦가을의 정취가 온 누리에 가득하다.

인류를 괴롭히는 기막힌 코로나 19도
국민을 우울하게 만드는 이 나라의 하급 정치도
잘난 척하는 모든 나라의 정치 지도자들도
모두 모두 사라진 맑고 깨끗한 세상을 바라면서

자연을 찾아 심신을 힐링의 바다에 놓이고 싶다.
가을... 그 정취에만 흠뻑 빠져 보고 싶다..,
가을이 다 가기 전에 가을 연가를 부르고 싶다.
모든 아픔이 다 치유되는 이 가을이고 싶다.

아름다운 가을에 흡수되어 맑아진 내 영혼은
오늘을 사는 내 인생에 풍요를 더해 주리라.
작은 것에 의미를 두고 또 하루를 만드는 것
범사에 감사하자!

오... 인생이여 !

🌱 일기쓰기 205일째 ; 율곡의 건강십훈健康 十訓 (11월 22일)

一 소육다채小肉多菜 : 육식은 적게 하고 채소는 많이 먹는다
二 소식다작小食多嚼 : 식사를 적게 하고 잘 씹는다.
三 소염다혜小鹽多醯 : 염분은 적게 하고 식초는 많이 먹는다.
四 소의다욕小衣多浴 : 옷은 엷게 입고 목욕을 자주 한다.
五 소번다면小煩多眠 : 근심은 적게 하고 잠은 많이 잔다.
六 소욕다시小欲多施 : 욕심을 적게 내고, 남에게 많이 베풀도록 한다.
七 소당다과少糖多果 : 단 것은 적게 먹고 과일을 많이 먹는다.
八 소차다보少車多步 : 되도록 자동차는 적게 타고 많이 걷는다.
九 소언다행少言多行 : 말은 적게 하고 실행을 많이 한다.
十 소분다소少憤多笑 : 성은 적게 내고 많이 웃는다.

 오늘날에 있어서 생각하고 지켜보아도 정말 마땅한 건강비법임을 느낄 수 있다. 그러함에도 불구하고 율곡선생은 49세(1536~1584)까지 밖에 살지 못했다. 상대적으로 건강했던 율곡선생은 선조 때 이조판서를 거쳐 형조판서를 거쳐 병조판서 때 동인, 서인의 당파싸움이 심해진 가운데 과로로 쓰러져 일어나지 못했다. 1592년(선조 25) 4월 임진왜란이 터지자 선조는 어가를 타고 의주 파천 길에서 한탄하며, 10만 양병설을 부르짖었던 율곡 그의 이름을 불렀다고 한다.
 나의 친정아버지는 아주 여위셨고 늘 몸이 건강하시지는 않으셨지만 아버지 방에 율곡선생의 건강십훈을 써서 붙여놓고 계셨다. 그래서인지 92세 되시던 7월 어느 날 점심 드신 후 얼마 지나지 않아서 그냥 주무시듯이 영면하셨다.

🪴 일기쓰기 206일째 ; 열정과 감사 (11월 23일)

열정을 가진 사람은 사물을 더 잘 보고 더 많은 일을 해낸다. 열정은 자기애를 가장 잘 표현해주는 덕목이다. 열정이 창조를 낳는다. 열정은 행복을 가져다준다. 열정은 기쁨을 가져다준다. 사람은 행복할 능력을 가지고 태어났다. 감사하고 미소 짓자! 감사하는 마음은 행복지수를 높여준다. 또한 감사는 향기를 뿜어 모두를 행복하게 하는 묘약이다.

이타익기利他益己, 혹은 이타이기利他利己의 자세 남의 편익이나 이익을 먼저 도모하는 것이 나에게 이익이 되게 하는 선순환을 이루는 게 되는 것이다. 열정을 가진 인내와 끊임없는 발전 노력, 그리고 베푸는 습관이 노년을 건강한 삶으로 이어지게 한다. 이 습관은 자동적이고 강력하게 우리를 행복의 문으로 안내한다! 나는 매일 같이 이 같은 노력을 계속하고 있으며 행복을 느낀다!

🪴 일기쓰기 207일째 ; 헤밍웨이를 통해 본 노년의 행복조건 (11월 24일)

헤밍웨이는 자신이 늙는다는 것을 극도로 싫어했고 노인취급을 당하는 것을 모욕으로 받아들였다. 그래서 킬리만자로 등 아프리카를 돌아다니며 사냥을 하고 카리브 해에서 며칠씩 파도와 싸우며 대어낚시에 열중하기도 했다. 그는 경비행기 사고로 세 번이나 죽을 뻔했다.

그의 일생은 '누구를 위하여 종을 울리나'처럼 도전과 모험의 연속이었다. '노인과 바다'에서 늙은 어부 산티아고는 대어를 낚는 데는 성공하지만 상어 공격으로 그 대어를 육지로 끌고 오는 데는 실패한다. 뼈대만 남은 물고기를 끌고 오게 되었지만 산티아고 노인은 "인간은 파괴될 수는 있어도 정복될 수는 없다"며 스스로를 위로한다. 헤밍웨이는 늙은 어부 산티아고의 입을 통해 자신은 다른 사람들처럼 목숨만 유지하는 노인생활은 하지 않을 것이고, 끝까지 용기와 도전을 통해 남성적 가치를 보여주겠다는 의지를 선언하고 있다.

그러나 정신과 육체는 서로 다른 속도로 쇠퇴한다. 정신은 젊은이지만 육체는 급속도로 노화된다. 나이 들어 거울을 들여다보면 '이게 정말 나인가' 의심되는 때가 한두 번이 아니다. 헤밍웨이는 비행기 추락사로 입은 부상이 악화되어 글을 쓰기 어려워지고 침대에 드러눕게 되자 총으로 자살해 버렸다. 그의 나이 불과 62세였다. 요즘 헤밍웨이 탄생 120주년을 맞아 그의 자살원인이 무엇인가가 재조명되고 있는데 우울증 때문이라고 말하는 학자들이 많다.

헤밍웨이는 말년에 가장 친한 친구들인 윌리엄 예이츠, 스콧 피츠제럴드, 제임스 조이스를 잃는데다가 특히 자기 저서의 편집자로 낚시와 사냥을 함께 하던 맥스 퍼킨스를 잃은 데 대한 슬픔이 지나쳐, 우울증에서 벗어나지 못했다고 한다. 그는 젊었을 때는 여성을 좋아했지만 나이 들어서는 남자친구들에게 더 관심을 가졌던 것 같다. 그러나 친구들도 하나 둘 세상을 떠나기 때문에 결국 외톨이가 되기 마련이다. 나이 들면 새 친구를 사귀어야 하는데, 이것이 보통 어려운 일이 아니다. 함께 고민하는 친구가 없다면 누구든 고독한 만년을 보낼 각오를 해야 한다.

돈과 건강을 가졌다고 마냥 행복한 것은 아니다. 많은 사람들이 노인의 행복의 요소는 돈과 건강이라고 생각하지만 노인에게는 친구가 돈과 건강 못지않은 행복의 요소다. 우리는 지금껏 앞만 보고 달려오느라 출세하는 법, 돈 버는 법에만 열중하고 친구 사귀는 법은 등한시했다. 친구는 배우자와는 또 다른 인생 반려자다. 배우자에게 의논할 수 없는 이야기가 너무나 많은 것이 인생이기 때문이다. 자신의 어려움에 뜨거운 눈물 한 방울 흘려줄 수 있는 참다운 친구가 한 명이라도 곁에 있다면 당신의 노년 인생은 성공한 셈이다.

괴테가 그렇게 말했다.

'인생 말년에 행복해지기를 원하는가? 그렇다면 재테크보다 우友 테크를 잘하라!'

🪴 일기쓰기 208일째 ; 믿음을 주는 사람 (11월 25일)

화물선이 안개 자욱한 대서양을 횡단하고 있었습니다. 그때 선미에서 허드렛일을 하던 흑인 소년이 발을 헛디뎌 세차게 출렁이는 바다에 빠지고 말았습니다. 소년은 도와달라고 소리쳤지만 아무도 듣지 못했고, 세찬 파도에 밀려 배에서 점점 멀어져갔습니다.

소년은 살아야 한다는 본능으로 차가운 바닷물에서 전력을 다해 가느다란 두 팔, 두 다리를 휘저었습니다. 그러면서 소년은 머리를 물 밖으로 내밀어 배가 멀어져가는 방향을 주시했습니다. 그러나 배는 점점 더 작아졌고 급기야 아무것도 보이지 않게 되었습니다. 소년은 망망대해에 혼자 남겨졌습니다. 더는 팔을 움직일 힘도 없었고 이제 바닷속으로 가라앉을 일만 남았습니다.

"그래, 포기하자!" 그런 마음을 먹었을 때, 갑자기 자상한 선장의 얼굴과 따뜻한 눈빛이 떠올랐습니다. "아니야, 선장님은 내가 없어진 사실을 알고 반드시 나를 구하러 오실 거야!" 마지막이라고 생각했던 순간, 소년은 다시 희망의 끈을 놓지 않고 필사적으로 수영했습니다. 그 시각 선장은 흑인 소년이 안 보이자 바다에 빠졌다는 생각을 하고 배를 돌렸습니다. 그때 누군가가 말했습니다. "시간이 너무 흘러서 벌써 상어 밥이 됐을 겁니다." 그 말에 잠시 망설였지만, 선장은 소년을 찾아보기로 마음먹었습니다. 그러자 그의 결정에 반대하는 선원이 말했습니다. "허드

렛일이나 하는 흑인 꼬마를 위해 그럴 가치가 있을까요?" "그만해!" 선장의 호통에 선원 모두가 입을 다물었습니다.

바다에 가라앉기 직전, 소년은 겨우 목숨을 건졌습니다. 소년은 깨어나자마자 생명의 은인인 선장에게 감사의 인사를 했습니다. "어떻게 바다에서 그토록 오랫동안 견뎠니?"

"선장님이 반드시 저를 구하러 오실 줄 알았거든요!" "어떻게 내가 구하러 올 줄 알았지?" "왜냐하면 선장님은 그런 분이니까요!" 그 말을 들은 백발의 선장은 소년 앞에 무릎을 꿇고 앉아 눈물을 흘렸습니다. "내가 널 구한 게 아니라 네가 날 구했다! 너를 구하러 가기 전에 잠시 망설였던 내가 부끄럽구나."

강철 같은 심장을 가진 사람이라도 뜨거운 눈물을 흘리게 하는 것이 바로 믿음의 힘이다. 누군가에게 그런 믿음을 주는 사람은 행복한 사람입니다. 나는 누군가에게 그런 믿음의 사람일까요? 그리고 그런 믿음의 사람이 있는가요? 그리고 '믿음'이 사람도, 삶도 모두 아름답게 한다는 생각을 해 봅니다. 항상 믿음의 사람으로 살아가길 기원합니다.

일기쓰기 209일째 ; 철수야 철수야 (11월 26일)

철수야 철수야 [1] (2012.12)

철수야 철수야.. 영희하고 바둑이 하고
열심히 공부하면서 학교에서 놀지...

어찌다 그리 되었니? 과욕은 금물임을,
정치는 진흙탕임을 어이 모르는가.

인문학 공부가 영~ 부족일세 그려.

문학박사라도 받지 의사 닥터 말고...

지켜보리니 끝까지 더 이상은 더 이상은
사랑하는 국민을 실망시키지 말거라.

우리의 인재 부족이 오늘의 그대를 낳았음을
통탄해마지 않는다. 송충이는 솔잎을 먹어야...

철수야 철수야 [2] (2012.12)

철수야 철수야
제라민 은행 어찌하고 새정치 어떻게 하고
오늘에 이르렀나

관심 가지며 보았는데 타임만 노리는 얼띠기
귀가 얇은 멍충이 철학의 총체적 빈곤일세

이말 저말 들어가며 노상 주춤거리고
이 말 저 말 해가며 늘 앞뒤가 안 맞고

그 모호성, 우유부단함, 오락가락성性으로
이미 국민을 실망케 했고, 지도자의 자격을 잃었네

결국은 사방 주위의 불쏘시게 노릇에
정의인양 가장하고 새것인 양 착각하면서...

언제나 되어서야 그 사랑하는 국민 위해
옳은 정치하겠는가 실망일세.. 오호 애재라!

철수야 철수야 우짜믄 좋노 [3] (2015, 12)

한 치 앞도 내다볼 수 없는 캄캄한 절벽 앞에서 지금
가장 어려운 길을 나서려는 철수야

이제 허허벌판에 혈혈단신으로 나침반도 지도도 없이
실행 없는 목표 하나만 가지고 다시 나선다고
그 유일한 목표가 여당 세력의 확장을 막고
더 나은 정치, 국민의 삶을 돌보는 새로운 정치를 한다고

어떻게 할 것인데.... 정치세력을 어찌 다시 모으고
어떤 지혜로 더 나은 정치를 하여 정권교체를 이룰 수 있는
정치세력을 어찌 펼칠 것인지 도대체 눈에 보이는 대안이 없구랴

여태껏 보여준 그대의 언행과 태도와 방향성은
우리에게 아무런 신뢰도 희망도 주지 못 했지 않았는가
애초부터 아주 아주 길을 잘 못들었다

철수 그대는 정치적 역량은 없어도 아이티 능력은 뛰어났었다
바이러스 백신 우리에게 만들어 주고, 미국유학 다녀왔을 때
우리는 그대를 얼마나 환호했던가

무언가 새로운 희망을 주면서 제라민 은행을 만들겠다고
자기 주식 헌납을 선언했을 때 우리는 열광했었다

그런데 한 것이 아무 것도 없이 국민에게 돌이킬 수 없는
실망과 실소만 안겨 주고, 정치권을 더 더 어지럽히기만 하고
애초에 절대 들어가지 말았어야 할 진흙탕의 정치에 들어가지 않 았나

나 같으면 정치에서도 아주 철수하겠네....
"내가 엠비 아바타입니까?" 할 때 이미 끝장 났었다네.....
안 철수니, 철수는 안하겠다고....? 국민이 웃는다ㅎㅎㅎ

철수야 철수야 또 나온다고? [4] (2021. 11)

철수야 철수야 철수야 ~ ~ ~
"9월 출마 선언한다기에 '안 된다' 만류" 했다잖니?
철수의 완주는 아직 불투명해도 與野 사이 틈새 존재로
李재명 · 尹석열 법적 리스크에 지지율 요동 가능성이 크단다

철수 너는 2020년 정계 복귀 후 국민의 당을 재창당했으나,
그해 4월 총선에서 비례대표 국회의원 3명만을 당선시켰다.
지난 4월 서울시장 보궐선거에서는 오세훈 국민의 힘 후보와의
단일화에서 또 다시 고배를 마셨잖니....

철수 너가 대선을 완주할 경우 야권 분열은 불가피하다.
보면 모르나? 지난 2017년 대선에서 분열로 인해 완패를 경험한
우파 진영이 걱정하는 대목이기 때문이잖니....

철수 너의 세 번째 대선 도전은 한국 정치에서 드디어 제3지대의
존망을 결정할 마지막 리트머스 시험지다. 결국 없어지고 만다
안 철수 너가 단일화를 성공적으로 매듭 짓는다면, 제 1야당에
들어가 정치적 입지를 재구성할 수도 있다.

철수야 철수야 정치 10년 하면 물러난다며??
이제 10년이다!! 제발 철수하거라~ 안한다 버티지 말고...

새 정치 한다던 철수야 새 정치는 어디에 있니?

철수의 등장으로 10년간 이 나라 정치에 플러스 요인 된 것이 뭐니?

마음 비우고...앞 뒤 잘 살펴서 제발 철수해주기 바란다....!!!

그것만이 정권교체를 위한 상책이며, 이 나라 이 국민을 위한 선의의

마지막 베품이다. 늘 그랬듯이 철수 안 한다고 버티지 말고

이번에는 제발 철수해주기를 빈다!!! 왜 이리 마음 조이게 하니??

마음 조이며 시기별로 본 나의 안철수 관觀을 시처럼 읊어 본 것이다!

🪴 일기쓰기 210일째 ; 우리 죠이 이야기 (11월 27일)

12년 함께 산 빼로라는 요키가 죽은 지 6개월, 다시 입양한 슈나우저 종 강아지 죠이 이야기다. 슈나우저는 3대 문제견 중 하나라고 소문나 있다. 비글과 코카스페니얼과 함께. 과연 활기 등등한 사냥개의 습성인지 정말로 기운이, 호기심이 넘쳐흐른다. 그리고 유난히도 사람을 좋아하고 또래 개들을 좋아하고 안기려 든다. 그래서 힘이 넘치는 죠이를 산책시키기 위해서 아주 좋은 목줄도 새로 사고 나 자신도 슈니커즈 운동화도 새로 사서 단단히 준비를 했다. 그리고 산책 코스는 다리에 무리가 덜 가게 하기 위해서 바닥의 쿠숀이 좋은 어린이놀이터 안을 돈다.

어떤 일이 있어도 아침 7시부터 30여 분, 저녁 5시부터 30여 분 꼭 산책을 시키고 있다. 이미 나의 허벅지는 근육이 생길 정도다. 80넘은 할매가 기운찬 강아지를 잘 이겨내기 위해 노력하고 있는 나의 모습도 대단하지만 파워 워킹이라는 산책의 기본을 실천 중이다. 나에게 개를 준 아주머니는 "얘가 별난데 잘 키우겠어요?" 하며 걱정스레 묻기도 한다.

그런데 2개월여 산책을 하는 중에 아주 재미난 일들이 생겼다. 우리 동의 수위 아저씨를 유난히 좋아하는 죠이는 목줄을 풀어놓으면 뛰어가서 안기고 아저씨는 또 힘껏 함께 뛰어준다. 나는 못해주는 행동이다. 같은 제복을 입은 수위 아저씨만 보면 뛰어가 안기려고 한다. 개 싫어하는 아저씨는 질겁을 하기도 한다. 아침마다 두유 팩을 나누어드린 때문인지, 그래도 모두 알아보며 서로 인사를 나눈다... '죠이야~' '수고하십니다~' 하면서...

또 한 가지 재미난 이야기는 동네 꼬마들과의 이야기다. 저녁 산책을 어린이 놀이터로 가면 학교에서 돌아온 초등생 1,2학년짜리가 한가득하다. 그리고 우리 죠이에게 관심을 가진다. 죠이가 덩치가 좀 크니까 겁을 먹다가도 "한번 만져보면 안되요?" 하고 묻는다.

그러면 "물론 되지, 자~ 만져봐" 라고 하면 모두가 몰려와서 만진다. 또 우리 죠이도 좋아서 난리다. 이제 8개월이 되었고 한 달 전에 이갈이도 했으니 꼭 초등학교 2학년생과 같은 어린 개, 강아지니 좋아할 수밖에 없다.

대부분의 아이들이 개를 키우고 싶은데 엄마가 허락하지 않기에, 키우지는 못하나 개에 대한 호기심은 많은 것이다. 그 다음엔 "죠이 데리고 뛰어보면 안되요?" 하고 묻는다. "그래 뛰어봐 그 대신 줄을 이렇게 단단히 잡아야돼!" 하고 쥐어주면 몇 명의 아이들이 차례로 줄을 선다. 함께 뛰어보려고....

그리고 난 뒤 이틀 뒤 혼자서 지나가는데 아이들이 난리다. "와~ 죠이 할머니다." 하며 몰려와서 "죠이 언제 나와요?" 하고 묻는다. 그래서 "응 4시 반에 나올게"라고 했더니 4시 반만 되면 초등학교 2학년생이 가득 모여서 우리를 기다리고 있다. 그랬는데 그 이틀날부터는 1시 반만 되면 띵동하며 벨이 울린다. 학교를 마친 애들이 4시 반까지 기다릴 수가 없어서 우리 집까지 방문한 것이다. 이인서, 박연우, 조호원, 박서윤, 황

우리 신준희, 준영이....등등이다. 먹을 것을 주어도 방금 학교에서 점심 많이 먹었다며 먹지도 않고, 죠이와 함께 이리 뛰고 저리 뛰고 난리도 아니다. 이틀을 달아서 찾아 왔길래, 꼭 나갈 터이니 집에는 이제 오지 말아 달라고, 층간 소음 때문이라고 양해를 구했다.

저녁만 되면 우리 죠이도 신이 난다. 조용히 천천히 걷자는 할매보다 같은 또래와 이리 뛰고 저리 뛰는 게 얼마나 좋을까?

나에게는 우리 죠이로 인해 전혀 새로운 세계가 열렸다. 파워 위킹에다 초등생 꼬마들과의 사귐에다 또 여중생과 여고생과도 사귀면서 좋은 이야기 해주는 선생님까지 하면서... 말이다. 우리 집에 온 꼬마가 사진들을 보며 "할머니는 뭐하는 사람이예요?" 하고 묻는다 "응, 대학교에서 학생들을 가르쳤어"하면 놀라며

"박사예요?"한다. "응, 그래....." 하면 "와~" 하며 놀래기도 한다. 귀엽기 이를 데가 없다.

아래 사진은 내가 기념으로 찍어주었다, 그랬더니 보내달라고 해서 모두 다 각각 보내주었다. 이제 나는 '죠이 할머니'로, 이 동네에서 유명 인사가 되었다...!ㅎㅎㅎ

우리 죠이 고마워~~! 훌륭한 개로 성장하여 할머니와 함께 잘 살자~!

🪴 일기쓰기 211일째 ; 제자들과의 소통 그리고 책 출간 (11월 28일)

오늘은 내가 낸 책들을 다시 끄집어내어 읽어보며 추억에 젖는다. 작년에 팔순을 맞아서 낸 책에 관한 이야기다.

'30년 전 스승과 제자의 추억을 담은 타임 머신 ; 개나리 노란 꽃그늘 아래'
팔순을 맞은 노 스승이 예순의 제자들과 조우했다. 십대의 여고생시절을 떠올리며 추억의 단상을 책으로 엮었다. 운경 이양자 동의대 사학과명예교수가 최근 '개나리 노란꽃그늘 아래'(이양자 엮음, 새문화출판사)라는 책을 펴냈다. 제자들과 함께 엮은 이 책은 30년 전의 추억이 풋풋하게 살아나는 수필문집이다.

저자가 30여 년 전 서울여상 교사로 근무할 당시 제자들과의 오랜 인연을 담아냈다. 간간이 시도 실렸다. 멀리 해외에서 보내온 제자의 글도 있다. 화가가 된 제자(서울여상 49회 이영신)는 표지화와 삽화를 그렸다. 문단에 데뷔한 제자(50회 이경옥)는 탈고의 손질을 도왔다.

교정의 봄날 꽃그늘아래 다시 옹기종기 모인 듯한 느낌을 주는 정감어린 이 책엔 각자 다양한 영역에서 살아가면서 삶의 지침이 되어준 여고시절 스승의 가르침을 새기고, 동기들과의 추억을 되새기며 타임머신 여행을 한다. 각자 세월의 바다를 타고 항해하는 동안 저마다의 삶도 치열하고 다채로 왔을 터. 10여 년 전 블로그를 인연으로 하나 둘 소식이 닿으면서 30년 전의 연줄을 다시 이어가게 된 여고생과 스승. 10년째, 서울 부산을 오가며 소통하며 지낸다는 이들은 서로의 삶과 성공을 공유하며 이제는 함께 늙어가는 노년층에 접어들었다.

저자는 "곱게 잘 늙어 장수하기 위해서는 모두가 자신의 일은 자신이 하고, 남을 돕는 일에 열심이고, 배우는 일에 손을 놓지 않으며, 좋은 인간관계를 맺고 있다는 장수학자의 말을 기억한다"면서 제자들에게 "하자, 주자, 배우자, 맺자"라는 4가지 말로 인생을 보람되게 살 것을 권유한다.

"좋은 인간관계를 맺는 것만큼 보람된 것은 없다"는 운경 이양자 교수. 팔순의 세련된 지혜와 경륜을 제자들과 나누며 젊은 벗들과의 시절 노래를 담은 수필집, '개나리 노란 꽃그늘 아래'.는 동 시절을 겪은 사람들에게는 우리의 추억인 양 흐뭇하고 풋풋하다.

- 유순희 기자 [2020년 4월 24일 부산 여성신문 제123호 11면 게재]의 기사를 올린다.

🪴 일기쓰기 212일째 ; 헨델의 시련과 명작의 탄생 (11월 29일)

〈메시아〉를 작곡한 헨델(Georg, Friedrich Händel;1685~1759)은 독일 출신이지만 영국에 귀화해 영국에서 활동한 독일계 영국인이다. 오페라 작곡가로 두각을 나타낸 헨델. 그러나 당시에 잘 나가던 라이벌(니콜라 포르포라, 보논치니 등), 그리고 그를 시샘하던 사람들 때문에 자신의 왕립음악아카데미가 온갖 역경과 수모를 당하며 자신이 파산지경에 여러 번 이르면서도, 뇌졸중으로 쓰러지고 몸의 일부가 마비되면서도(1740년대 후반), 돌팔이 의사 때문에 실명을 당하면서도(1751) 결코 그의 음악에 대한 열정과 의지는 꺾이지 않았다.

백내장으로 한쪽 눈 시력이 급격히 나빠지는데 의사가 돌팔이 였던 탓에 반대쪽 눈까지 나빠져 수술 후에 결국 양쪽 눈 모두 실명하고 말았다. 거기에다 세차례나 파산 선고를 받았고, 결국 이처럼 비참한 상태로 감옥에 갇히고 말았다. 병에 걸려, 감옥에 갇힌 빈털털이 음악가 헨델은 비관 끝에 자살을 생각할 정도로 불행했다. 그리고 고통스러웠다. 하지만 그는 감옥에서 〈메시아〉를 구상했던 것이다. 그의 대표적인 오라토리오가 런던에서 초연될 당시 영국 국왕 죠지2세가 참석했다. 할렐루야로 시작되는 그 유명한 합창이 시작되자 왕은 감격한 나머지 자리에서 벌떡 일어났던 것이다....!

헨델의 메시아는 종교음악이라는 한계를 벗어나 인류의 가장 위대한 음악적 유산의 하나로 손꼽히는 명작이다. 고통과 시련은 인간에게 주어진 형벌이 아니다. 인생의 새로운 가치와 의미를 건져 올리기 위한 용광로일 뿐이다. 음악에 대한 재능과 업적은 차치하고라도 그 의지력과 굳은 음악적 신념만으로도, 헨델은 그야말로 음악사에 길이 남을 훌륭한 사람이었다.

"고통 받은 사람들 때문에 세계는 더욱 전진했다."는 톨스토이의 말을 새겨듣는 하루입니다. 글로리 글로리 할렐루야~~!

- 김영진 지음[1일 1페이지 긍정의 말]과 네이버 참조

일기쓰기 213일째 ; 가을을 보내는 길목에서 (11월 30일)

황금물결로 얼룩진 숲속에서 가슴 가득 사색을 안았습니다. 쫓아오는 황혼을 잊어버리고 인생이 무엇인가를 떠 올렸습니다. 낙엽 밟는 소리를 들으며 잃어버린 나 자신을 찾아 헤맸습니다. 학문의 열정에 쫓겨 산 시간들, 겨울로 가는 길목의 허수아비처럼 되돌아보지 못하고 흘러간 세월을 마음에 가득 안아 봅니다. 사랑에 찬 낭만의 눈빛을 그리며 순수의 나 자신을 찾는 시간들, 귀 기울이며 찾아 사랑하고 싶습니다.

낙엽 밟는 소리를, 존재하는 이유를...

11월의 마지막 날 아침, 떨리는 마음으로 가을을 배웅합니다. 흔들리며 우수수 내려앉는 노란 잎새는 길가에도 벤치에도 가득합니다. 아~ 올해 가을은 그래도 너무나 아름답고 길었습니다... 이쁘게, 가치

있게 살다 멋지게 마감하자고, 가을 그대의 모습에서 배웁니다. 이제 계절의 환승역 십일월을 보내면서 그대 가을을 배웅합니다. 우수수 떨어진 나무들의 고운 마지막 잎 새에 이별을 고하면서, 오늘 우리는 가을역에 내려서 겨울 역으로 바꿔 타고 있습니다....
 2021년 11월이여 안녕~~~!!!

일기쓰기 214일째 ; 12월의 첫 기도 (12월 1일)

마지막이라고 말하기엔 너무나 아쉬운 시간입니다.
저 멀리 지나가버린 기억들이 차곡차곡 쌓아서
우리들의 튼튼한 나이테를 만들게 하여주십시오.

한 해를 보내며 후회가 더 많이 있을 터이지만
우리는 다가올 시간이 희망으로 남아 있기에
더욱 더 감사한 마음을 갖게 하여주십시오.

그리워하고 사랑하는 사람들에게 이제는
사랑하였노라고.... 그리워했노라고....
감사 안부를 띄우는 기도를 하게 하여주십시오.

욕심을 채우려 발버둥 쳤던 지난 시간을 반성하며
잘못을 아는 시간이 너무 늦어 아픔일지라도
아직 시간이 늦지 않았음을 기억하게 하여 주십시오.

작은 것에 행복할 줄 아는 우리 가슴마다 마다에
웃음 가득하게 하시고 허황된 꿈을 접고 언제나
긍정적이고 겸허한 우리가 되게 하여 주십시오.

더 맑은 눈을 가지고 새해에 세울 우리의 계획을
헛되게 보내지 않게 하여주시고, 우리 모두 모두에게
다시 일어설 수 있는 든든한 힘과 마음을 주십시오.

모두가 원하는 그런 복을 우리들 가슴마다 마다에
가득 가득 차게 하시고, 또 다시 웃게 하시고
빛나는 눈으로, 밝은 세상으로, 걷게 하여주십시오.

이제 마지막 남은 신축년의 31일간을
가장 의미 있고, 긍정의 마음으로 감사하는 가운데
복되고 행복한 나날들이 되게 하소서...!

2021년의 끝자락 12월 한 달 동안... 우리 모두
깊은 우리 마음의 자락 자락들을 모아 모아서
이 모든 소원들을 함께 이루게 하여 주시옵소서....!

🪴 일기쓰기 215일째 ; 세상을 바꾼 7인의 자기 혁신 노트 (12월 2일)

〈세상을 바꾼 7인의 자기혁신노트〉라는 책은 우리에게 친숙한 7명의 인물에 대한 차분한 분석과 해석을 통해 '자기 혁신'을 이루는 구체적인 방법을 제시한다. 책에 등장하는 7인은 손정의 일본 소프트뱅크 회장, 도널드 트럼프 미국 대통령, 마오쩌둥 중국 국가주석, 리카싱 홍콩 청쿵그룹 창업자, 보구엔 지압 베트남 전쟁 영웅, 우리나라의 이순신 장군과 정주영 현대그룹 창업주이다.

시대와 장소뿐만 아니라 활동 영역을 달리하는 이들 7인을 한 권에 담은 이 책의 가장 큰 특징은 그들이 직접 쓴 저술이나 일기, 인터뷰 같은 1차 자료를 기본으로 삼고 그것에 꼼꼼하게 근거하고 있다는 점이

다. 이를 바탕으로 7인이 세상을 바꾼 혁신을 이루게 된 '내면'의 움직임, 즉 생각의 형성 과정과 여러 위기 상황에 대한 창조적인 대응 방안을 정확하면서도 정돈되게 추적한다.

세상을 바꾼 혁신가 7인 각각의 목소리를 들어본다.
- 손정의 : "시대를 뒤쫓아 가서는 안 된다. 다음 시대에 무엇이 올지 먼저 읽고 준비하며 시대가 쫓아오기를 기다려야 한다."
- 도널드 트럼프 : "무슨 일을 하던 간결하고 신속하고 곧장 요점을 찔러주도록 하라. 분명한 관점에서 메시지를 퍼트리는 법을 알아야 한다."
- 마오쩌둥 : "혁명군 병사로서 나는 한 달에 7위안의 급료를 받았다. 7위안의 급료중 식비로 2위안을 쓰고 나머지 돈은 신문과 책 구입에 썼다."
- 리카싱 : "사업에서 성공하려면 열심히 일하고, 인내력과 강한 의지를 가져야 한다. 그런데 더 중요한 것은 지식(knowledge)이다."
- 보구엔 지압 : "기존의 방법을 똑같이 써서는 이길 수 없다. 우리는 승리를 위해 공격할 것이며, 성공이 확실한 경우에만 공격할 것이다."
- 이순신 : "나를 알고 적을 알면 백 번 싸움에 백 번 이기고, 나를 모르고 적도 모르면 매번 싸울 때마다 반드시 패할 것이다."
- 정주영 : "누구에게나 인생에서 몇 차례의 호된 시련은 있게 마련이다. 그럴 때에 긍정적으로 생각해야 한다. 시련은 우리를 보다 굳세고 현명하게 성장시킨다."

세상이 아무리 디지털화하고 기계화가 급속 진행되더라도 세상을 움직이고 바꾸어 나가는 것은 '사람'의 몫이다. 변화를 탐구하고, 그 변화에 대응해 그것을 기회로 이용하는 안목을 갖는 게 중요하다. 이 책은 그런 점에서 "우리도 마음먹고 노력하기에 따라 자기 인생을 혁신하고 사회와 세상에 기여할 수 있다"는 큰 전제 아래 실용적인 해법과 방법론을 제시한다.

　자기 혁신을 이루고 싶은 젊은이와 직장인 그리고 100세 시대에 제2, 제3의 인생을 살려는 중·장년 모두 일독할 만하다. 책을 덮는 순간 새로운 용기와 관점, 지혜로 내면이 가득 차는 것을 느낄 수 있을 것입니다. - 송의달 지음 〈세상을 바꾼 7인의 자기혁신노트〉에서 담아왔습니다.

🪴 일기쓰기 216일째 ; 장수 비법 (12월 3일)

01. 밝은 마음으로 살라. 마음이 밝아지면 몸에 병이 발붙이지 못한다.
02. 병을 두려워 말라. 병 때문에 죽는 것이 아니라 두려움 때문에 죽는다.
03. 불평을 하지 말라. 불평을 가장 좋아하는 것은 저승사자이다.
04. 손발을 부지런히 움직여라. 손발이 건강해지면 온몸이 건강해진다.
05. 열심히 웃어라. 웃다보면 즐겁고 즐거우면 활력이 넘친다.
06. 열 받지 말라. 그리고 화내지 말라
07. 음식을 적게 먹어라. 소식하는 사람이 오래 산다.
08. 일을 즐겁게 하라. 즐겁게 일하면 인생이 천국이 된다.
09. 오래 살려면 담배를 끊어라. 담배처럼 백해무익한 것도 드물다.
10. 헬스클럽에 갈 필요가 없다. 맨손체조가 헬스클럽이다.
11. 마음을 안정시켜라. 충격처럼 위험한 것도 없다.
12. 호기심을 가져라. 호기심은 젊음을 만든다.
13. 끊임없이 머리를 써라. 머리를 쓰면 치매가 예방된다.
14. 맑은 공기를 마셔라. 숨을 잘 쉬어야 장수한다.
15. 신앙을 가져라. 자신을 가다듬는 데 도움이 된다.
16. 마음을 느긋하게 먹어라. 성질 급한 사람이 먼저 간다.

17. 부부 사랑에 힘써라. 사랑의 열도가 높아지면 20년 더 산다.
18. 고민해서 해결될 문제가 아니라면 고민하지 말라. 고민은 생명을 좀 먹는다.
19. 사람을 미워하지 말라. 미움은 자신의 피를 탁하게 하여 없던 병도 끌어들인다.
20. 일찍 자고 일찍 일어나라. 밤늦게까지 자지 않으면 노화가 빨리 온다.
21. 아침에 일어나 생수를 3잔 마셔라. 좋은 물은 인삼 녹용보다 더 좋은 보약이다.
22. 틈이 있으면 흙을 밟아라. 자연처럼 위대한 의사도 없다.
23. 잠을 잘 자라. 잘 자는 사람이 건강하다.
24. 무리를 하지 말라. 무리를 하면 무리가 생긴다.
25. 의사 친구를 사귀어라. 의사는 내 생명을 지켜주는 파수꾼이다.
26. 음식을 감사하는 마음으로 먹어라. 피가 되고 살이 된다.
27. 일이 뜻대로 되지 않는다고 괴로워 말라. 괴로움이 피를 말린다.
28. 수양되는 글을 읽고 또 읽어라. 수양된 만큼 장수한다.
29. 봉사하는 데 앞장서라. 봉사하는 마음이 축복이다.
30. 매일 밝고 힘찬 노래를 1곡씩 불러라. 살아있는 기가 온 몸에 생겨난다.
31. 희망을 가져라. 희망대로 이뤄진다.
32. 고독은 병을 만든다. 좋은 친구를 사귀어라.
33. 편식하지 말라. 편식은 단명의 원인이다.
34. 그날 있었던 좋은 일만 기록하라. 넘치는 의욕이 장수를 보증한다.
35. 좋은 취미를 길러라. 즐거움이 살맛나는 세상을 만들어 준다.

　아무리 누가 뭐래도... 건강하게 오래 사는 것은 모든 이의 로망이다. 그래서 들은 대로 아는 대로 읽은 대로 또 장수비법 이야기를 써보는 것이다! 이래저래 눈에, 마음에 익히다 보면 조금이라도 도움이 되지 않을까 싶어서다.

🪴 일기쓰기 217일째 ; 뇌를 젊게 유지하는 법 (12월 4일)

요즘 친구들과의 오랜만의 모임을 가지면서, 심각하게 느끼는 것이 약간의 치매 증세와 약간의 우울 증세를 가지고 있는 친구들을 발견하게 된다는 사실이다.

우리는 [뇌를 젊게 유지하는 법]을 매일 매일 익히지 않을 수 없다. 나의 한 지인은 85세로 요양원에서 사는지 3년이 넘었다. 5명이 한방에서 감옥 같은 요양원생활을 하는 모습, 가까이서 면회도 안 되는 모습을 보면서, 저렇게 마지막 생을 살아야 하나 하면서 나 자신까지도 우울해 짐을 느낀다.

그래서 다 알고 중복되는 내용일지라도 매일 매일 머리에 넣고 익히고자 한다!

운동법
1) 박수치기(주먹, 손끝, 손목, 손등, 손가락박수)
2) 매일 30분 이상 파워 워킹 하기
3) 머리운동 + 몸운동(걸으면서 100에서 3빼기 혹은 7빼기 외우기)
4] 단어가 생각 안나고 치매가 의심스러울 때; 치매안심센터에서 뇌 건강검진 하기

뇌를 젊게 유지하는 방법
1) 책 읽기, 계산하기, 외우기, 외국어 공부하기

2) 혈압, 고지혈증, 당뇨병 치료하기(아밀로이드 치매 혈관성 치매)
3) 꼭꼭 꼭꼭 씹고 손 운동을 자주 할 것!!!
4) 비타민 B군을 섭취할 것 ; 견과류, 보리, 콩, 두유, 참깨, 닭고기, 연어
5) 충분한 수면 (잠자기 전 발 맛사지, 운동은 수면 5시간 전에 끝냄)
6) 운동 ; 걷기운동!! 활발하게 보폭을 넓게 움직인다. 하루 30분 이상.
7) 친구 사귀고, 반려동물을 키운다, ; 연결성, 인간관계 맺기, 사회 활동

우리는 두 번 세 번 마음에 익히며 지혜롭게 마지막 삶을 대비해야 한다!

일기쓰기 218일째 ; 인생은 운명이 아니라 선택이다. (12월 5일)

옛말에 "작은 부자는 부지런하면 누구나 될 수 있지만 큰 부자는 하늘이 내린다."라는 말이 있다. 곧 아무리 노력하고 때를 잘 타고 태어나도 불가항력적인 섭리攝理라는 법칙이 있다는 것이다. 이것을 인정하지 않을 때 인생은 고통스럽다. 인생은 운명이 아니라 선택選擇이다. 되돌릴 수 없는 순간들 앞에서 최선을 다하는 그 자체가 인생을 떳떳하게 하며, 후회 없는 행복한 삶을 만드는 것이다. 그러므로 최선을 다했다면 등수 때문에 인생을 소진 시키는 어리석은 짓은 하지 말아야 한다.

인생은 실패할 때 끝나는 것이 아니라 포기할 때 끝나는 것이다. 그 고통을 인정하고 고난을 통한 그 뜻을 알고 새 힘을 얻어 '아자!'를 외치며, 성실하게 땀 흘리는 사람들은 박수를 받아야 마땅하다. 존재를 잃어버리면 가슴을 잃는 것이다. 가슴을 잃어버리면 자신을 잃는 것이다. 자신을 잃어버리면 세상을 잃는 것이다. 세상을 잃어버리면 인생을 잃는 것이다. 삶의 목표는 일등이 아니다… 편안함만을 누리는 것만도 더욱 아니다. 어쩜 우리네 삶 자체가 고통일지도 모르겠다, 그러나 언제나 자신을 믿고 힘을 내자!

🪴 일기쓰기 219일째 ; 福 받는 35가지 방법 (12월 6일)

01. 가슴에 기쁨을 담아라. 담는 것만이 내 것이 된다.
02. 좋은 아침이 좋은 하루를 만든다. 하루를 멋지게 시작하라.
03. 얼굴에 웃음꽃을 피워라. 웃음꽃에는 천만 불의 가치가 있다.
04. 남이 잘되도록 도와줘라. 남이 잘되야 내가 잘 된다.
05. 자신을 사랑하라. 행운의 여신은 자신을 사랑하는 사람을 사랑한다.
06. 세상을 향해 축복하라. 세상도 나를 향해 축복해 준다.
07. 노느니 기도하라. 기도는 소망 성취의 열쇠다.
08. 힘들다고 고민 말라. 정상이 가까울수록 힘이 들게 마련이다.
09. 준비하고 살아가라. 준비가 안 되면 들어온 떡도 못 먹는다.
10. 그림자를 보지 말라. 몸을 돌려 태양을 바라보라.
11. 남을 기쁘게 하라. 10배의 기쁨이 나에게 돌아온다.
12. 끊임없이 베풀어라. 샘물은 퍼낼수록 맑아지기 마련이다.
13. 안 될 이유가 있으면 될 이유가 있다. 될 이유만 말하라.
14. 약속은 꼭 지켜라. 사람이 못 믿는 사람은 하늘도 못 믿는다.
15. 불평을 하지 말라. 불평은 자기를 파괴하는 자살 폭탄이다.
16. 어디서나 당당하라. 기가 살아야 운도 산다.
17. 기쁘게 손해를 보라. 손해가 손해만은 아니다.
18. 요행을 바라지 마라. 대박을 노리다가 쪽박을 찬다.
19. 밝고 힘찬 노래만 불러라. 그것이 성공 행진곡이다.
20. 슬픈 노래를 부르지 말라. 그 노래는 복 나가는 노래이다.
21. 푸른 꿈을 잃지 말라. 푸른 꿈은 행운의 청사진이다.
22. 감사하고 또 감사하라. 감사하면 감사할 일이 생겨난다.
23. 남의 잘함만을 보고 박수를 쳐라. 그래야 복을 받는다.

24. 좋은 말만 사용하라. 좋은 말은 자신을 위한 기도다.
25. 희망의 꽃을 피워라. 희망의 꽃만이 희망의 열매를 맺는다.
26. 신용을 잃지 말라. 사람 못 믿는 사람 하늘도 못 믿는다.
27. 돈 때문에 사람을 잃지 말라. 돈이 재산이 아니라 사람이 재산이다.
28. 마음을 활짝 열어라. 마음을 열어야 행운이 들어온다.
29. 오늘 일을 내일로 미루지 말라. 오늘 승차권은 오늘만 유효하다.
30. 집 안 청소만 하지 말라. 마음이 깨끗하면 어둠이 깃들지 못한다.
31. 끊임없이 완숙하라. 완숙이 안되면 반숙되게 마련이다.
32. 좋은 기억만 되살려라. 좋은 기억 증폭되면 좋은 일만 생겨난다.
33. 걱정의 노예가 되지 말라. 걱정할 일이 있으면 기뻐할 일도 있다.
34. 열정을 가지고 살아라. 뜨거운 열정이 삶의 내용을 바꿔 놓는다.
35. 즐거운 마음으로 잠을 자라. 밤사이에 행운으로 바뀌어진다.

미소 지으며, 예쁜 말로, 남을 도우며, 착한 마음 가지고, 열정을 지닌 채, 긍정적인 마인드로, 열심히 최선을 다해 살아가면 결국은 성공할 것이니, 복을 받는다는 이야기다! 나의 좌우명이기도 하다!

🌱 일기쓰기 220일째 ; 별빛 같은 나의 사랑아 (12월 7일)

요즘 유행하는 임영웅이 노래하는 '별빛 같은 나의 사랑아'를 오늘 종일 들었다. "지니야~ 임영웅이 노래하는 별빛 같은 나의 사랑아를 들려 줘"하면 지니는 종일 들려준다... 나도 함께 따라 부른다.... 눈물이 난다...당신이 얼마나 내게 소중한 사람인지 세월이 흐르고 보니 이제 알 것 같아요... 당신이 얼마나 내게 필요한 사람인지 세월이 지나고 보니 이제 알 것 같아요... 밤하늘에 빛나는 별빛 같은 나의 사랑아~ 당신은 나의 영원한 사랑.... 사랑해요 ~~마음도 몸도 함께한, 오직 한 사람...

내 아이들을 가장 사랑한 사람....당신을 사랑합니다! 보고싶습니다!
우리 머지않아 만나겠지요?

당신이 얼마나 내게 소중한 사람인지
세월이 흐르고 보니 이제 알 것 같아요.
당신이 얼마나 내게 필요한 사람인지
세월이 지나고 보니 이제 알 것 같아요.
밤하늘에 빛나는 별빛 같은 나의 사랑아
당신은 나의 영원한 사랑 사랑해요.
사랑해요. 날 믿고 따라준 사람 고마워요.
행복합니다. 왜 이리 눈물이 나요.

왜 이리 눈물이 나는지요....!?

🪴 일기쓰기 221일째 ; 나이가 가져다 준 선물 (12월 8일)

젊은 날에 받은 선물은 그냥 고맙게 받았지만 지금은 뜨거운 가슴으로 받는다. 젊은 날 친구의 푸념은 소화해 내기가 부담이 되었지만, 지금은 가슴이 절절해져 옴을 느낀다.

젊은 날에 친구가 잘 되는걸 보면 부러움의 대상이였지만, 지금은 친구가 행복해 하는 만큼 같이 행복하다, 젊은 날에 친구가 흐트러진 모습을 보여주면, 이해하기 힘들었지만 지금은 오히려 자연스럽다. 젊은 날의 친구의 아픔은 그냥 지켜만 보았지만. 지금은 나의 아픔처럼 느껴진다. 젊은 날의 나의 기도는 나를 위한 기도요. 나를 위해 흘린 눈물의 기도였지만. 지금의 기도는 남을 위한 기도에 눈물이 더 뜨겁다.

젊은 날의 친구는 지적인 친구를 좋아했지만, 지금의 친구는 눈으로 느낌으로 통하는 마음을 읽어주는 편안한 친구가 좋다. 젊은 날의 친구는 전화로 모든 걸 함께 했지만, 이제는 얼굴 마주 보며 따스한 온기를 느끼며 가까운 거리라도 여행으로 대신하고 싶다.

그런데 코로나19의 긴 시절이 참으로 원망스럽다... 눈에 안 보이는 작은 바이러스에 인간이 꼼짝을 못한다. 만날까 하면 또 변이 바이러스... 우짜믄 좋노~!

🪴 일기쓰기 222일째 ; 현재의 내 나이를 사랑한다. (12월 9일)

내 나이를 사랑한다!
지금 어렵다고 해서 오늘 알지 못한다고 해서
주눅들 필요는 없다는 것.

그리고
기다림 뒤에 알게 되는 일상의 풍요가
진정한 기쁨을 가져다준다는 것을 깨닫곤 한다.

다른 사람의 속도에 신경 쓰지 말자.
중요한 건 내가 지금 확실한 목표를 가지고
내가 가진 능력을 잘 나누어서
알맞은 속도로 가고 있는 것이다.

나는 일할 수 있고 아직도 아름다울 수 있고
아직도 내 일에 대해 탐구해야만 하는
나이에 있다고 생각한다.

그렇다 나는
아직도 배울게 많다고 생각한다.
그래서 나는 모든 일을 익히고
사랑하지 않으면 안된다고 생각하고 있는 것이다.

나는 현재의 내 나이를 사랑한다.
인생의 어둠과 빛이 녹아들어
내 나이의 빛깔로 떠오르는 내 나이를 사랑한다.　　- 신달자 -

 오늘 나는 창원박물대학에서 2시간 꼬박 선 채 강연을 했다. 그리고 만장의 박수를 받았다. 나가면서는 엄지척 칭찬을 여러분으로부터 받았다. 사진도 찍었다. 사실 나는 일주일간 도서관에 나가면서 강연 준비를 위한 열공을 했다. 눈에 실핏줄이 터질 정도로 열심히 준비했다. 나이 들면서 외우는 것이 쉽지 않아서다. 그간 강연을 해왔지만 이제 그만했으면 싶다고 했더니, 절대 안 된다며 다음 학기도 꼭 해달라고 신신 부탁을 받았다.
 내 나이 81세~! 그래도 당당히 해낼 수 있음은 다행으로 생각한다. 나는 내 나이를 사랑한다! 지금 어렵다고 해서 주눅들 필요는 없는 것. 신달자씨의 에세이집에서 위의 글을 인용하며 나는 지금 나를 위로하고 격려하고 있다...!

🪴 일기쓰기 223일째 ; 그래 그래, 나의 제자들아! (12월 10일)

 그래 그래... 나의 제자들아! ! 우린 멋진 삶을 영위하기 위해...먼저 신념에 찬 사람이 되어야 한다. 자기만족과 자부심을 갖게 하는 힘은 굳건한 의지와 신념에서 나오는 것이란다. 철학의 빈곤으로 하여, 젊음을 남용하거나 학대하여서는 아니 된다. 거선의 기관처럼 샘솟는 신념의 힘으로 내일의 삶을 창조하자.

그래 그래...

그러기 위해서는 또한 용기가 있어야 한다. 정의를 향해 올바르게 살아 가기 위하여는 과감히 행동으로 실행할 수 있는 용기가 필요한 것이다. 참된 용기는 진리이며 생명인 것이다.

그래 그래...

우린 실천하는 사람이 되어야 한다. 진정코 그 됨됨이가 창조하고 신념에 차 있고, 용기 있는 사람은 바로 몸으로 그 모든 것을 실천할 수 있는 사람이다. 백 마디의 말보다 한 번의 행동이 더 중요함을 여러분들은 역사를 통하여 배웠다.

그래 그래...

창조하는 사람. 신념에 찬 사람. 용기 있는 사람. 그리고 이 모든 것을 실천할 수 있는 사람은 행복한 사람이란다. 그러기 위해서 우리는 비록 오늘이 어렵고 피곤하더라도 내일을 향해 줄달음질 칠 수 있는 마음으로 살아야 한다.

그래 그래...

너희는 60대가 되었고...나는 80대가 되었지만...인생의 이상과 열정은 결코 달라지지도 더 낮아지지도 않는 법... 우리 모두 힘내어서 이 인생 끝날 때까지 모두 모두 행복하게 만족하게 아름답고 보람 있게 열심히 살자!!!

그래 그래...

나는 정녕 행복하구나... 너희들이 있어서... 사랑한다!!! 고맙다!!! 아름답다!!! 감동이다!!! 올해가 다 가기 전에 우리 모두 감동의 재회를 하자꾸나!!!

그래 그래... 생의 황금 들녘을 가꾼 너희들이 정말 보고 싶다...

🌱 일기쓰기 224일째 ; 감사하는 법 (12월 11일)

01. 태어나 줘서 고마워요.
02. 낳아주셔서 고마워요.
03. 무사히 귀가해 줘서 고마워요.
04. 건강하게 자라 줘서 고마워요.
05. 당신을 만나고부터 행복은 내 습관이 되어버렸어요.
06. 당신은 바보, 그런 당신을 사랑하는 난 더 바보예요.
07. 이 세상 전부를 준대도 당신과 바꿀 순 없어요.
08. 당신이 내 곁에 있다는 사실 이보다 더 큰 행운은 없어요.
09. 당신은 나의 비타민, 당신을 보고 있음이 힘이 솟아요.
10. 지켜봐 주고 참아주고 기다려 줘서 고마워요.
11. 내가 세상에 태어나 가장 잘한 일은 당신을 선택한 일.
12. 당신 없이 평생을 사느니, 당신과 함께 단 하루 살겠어요.

🌱 일기쓰기 225일째 ; 그런 사람 하나 있었으면 좋겠습니다.
(12월 12일)

- 그런 사람 하나 있었으면 좋겠습니다.

연인이기 이전에 가슴을 열어놓고 만날 수 있는 친구였으면 좋겠습니다.

사소한 오해들로 상처받지 않고 등 돌리지 않고 그렇게 오랜 시간 동안 함께 할 수 있는 괜찮은 친구였으면 좋겠습니다.

서로가 작은 꿈 하나씩을 가슴에 묻고 그 꿈의 성취를 위해 함께 노력할 수 있는 좋은 동료였으면 좋겠습니다.

이름 없는 들꽃을 아끼는 마음으로 서로의 영혼을 감싸 안을 줄 아는 가슴이 따뜻한 그런 사람이었으면 정말 좋겠습니다.

깊이의 잣대가 필요 없는 가슴, 넓이의 헤아림이 필요 없는 마음, 자신을 투영시킬 맑은 눈을 가진 그런 사람 하나 있었으면 좋겠습니다.

마음이 우울할 때 마주 앉아 나누는 차 한 잔만으로도 부자가 될 수 있고 하늘빛이 우울하여 몹시도 허탈한 날, 조용한 음악 한 곡 마주 들으며 눈처럼 하얀 웃음 나눌 수 있는 그런 사람 하나 옆에 있었으면 좋겠습니다.

일기쓰기 226일째 ; 연말... 오늘 그냥 하고 싶은 말 (12월 13일)

- 연말... 오늘 그냥 하고 싶은 말

이제 2021년도 이제 머잖아 우리 곁을 떠나간다...
보고 싶은 사람이 있으면 하늘을 쳐다보자.
외로우면 그냥 마음의 문을 열자.
오늘은 내 기쁜 생의 첫날이라 생각하자...

매일 세 사람을 칭찬하고 복을 빌어주자.
이 나이엔 남을 비난하지 말아야 한다.
크게 생각하되, 작은 기쁨을 즐기자.
지속적인 자기 발전에 매일 매일 전념하자.

사람 됨됨이에 따라, 사는 세상도 다르다.
후한 사람은 늘 성취감을 맛보지만
인색한 사람은 먹어도 늘 배가 고프다.

그것은 마음 속 천국과 지옥의 차이다...

모든 성공과 실패의 95%는 습관이 결정한다.
좋은 습관은 어렵게 형성되지만 성공으로 이끌고,
나쁜 습관은 쉽게 형성되지만 실패로 이끈다.

영구불멸이란 허무와 동의어가 아닐까...
영구불멸이란 절대적 정적이 아닐까...
영구불멸이란 모든 능동성이 정지하는 것.
그것은 끝이다... 그것은 무의 세계이리라....

일기쓰기 227일째 ; 틱 낫한의 평화로움 (12월 14일)

• 틱 낫한의 평화로움 (Being Peace by Thich Nhat Hanh)

삶은 고통으로 가득 차있지만 또한 푸른 하늘, 햇빛, 아이의 눈과 같은 경이로움이 가득하다. 고통만이 전부는 아니다. 우리는 삶의 수많은 경이로움들과도 만나야 한다. 그것들은 그대 안에, 그대 주위의 모든 곳에, 그리고 언제 어디에나 존재한다.

* 나날의 삶 속에서 만일 우리가 미소 지을 수 있다면 만일 우리가 평화롭고 행복할 수 있다면, 우리 자신뿐 아니라 모든 존재가 영향을 받을 것이다. 숨을 들이쉬면서 마음에는 평화로움, 숨을 내쉬면서 얼굴에는 미소를 나는 느낀다. 내가 살아 숨 쉬는 지금 이 순간이 가장 경이로운 순간임을.

* 밖으로 나가 나무 잎들, 꽃들, 아이들 그리고 구름을 바라보라. 그대는 지금 이 순간, 언제든지 행복을 느낄 수 있다. 그 행복을 가지라.

* 존재한다는 것은 무엇인가로 되는 것이다. 그대의 몸 안에서 마음 안에서 '바로 지금 일어나고 있는 일'이 되는 것이다.

* 분노는 이해의 부족에서 비롯된다. 욕망, 자만심, 불안, 의심 때문이다. 분노의 가장 큰 원인은 그대 자신 안에 있다.

* 화가 날 때 그대는 '화'가 단순한 감정이 아니라, 그대의 몸속에 들어 있는 에너지라는 것을 깨달아야 한다. 그 에너지를 다른 긍정적인 에너지로 바꾸기 위해 화를 받아들이라. 썩어서 냄새가 고약한 거름통에서 아름다운 꽃이 피어나기 마련이다.

* 대화의 부족은 언제나 단절과 고통을 가져다준다. 사랑으로 듣고 말해야 한다. 이야기할 때 미리 반대하는 마음을 가져서는 안 된다. 마음을 열어서 얘기해야 한다.

* 명상의 종소리를 들을 때 그대는 생각을 멈춘다. 말을 멈춘다. 그 순간 그대는 진정한 자아로 되돌아간다. 이것은 부활이다. 우리는 하루에도 여러 번 죽음을 경험하지만 또다시 태어날 수 있다.

* 새롭게 시작하라. 그대는 마음이 바뀌고 무지가 사라지고 사랑의 마음이 생겨남을 경험할 것이다. 오랫동안의 걱정과 부끄러움이 사라질 것이다. 살아 있음의 기쁨을 느껴보라.

베트남 출신의 승려이자 시인, 명상가, 그리고 평화운동가인 틱 낫한 스님이 공동체 속에서 갈등을 겪고 있는 이들, 관계 회복과 마음의 평안을 구하는 이들에게 전하는 '변화'와 '치유'의 메시지.

- 틱낫한이 전하는 마음의 평안 정靜 - 책 중에서.

🪴 일기쓰기 228일째 ; 가장 많이 사랑 받은 10선 시구詩句들
(12월 15일)

　25년간 교보생명 광화문 글판 중 가장 많이 사랑받은 10선 시구들을 차례로 읽어보고 훑어보면서 잔잔한 감동과 그리움의 감성으로 가득 찬다. 인생... 고통... 그리움...희망... 위로... 새로운 인식... 등 우리를 위로하고 다독이는 시 구절들... 우리 민족의 가득한 정서에 오롯이 빠져들게 한다.

　다 쓰기엔 너무 길기에 10개의 시 제목과 시인의 이름만 쓰고 짧은 나태주 시인의 시 한 수만 올린다. 찾아서 읽어보면 어떨까...?

　1) 나태주 ; 풀꽃, 2) 방문객 ; 정현종, 3) 대추 한 알 ; 장석주, 4) 풍경 달다 ; 정호승, 5) 흔들리며 피는 꽃 ; 도종환, 6) 약해지지 마 ; 시바타 도요, 7) 해는 기울고 ; 김규동, 8) 마흔번째 봄 ; 함민복 9) 길 ; 고은, 10) 휘파람 부는 사람 ; 메리 올리버(Mary Oliver)

풀꽃

　　　　　　　나태주

자세히 보아야
예쁘다

오래 보아야
사랑스럽다

너도 그렇다.

🌱 일기쓰기 229일째 ; 10 가지 좋은 생활습관 (12월 16일)

우리가 지키면 도움이 되는 10가지 생활습관을 적어보면서 다시 한 번 나에게 다짐해 본다. 히말라야를 등정하는 마음으로 매일 실천하자!!

01) 10 번 이상 음식을 씹는다.
02) 한 숟가락 더 먹고 싶을 때 놓는다.
03) 밥 한번, 반찬 두 번 먹는다.
04) 아침에 일어나면 기지개를 켠다.
05) 명상, 기도한다.
06) 하루에 10분씩 크게 노래 부른다.
07) 15분씩 낮잠은 보약이다.
08) 가족과 스킨쉽을 가진다.
09) 매일 조금씩이라도 공부한다.
10) 운동을 30분은 한다.

그리고 암 환자들이 건강을 지켜낸 10가지 습관도 함께 적어본다. 모든 이에게 필요한 수칙이다!

▲긍정적인 마음 갖기 ▲적극적인 삶 살기 ▲규칙적으로 운동하기 ▲건강한 음식 바르게 먹기 ▲금연과 절주하기 ▲정기적으로 건강검진 받기 ▲과로는 금물! 나에게 맞는 생활하기 ▲사랑하는 사람들과 함께 하기 ▲사람들에게 마음 베풀기 ▲종교 생활하기 등이다.

🌱 일기쓰기 230일째 ; 늘 감사하는 마음 (12월 17일)

늘 감사하면서 성공하고 승리하는 사람의 특성은

1) 절대 긍정 2) 항상 감사 3) 오직 초심 4) 뚝심 일관입니다.

　탈무드에 '이 세상에 가장 지혜로운 사람이 누구인가? 어떠한 경우에도 배움의 자세를 갖는 사람이다. 이 세상에서 제일 강한 사람은 누구인가? 자신과의 싸움에서 이기는 사람이다. 그리고 이 세상에서 가장 행복한 사람이 누구인가? 지금 이 모습 그대로 감사하면서 사는 사람이다'라고 했습니다.

　아리스토텔레스는 '행복은 감사하는 사람의 것'이라 했고, 인도의 시성詩聖 타고르도 '감사의 분량이 곧 행복의 분량'이라고 했듯이, 사람은 감사한 만큼 행복하게 살 수 있습니다. 행복해서 감사한 것이 아니라, 감사하기 때문에 행복해진다. 빌 헬름 웰러는 '가장 행복한 사람은 가장 많이 소유한 사람이 아니라, 가장 많이 감사하는 사람' 이라고 말했습니다.

　결국 행복은 소유에 정비례하기보다는 감사에 정비례한다. 아무리 지식과 권세와 부富를 많이 쌓아 놓았다고 해도 감사가 없으면 진정 풍요로운 삶을 누릴 수 없습니다. 감사가 없는 마음은 지옥과 같고, 감사가 없는 가정은 메마른 광야와도 같습니다. 감사는 행복의 원료이며, 풍요로운 삶의 재료입니다. 감사는 인생을 성공으로 이끄는 에너지입니다.

　늘 감사하는 마음으로 살아가겠습니다...!

🪴 일기쓰기 231일째 ; 자유민주주의의 대한민국을 되찾자!
(12월 18일)

　우연히 휴대폰을 뒤적이다 나의 블로그 부분에서 "지난 오늘 블로그에 남겨둔 추억을 돌아보세요" 라는 글자를 보고... 찾아보았다. 바로 일년 전 오늘 내가 쓴 '운경 일지' 내용이다. 혼자 한숨을 푹 내쉬었다~! '나는 일 년 내내 이 정부의 모든 일에 대해 안타까워하고 분통터져했구나.'

하며 나라를 걱정하는 마음으로 일 년 전의 글을 여기에 다시 올려 본다.

수파루타쿠스 영화를 다시 봤다. 인간이 인간 이하의 대접을 받을 때, 노예들도 반드시 항거하며 일어난다. 이 영화는 자유민주주의의 진정한 자유를 말한다. 자유와 평등의 상징이었다. 하물며 21세기 오늘에 있어서 민주정치 하에서 국민을 인간 이하로 국민을 무식한 개돼지 취급할 때 반드시 국민은 일어난다! 궐기한다!

우리 국민은 한두 번 궐기한 사람들이 아니다. 언제든지 일어날 수 있다! 그러기에 현 독재자는 정말 무섭겠지... 불알이 옹클어들 만큼 무섭겠지... 그러니 온갖 수단을 다 해 혼신의 힘으로 국민을 무시하고 기만하고 있다. 과연 그것이 통할까? 언제까지나... 어리석기 이를 데가 없다. 아무리 용쓰고 발광을 해도 안 된다! 두고 보아라! 역사가 증명하리니... 우리는 진정한 자유민주의의 대한민국을 되찾고 말 것이다!!!

이제 우리에게 주어진 과제는 남아있다. 정치인이나 공직자는 태어날 때부터 대한민국 국민이다. 애국적인 국민으로 돌아가 정권에 기생하거나 이득을 보기 위해, 애국적 양심을 상실하는 '양심적 전과자'가 되어서는 안 된다. 특히 국민들이 끝까지 신뢰하는 사법부는 국가의 정신적 보루이다. 이 모든 의무의 주권은 자유 민주주의 국가를 염원하는 국민의 몫이다. 마지막 책임자는 우리들 자신이다. 진실, 정의, 사랑을 위한 국민의 신성한 선택과 의무인 것이다.

- 김형석 선생님 칼럼 내용 중에서 -

마지막 책임자인 국민의 신성한 의무는 무엇인가 생각하라!

- 2020년 12월 18일의 운경일지 내용에서 -

🌱 일기쓰기 232일째 ; 인생은 물처럼 살아가자. (12월 19일)

인생은 물처럼 살라고 교훈합니다.

물은 흐르다 막히면 돌아가고, 갇히면 채워주고 넘어갑니다.

물은 빨리 간다 뽐내지 않고, 늦게 간다 안타까워하지 않습니다.

물은 자리를 다투지 않고 앞서거니 뒤서거니 더불어 함께 흐릅니다.

물은 흘러온 만큼 흘려보내고 흘러간 만큼 받아들입니다.

물처럼 살라는 것은 막히면 돌아가고, 갇히면 나누어주고 가라는 것입니다.

물처럼 살라는 것은 빨리 간다 늦게 간다 조급해 말고, 앞선들 뒤선들 괘념치 말라는 것입니다.

물처럼 살라는 것은 받은 만큼 나누고, 나눈 만큼 받을 것이라는 것입니다.

흐르는 물 못내 아쉽다고 붙잡아 가두면 언젠가 넘쳐가듯 가는 세월 못 잊어 붙잡고 있으면 그대로 마음의 짐이 되어 고통으로 남는답니다.

물처럼 살라는 것은 미움도 아픔도 물처럼 그냥 흘려보내라는 것입니다.

물처럼 살라는 것은 강물처럼 도도히 흐르다 바다처럼 넓은 마음을 가지라는 것입니다.

노자의 말을 인용합니다.

가장 으뜸가는 처세술은 물의 모양을 본받는 것이다. 강한 사람이 되고자 한다면 물처럼 되어야 한다.(바위도 뚫는 인내와 끈기) 장애물이 없으면 물은 흐른다. 둑이 가로 막으면 물은 멎는다. (막히면 돌아가는 지혜) 물은 높은 곳에서 낮은 곳으로 흐른다(낮은 곳으로 흐르는 겸손) 네모진 그릇에 담으면 네모가 되고 둥근 그릇에 담으면 둥글게 된다. (어떤 그릇에도 담기는 융통성) 어떤 혼탁한 물을 만나도 거침없이 섞어버린다. (구정물까지 받아 융합하는 포용력), 그토록 포용적이고 겸양하기 때문에 물은 무엇보다 필요하고 또 무엇보다도 강하다.

일기쓰기 233일째 ; 탈무드 명언 (12월 20일)

유태인의 지혜를 선물해주는 〈탈무드〉는 유태교의 율법, 전통적 습관 등을 총망라한 유태인의 정신적, 문화적인 유산이다. 온갖 박해와 나라 없는 설움 속에서도 끈질기게 자신의 문화를 지키고 세계 최고의 민족으로 거듭난 유태인의 5천년 지혜가 집대성되어 있는 〈탈무드〉는 삶의 본질적인 의미를 알려주고, 지혜의 원천이 되어 준다. 간단히 요점 정리해보면서 음미해보고자 한다.

01 : 사람에게 하나의 입과 두 개의 귀가 있는 것은 말하기보다 듣기를 두 배로 하라는 뜻이다.
02 : 결점이 없는 친구를 사귀려고 한다면 평생 친구를 가질 수 없을 것이다.
03 : 자기 아이에게 육체적 노동을 가르치지 않는 것은 약탈과 강도를 가르치는 것과 마찬가지다.
04 : 승자는 눈을 밟아 길을 만들지만, 패자는 눈이 녹기를 기다린다.
05 : 두 개의 화살을 갖지 마라. 두 번째 화살이 있기 때문에 첫 번째 화살에 집중하지 않게 된다.
06 : 그 사람 입장에 서기전까지 절대 그 사람을 욕하거나 책망하지 마라.
07 : 뛰어난 말(馬)에게도 채찍이 필요하다. 현인에게도 충고는 필요하다.
08 : 눈에 보이지 않는 것보다 마음에 보이지 않는 쪽이 더 두렵다.
09 : 가능한 한 옷을 잘 입어라. 외모는 생각보다 훨씬 중요하다.
10 : 자신보다 현명한 사람 앞에서는 침묵하라.

11 : 배운 것을 복습하는 것은 외우기 위함이 아니다. 몇 번이고 복습하면 새로운 발견이 있기 때문이다.

12 : 먼저 해야 할 일부터 손을 대고 뒤로 미룰 수 있는 것은 마지막에 가서 하라.

13 : 한 닢의 동전이 들어있는 항아리는 요란스러운 소리를 내지만, 동전이 가득 찬 항아리는 조용하다.

14 : 악마가 바빠서 사람을 찾아다닐 수 없을 때, 술을 대신 보낸다.

15 : 인간은 남의 하찮은 피부병은 금방 알아차려도 자신의 죽을병은 깨닫지 못한다.

16 : 만나는 모든 사람에게 무엇인가를 배울 수 있는 사람이 세상에서 가장 현명한 사람이다.

17 : 물고기가 입으로 낚시바늘을 물어 잡히듯, 인간 또한 언제나 그 입이 문제다.

18 : 지혜로운 사람은 본 것을 이야기하고, 어리석은 사람은 들은 것을 이야기한다.

19 : 강強한 사람이란 자기를 억누를 수 있는 사람과 적을 벗으로 바꿀 수 있는 사람이다.

20 : 좋은 항아리를 가지고 있다면, 오늘 사용하라. 내일이면 깨져 버릴지도 모른다.

 탈무드의 영향일까요? 유태인 성공자들의 이름을 몇 명 적어봅니다 ; 에디슨, 키신저, 루즈벨트, 멘델스죤, 아인슈타인, 디즈레일리, 채플린, 마르크스, 피카소, 샤갈, 로스차일드. 스필버그. 코흐...놀랍습니다!

일기쓰기 234일째 ; 화장실만도 못한 국민 (12월 21일)

한국 근무를 마치고 돌아간 유럽의 기자가 한국 친구에게 보내온 글이라는데 "고속도로 휴게소 화장실 수준 보다 못한 한국인의 의식 수준"이란 제목이다. 사실 여부를 떠나서 심각하게 우리 자신들이 한번 생각해 볼 만한 내용이다.

한국에서 지내면서 가장 놀라운 일 중의 하나가 고속도로를 달리다 보면 휴게소가 나오는데, 휴게소 화장실이 세계 최고 수준이라는 것에 놀란다. 입장료도 없는 공짜다. 또한 화장지도 빵빵하게 비치돼 있다. 또한 세면대에는 따스한 물이 나오고, 손말리는 기기도 깔끔하게 비치대 있다. 유럽의 호텔 화장실 수준 이상이다. 이런 화장실을 한국의 고속도로에서 접하고 놀란다.

유럽의 고속도로에는 휴게소의 화장실은 없거나, 대부분 유료다. 화장지도 잘 비치하지 않는다. 독일의 뮌헨시의 시청 화장실도 유로다. 한국인들이 유럽에 여행 와서 가장 불편한 것이 화장실 문화라고 전해준다. 충분히 이해하고도 남음 이 있다.

그러나 요즘 한국에서 일어나는 일들을 보면서 한국 사람들을 다시 생각하게 된다. 미안한 말이지만 일부 한국 사람들의 의식 수준은 한국의 고속도로 휴게소 화장실 수준만도 못한 것 아닌가 싶다. 어떻게 나라를 망하게 하는 자들을 지지하고 옹호하고, 정치꾼들이 한국의 주적인 북한을 못 도와주어서 그렇게 안달하는데도 지지하다니 이게 말이 되는 일인가? 지금 한국에는 다음 대통령을 선출하는 선거전이 시작되고 있다. 본격적인 선거전은 아직 시작이 안 되었지만, 각 당의 후보가 정해지고 착착 선거전을 준비하고 있는 형국이다.

그런데 참으로 정상적인 사람의 생각으로서는 이해가 안 되는 일이 한국에서 버젓이 일어나고 있다. 여당의 대통령 후보로 선출된 자의 이야기다. 이 자는 전과 4범이라고 한다. 또 자기 형과 시민을 강제로 정신병원에 입원을 시키고, 자기 친 형수한테는 사람으로서는 차마 말로 표현 못할 정도의 욕설을 퍼부었다고 한다. 세계에서 욕이 가장 발달된 나라가 한국 아닐까? 이상하고 괴상한 욕들이 엄청나게 많은 나라다. 그리고 그는 자기를 총각이라고 속이고 유명 여배우와 불륜을 저질렀다고 공공연히 알려지고 있다.

특히 그자는 최근 벌어지고 있는 판교 대장동 부동산 사기 사건을 자기가 시장시절에 모두 기획, 설계, 결재한 것을 자랑한 전력을 가지고 있는 자다. 그리고 이 사기 사건은 지금 대한민국에서 단군 이래 최대의 토건 사기 사건이라고 부르고 있는 '화천대유 게이트'의 주범격인 자로 알려져 있다.

이런 자가 여당 대통령 후보라고 일부 한국인들이 지지한다니 도대체 이게 말이 되는가? 생각이 있는 사람들인가? 어떻게 이같이 상상도 못할 나쁜 행실을 가진 자가 어떻게 일국의 대통령 후보에 나설 수 있으며, 국민들은 그런 자를 후보로 선출하는가?

도덕, 양심, 정의, 공정, 정직하고는 담을 쌓은 듯한 이런 저질인 자를 대통령 후보로 선출한 정당이나, 그 지지자들은 정말 고속도로 휴게소 화장실보다 더 못한 쓰레기 의식 수준이 아닌가 싶어 충격을 받는다. 특히 30, 40, 50세대들이 더 심하다 하니 그 잘난 대학까지 나온 사람들이 고작 그 정도인가 싶어 불쌍하다. 뇌도 없는 사람들인가?

유럽의 네델란드 '마르크 뤼터' 총리가 커피잔을 들고 출근하다 잘못해서 커피를 복도에 쏟았다. 그 총리는 자기 개인 물품을 비서에게 맡기고, 자기 스스로 대걸레를 가져와 바닥의 엎질러진 커피를 말끔히 청소하는 모범을 보여 전 세계적인 화제 거리가 된 적이 있다. 주위 청소하는 여성들이 박수를 치며 환호했다. 이런 사람이 진정한 지도자다. 한국에서 지도자라고 우기면서 온갖 말장난으로 국민을 속이고, 기만하고, 또 곧 오리발 내밀고, 거짓말하는 이런 사람이 있다는 것은 다름 아니라 한국 국민들의 수준이 그 정도라는 증거다. 솔직히 한국이 조금 잘 사는 것 같으니, 온갖 교만과 오만한 짓거리를 다 벌이고 있지만, 나라의 격은 그렇게 쉽게 올라가지 않는다.

나라가 온 국민을 빚쟁이로 만들면서 던져주는 공짜 돈에 영혼을 팔고 비틀거리는 한국인들, 자신의 미래가 파괴되고, 자기 자식들의 미래도 암울하게 되는 젊은이들이 자기를 빚쟁이로 만드는 주사파 정권을 지지하며 지지하는 모습을 보면서, 한국의 미래가 참으로 암담하게 느껴진다.

이것이 나 혼자만의 생각일까?

"고속도로 휴게소 화장실 수준 보다 못한 의식 수준" 그 말에 한국 사람들은 어떻게 느낄 것인가? 아마 불같이 화를 낼지 모른다. 일류 국가와 국민 수준은 화장실 수준이나 입고 있는 양복, 타는 자동차의 수준이 아니라, 의식과 생각의 수준이 일류가 되어야 한다. 그렇다면 정말 달라져야 한다. 이역만리 이곳에서 보는 한국의 정치 변화가 매우 궁금하다. 제정신 가진 국민들인지, 아니면 정말 구제 불능의 국민들인지 곧 판명이 날 것이다.

🪴 일기쓰기 235일째 ; 1만 시간의 법칙 (12월 22일)

어떤 분야의 전문가가 되려면 최소한 1만 시간 정도의 훈련이 필요하다는 법칙으로, 1993년 미국의 심리학자 앤더스 에릭슨이 발표한 논문에서 처음 등장한 개념이다. 어떤 분야의 전문가가 되기 위해서는 최소한 1만 시간 정도의 훈련이 필요하다는 법칙이다. 1만 시간은 매일 3시간씩, 일주일에 20시간씩, 훈련할 경우 약 10년, 하루 10시간씩 투자할 경우 3년이 걸린다.

'1만 시간의 법칙(The 10,000 Hours Rule)'은 1993년 미국 콜로라도 대학교의 심리학자 앤더스 에릭슨(K. Anders Ericsson)이 발표한 논문에서 처음 등장한 개념이다. 그는 세계적인 바이올린 연주자와 아마추어 연주자 간 실력 차이는 대부분 연주 시간에서 비롯된 것이며, 우수한 집단은 연습 시간이 1만 시간 이상이었다고 주장했다.

이 논문은 다른 수많은 논문과 저서에 인용될 정도로 심리학계에 큰 영향을 미쳤다. 특히 말콤 글래드웰(Malcolm Gladwell)이 저서 《아웃라이어(Outliers)》에서 에릭슨의 연구를 인용하며 '1만 시간의 법칙'이라는 용어를 사용함으로써 대중에게 널리 알려졌다.

어떤 분야에서든 세계 수준의 전문가가 되려면 1만 시간의 연습이 필요하다는 것인데, 작곡가, 야구선수, 소설가, 스케이트 선수, 피아니스트, 체스 선수든 어떤 분야에서든 연구와 연습을 거듭하면 할수록 이 수치를 확인할 수 있다. 어느 분야에서든 이보다 적은 시간을 연습해 세계 수준의 전문가가 탄생한 것은 발견하지 못했다고 한다....

그러니까 성공한 사람들은 매일매일 하루도 빼놓지 않고 3시간 이상 10년을 투자하며 노력을 기울인 결과임을 상기할 때 자신의 노력의 강도를 측정하고 들여다보며 우리는 다시 한번 생각해 보고 노력해야 한다.

일기쓰기 236일째 ; 행복해지는 7가지 방법 (12월 23일)

1. 매일매일 운동을 하라. 2. 정신적 자극을 하라. 3. 예술적 자극을 하라. 4. 작은 선행을 하라. 5. 좋은 친구와 휴식시간을 가져라. 6. 스스로 격려하라. 7. 하루를 마감할 때 스스로를 칭찬하라.

김홍신 작가는 [인생 사용 설명서]에서 법륜스님의 가르침을 받아 행복하게 사는 자세 7가지를 다음과 같이 적었습니다.

1. 웃으며 즐겁게 살자. 2. 소박하게 살자. 3. 나누며 살자 4. 감사할 줄 알자. 5. 희망을 갖자. 6. 보람있게 살자. 7. 재미있게 일하고 세상에 보탬이 되자.

어느 것이든 공통분모가 있습니다. 우리가 매일 한 번씩 되새겨 볼만 하다고 생각했습니다.

일기쓰기 237일째 ; 대강의 일들을 마무리한 연말 (12월 24일)

그동안에 마음에 부담이 되고 밀렸던 일들을 대강은 다 마무리하고 나니 마음이 다소 편안해 졌다. 12월이 되면서 마음이 바쁘기만 했다. 코로나 사태에 대한 완화 조치로 몇 몇 모임이 12월 들어있었다. 오랜만의 경여고 30회 동기 모임 중 하나인 비들기모임도 가지면서 12명의 친구들이 모처럼 모여서 얼굴도 보고 맛있는 음식도 먹으면서 하하 호호 웃고 얘기를 누었다.

그리고 난초 키우는 동호회인 애란회모임도 예약을 했다. 그러나 며칠 사이 모임 인원이 8명으로 묶이면서 기어이 한 명은 참석 못 하게 되었다. 식당도 아주 엄격하고 강경했다...영업 정지처분을 당한다면서... 그리고 이어서 있기로 한 다른 모임은 아예 4명으로 인원이 축소되면서 12명의 예약을 취소할 수밖에 없었다.

그 다음은 강연 문제가 남아있었다. 겨우 한 학기에 한 강좌를 할 수 있는데, 12월 9일에 창원박물대학 강연이 남아있었다. 물어보니... 인원을 축소 또 축소해서 50명인데 그때까지는 강연이 가능하니, 오후 2시에서 4시 사이에 꼭 해달라고 요청이 왔다.

이제는 강연 준비로 일주일 내내 도서관엘 나갔다. 80 넘은 이 나이가 되도록 집에서는 집중이 잘 안되니 그냥 도서관에 가서 젊은이들 사이에 앉아서 강연 내용을 익히고 또 익혔다. 나의 습성은 완벽을 기하려 하기에, 늘 준비에 최선을 다하는 편이다.

9일 날 강연을 잘 마치고 집에 돌아오니 눈에 핏줄이 터져서 빨갛게 되어 있었다. 그리고는 그다음 날부터 미루어 두었던 정형외과와 내과 병원에 가서 진료받고 각각 한 달치씩 약을 타 왔다. 그리고 그다음 날은 막내 여동생이 그간에 준비했다는 새로운 연구실개관에 꽃바구니를 사들고 갔다. 잘 차려 놓고... 자신의 전공인 산업디자인 계통의 일을 시작할 모양이다. 또한 수필 동료의 부인 김경숙씨 수채화전에 축하 꽃바구니를 만들어 가서 축하했다. 그리고는 13일 날 동네 내과 병원에서 드디어 부스터 샷도 맞았다. 조금 아팠다.

15일에 있는 시부모님 기제사에 맞추어서 맛있는 강정도 주문해서 잘 포장하여 수원 큰아들네 집으로 보내주었다. 그리고 경남여고 전체 이사회 모임은 원래는 코모도 호텔에 예약되어 있었으나, 모든 것은 파기되고 초량의 약사회관에서 모여 간단히 한 시간에 걸친 회의만 하고 헤어졌다.

마지막으로 어제 23일은 가까운 친구 셋이서 우리집 근처 음식점에서 만나 점심을 먹고 집에 와서 차마시고 헤어졌다. 사실 살아 있는 우리 동기 8순 노인들의 집집마다 주소를 확인 또 확인하면서 52명의 확실한 주소를 취합하는데, 노력한 친구다. 내가 회장이지만 한번 만나지도 못하고 2년이 가버렸다. 무슨 이런 세상이 다 있는지....

이제 크리스마스날 요양원에 있는 우리 손위 시누이를 면회 갈 일만 남았다고 마음을 추스리고 있는데, 밤늦게 조카한테서 전화가 왔다. 요양원에 확진자가 나와서 모든 면회가 다 취소되었다고 하여서 결국 내

년으로 면회를 미루게 되었다. 가슴이 먹먹했다...

　오늘은 크리스마스이브다. 멀리 사는 큰애들한테서는 연락하며 안부를 물어 왔다. 제일 가까이 사는 막내가 자기 집에서 함께 식사를 하자고 차로 데리러 왔기에 가서 맛있는 것 많이 먹고 케이크 컷팅도 하고 즐기다가... 또 집까지 데려다 주어서... 나홀로 외로운 이브는 아니었다. 고맙다! 또 한 해도 속절없이 가는구나......
　메리 크리스마스!!!!!! 하늘에 영광~ 땅엔 평화~!

🪴 일기쓰기 238일째 ; 메리 크리스마스 (12월 25일)

하얗게 쌓인 눈이 정다운 크리스마스
빨간옷 산타와 빨간코 루돌프가 찾아온다던 즐거운 크리스마스
트리에서 반짝이는 별과 파아란 꼬마 전구
그 기쁨 속에서 잠드는 기대 많은 아이처럼
지금은 작은 마음을 담아보자.

거리에 울리는 신나는 캐롤, 울리는 구세군의 종소리.
빠알간 냄비에 자그마한 마음을 살짝 건네며 수줍게 미소지어 보자.
따뜻한 벽난로 맛있는 음식들
모올래 찾아올 산타가 굴뚝에서 기우뚱하는
재미난 상상을 하며 살짝 웃어보자.

눈 내리는 창밖을 바라보며
걱정, 근심, 고통, 갈등, 불안, 증오, 회의...
모든 시름 다 접어놓고 그냥 행복하고 편안한 마음으로
우리에게 찾아온 이 날을 맑은 묵상 속에 반갑게 맞이하자.

메리 크리스마스~!

8년 전 일기를 찾아 다시 올려본 크리스마스 기분이다. 그런데 작년에도 그랬지만 올해도 돌림병으로 모든 걸 망쳤다. 모두 굳게 입 다물고 마스크를 한 채 서로 거리 두기를 하고.... 인간이 바이러스에 포로가 된, 어찌 이런 세월을 우리들은 살고 있을까? 이제 지구의 종말이 오고 있는 것은 아닐까...? 할렐루야~!

🪴 일기쓰기 239일째 ; 당신이 아름다운 이유 (12월 26일)

당신이 아름다운 이유는 소중한 것과 사소한 것을 분명하게 구분할 수 있기 때문입니다. 가슴 깊이 새겨야 할 것과 빨리 잊어야 할 것의 판단이 성숙하고 간직해야 할 것과 버려야 할 것을 알며 슬플 때 슬퍼할 수 있고, 힘들 때 힘들다 말할 수 있는 진솔함을 가지고 있기 때문입니다.

여린 풀잎처럼 신선하고 하늘처럼 맑으며 아이의 웃음처럼 싱그러운 느낌을 영혼 가득 담고 있기에 가끔 철없이 투정을 하여도 밉지 않기 때문입니다. 고귀한 소망을 이루기 위해선 오랜 기다림도 마다하지 않고 여유롭고 침착할 수 있으며, 그렇다고 기도하기를 멈추거나 헛된 망각의 시간으로 자신을 내몰지 않기 때문입니다.

매사를 구분할 줄 알고, 판단이 성숙하고, 진솔하며, 늘 맑고 싱그러우며, 침착하게 자신을 추스릴 줄 아는 우리가 될 때 아름답습니다!

새해에는 더 많은 노력과 기도를 해야겠습니다...!

🌱 일기쓰기 240일째 ; 우리 몸의 신비 15가지 (12월 27일)

그냥 모르고 지내고 있다가 우연히 읽어보고 혼자 놀라며 곰곰이 생각해 본 우리 몸에 대한 이야기입니다.

01. 피가 몸을 완전히 한 바퀴 도는 데에는 46초가 걸린다.
02. 혀에 침이 묻어 있지 않으면 맛을 알 수 없고 코에 물기가 없으면 냄새를 맡을 수 없다.
03. 갓난아기는 305개의 **뼈**를 갖고 태어나는데 커 가면서 여러 개가 합쳐져서 206개 정도로 줄어든다.
04. 두 개의 콧구멍은 3~4시간마다 그 활동을 대표한다. 한쪽 콧구멍이 냄새를 맡는 동안 다른 하나는 쉰다.
05. 뇌는 몸무게의 2%밖에 차지하지 않지만, 뇌가 사용하는 산소의 양은 전체 사용량의 20%이다. 뇌는 우리가 섭취한 음식물의 20%를 소모하고 전체 피의 15%를 사용한다.
06. 피부는 끊임없이 벗겨지고 4주마다 완전히 새 피부로 바뀐다. 우리는 부모님이 물려주신 이 천연의 완전 방수의 가죽옷을 한 달에 한 번씩 갈아입는 것이 된다. 한 사람이 평생 벗어버리는 피부의 무게는 48kg 정도로 1,000번 정도를 새로 갈아입는다.
07. 우리의 키는 저녁때보다 아침때의 키가 0.8cm 정도 크다. 낮 동안 우리가 서 있거나 앉아있을 때 척추에 있는 물렁물렁한 디스크 **뼈**가 몸무게로 인해 납작해지기 때문이다. 밤에는 다시 늘어난다.
08. 우리의 발은 저녁때 가장 커진다. 온종일 걸어 다니다 보면 모르는 새 발이 붓기 때문이다. 그러므로 신발을 사려면 저녁때 사는 것이 좋다.
09. 인간의 혈관을 한 줄로 이으면 112,000km로서 지구를 두 번 반이

나 감을 수 있다.
10. 인간의 뇌는 고통을 느끼지 못한다. 가끔 머리가 아픈 것은 뇌를 싸고 있는 근육에서 오는 것이다.
11. 남자의 몸은 60%가 여자의 몸은 54%가 물로 되었기 때문에 대개 여자가 남자보다 술에 빨리 취한다.
12. 아이들은 깨어 있을 때보다 잘 때 더 많이 자란다.
13. 지문이 같을 가능성은 64,000,000,000 대 1이다 (640억대 1) 그러므로 이 세상 사람들의 지문은 모두 다르다.
14. 한 단어를 말하는데 650개의 근육 중 72개가 움직여야 한다.
15. 남자는 모든 것의 무게가 여자보다 많이 나가지만 단 하나 예외가 있는데, 여자가 지방을 더 많이 가지고 있다. 이것이 여자를 아름답게 만든다.

□ 참고로, 우리 몸의 신체 기관이 무엇을 제일 무서워할까요?
1. 위胃는 차가운 것을 두려워합니다.
2. 심장은 짠 음식을 두려워합니다.
3. 폐는 연기를 무서워합니다.
4. 간肝은 기름기를 무서워합니다.
5. 콩팥은 밤을 새우는 것을 두려워합니다.
6. 쓸개는 아침을 거르는 것을 무서워합니다.
7. 비장은 마구잡이로 아무거나 막 먹는 것을 두려워합니다.
8. 췌장은 과식을 두려워합니다.

건강은 건강할 때 지키라는 말씀 새겨 들읍시다! 오늘도 코로나 조심하시고 행복한 시간되시길 빕니다!! 우리 몸...참으로 창조주의 오묘하신 솜씨입니다...!
　　　　　　　　　　　　　　　　　　　- 네이버에서 참조했습니다. -

5부

감사

일기쓰기 241일째 ; 삶의 역설逆說 (12월 28일)

날아오르는 연줄을 끊으면 연은 더 높이 날 줄 알았습니다.
그러나 그 연은 땅바닥으로 추락하고 말았습니다.

철조망을 없애면 가축들이 더 자유롭게 살 줄 알았습니다.
그러나 사나운 짐승에게 잡아먹히고 말았습니다.

관심關心을 없애면 다툼이 없어질 줄 알았습니다.
그러나 다툼이 없으니 남남이 되고 말았습니다.

간섭을 없애면 편하게 살 줄 알았습니다.
그러나 곧바로 외로움이 뒤쫓아 왔습니다.

바라는 게 없으면 자족할 줄 알았습니다.
그러나 삶에 활력을 주는 열정도 사라지고 말았습니다.

불행不幸을 없애면 행복할 줄 알았습니다.
그러나 무엇이 행복인지 깨달을 수 없었습니다.

편안便安을 추구하면 권태倦怠가 오고,
편리便利를 추구하면 나태懶怠가 옵니다.

나를 불편하게 하던 것들이
사실은 내게 반드시 있어야 할 것들이었습니다.

오래 사는 것을 선택할 수는 없지만
보람있게 사는 것은 선택할 수 있습니다.

얼굴의 모양은 선택할 수 없지만,
얼굴 표정은 선택할 수 있습니다.

주어지는 환경은 선택할 수 없지만,
내 마음과 살아가는 자세는 선택할 수 있습니다.

그러므로 결국 행복도 나의 선택이고,
불행도 나의 선택입니다

사람의 마음이 즐거우면 종일 걸어도 힘들지 않지만,
마음속에 근심이 있으면 불과 십리만 걸어도 싫증이 납니다.

인생 행로行路도 이와 같습니다. 우리는 늘 명랑하고 유쾌한 마음으로 각자의 인생을 아름답게 만들어 갑니다. 한번 밖에 살 수 없는 짧은 인생, 삶의 가장 소중한 건강을 잘 챙기세요. 건강해야 사랑도 있고, 아낌없는 사랑이 있는 곳에 행복한 그 시간도 있습니다.

일기쓰기 242일째 ; 전국 6천 대학교수가 자유대한 국민께 드리는 호소문 (12월 29일)

2022년 3월 9일 우리는 새로운 대통령을 선출하게 됩니다. 그는 우리 앞에서 이렇게 선서할 것입니다.

"나는 헌법을 준수하고 국가를 보위하며 조국의 평화적 통일과 국민의 자유와 복리의 증진 및 민족문화의 창달에 노력하여 대통령으로서의 직책을 성실히 수행할 것을 국민 앞에 엄숙히 선서합니다."

5년 전인 2017년 5월 10일, 우리는 국민 앞에서 이렇게 선서한 대통령을 알고 있습니다. 그러나 그 대통령이 친필로 써서 보냈던 편지 한 통이 2022년 1월 18일 반환되고 말았습니다. 2020년 서해상에서 북한군에 의해 총살되어 시신이 불태워졌던 해양수산부 공무원의 고등학생 아들이 대통령의 친필 편지를 청와대 앞길에 되돌려 준 것입니다. "여론 무마를 위한 면책용 거짓말일 뿐"이었던 그 무책임하고도 위선적인 '약속'의 편지는 순진하고 애절한 가슴을 산산조각 냈습니다. 이 절규는 지난 5년 문재인 정권이 국민에게 어떤 존재였는가를 상징합니다.

문재인 정권은 그야말로 "한 번도 경험해보지 못한" 기괴한 정권이었습니다. '광장정치의 광란狂亂'을 선동하여 정권을 잡은 뒤 이른바 '촛불정신'으로 대한민국을 난도질하였습니다. 집권과 동시에 대한민국 자체를 혁명의 대상으로 삼아 해체하기에 바빴고, 지금은 대통령 선거를 앞두고 잠시 득표 전략을 위한 숨 고르기에 들어갔을 뿐, 여전히 그 광란은 진행 중에 있습니다.

그 결과 피땀으로 일군 우리의 대한민국은 이렇게 되어버렸습니다. 첫째, 법치주의가 무너졌습니다. '법의 지배(rule of law)' 대신 전체주의적 '법의 이름을 빌린 지배(rule by law)'로 국민을 겁주고, 속이는 것이 아무렇지도 않은 일이 되었습니다. 심지어 코로나19 방역 정책조차도 국민의 기본권을 침해하고 정권의 이익을 옹위하는 수단이 되고 말았습니다. 헌법에서 '자유'를 삭제하는 체제 변혁적 개헌을 시도했고, '공수처'로 상징되는 반反헌법적 독재 도구를 설치했으며, '역사왜곡금지법' 등 국민의 기본권을 본질적으로 훼손하는 위헌 법률을 양산하는 '의회독재'가 펼쳐지고 있습니다.

사법부 독립을 스스로 부정하는 함량미달의 부적격자를 자기 사람이라는 이유로 대법원장에 임명하고, 대법관들을 이념 편향적인 자들로 채워 넣었습니다. 삼권분립은 작동되지 않고, 헌법재판소와 중앙선거관

리위원회 등 입헌주의와 민주주의를 지탱하는 모든 기관이 패거리 정권의 친위부대로 전락하였습니다.

둘째, 안보가 와해되기 일보 직전에 있습니다. 발 뻗고 마음 편히 잘 수 없는 대한민국이 되었습니다. 새해 벽두에 네 번이나 미사일 발사 시험을 한 북한에 대해 이렇다 할 경고도 보내지 못하면서, 종전선언에만 매달리는 문재인 대통령은 국가 보위의 책임을 헌신짝처럼 버렸습니다. 핵 무력을 완성한 북한 김정은 정권에 굴종하는 종북從北과 디지털 전체주의 시진핑 중국에 맹종하는 '종중從中의 늪'에 스스로 빠져들기를 자청한 대통령에게 대한민국은 없었습니다.

숭고한 피로 써 지켜온 자유민주주의, 기적적인 경제번영과 국가안보를 지탱해 준 '한·미동맹'은 형해화形骸化되었습니다. 인류의 적 전체주의 블록에 합류하려는 역사의 반동이 된 이 정권으로 인해 대한민국은 반反문명, 야만의 시대로 퇴보했으며 국제적으로 고립되어 가고 있습니다.

셋째, 미래가 어둠에 잠기게 되었습니다. 세계 198개국 중에서 출산율이 1명도 안 되는 나라는 대한민국이 유일합니다. 세계적 권위의 옥스퍼드 인구문제연구소는 지구상에서 가장 먼저 사라질 나라로 대한민국을 꼽고 있습니다. 이 비극, 대재앙을 앞에 두고도 문재인 정권은 지난 5년간 전 국민을 내 편과 네 편, 남과 여로 이리 찢고 저리 쪼개는 작태로 일관했습니다. 그러면서 자기 편 사람들을 곳곳에 심고, 온갖 혜택을 다 나눠 주는 그들만의 먹거리 생태계를 구축하였습니다.

부동산정책은 실패에 실패를 거듭하여 젊은 세대가 자기 보금자리를 갖는 꿈을 포기하게 하고, 결국 혼인과 출산마저 주저하게 만들었습니다. 국가가 저들의 인생을 "책임"지기는커녕 젊은이들이 스스로 가져야 할 꿈과 계획마저 무산시키는 훼방꾼이 되고 만 것 입니다.

그 사이 한국 경제는 운동권 기득권 세력이 결탁한 '이권 카르텔'의 먹잇감으로 전락했습니다. '대장동비리게이트'에서 보듯이 후진국형 '도둑 정치'(kleptocracy)의 아수라장이 되어버렸습니다. 공정은 사라지고, 투명하지도 합리적이지도 않은 교묘한 기준으로 입학과 채용이 결정되고 있습니다. 부모 세대보다 가난한 자식들 세대가 오고 있다는 걱정이 우리를 한없이 짓누릅니다.

국민 여러분, 우리는 5년 전 국민 앞에 선서하고 국가 원수직에 올랐던 문재인 대통령과 그 정권이 국가와 민족사에 저질러 놓은 반동의 쓰레기 업적을 '새로운 적폐'로 규정합니다. 이제 새로 대통령이 되는 사람은 이 신 적폐를 청산하여 대한민국의 기풍을 새롭게 할 수 있어야 합니다. 이것은 우리의 운명과 직결된 것입니다. 법치가 무너지고, 안보가 와해 되며, 미래가 어둠에 잠기는 대한민국에 응급지혈을 해야 합니다. 정권교체는 바로 응급지혈입니다. 그렇게만 할 수 있다면 우리는 희망을 가질 수 있습니다.

우리의 자랑스러운 선대는 일제하의 그 캄캄한 터널을 지나면서도, 저항을 넘어 희망을 외쳤습니다. 3.1 독립선언을 통해 일제로부터의 해방을 넘어 세계사의 새로운 흐름에 주역으로 등장하는 미래를 보았습니다. 그 미래는 전쟁의 참화를 딛고 한강의 기적을 이룬 대한민국으로 실현되었습니다. 지금도 '하면된다'는 자신감이 뜨거운 피로서 우리 가슴에 도도히 흐르고 있습니다. 우리는 창의에 넘치며, 서로 돕고 격려하며, 합심하여 고난을 돌파하는 국민입니다. 자유와 정의와 진실을 추구하며, 상식과 염치를 지키는 대한국민입니다.

이제 찾아올 때입니다. '우리 모두의 대한민국'을 회복할 때입니다. 세대, 지역, 계층, 남녀를 구분하지 말고 우리를 위해, 앞으로 올 후대를 위해 정권교체의 대열에 동참합시다. 지난 5년간은 비록 악몽이었으나, 광란과 신적폐의 정권연장을 막는다면, 건강한 대한민국의 위대한 부활이 시작될 것입니다.

자유민주주의 대한민국의 기사회생을 위해 〈사회정의를 바라는 전국교수모임(정교모)〉 6천 2백 명 교수들은 국민께 다음과 같이 호소합니다.

○ 주권자로서의 자존감을 확고히 합시다. 선전 선동에 넘어가는 우중愚衆이 아닌 현명한 시민이 되어 현란한 말과 용어의 숨은 뜻을 간파해야 합니다.
○ 부패공동체의 전체주의 폭정을 단호히 배격합시다. 국민을 속이고 억압하는 토양이 되는 좌파의 이념 이익집단에 반대하고 해체 운동에 동참하길 호소합니다.
○ 공직자의 정치적 중립성을 감시 감독합시다. 사익과 권력의 압박에 굴복해 국민을 속이고 국민과 법 위에 군림하는 공직자들은 그 증거를 남겨 반드시 처벌받도록 해야 합니다.
○ 선거과정의 공정성·투명성 확보에 나섭시다. 사전·우편투표에서의 부정 가능성을 원천 차단하는 제도적 개선을 촉구하고 부정선거 감시와 투개표참관 요원으로 적극 나서주시길 호소합니다.
○ 빠짐없이 투표합시다. 모든 길은 투표로 통합니다. 선거는 최선을 뽑는 것이 아니라 최악을 피하는 것이 현실임을 명심하고, 정권교체를 위해 책임 있게 내 한 표를 행사할 것을 호소합니다.

- 2022년 1월 26일 사회정의를 바라는 전국교수모임

일기쓰기 243일째 ; 하루에 한 번쯤은 (12월 30일)

잠이 오지 않는 밤, 이리저리 훑어보다 머리맡의 낡은 작은 책을 꺼내

든다. 1976년도 초판인 범우문고의 안병욱 교수 지음 『하루에 한 번쯤 은』이다. 열심히 읽고 줄 친 흔적이 있다. 다시 마음에 드는 문구를 눈여겨 본다.

1. 하루에 한 번쯤은 높은 하늘과 아름다운 자연을 쳐다보자.
   총총히 깔린 흰구름이 시름없이 떠도는 푸른 하늘을 우러러보아야 한다. 달을 쳐다보고 별을 쳐다보고 밤하늘을 쳐다볼 때 생명의 건강을 회복할 수 있다.
2. 하루에 한 번쯤은 남을 위해 착한 일을 하자.
   일일일선, 적어도 하루에 한 번쯤은 착한 일을 하자. 나에게 행복을 가져다 준다.
3. 하루에 한 번쯤은 건강과 행복을 약속하는 땀을 흘리자.
   땀을 한번 흘리고 나면 몸이 깨끗해지고 마음이 상쾌해진다. 생의 보람과 존재 가치를 발견하게 된다.
4. 하루에 한 번쯤은 양서를 읽자.
   좋은 책, 나를 살찌게 하는 책, 인격을 풍성하게 하는 책, 나의 정신을 정화시키는 책. 이러한 책을 읽어야 한다.
5. 하루에 한 번쯤은 깊이 나라와 겨레를 위한 생각을 하자.
   적어도 하루에 한 번쯤은 우리의 나라와 겨레를 생각하자. 내가 태어난 이 조국과 이 조국의 품에서 같이 살아가는 많은 동포를 가슴 속에 기억해야 한다.
6. 하루에 한 번쯤은 신 앞에 진지한 자기반성과 준엄한 자기 검토의 시간을 갖자.
   하루에 한 번쯤은 엄숙한 마음으로 신 앞에 서고 천지신명 앞에 서야 한다.
   거짓 없는 반성, 진지한 자기 검토의 시간을 하느님, 부처님 앞에서 가져보아야 한다.

일기쓰기 244일째 ; 저물어 가는 한 해의 끝자락에서 (12월 31일)

저물어 가는 한 해의 끝자락에서 .... 한 해가 저물어 간다.
하늘을 붉게 물들이는 노을 속으로 강물은 산 그림자를 싣고 멀어져 가고 별들을 몰고 돌아오는 어둠, 그 안에서 또다시 내일을 위한 준비가 한창이리라!

세월은 가고 오는 것 바람이 앞장서 길을 내는 먼 하늘을 돌아
힘차게 비상하는 새들이 찾아가는 그 곳엔 소중한 우리의 꿈들이
찬란燦爛히 밝아 올 여명을 기다리고 있다.

세모歲暮의 거리에 명멸明滅하는 불빛,
아직은 못다 이룬 꿈들이 있어 불빛은 저리도 오래 잠들지 못하는가?

피안彼岸의 세계世界로 그리움처럼 긴 여운餘韻을 남기며
사라져가는 12월의 끝자락 아쉽고 어두운 마음의 길에
저 불빛이 어쩌면 길잡이가 되리라!

잠 못 이루는 꿈들을 덮는 따스한 12월의 불빛
철지난 낙엽落葉처럼 한 장 남은 달력이 쓸쓸히 저문 거리에서
생애生涯를 마쳐야 닫을 그 길을 우리는 간다.

저마다 마음을 밝히는 불빛을 하나씩 켜들고
미지未知의 세계世界를 향向해 ...

삶이란 구도求道와 같은 것 새로움을 찾아가는 그 길은 멀고도 멀다.

가다가 절망絶望을 만나 잠시 좌절挫折하기도 하지만,
다시 마음을 추스르고 묵묵히 떠나가는 길 ..

솔바람 소리 정수리를 스치고 삭풍朔風 끝에서 들리는 겨울의 숨소리
아무리 매서워도 멈출 수 없는 구도求道 같은 세상世上의 길.

겨울 속에 봄을 싣는다. 부지런한 농부農夫의 마음이 어느새 봄에 가 있듯
마음의 밭을 갈아 정성精誠스럽게 뿌리고 가꾸어야 할 씨앗... 희망希望.

오늘 이 길이 내일來日의 새로움이라는 믿음으로
정신精神의 깃발을 높이 세우고 저물어 가는 한 해의 끝자락에서
우리는 새로운 희망希望을 심는다.

깨달음은 한 해라는 산에 오를 때가 아니라, 한 해의 마루턱을 내려올 때 얻는다. 올해를 반성하고 새해를 다시 계획하자! 인생은 그리 긴 것이 아니다.

일기쓰기 245일째 ; 2022년 새해에 복을 부르는 15가지의 지혜 (1월 1일)

- 2022년!! 임인년 새해에 복을 부르는 지혜(1월 1일) -

01. 가슴에 기쁨을 담아라. ; 담는 것만이 내 것이 된다.
02. 좋은 아침이 좋은 하루를 만든다. ; 하루를 멋지게 시작하라.
03. 얼굴에 웃음꽃을 피워라. ; 웃음꽃에는 천만 불의 가치가 있다.
04. 남이 잘되도록 도와줘라. ; 남이 잘돼야 내가 잘된다.
05. 자신을 사랑하라. ; 행운의 여신은 자신을 사랑하는 사람을 사랑한다.

06. 세상을 향해 축복하라. ; 세상도 나를 향해 축복해준다.
07. 노느니 기도하라. ; 간절한 기도는 소망 성취의 열쇠다.
08. 힘들다고 고민 말라. ; 정상이 가까울수록 힘이 들게 마련이다.
09. 준비하고 살아가라. ; 준비가 안 되면 들어온 복도 못 먹는다.
10. 푸른 꿈을 잃지 말라. ; 푸른 꿈은 행운의 청사진이다.
11. 감사하고 또 감사하라. ; 감사하면 감사할 일이 생겨 난다.
12. 남을 기쁘게 하라. ; 10배의 기쁨이 나에게 돌아온다.
13. 끊임없이 베풀어라. ; 샘물은 퍼낼수록 맑아지기 마련이다.
14. 약속은 꼭 지켜라. ; 사람이 못 믿는 사람 하늘도 못 믿는다.
15. 불평을 하지 말라. ; 불평은 자기를 파괴하는 자살 폭탄이다.

새해에 다시 한번 더 마음의 다짐을 하고자 한다!!!

일기쓰기 246일째 ; 여민 선생님 보고드립니다! (1월 2일)

2019년 1월 1일의 일기를 찾아보면서 가슴을 친다. 3년 전의 일들은 오늘엔 더욱 더욱 확대되고 있다.

나의 남편, 여민 선생님.....! 저 세상에서도 잘 계신지요...? 저는 매일 같이 이 나라를 걱정하고 있습니다. 잠이 오지 않을 지경입니다... 지식인이 이 나라를 위해 할 수 있는 일이 무엇일까요? 나라가 망하는 데는 일개 필부필부에게도 책임이 있다 하였습니다. 큰 걱정을 하면서.... 걱정 속의 지난 한 해를 돌이켜 봅니다

조선일보 논설위원의 2018년 문재인 1년 평가 내용입니다!
01. 세계에서 나 홀로 사회주의로 간 1년
02. 자유민주주의를 파괴하고 인민민주주의를 시도했던 1년

03. 경제를 파탄으로 몰고 간 1년
04. 취업 절벽을 만들어낸 1년
05. 청년실업률을 17년 만에 최고로 만든 1년
06. 경기를 끝없이 침강시킨 1년
07. 제조업 가동률을 9년 만에 최저로 떨어트린 1년
08. 나라를 기득권 노동자의 천국으로 만든 1년
09. 저임금 노동자를 실직자로 만든 1년
10. 삼성을 죽이려고 시도한 1년
11. 국민연금을 통해서 대기업의 경영권을 탈취하려 시도한 1년
12. 삼권분립을 파괴한 1년
13. 사법부를 권력의 시녀로 만든 1년
14. 헌법재판소를 정치판으로 만든 1년
15. 법은 권력을 잡은 자의 맘대로 하는 것이란 걸 입증한 1년
16. 행정부를 마비시키고 청와대가 원 맨 쇼한 1년
17. 민중주의가 판친 1년
18. 방송 장악하느라 1년
19. 김정은을 살려준 1년
20. 극악한 김정은 독재정권 대변자를 자처한 1년
21. 반인권적 재판을 자행한 1년
22. 허접하고 비굴하며 온통 부패덩어리 인물들을 국가 요직에 기용하였거나 기용하려고 시도했던 1년
23. 문재인 케어 등 온갖 선심 공약을 내놓았던 1년
24. 국가 살림을 피폐하게 만들었던 1년
25, 사상 최대 국가채무 - 가계 부채 기록한 1년
26. 국가적 파탄을 예비해 가는 1년

2018년이 이러할 진데 2019년 2020년 2021년은 더 더 어떠했겠는지요?! 우리는 고통 속에 살아가고 있습니다.

일기쓰기 247일째 ; 소원이 간절하면 하늘도 움직이는 법! (1월 3일)

소원이 간절하면 하늘도 움직이는 법입니다. 소원이 간절하면 기도도 간절해집니다.

기도는 가장 놀라운 영적 활동입니다. 기도는 가장 오묘한 것이고 확실한 것입니다.

그래서 소원을 담은 기도는 간절하기에 하늘도 움직이는 법입니다.

간절한 소원은 간절한 영적 기도로 이루어집니다.

자신의 영혼의 깊이로 기도하고 간절하게 바라는 바를 이루어 나갑시다.

나라를 위해, 가족을 위해, 이웃을 위해, 자신을 위해 매일 아침 간절히 간절히 기도하고 있습니다...! 소원이 간절하면 결국은 이루어지리니...!

일기쓰기 248일째 ; 긍정적인 말의 힘 (1월 4일)

한마디 말이 꽃향기가 되고
한마디 말이 따뜻한 밥 한 그릇이 되고
한마디 말이 지친 사람에게 의지가 되며
한마디 말이 상처 입은 이에게 신비한 약이 됩니다.

사람들을 기분 좋게 해주는 사려 깊은 말 서른 가지.

1. 용기를 북돋아 주는 말 2. 고마움을 표현하는 말 3. 인정해주는 말 4. 반가운 인사 5. 칭찬 6. 축하 7. 가르치고 교훈을 주는 말 8. 편안하게 해주는 말 9. 격려의 말 10. 응원하는 말 11. 묻고 관심을 보여주는 말 12. 관계를 개선하는 말 13. 웃게 만드는 말 14. 믿음과 확신에 찬 말 15. 좋은 소식. 16. 존중하는 말 17. 상냥한 말 18. 이해와 공감을 보여주는 말 19. 찬성하는 말 20. 초대하는 말 21. 예의 바른 말 22. 충고와 상담하는 말 23. 애정이 담긴 말 24. 사과의 말 25. 용서의 말 26. 좋은 점을 지적해주는 말 27. 도움을 주는 말 28. 진실된 말 29. 가치 있는 말 30. 사랑을 전하는 말. - 할 어빈 지음. '긍정적인 말의 힘' 중에서 -

내가 하는 말 한마디가 어둠을 밝히는 등불이 되게 하소서...!

일기쓰기 249일째 ; 명인들의 명언을 통해, 다시 하는 새해 각오 (1월 5일)

* 인간들은 바다의 파도처럼 왔다가 가는 것이다.
  - 시애틀(드와미쉬-수콰미쉬족의 추장) 인디언 추장의 연설문에서 -
* 평온한 바다는 익숙한 사공을 만들지 못한다.
* 자신에 대하여는 깊이 책망하고, 남에 대하여는 가볍게 책망하면 원망을 멀리할 수 있다. - 공자 -
* 가장 귀중한 재산은 사려가 깊고 헌신적인 친구이다. - 다리우스 -
* 자신의 부족함을 깨닫고 자신의 영혼을 보살펴라. - 소크라테스 -
* 다만 사랑하는 자만이 살아 있는 것이다. - 톨스토이 -
* 열중하는 마음이 없다면...이 세상에서 진보란 있을 수 없다. - 윌슨 -
* 부지런한 것은 값을 매길 수 없는 보배이다. - 강태공 -
* 천재성은 천재적인 영감이 아니었다. 거기에 대한 철저한 믿음과 그것

을 끝까지 물고 늘어지는 힘이었다.
* 지루한 반복이 달인을 만든다.

　인생은 언제 떠나갈지 모르는 나그네와도 같습니다. 그러한 우리 인생을 사는 목적은 행복이라고 생각해요...삶을 행복하게 만드는 힘은 당신에게 있습니다. 숨을 고르고 용기를 내고 힘을 모으십시요!

　이 행복을 위해서 우리에겐 사랑이 필요하고, 사려 깊은 친구가 필요하고, 자성自省하는 우리의 마음 자세가 필요하고, 열심히 배우려 하고, 또한 용기와 열정과 근면함이 함께 해야 합니다....!!!

　우리 노력하여 모두 행복한 한 해가 됩시다!!! 다시 오늘이 새해 첫날임을 각오합니다!

일기쓰기 250일째 ; 얼마나 고마운 일인가 (1월 6일)

　하루도 빠짐없이 뜨고 지는 해를 바라보는 일에 감사하고 기쁘다. 얼마나 고마운 일인가...? 이제 인생의 마지막 능선을 오르고 있는 나를 본다. 우아일체 우주와 내가 하나가 되는 인간이란 본질적으로 외로운 존재...,중심이 잡히면 외롭지 않고 자유롭다. 고독을 견디는 능력, 고독을 즐기는 능력, 우리에게 가장 긴요한 것. 나이 들어간다는 것은 상실을 자연스럽게 받아들일 만큼 생각과 마음이 넓어지고 성숙해진다는 의미다. 고독이 찾아오면 그것을 즐기자.

　혼자 음악 듣고 글 쓰고 운동하고 독서하고 내 마음을 찬찬히 들여다 보자. 그리고 내면의 소리에 집중하면 그때가 고독을 즐기는 순간이다.

　지금 내 마음을 말해주는, 나태주 시인의 '새해 인사'라는 시를 올린다.

글쎄, 해님과 달님을 삼백예순다섯 개나 공짜로
받았지 뭡니까

그 위에 수없이 많은 별빛과 새소리와 구름과

그리고
꽃과 물소리와 바람과 풀벌레 소리들을 덤으로 받았지 뭡니까

이제, 또다시 삼백예순다섯 개의
새로운 해님과 달님을 공짜로 받을 차례입니다

그 위에 얼마나 더 많은 좋은 것들을 덤으로 받을지 모르는 일입
니다
그렇게 잘 살면 되는 일입니다
그 위에 더 무엇을 바라시겠습니까?

일기쓰기 251일째 ; 석양의 하늘을 보며 (1월 7일)

   그날이 그날 같은 평범한 일상에서도 새롭게 이어지는 고마움이 기도가 되고 작은 것에서도 의미를 찾아 지루함을 모르는 '기쁨의 사람'이 되게 해주십시오. 오늘 석양의 창가에 서서 가만히 나의 인생을 되돌아본다. 아직 어둑어둑해지는 황혼까지는 아니지만 하늘이 햇빛에 이쁘게 물들어 발갛게 저물어가는 석양을 창가에서 올려다보며 … 내 인생을 관조해 본다.

   열심히 살았는가? 보람찼는가? 사회에 도움이 되었는가? 남을 위해 마음을 썼는가? 양심에 어긋남이 없는가? 잘 살았는가? 행복했는가?

   다시 마음을 가다듬으며, 이해인 수녀님의 시귀를 떠올리며

석양의 아름다운 경치를 감상합니다.

평범하지만 가슴엔 별을 지닌 따뜻함으로
어려움 속에서도 절망하지 않고 신뢰와 용기로써 나아가는
'기도의 사람'이 되게 해주십시오

일기쓰기 252일째 ; 다스려야 할 마음의 나쁜 상태 8가지 (1월 8일)

기독교 수도사 전통에서 수도사들이 다스려야 할 마음의 나쁜 상태를 8가지 악덕으로 정리하여 설명하고 있다. 허성준 신부님의 책에서 8가지 죄악을 오늘날에 맞게 설명한 부분을 발췌해 본다.

1. 나태(Acedia) ; 깨어 있음의 중요성
2. 탐욕(Avarita) ; 물질적, 영적인 탐심
3. 탐식(Gula) ; 음식의 탐욕

4. 간음(Furnicatio) ; 간음과 정신적 성적탐닉

5. 교만(Superbia)

6. 헛된 영광(Vana gloria)

7. 질투(Invidia)

8. 분노(Ira)

9. 슬픔(Tristitia)

- 출처: 수도전통에 따른 렉시오디비나2, 허성준, 분도출판사 -

일기쓰기 253일째 ; 성공을 위한 시간 관리법 20가지 (1월 9일)

01. 무슨 일이든지 미루지 말고 지금 바로 한다.
02. 출퇴근 시 자동차 안에서 보내는 시간을 활용한다.
03. '나'에게 최고로 능률이 오르는 시간이 언제인가를 파악하고, 그 시간에는 가장 소중한 일을 하라.
04. 낙관주의자가 돼라.
05. 자잘한 업무를 묶어서 한꺼번에 처리한다.
06. 정신을 집중해야 하는 창조적인 업무는 행정적 업무와 분리시킨다.
07. 한번 손대기 시작한 일은 가능하면 끝을 낸다.
08. 사무실이나 책상의 레이아웃을 개선하고, 특히 책상은 되도록 깔끔하게 잘 정돈한다.
09. 모든 업무상의 편지와 리포트, 수입 명세서 등에 날짜를 기입하고 봤다는 표시를 해두는 습관을 기른다.
10. 계획을 짜고 우선순위를 정하는 데 시간을 할당한다.
11. 동료들이나 상관과 어느 일을 먼저 해야 할 것인가를 의논한다.
12. 타이트한 스케쥴보다 느슨한 스케쥴이 업무 완성률을 높인다.
13. 개인적인 대화나 전화는 최대한 자제한다.

14. 아이디어가 떠오를 때마다 써놓을 수 있는 비상 노트를 꼭 갖고 다닌다.
15. 스스로 업무에 대한 마감 시간을 정해 놓는다.
16. 머리와 체력도 리듬을 탄다. '10분 휴식'은 리듬에 상향 곡선을 그리게 해준다.
17. 약속 시간에 일찍 도착하도록 항상 10분 여유를 둔다.
18. 자신의 컨디션에 맞춰 중요한 일과 사소한 일에 분배해 처리한다.
19. 정말 원하는 것을 하기 위해 꾸준히 시간을 내려고 노력한다.
20. 지금 시간을 최대한 효율적으로 쓰고 있는가를 자문한다.

일기쓰기 254일째 ; 새해의 열흘을 보내면서 (1월 10일)

늙으면 어제도 오늘도 비슷한 일상,
단조로운 삶이 이어진다.
어제가 오늘 같고 오늘이 내일 같고
그러니 시간이 쏜살같이 흘러간다.

새해 새 마음으로 살자고 다짐한 게
엊그젠데 또 다른 새해가 오고 열흘이 지났다.
시간을 도둑질당한 것 같다.
그만큼 타성에 젖어 살았다는 얘기다.

물론 코로나19라는 바이러스가
지구인을 포로로 잡은 지 어언 2년
몸도, 마음도, 입도, 손도, 모두
꼼짝 못하게 묶여있어서 더 하다.

시간을 서투르게 쓰는 이가
시간이 짧다고 불평한다 했던가.
남은 세월을 선물이라 여기고
도파민이 샘솟도록 열심히 살아보자.

하루 해지듯 인생도 빨리 진다.
우물쭈물하다 그냥 일생이 끝나고 만다.
살아 있는 동안은 정신을 바짝 차리자.
인생은 그리 긴 것이 아니다.

일기쓰기 255일째 ; 부부로 산다는 것 (1월 11일)

44년간 함께 살던 남편이 세상을 떠난 지, 얼마 지나지 않은 어느 날 길을 가고 있는데 젊은 부부가 정말 크게 싸우고 있었다. 그래서 나는 가까이 가서 "제발 그만 싸우세요. 둘 중에 한 사람이 죽었다고 한번 생각해 보세요..." 라고 말했다. 그랬더니 두 사람은 싸움을 멈추고 한참을 나를 쳐다보고 서 있었다.

부부로 산다는 것은 무엇인가. 왜 우리는 같이 살아가는 걸까. 부부는 사랑해서 그렇게 죽도록 미워하는 걸까? 왜 우린 서로를 이해하지 못하고 믿지 못하고 싸울까? 많은 싸움을 한 나는 다시 생각해 본다...부부로 산다는 것은...달콤한 행복만을 좇아갈 수 없는 것! 수많은 갈등과 고민, 역경을 넘어 서로 존재의 근거가 되어 주는 일이다.

이 세상에서 행복한 부부로 살아가기 위해, 곁에 있는 이와 진정 사랑하며 살아가기 위해 우리의 마음에 갖추어야 할 몇 가지가 있다.

1) 기댈 수 있는 어깨가 되어 주는 배려, 2) 원하는 사람이 되어주는

기쁨, 3) 끊임없이 서로를 재발견하는 열정, 4) 작은 행복을 찾아 나서는 여유.

꿈을 함께 이루어가는 행복들을 추구하며 끊임없이 노력해야 한다. 나 자신도 완벽하지 못한데 어찌 남편의 완벽함을 기대해야 하는가....

- 최정미 외 지음 '부부로 산다는 것' 참조 -

가족이라는 말로 오랜 세월 함께 해야 할 이들에게 도움이 되었으면 한다.

일기쓰기 256일째 ; 면역력 향상에 좋은 식품 (1월 12일)

면역력 강화가 시급한 이 시기에 무엇을 먹으면 더욱 좋을까? 매일 먹는 밥이고 반찬이지만 오늘은 좀 잘 챙겨 보기로 했다.

1. 종합 면역식품 '돼지고기'

돼지고기에는 양질의 동물성 단백질과 아연, 비타민B군, 셀레늄이 함유되어 있다.

2. 속까지 꽉 찬 베타카로틴 '고구마'

고구마는 100g당 베타카로틴 함량이 113ug으로, 여러 질병을 예방하는데 도움이 된다.

3. 각종 비타민의 보고 '파프리카'

비타민A,C와 베타카로틴을 함유해 질병 예방과 항산화 작용에 효과적이다. 파프리카는 어린이 성장촉진과 면역력 강화에도 큰 도움이 된다.

4. 에너지와 영양소의 핵심 '현미'

현미는 백미보다 비타민 및 식이섬유가 많고, 비타민과 미네랄, 다량의 섬유소가 포함되어 있다.

5. 자연이 준 천연 장수식품 '고등어'

고등어는 EPA를 다량 함유한 등푸른생선의 대표 주자다. 고등어의 지방에는 오메가-3 불포화지방산인 EPA와 DHA 등이 풍부하다.

6. 유산균 풍부한 대표 발효식품 '김치'

유산균은 대장의 점막을 보호해 방어력을 높이는 한편 면역세포를 활성화한다. 김치와 함께 된장을 섭취한다면 유산균은 물론 고초균이 들어있어 장내 환경을 개선하고 유해균 증식을 막아주는 1석 2조의 면역력 향상 효과를 볼 수 있다.

일기쓰기 257일째 ; 의지력 키우는 10가지 연습 방법 (1월 13일)

정말 혼자 연습해서 자신의 의지력을 막강하게 키울 수 있을까요? 아무리 노력해도 깨기 힘든 게으름, 미루는 버릇 등 나쁜 습관들을 내가 꿈꾸는 백만장자 습관으로 바꿀 수 있을까요? 의지력 부족으로 매번 포기하거나 새롭게 도전하는 것조차 부담스러운 자신을, 무엇이든 시작하면 끝까지 해내는 사람으로 바꿀 수 있을까요?

쉽게 포기하는 약한 의지를 단단히 키우는 것은 연습을 통해 누구든지 해낼 수 있습니다. 오늘이 바로 그 방법을 배우는 시간입니다.

의지력 강화 연습은 실전으로 하는 것이라, 연습 자체가 내가 하는 일에 집중력과 생산력을 솟아나게 합니다. 해야 할 일로 연습하면서 즉시 업무 능력과 효과를 볼 수 있다면 미룰 필요가 없겠지요? 지금, 시작해 볼까요?

1. 현실적인 할 일 리스트 만들기.

무리한 목표는 동기부여는커녕, 자신감마저 잃게 하거든요. 마스터 리스트에 할 일을 모두 적어놓고, 오늘 할 일 리스트에는 3~4가지 가장 중요한 과제만 옮겨 놓으세요. 다 마치면, 그때 마스터 리스트에서 몇 가지를 더 가져와서 해결하면 됩니다. 이기는 습관과 정신력을 기르는 것이지요.

2. 유혹을 시야에서 제거하고 뒤로 미루기.

유혹과 방해 거리는 끊임없이 집중을 놓치게 하는 연습 실패의 주원인입니다. 아예 시야에 나타나지 않도록 미리 옮겨 놓아야 합니다. 인터넷, 소셜미디어, 문자나 알림 소리 등은 귓전에 들리지 않도록, 스마트폰이나 태블릿 등을 꺼 놓거나 옆방에 두고 정해진 시간에만 점검하는 연습을 합니다.

3. 주변을 깔끔하게 정리하기.

깔끔한 시야와 주변은 의지력 향상에 도움을 줍니다. 시작하기 전에 1분 만이라도 시야의 흐트러진 것들을 정리하거나 큰 상자에 담아서 치워놓고 해 보세요. 별거 아닌 것 같지만, 그 차이는 놀랄 정도입니다.

4. 한 번에 한 가지만 작업하기.

바쁜 일정에 익숙해진 현대인들은 자신도 모르게 여러 과제를 동시에 처리하려는 경향이 있습니다. 이것은 생산성은 물론 의지력 연습에도 해롭습니다. 우리 뇌는 여러 가지 일을 동시에 처리하지 않습니다. 얼핏 보면 다중 작업처리 (multi-tasking) 같지만, 자세히 보면 여러 과제 사이에 순간마다 옮겨 다니는 작업처리 (switch-tasking) 방식에 가깝습니다. 반드시 한 가지만 선택해서 완전히 마무리한 후에 다음 과제를 시작해야 합니다. 하나만 남겨놓고 나머지는 바닥에라도 잠깐 내려 놓으세요.

5. 계획한 대로 끝까지 투쟁하기.

현실적인 계획을 세웠다면, 어떤 일이 있어도 마무리해야 합니다. 중간에 포기하거나 또 미루면 안 되는 거예요. 근육운동도 정해진 반복과 세트를 마칠 때 까지 해야 단단하고 강한 근육이 만들어집니다. 의지력도 마찬가지예요. 너무 힘든 목표보다는, 할 수 있는 만큼의 목표를 세워 끝내는 것을 반복해야 합니다. 끈질기게 마무리하는 과정에서 나의 의지력은 강화됩니다. 목표는 너무 높지 않게, 하지만 세운 목표는 꼭 달성하도록 최선을 다하세요.

6. 자주 휴식하기.

근력 훈련 과정에서 지친 근육 회복을 위한 휴식을 자주 허락하듯, 의지력을 통제하는 두뇌도 집중과 집중 사이에 휴식이 필요합니다. 짧게라도 자주 갖는 휴식은 두뇌가 회복하고 다시 강도 높은 훈련을 반복할 수 있게 합니다. 고속집중 후에는 잠깐이라도 쉼을 가지세요.

7. 유산소 운동하기.

운동은 두뇌를 훈련하는 가장 좋은 방법의 하나입니다. 강도 있는 유산소 운동은 두뇌 기능향상과 훈련에 특히 효과적입니다. 뇌 신경 자극과 산소 공급을 통해 암기와 집중, 창의적 기능과 의지력에도 긍정적 영향을 끼친다고 많은 연구 자료가 발표했습니다. 유산소 운동을 꾸준히 하면 나의 의지력은 자연스럽게 단련됩니다.

8. 고단백질 섭취하기.

두뇌훈련에 꼭 필요한 음식은 단백질입니다. 아몬드나, 땅콩버터, 달걀 등 고단백질 음식을 조금씩 자주 섭취하면 두뇌가 온종일 활발한 기능을 하도록 도와줍니다. 우리 몸은 에너지를 만들기 위해 항상 연료가 필요합니다. 연습기간 동안, 특히 오후에 단백질이 소진되지 않도록 조금씩 꾸준히 섭취하세요.

9. 잠 많이 자기.

의지력을 훈련을 위해 한 가지 더 빼놓으면 안 되는 것이 충분한 수면입니다. 우리의 자제력, 의지력, 습관 등을 통제하는 전두엽 피질(Prefrontal Cortex)은 수면이 부족하면 제 기능을 발휘하기 어렵습니다. 정신력을 쏟거나 꾸준한 지구력을 유지하지 못하기 때문에 의지력을 제대로 행사할 수도, 키우기도 매우 어려운 불리한 악조건에서 하루를 보내게 되는 거예요.

10. 가장 힘든 것 먼저 하기.

그날 해야 할 가장 힘든 일을 먼저 하는 것의 혜택은 정말 큽니다. 자신감 향상뿐 아니라 의지력 훈련으로도 매우 효과적인 방법입니다. 적장을 먼저 제거해야, 나머지 병사들을 해치우기가 쉽습니다. 언제나 가장 힘든 일을 먼저 해결하세요. 남은 하루는 저절로 풀리는 듯 훨씬 쉽게 느껴집니다.

오늘의 내가 여기에 이르기까지 부단한 나 자신과의 싸움이 있었습니다. 꼭 연습해보세요. 의지력이 조금씩 강해지는 것을 느낄거에요. 훈련된 의지력은 내가 평생 사용할 수 있는 가장 값진 자산 중 하나입니다.

- 윤필홍 [Life Lesson 123] 참조 -

일기쓰기 258일째 ; 나는 행복해질 운명이다. (1월 14일)

공연히 자신감을 잃거나 힘겨울 때 자신에게 힘을 실어주는 주문 같은 얘기를 소리 내어 자신에게 나지막이 속삭여 보자.

'나는 행복해질 운명이야' '나는 행복해지게 되어 있어'

이렇게 하고 나면 조금 기운이 난다. 자기를 긍정하는 마음이 생기면 몸에도 좋다. 그러므로 고민이 있을 때 나는 '나는 행복해지기 위해 태어났으므로 어떤 선택을 해도 괜찮아. 사소한 실수를 하더라도 반드시 좋은 결과로 이어질 거야'라고 생각한다. 우여곡절이 있어도 결과적으로 잘 될 것이라고 생각한다. 그러면 마음이 밝아진다.

실제로 이렇게 긍정적인 방향으로 마음을 다잡으면 상황은 대개 호전된다. 뿐만 아니라 자기를 되돌아 볼 수 있다. 잃어버린 자기의 참 모습을 되찾을 수도 있다. 세상이 너무 복잡해지다 보니 우리는 진정한 자기 모습을 잃어버리고 살기 쉽다. 어쩔 수 없는 일이라지만 좀 더 자기를 믿고 자기가 살고 싶은 대로 살아도 되지 않을까?

'나는 행복해 질 운명이야~!'

자기에 대한 신뢰는 긍정적인 삶으로 가는 첫걸음임을 항상 기억하기 바란다.

- 사이토 시게타 지음 '나는 행복해 질 운명이다.' 참조 -

일기쓰기 259일째 ; 우리는 우리가 읽은 것으로 만들어진다.
(1월 15일)

독일 문학가 마틴 발저(Martin Walser;1927~)는 "우리는 우리가 읽은 것으로 만들어 진다"고 했다. 정말 딱 맞는 말이다. 우리의 지식은 살아오면서 배운 모든 경험들을 통해서 성장한다. 학교에서 배운 지식은 물론 독서, 영화, 주변에서 들었던 이야기 등 우리가 세상을 살면서 만난 모든 사람들. 접해 볼 수 있는 모든 상황들이 우리의 사고에 영향을 미친다.

좋은 스승을 만나고 좋은 친구를 만나면서 좋은 영향을 받듯, 좋은 책을 선택해서 읽는 것은 중요하다. 무엇을 어떻게 읽느냐 하는 것은 우리의 내면을 풍부하게 하는 데 결정적 역할을 한다. 그래서 어린 시절의 책 읽기가 중요한 것이다.

헬렌 켈러는 자서전에서 자신이 읽은 책과 교육에 대해서 이렇게 말하고 있다.

"교육이란 우리가 시골길을 산책할 때 오감을 활짝 열고 여유로운 마음으로 우리 안에 찾아드는 갖가지 인상들을 받아들이는 것과 꼭 같다. 그렇게 우리 안에 들어 온 지식은 차고 넘쳐 깊이 있는 사고의 물결을 이루고 밀물처럼 밀려와 소리 없이 보이지 않는 영혼을 적신다"

우리의 영혼을 적신 사고의 물결들은 곧 우리 자신이 될 것이다. 그것이 우리 자신이 되었을 때 우리는 폭 넓고 깊이 있는 지식을 소유함으로써, 무엇이 참된 목적이며 어떤 것이 보다 가치 있는 것인지 분별할 수 있는 사람이 될 수 있는 것이다.

"우리는 우리가 읽은 것으로 만들어진다" 이 이야기는 많은 훌륭한 사람들의 인생에서 찾아낼 수 있는 진리라고 생각된다.

- 안상헌 저, '내 삶을 만들어 준 명언노트' 참조 -

일기쓰기 260일째 ; 살 빠지는 저녁 습관 12가지 (1월 16일)

1. 충분한 수면을 취한다.

연구 결과 수면이 부족할 경우 우리의 몸은 자연적으로 더 많은 칼로리를 섭취하려는 경향이 생긴다고 한다. 배고픔 때문이 아닌 수면 부족으로 인해 오는 스트레스 때문에 음식을 자꾸 먹게 된다는 것. 충분한 수면은 피부뿐만 아니라 다이어트에도 좋다는 것을 잊지 말자.

2. 고기 먹을 때 양파를 많이 먹으면 지방분해가 촉진된다.

저녁 회식이나 식사 때 고기를 먹게 된다면 양파를 많이 먹으면 좋다. 양파엔 지방의 분해를 돕는 성분이 들어 있기 때문에, 야채를 많이 먹으면 포만감이 생겨 식사량이 줄게 된다.

3. 저녁에 먹는 라면에는 계란을 뺀다.

저녁에 먹는 야식 라면. 가능한 야식은 안 먹는 게 좋겠지만, 꼭 먹어야 할 경우라면 계란을 넣지 말자. 라면의 칼로리도 충분히 높기 때문에 라면에 계란이나 치즈 등을 첨가하면 칼로리가 쑤욱 올라간다.

4. 설거지를 할 때는 뒤꿈치를 들고 한다.

설거지를 할 때도 조금만 신경 쓰면 다이어트 효과를 볼 수 있다. 10~20 분 동안 다리를 어깨너비만큼 벌리고 뒤꿈치를 들고 하는 것. 계속 꾸준히 실시하면 발목이 가늘어지고 엉덩이 근육에 탄력이 생긴다.

5. 밤에는 바나나나 수박 같은 과일을 먹는 게 좋다.

대개 과일은 살이 안 찐다고 생각해 늦은 저녁 혹은 밤중에 과일을 많이 먹는 사람들이 꽤 있다. 특히 저녁에 먹는 과일로 바나나 수박을 추천한다. 다른 과일에 비해 칼로리도 낮고, 장운동을 도와주기 때문에 배변 활동에 도움을 준다.

6. 저녁 목욕 시 복부 마사지를 잊지 않는다.
저녁에 샤워나 목욕을 할 때는 복부를 중점적으로 마사지해준다. 배 마사지는 내장의 기능을 활발하게 하여 변비를 없애고 배의 군지방을 감소시키기 때문이다. 방법은 배꼽을 중심으로 한 손 끝을 이용하거나 소주 컵을 이용하여 시계 방향으로 크게 주무르면 된다.

7. 지하철에서 까치발 서기를 반복하면 종아리가 예뻐진다.
퇴근길에 전철이나 버스에서 오른쪽 다리를 살짝 들고 왼쪽 다리는 까치발로서 있는 것을 반복한다. 이런 자세는 종아리가 예뻐지는 것과 다리 모양을 교정하는 두 가지 효과가 있다. 가능하면 한 정거장 전에 내려 속보로 걷는다.

8. 술을 마실 때는 물도 한 잔 달라고 한다.
술은 다이어트의 가장 큰 적이다. 소주나 맥주의 칼로리가 높다는 것은 이미 알고 있는 사실. 저녁 시간 술을 반드시 마셔야 한다면 물을 자주 마시는 것이 좋다. 물은 술의 알코올을 분해시키는 것은 물론, 포만감이 들기 때문에 술을 적게 마시게 된다.

9. 기름진 음식을 먹을 땐 접시에 키친타월을 한 장 깐다.
기름기가 있는 반찬이나 혹은 음식을 먹을 때는 접시 아래에 키친타월을 깔고 먹는 것이 좋다. 그러면 음식 속에 들어 있는 기름기를 한번 쫙 빼주기 때문에 칼로리를 조금 낮출 수 있는 장점이 있다. 집에서 요리를 할 때도 튀김요리나 기름을 사용한 요리의 경우, 키친타월을 한 장 깔면 보기에도 예쁘고 다이어트에도 효과를 볼 수 있다.

10. 밤에 갈증 날 때는 물 대신 녹차를 마신다.

녹차의 다이어트 효능에 대해서는 더 이상의 설명이 필요 없을 것 같다. 건강을 위해 혹은 미용을 위해 녹차를 많이 마시는 사람들을 주위에서 흔히 볼 수 있다. 녹차는 음식을 먹을 때 차로 마시는 것도 좋지만 밤에 갈증이 날 때 물 대신 마셔도 좋다. 녹차는 지방분해 효과는 물론 노화 방지에도 좋기 때문에 녹차를 자주 마시면 피부에 탄력이 생긴다.

11. TV 볼 때 눕지 말고 앉아서 본다.

저녁을 먹고 나서 리모컨을 들고 TV 앞으로 가는 것은 '나 뚱뚱할래'라는 뜻과 마찬가지이다. 게다가 식사 후 소파에 누워 TV를 본다면 살이 찌는 것은 그야말로 시간문제다. 기왕 보는 거 가능한 바른 자세로 꼿꼿하게 앉아서 보는 습관을 기른다. 등을 펴고 꼿꼿이 앉아있는 동안 간단한 스트레칭을 하면 더욱 좋다.

12. 전신거울을 자주 본다.

나의 몸을 내 눈으로 확인하고 진단하는 것이 가장 좋은 방법. 저녁 식사 전후로 전신거울을 보면 경각심을 느끼게 될 뿐 아니라, 원하는 몸매로 만들기 위한 동기를 부여해 줄 것이다.

일기쓰기 261일째 ; 과거를 회상하며 (1월 17일)

엊그제는 둘째 아들이 손녀를 데리고 서울의 서울사대에 면접을 보고 왔다고 보고해 왔다. 까마득한 과거의 추억이 떠올라 미소를 머금지 않을 수 없었다. 1959년 내가 19살 때 나는 아버지의 권유로 서울사대에 시험을 보게 되었다. 그래서 아버지와 나는 기차를 타고 서울에 도착했고 종로에 있는 여관에 들어가 잠을 잔 후 다음날 일찍이 청량리에 있는 서울대학교 사범대학으로 가서 시험을 쳤다. 그때는 서울대학교의 관악캠퍼가 만들어지기 전이었고, 17개 단과대학은 모두 흩어져 있었는데, 사범대학은 청량리에 있었다. 또 그 당시는 수능제도가 없었고 단과대학별로 시험장소가 정해져 있어서 내가 시험 치는 몇 시간 동안 아버지는 운동장에서 기다렸던 생각이 났다.

63년 전에 내가 경험한 일을 나의 아들과 손녀가 똑같이 하고 있구나 싶어서 감개가 무량했다. 단지 이번에는 차를 몰고 서울로 갔고 서울대 관악캠퍼스에서 멀지 않은 곳에 여관을 잡았고 수능을 쳤지만, 사대인 만큼 다른 데와 달리 면접을 보기 위해서라는 것뿐이다. 신통하게도 역사교육과를 지망한 것도 같다.

우리 아버지는 그때 40대 후반의 연세로 6남매의 맏딸인 나의 교육에 엄청 심혈을 기울이셨다. 큰애가 잘해야 아래 동생들도 다 잘하게 된다고... 지금 50대 초반의 나의 둘째 아들은 외동딸인 손녀에게 최선을 다하고 있는 것이다. 역사는 반복되는 것인가...부모 자식간의 정은 영원한 것이리라.

60여 년 전의 과거를 회상하며... 손녀의 합격을 위해 매일 기도를 하고 있다.

일기쓰기 262일째 ; 삶의 지혜 28가지 (1월 18일)

가슴에 와 닿는 말들이 많이 있네요. 오늘도 마음에 새깁니다. 적어도 몇 가지 정도는 자주 볼 수 있는 곳에 붙여서 실천할 수 있도록 우리 노력해 봐요~ 수첩에 꼭 적어놓아야 할 삶의 지혜 28가지.

01. 누워있지 말고 끊임없이 움직여라. ; 움직이면 살고 누우면 죽는다.
02. 하루에 하나씩 즐거운 일을 만들어라. ; 하루가 즐거우면 평생이 즐겁다.
03. 마음에 들지 않아도 웃으며 받아 들여라. ; 세상 모두가 내 뜻대로 되는 게 아니다.
04. 자식에게 이래라 저래라 하지 말라. ; 아무리 효자도 간섭하면 싫어한다.
05. 젊은이들과 어울려라.; 젊은 기분이 유입되면 활력이 생겨 난다.
06. 한번 한 소리는 두 번 이상 하지 말라. ; 말이 많으면 따돌림을 받는다.
07. 모여서 남을 흉보지 말라. ; 나이 값하는 어른만이 존경을 받는다.
08. 지혜롭게 처신하라. ; 섣불리 행동하면 노망으로 오해 받는다.
09. 성질을 느긋하게 가져라. ; 급한 사람이 언제나 망신을 한다.
10. 나이가 들수록 목욕을 자주하라. ; 그래야만 사람들이 피하지 않는다.
11. 돈이 재산이 아니라 사람이 재산이다.; 돈 때문에 재산을 잃지 마라.
12. 좋은 책을 읽고 또 읽어라. ; 마음이 풍요해지고 치매가 예방된다.
13. 대우받으려고 하지 마라. ; 어제 다르고 오늘이 다르다.
14. 먼저 모범을 보여라. ; 그래야 젊은이들이 본을 받는다.
15. 주는 데 인색하지 마라. ; 되로 주면 말로 돌아온다.
16. 하루에 10분씩 웃어라. ; 수명이 연장되고 인자한 어른으로 기억된다.
18. 걱정은 단명의 주범이다. ;걱정할 가치가 있는 일만 염려하라.

19. 남의 잘못을 보며 빈정대지 말고, ; 잘하는 점만을 보며 칭찬을 하라.
20. 세상을 비관적으로 보지 말라. ; 이왕이면 다홍치마라고 밝은 눈으로 바라보라.
21. 좋건 나쁘건 지난날은 무효다. ; 소용없는 일에 집착하지 말라.
22. 누가 욕한다고 속상해 하지 말라. ; 참고 스스로 자신을 발견하라.
23. 고마웠던 기억만을 간직하라. ; 괴로웠던 기억은 깨끗이 지워버려라.
24. 즐거운 마음으로 잠을 자라. ; 잠 속에서도 행복한 꿈을 꾼다.
25. 지혜로운 사람과 어울려라. ; 바보와 어울리면 어느새 바보가 된다.
26. 그날에 있었던 좋은 일만 기록하라. ; 그것이 행복의 노트다.
27. 작은 일도 크게 기뻐하라. ; 기쁠 일이 늘어난다.
28. 내가 가지고 떠날 것은 없다. ; 남기고 갈 것이 있는가를 살펴라.

일기쓰기 263일째 ; 鳴謝李陽子敎授之厚誼 兼憶故金鍾圓博士
(이양자교수의 후의에 감사하며 고 김종원박사를 추억하다) (1월 19일)

수유리 작은 집에서의 토론 모임을 추억하면서...

옛날 가난했던 수유리에서의 신혼생활 때 그이는 서울대 사학과 무급 조교였고, 나는 애들 키우기에 바쁜 시절 우리 집에는 그 당시 쟁쟁했던 서울대 대학원 학생들이 자주 찾아 왔었다. 간난한 우리를 걱정해서 소주나 돼지고기를 사들고 왔었다. 우리는 밤이 새도록 토론하며 기개를 마음껏 펼쳤다. 이미 50여 년 전의 일이다... 그이들은 모두 쟁쟁하고 자랑러운 우리나라 동양사학계의 거목들이다. 이제는 모두 일흔을 넘기고 정년퇴임을 한 분들이지만 우리 그이는 떠나고 없어도 늘 연락은 하고 지낸다.

오늘은 우연히 지난날 기록 보기를 폰에서 찾아보니 그때 한 분인 이성규 교수님이 보낸 글을 찾아내고 감개가 무량하기만 하다. 한문과 한시에도 능통한 이 교수는 고맙게도 아래와 같은 글을 메일로 보내주었다.

"李陽子敎授 故金博士鐘圓敎授之夫人也 距今五十餘年 余畢完軍役 復籍於大學 而始出入東洋史硏究室矣 當此之時 金博士以講師兼助敎掌學科之圖書 我之相識始於敎導搜書及其讀解之緣 博士之年比余長十歲 以來 博士之於余也 若大仁兄之愛護小弟而已 余之受分外之恩 實不可勝記也

이양자 교수는 고 박사 김종원 교수의 부인이다. 50여 년 전 나는 군대를 마치고 복학하면서 동양사연구실을 출입하기 시작하였다. 당시 김 박사는 강사 겸 조교로 학과 도서를 관장하고 있었기에, 나에게 책을 찾고 독해를 지도하면서 서로 알게 되었다. 박사는 나보다 10년 위였고 마치 어진 큰 형님이 어린 동생을 대하듯 사랑하고 보호하는 사이가 되었다. 이후 내가 분 외의 은혜를 입은 것은 이루 열거할 수도 없다

其夫人亦同門同學才媛 其性豁達無比 愛酒好談論之女傑也 常不辭煩勞 不顧家用 自請開小宴以頒飮於後學 當人人皆貧之時 尤於靑年學生 一杯濁酒亦難得之幸運 況徹夜豪飮而恣放論之會 何須羨王侯之高會耶 余之輕薄無憚之擧 其夫妻常微笑以護之 余頻頻尋其小屋於北漢山南麓 而强請一壺之賜 不知東方之旣白者亦不少矣

그 부인 역시 서울 대 同門同學의 재원으로서 그 성품은 누구보다 활달하였고 술을 사랑하고 담론을 즐기는 여걸이다. 항상 수고를 마다하지 않았고 살림도 고려하지 않으며 자청하여 후학들에게 작은 술자리를 마련하여 주었다. 모두가 가난한 시절 특히 청년 학생들에게 탁주 한 잔도 쉽지 않는 행운이었는데 하물며 밤새 호쾌하게 마시고 마음껏 떠들 수 있는 술자리는 말해 무엇 하겠는가? 왕후의 큰 술자리도 부러워할 필

요가 없었다. 나의 경박하고 기탄없는 언행도 그 부부는 항상 미소하며 변호해 주었다. 나는 북한산 남록에 있는 그 작은 집을 빈번히 찾아 한 병 술을 강청하였고, 새벽이 밝은 것도 모른 일이 적지 않았다.

今也 其小宴已沒於遠昔之故事耳 然其尙留刻深印於心者 其由于有靑春 滿熱情 又充溢相愛相敬之厚情歟 大兄長逝已過十餘年 其羽化登仙之前數月 其夫妻又開最後待晩餐以請親知數百人而告別 李陽子敎授呑淚强歡笑而熱唱之姿 使人歎其美麗人生之垂範矣 近頃 李敎授又忘歲輪之轉 猶忙於著述與作詩 且懷其美憶而日益加其彩矣

이제 그 작은 파티들은 이미 먼 옛날의 이야기가 되었다. 그러나 아직도 내 마음에 깊은 각인을 남긴 것은 거기에 청춘이 있었고 열정이 가득하였으며, 또 서로 사랑하고 존경하는 두터운 정이 있어서 넘쳐흘렀기 때문이 아니었겠는가? 대형이 영원히 떠난 것도 이미 십여 년이 되었다. 그가 신선이 되어 올라가기 몇 달 전 그 부부는 또 최후의 만찬을 열어 친지 수백 인을 초청하여 이별을 고하였다. 이양자 교수가 눈물을 삼키며 억지로 즐겁게 웃으며 열창하던 모습에 사람들은 인생을 아름답게 만드는 모범을 보고 찬탄하였다. 요즈음 이 교수는 또 세월이 흐르는 것도 잊고 아직도 저술과 詩作에 분망하며, 아름다운 추억을 품고 매일 매일 그것을 더욱 빛나게 만들고 있다.

昨秋 余忘歲月之無奈何 敢冒登高梯 以欲剪前庭之松枝 一瞬失足 而當右足踵骨全碎之變 至於今日 尙處於不能直立以移步之困境 李敎授遙聞僕之慘事 輒致慰問之辭 兼送海鮑一箱 以切祈余之快癒焉 傳曰鮑膾有特效於療骨之傷云 今日余拜受鮑箱 不勝感慨 忘鳴謝之言 便憶昔日大兄之厚情 追思其大人之豪風 乃草此拙文以報焉.

지난 가을 나는 세월은 어쩔 수 없다는 것을 잊고 무모하게 높은 사다리에 올라 앞뜰의 소나무 가지를 다듬으려 하였는데, 일순 실족하여 오른 발 뒤꿈치 골이 다 부서지는 변을 당하여 아직도 곧바로 서서 걸음을 옮기지 못하는 처지이다. 이 교수가 멀리서 나의 참변을 듣고 곧 위문의 말과 함께 남해 전복 한 상자를 보내며 쾌유를 간절히 빌어 주었다. 전복 회는 골상을 치료하는데 특효가 있다고 한다. 오늘 나는 전복 상자를 배수하면서 감개를 이길 수 없어 감사의 말도 잊고 있다가 문득 옛날 대형의 두터운 정이 생각나 그 호쾌한 풍모를 새삼 그리워하였다. 이에 이 졸문을 초하여 은혜에 보답하고자 한다."

감사합니다 정말 감사합니다...! 이성규 교수님.... 저도 먼 ~ 그 시절을 생각하니 감개가 무량하기만 합니다... 어서 건강 회복하시길 빌고 또 빕니다!

일기쓰기 264일째 ; 고난 속에서 역사적 작품이 탄생했다.
(1월 20일)

주나라 문왕은 은나라 감옥에 갇혀 있는 동안 주역을 만들었고, 공자는 진나라에서 곤경에 처했을 때 춘추를 썼다. 굴원은 초나라에서 추방되자 이소경을 지었다. 좌구명은 한쪽 눈이 실명되고 나서부터 국어를 쓰기 시작했다. 손자는 다리가 잘리는 형벌을 받고 나서 손자병법을 완성했으며, 여불위는 촉나라로 귀양 갔기 때문에 여람呂覽*을 남길 수 있었다. 한비는 진나라에 붙들렸기 때문에 세난說難, 고분孤憤*을 쓸 수 있었다. - 사마천, '사기'에서 (이상민 지음, '365 한 줄 고전')에서 인용 -

인류 최대의 역사적 작품들은 한결같이 최악의 고난 속에서 탄생했습니다. 정약용은 귀양 가서 500여 권의 저서를 남겼고, 사마천 역시 치욕

스런 궁형*을 받고 나서 위대한 사기를 완성시킬 수 있었습니다. 평탄하기만 한 삶에선 걸작이 나오지 않습니다. 고난과 역경은 신이 내린 인생 최대의 축복이라 할 수 있습니다.

우리 모두의 인생역정에는 힘든 역경이 있습니다. 우리 모두 잘 이겨 내도록 하여야 합니다....!

* 여람: 중국 진秦나라의 여불위가 학자들에게 편찬하게 한 사론서史論書. 유가를 주로 하고 도가와 묵가의 설도 다루었으며 12기紀, 8람覽, 6론論으로 분류하였다. 20권.
* 고분: 군주에 대한 상소문과 받아들여지지 않는 데 대한 분통 등에 관한 글.
* 궁형: 중국 고전의 기록에 의하면, 사형死刑, 궁형宮刑, 월형刖刑(발뒤꿈치를 자르는 형벌), 의형劓刑(코를 베는 형벌), 경형黥刑(얼굴·팔뚝 등의 살을 따고 홈을 내어 죄명을 찍어넣는 형벌)을 5형이라 하는데, 이 중에서 남녀의 생식기에 가하는 형벌로서, 남자는 생식기를 거세하고, 여자는 질을 폐쇄하여 자손의 생산을 전연 불가능하게 하였으므로, 사형에 버금가는 극형이었다.

일기쓰기 265일째 ; 배만 따뜻하게 해줘도 100세는 산다
(1월 21일)

"뱃속만 따뜻하게 해줘도 100세는 산다."는 것, 김종수 원장이 이런 결론에 도달하게 된 것은 100세 이상의 장수노인을 직접 찾아다니면서 생로병사의 원인과 무병장수의 비밀을 알았기 때문이다. 무병장수의 비밀은 결코 먼 곳에 있지 않다.

'따뜻하면 살고 차가워지면 죽는다.'는 말 속에 그 모든 생로병사의 비밀이 담겨져 있다고 해도 과언은 아니다. 몸에 따뜻한 기운을 유지하는 것이 건강을 유지하는 것이고, 몸에 따뜻한 기운이 빠져나가 식어버리는 것이 죽는 것이다. 그래서 우리는 흔히 죽은 자를 표현하는 데 있어 '싸늘하게 식은 몸'이라는 비유를 곧잘 하곤 하는 것이다.

질병과 노화란 몸이 식어가는 과정에서 나타난 자연현상이다. 암환자, 중풍환자, 치매환자, 정신병자 등 모든 질환자의 뱃속이 차갑고, 노인들의 뱃속 또한 차갑다. 수많은 사람들이 찾아 헤매던 생로병사의 원인이 바로 '따뜻하면 살고 차가워지면 병들고 늙어 죽는 것'이다.

즉 '따뜻하면 살고 차가워지면 죽는 것'은 '자연의 이치인데 오늘날 의학은 따뜻하게 해주면 순환이 되어 예방과 치료가 되는데도 따뜻하게 해줄 생각은 하지 않고 다른 곳에서 원인을 찾으려고 하니 비만, 아토피, 고혈압, 당뇨, 중풍, 치매, 기형아, 괴질 등 불치병, 난치병이 생길 수밖에 없는 것이다. 몸이 차가워지면 몸의 순환이 안 되어 질병과 노화 그리고 죽음이 오며 머리가 뜨거워져 마음이 급하고 정신이 없어서 짜증과 신경질이 생긴다. 이와 반대로 몸이 따뜻하면 몸의 순환이 잘 되어 건강을 유지하고 머리가 차가워져 마음이 차분하고 정신이 맑아진다.

* 따뜻한 음식은 몸을 따뜻하게 한다.

따뜻한 음식은 위장에서 분해, 발효(소화)시키기가 좋아 건강을 유지하는데 도움이 된다. 하지만 차가운 음식이 위장에 들어오면 위장은 차가운 음식을 위장의 따뜻한 기운으로 데워서 소화를 시켜야 하므로 많은 기운이 소모된다. 처음에는 기운이 있어 몸에 들어온 차가운 음식을 녹일 수 있는 힘이 있지만, 반복되면 차가운 기운에 지게 되어 움츠러들며 소화 장애가 생기고 반복되면 위장은 기운을 잃게 된다. 또 차가워진 위는 붓거나 통증이 생기고 세균의 침범을 받아 염증과 암으로 발전하게 된다. 그래서 따뜻한 음식은 건강한 사람, 건강하지 못한 사람 가릴 것 없이 건강을 유지하는데 도움이 되는 것이다.

장수 노인들의 식습관을 살펴보면 야채를 생으로 먹는 것보다 살짝 데쳐서 나물 반찬으로 먹는 경우가 더 많다. 야채를 데치는 과정에서 차고 나쁜 기운이 빠져나가고 따뜻한 에너지가 보충되어 먹기 좋은 상태가 되기 때문이다.

배를 따뜻하게 해주면 경직되었던 지방과 근육이 부드러워지면서 혈관의 통로가 넓어진다. 넓어진 통로로 흐르는 많은 피는 온도상승과 영양공급이 약해진 장기에 왕성한 활동을 촉진해주고, 이 과정에서 발생하는 열량 에너지는 몸의 온도를 올려줌으로써, 불필요한 보온재인 지방을 없애게 된다. 참고로, 비만은 몸이 차가워져서 생기는 병이며 화를 내거나 말이 많아도 몸이 차가워진다.

"뱃속을 항상 따뜻이 하는 사람은 자연히 질병이 생기지 않으며 혈기가 왕성해진다."   - 동의보감 내경편 -

* 몸을 따뜻하게 하는 방법
1. 따뜻한 물이나 차를 많이 마셔라.
2. 말을 많이 하지 마라.
3. 바른말 고운말 존댓말을 써라.
4. 다리를 많이 움직여라.
5. 땀을 흘려라.
6. 일과 운동을 열심히 하라.
7. 목욕을 하라.
8. 11자 자세로 걸어라.   - 월간역학 2022년 1월호에서 담아왔습니다. -

일기쓰기 266일째 ; 약해지지 마 (1월 22일)

약해지지 마

                                        - 시바타 도요 -

있잖아, 불행하다고

한숨짓지 마

햇살과 산들바람은
한쪽 편만 들지 않아

꿈은
평등하게 꿀 수 있는 거야

나도 괴로운 일
많았지만
살아 있어 좋았어

너도 약해지지 마.

일기쓰기 267일째 ; 정인이를 생각하며 (1월 23일)

작년의 오늘 일기를 보며 정인이를 다시 생각한다....! 오랜만에 티없이 맑은 파란 하늘을 보았다. 푸른 하늘로 인해 마음이 다소는 나아졌다. 며칠 내내 불쌍한 정인이 때문에 가슴이 넘넘 아팠다~! 넘 불쌍해서... 인간이 인간 짓을 해야 인간인데 인간 아닌 자들이 이 세상엔 넘넘 많다.... 고작 16개월 간 이 세상에 살면서 얼마나 아프고 괴롭고 힘들고 또 아프고 아프고 했을까!

처음부터 따져보자... 그래 도대체 정인이는 누가 낳았는가? 키우지도 못할 애를 왜 낳았는가? 사전피임약도 있고 사후 피임약도 있지 않은가?! 이리도 교육수준이 높은 우리나라에서 피임에 관한 상식도 터득하지 못했단 말인가. 도대체 무엇을 가르쳤나? 아직도 교육현장은 아득하기만 하다....피임에 대해 가르쳐야지! 낳고 팽개친 그 친엄마의 짓거리....이것은 교육부와 여성가족부 잘못이다.

　입양을 했으면 입양 가정에 대한 철저한 관심으로 왜 나라는 처리를 잘하지 못했는가? 여러 가지 학대 징조가 나왔는데 왜 싸그리 무시하고 그냥 두었나? 죽게 만들었나? 세계적으로 보아서 부끄러울 정도로, 나라 망하게 할 정도로 그 수많은 공무원들은 무엇을 했나 하나부터 열까지 무얼 하나 옳게 하는 것이 없다. 이 정부는..... 도대체가....
도대체가 말문이 막힌다. 제 딸도 있으면서 왜 딸 하나를 더 입양해서 애를 학대 하다하다 밟아서 창자 터져 죽게 만드는가? 이게 도대체 인간인가? 인간인가? 지금 바로 사형에 처해야 한다!!

　여성들로 하여금 피임에 대한 철저한 교육이 필요하고, 또 낙태법도 통과되었지 않았는가. 여성들이여 우선 정신 차려야 한다!!! 자신 없으면 임신하지도 애를 낳지도 말라!!!
　그리고 입양아에 대해선 입양 관련 기관과 관련 경찰관 의사들에 의한 철저한 감시가 되어야 한다! 두 번 다시 이러한 일이 일어나서는 안 된다! 아이들을 학대해서는 안 된다! 정인아~ 저 파란 하늘처럼 맑은 저 세상에 가서 행복하게 잘 살기 바란다.....꼭 꼭 꼭!!

일기쓰기 268일째 ; 자신을 격려하고 아끼는 방법 (1월 24일)

　요즘 세상 참 살기가 힘들다. 코로나시절이 2년을 지나면서 이제 지친다. 어제가 오늘 같고, 월요일인가 하면 벌써 토요일이고... 왜 사는가...하는 마음이 든다. 그래도 자신을 우리는 스스로 격려해야 한다. 어떻게 해야 할까?

* 30분 동안 쉬거나 자거나 아무것도 하지 않는다. 아니면 여유를 가지

거나 아로마테라피 목욕을 한다.
* 교외나 공원으로 산책하러 간다. 아니면 정원이나 화분을 돌본다.
* 음악 감상을 하거나 재미있는 영화를 본다.
* 머리 손질을 하거나 얼굴이나 몸에 마사지를 한다. 아니면 치료나 상담을 받는다.
* 바자에 가서 자신에게 필요한 물건을 구입한다.
* 헬스클럽에서 운동을 하거나 수영이나 사우나를 하거나 낚시를 하거나 테니스를 친다.
* 지금의 감정을 글로 옮기거나 편지나 시를 쓴다. 영감을 주는 책을 읽는다.
* 상상력을 동원해 이 목록의 내용을 바꾸거나 새로운 내용을 덧붙여 보라.
* 복작대는 큰 재래시장에 가서 그 삶의 현장인 시장의 열기에 함께 잠겨보자.

일기쓰기 269일째 ; 우아한 황혼 인생 (1월 25일)

'헤리 리버만'*은 전시관에서 개인전이 열렸을 때, 그의 나이는 101세였습니다. 하지만 그는 전시장 입구에서 꼿꼿이 서서 내빈들을 맞았습니다. 그는 이렇게 말했습니다. "일흔, 여든, 혹은 아흔 살 먹을 사람에게 이 나이가 아직 말년이 아니라고 말하고 싶습니다. 몇 년을 더 살지 생각 말고, 내가 여전히 일을 더 할 수 있을 지를 생각해 보세요! 무언가 할 일이 있는 것, 그것이 곧 삶입니다."

사람들은 나이가 들면서 노년을 걱정합니다. 건강하고 우아하게 늙고 싶은 것이 한결 같은 바램입니다. 노년기를 우아하게 보내려면 이 3가지를 유의해야 합니다.

첫째, 영혼의 문제를 생각해야 합니다.

둘째, 무슨 일에나 함부로 참견하는 습관을 버려야 합니다.

셋째, 같은 말을 반복하고 남을 헐뜯는 일을 삼가야 합니다.

사람을 흉하게 늙도록 만드는 5가지 '독약'이 있습니다. "불평, 의심, 절망, 경쟁, 공포"입니다. 이 다섯 가지 독약이 많을수록 노년의 얼굴은 심하게 일그러집니다. 반대로 사람을 우아하게 늙도록 만드는 다섯 가지 '묘약'이 있습니다. 그 것은 곧 "사랑, 여유, 용서, 아량, 부드러움"입니다. 인생에는 연장전은 없습니다. 하루하루가 처음이고, 끝입니다. 오늘 최선을 다해야 하는 이유가 여기에 있습니다.

이제 얼마 남지 않은 종착역을 앞두고 독약도 피해야겠고, 묘약도 챙겨야 하겠지만, 그래도 무엇보다 더 중요한 건 건강입니다. 육체보다 마음에 더 좋은 열매가 맺을 수 있고, 하루의 햇빛 중에서 가장 아름다운 때는 저녁노을입니다.

아름다운 황혼인생을 꽃피우기 위하여 남은 여정 슬기롭게 헤쳐 나갑시다. 늙은 나무에 더 좋은 열매가 열릴 수 있고 우아한 황혼, 즉 저녁노을입니다.

* 미국의 '샤갈'로 불리는 화가 Harry Lieberman(1880~1983), 유태계 미국인으로, 29세의 나이에 단돈 6달러를 가지고 폴란드에서 미국으로 건너왔다. 그는 빈민가의 유대인 지역에서 재단사, 현금출납원 등으로 일했고, 과자가게, 제과업 등으로 자수성가하여 상당한 부를 쌓았다. 77세에 은퇴한 그녀는 그 이후 80이 다 된 나이에 우연히 그림을 배우게 되어 성공한 신념의 여성입니다.

일기쓰기 270일째 ; 살아가는 이유 (1월 26일)

하늘이 하늘이 너무 파랗잖아...

겨울 하늘 흰 구름이 너무 아름다워서…
새싹을 잉태한 잎 진 나목들이 너무 멋져서…
이 한 겨울 동백꽃이 너무나도 붉어서…

착한 이들의 마음이 감동스러워서…
내 아이들이 잘 살아가고 있잖아…
배우고 열중할 공부가 아직 있기에…
코로나 가운데서도 건강한 사색이 가능하기에…

햇살이 따사로운 한겨울 하오에
강아지의 충성스런 눈동자를 보며
새봄을 알리는 노란 프리지아꽃에 취하며
오늘도 살아가는 긍정의 힘을 키운다.

일기쓰기 271일째 ; 인생명언 43가지 (1월 27일)

01. 자신을 사랑하라. 그래야 남을 사랑할 수 있다.
02. 이 세상에 나쁜 사람은 없다. 나쁘게 보는 눈이 있을 뿐이다.
03. 있을 때 잘하라. 평소에 쌓아둔 공덕, 위기 때 빛을 발한다.
04. 즐겁게 손해 봐라. 이익이 이익만은 아니고 손해도 손해만은 아니다.
05. 사적인 시간을 가져라. 그래야 거리가 없어진다.
06. 칭찬에 앞장서라. 적군도 아군 된다.
07. 입에서 나오는 대로 말하지 말라. 생각하고 말하고, 말하고 생각하라.
08. 어떤 일이 있어도 다투지 말라. 다툼으로 얻는 것은 분열뿐이다.
09. 상대방을 고치려 말라. 나를 그에 맞게 고치면 하나가 된다.
10. 수시로 안부를 전하라. 눈과 귀에서 멀어지면 마음에서도 멀어진다.

11. 인생은 드라마다. 연출하고 연기하라.
12. 수입의 1퍼센트 이상은 기부해라. 마음이 넉넉해지면 얼굴이 활짝 핀다.
13. 누구에게나 인사 잘하는 사람이 되라. 자신의 평판은 인사에서 비롯된다.
14. 옛 친구들을 챙겨라. 그들이야 말로 최고의 재산이다.
15. 나 자신을 발견해라. 자신을 찾지 못하면 어느새 실종된다.
16. 밝은 미소로 사람을 대하라. 남도 나를 미소로 대해준다.
17. 행복한 가정을 만들어라. 가정이 표류하면 인생도 표류한다.
18. 보이지 않는 식구에게 전화라도 하라. 하늘이 나를 돕는다.
19. 기쁨과 아픔을 함께 나눠라. 사람의 벽은 그래야 없어진다.
20. 평상시에 관계를 유지하라. 급할 때 찾으면 이미 늦는다.
25. 콩심은 데 콩난다. 좋은 씨앗만 심어라.
26. 비난 비판의 말을 결코 하지 말라. 심판은 나의 관할이 아니다.
27. 생색을 내지 말라. 잘한 것은 하늘이 알아서 포상한다.
28. 부모 마음으로 사람을 대하라. 그래야 나의 품에 안을 수가 있다.
31. 욕먹었다고 속상해하지 말라. 그의 입에서 나온 말은 그에게 돌아간다.
32. 나쁜 말은 한 귀로 듣고 한 귀로 흘려라. 좋은 말만 듣고 전하라.
33. 좋았던 기억만 저장하라. 그것이 소중한 자산이다.
34. 남을 도마 위에 올려놓지 말라. 쥐도 궁하면 사람을 문다.
35. 항상 자기를 낮춰라. 그래야 올라간다.
36. 모든 것은 말대로 이뤄진다. 건설적인 말만 사용하라.
37. 끊임없이 감사하라. 그래야 감사할 일이 늘어난다.
38. 꼭 해야 할 일은 미루지 말라. 오늘은 오늘에 한해 유효하다.
39. 자신을 믿어라. 그래야 남을 믿을 수가 있다.

40. 부정적인 말은 하지 말라. 듣지도 전하지도 말라.
41. 사람은 보석과 같다. 연마하면 찬란하게 빛이 난다.
42. 마지막 하루처럼 살아가라. 그래야 완성된 삶을 이룰 수가 있다.
43. 하루를 결산하고 잠을 자라. 잠자는 것보다 결산이 더 급하다.

　다 잘 아는 이야기들이지만 명언을 통해 다시 되새기며 나의 비망록에 써둔다.

일기쓰기 272일째 ; 공부 한다는 것 (1월 28일)

공부를 하면 공부의 길이 열리고
공부를 접으면 머리는 꾀를 피운다.
공부를 하기 시작하니 자꾸만 더 하고 싶어진다.
재미가 난다! 의욕이 불탄다!

공부를 안 하니 게으름과 타성이 피어나
그냥 망연자실 자신의 넋을 놓는다.
공부하니 기쁘다. 기쁨이 샘솟는다.
막막하던 머리가 기름 친 듯 회전하며
다음 공부 진로로 마구 나아간다.

역시 시작이 반이다. 시작은 힘들지만
계속한다는 것은 완성으로 가는 반전을 가져준다.
아~ 이 기쁨! 수십 년 해온 공부가 아닌가!
공부를 하니 어찌 기쁘지 아니한가
이 재미를 안다는 건 얼마나 행운인가?!

한자 익히기. 일기쓰기, 역사 연대 익히기,
사람 이름 외우기, 책 읽기, 강의노트 들여다보기
등등 매일 매일의 생활이 바쁘고 활기차다.

일기쓰기 273일째 ; 어머님의 여한가餘恨歌 (1월 29일)

설음식도 배달이요! 신종 코로나바이러스 감염증(코로나19) 장기화는 명절 풍경도 바꿔 놓았다. 고향 방문과 대규모 가족 모임이 사라지고, 안부를 주고받는 정도로 연휴를 보내는 가정이 늘어났다. 이러다 보니 힘들게 명절 음식을 장만하지 않는 사람이 많아진 것도 코로나 시대의 특징이다. 놀라운 것은 포장이나 배달 음식이 낯설지 않은 요즘 1인용 도시락부터 가족을 위한 패밀리 세트까지, 다양한 형태의 명절 음식 배달 서비스를 보면서, 옛 여성들의 한 맺힌 삶의 힘듦을 되새겨 보려한다.

옛 어머니들의 시집살이, 자식거두기 등 질박한 삶을 노래한 글이며 한국 여인들의 결혼 후 시집살이에서 생기는 한을 꾸밈없이 이야기한 순박한 글이다.

어머님의 여한가餘恨歌

열여덟살 꽃다울제 숙명처럼 혼인하여
두세살씩 터울두고 일곱남매 기르자니
철지나고 해가는줄 모르고서 살았고나
봄여름에 누에치고 목화삼베 길쌈하고
콩갈아서 두부쑤고 메주띄워 장담그고
땡감따서 곶감치고 배추절여 김장하고

호박고지 무말랭이 넉넉하게 말려두고
어포육포 유밀과와 과일주에 조청까지
정갈하게 갈무리해 다락높이 간직하네

찹쌀쪄서 술담궈서 노릇하게 익어지면
용수박아 제일먼저 제주부터 봉해두고
시아버님 반주꺼리 맑은술로 떠낸다음

청수붓고 휘휘저어 막걸리로 걸러내서
들일하는 일꾼네들 새참으로 내보내고
나머지는 시루걸고 소주내려 묻어두네

피난나온 권속들이 스무명은 족하온데
더부살이 종년처럼 부엌살림 도맡아서
보리쌀을 절구질해 연기에다 삶아건져

밥도짓고 국도끓여 두번세번 차려내고
늦은저녁 설거지를 더듬더듬 끝마치면
몸뚱이는 젖은풀솜 천근만근 무거웠네

동지섣달 긴긴밤에 물레돌려 실을뽑아
날줄일랑 갈라늘여 베틀위에 걸어놓고
눈물한숨 졸음섞어 씨줄일랑 다져넣어

한치두치 늘어나서 무명한필 말아지면
백설같이 희어지게 잿물내려 삶아내서
햇볕에다 바래기를 열두번은 족히되리

하품한번 마음놓고 토해보지 못한신세

졸고있는 등잔불에 바늘귀를 겨우꿰어
무거운눈 올려뜨고 한뜸한뜸 꿰매다가

매정스런 바늘끝이 손톱밑을 파고들면
졸음일랑 혼비백산 간데없이 사라지고
손끝에선 검붉은피 몽글몽글 솟아난다

내자식들 헤진옷은 대강해도 좋으련만
점잖으신 시아버님 의복수발 어찌할꼬
탐탁잖은 솜씨라서 걱정부터 앞서는데

공들여서 마름질해 정성스레 꿰맸어도
안목높고 까다로운 시어머니 눈에안차
맵고매운 시집살이 쓴맛까지 더했다네

침침해진 눈을 들어 방구석을 둘러보면
아랫목서 윗목까지 자식들이 하나가득
차내버린 이불깃을 다독다독 여며주고

막내녀석 세워안아 놋쇠요강 들이대고
어르고서 달래면서 어렵사리 쉬시키면
일할엄두 사라지고 한숨일랑 절로난다.

학식높고 점잖으신 시아버님 사랑방에
사시사철 끊임없는 접빈객도 힘겨운데
사대봉사 제사일은 여나무번 족히되고

정월한식 단오추석 차례상도 만만찮네
식구들은 많다해도 거들사람 하나없고

여자라곤 상전같은 시어머니 뿐이로다

고추당추 맵다해도 시집살이 더매워라
큰아들이 장가들면 이고생을 면할건가
무정스런 세월가면 이신세가 나아질까

이내몸이 죽어져야 이고생이 끝나려나
그러고도 남는고생 저승까지 가려는가
어찌하여 인생길이 이다지도 고단한가

토끼같던 자식들은 귀여워할 새도없이
어느틈에 자랐는지 짝을채워 살림나고
산비둘기 한쌍같이 영감님과 둘만남아

가려운데 긁어주며 오순도순 사는것이
지지리도 복이없는 내마지막 소원인데
마음고생 팔자라서 그마저도 쉽지않네

안채별채 육간대청 휑하고도 넓은집에
가문날에 콩나듯이 찾아오는 손주녀석
어렸을적 애비모습 그린듯이 닮았는데

식성만은 입이짧은 제어미를 택했는지
곶감대추 유과정과 수정과도 마다하고
정주어볼 틈도없이 손님처럼 돌아가네

명절이나 큰일때는 객지사는 자식들이
어린것들 앞세우고 하나둘씩 모여들면

절간같던 집안에서 웃음꽃이 살아나고

하루이틀 묵었다가 제집으로 돌아갈땐
푸성귀에 마른나물 간장된장 양념까지
있는대로 퍼주어도 더못주어 한이로다

손톱발톱 길새없이 자식들을 거둔것이
허리굽고 늙어지면 효도보려 한거드냐
속절없는 내한평생 영화보려 한거드냐

꿈에라도 그런것은 상상조차 아니했고
고목나무 껍질같은 두손모아 비는것이
내신세는 접어두고 자식걱정 때문일세

회갑진갑 다 지나고 고희마저 눈앞이라
북망산에 묻힐채비 늦기전에 해두려고
때깔좋은 안동포를 넉넉하게 끊어다가

윤달든해 손없는날 대청위에 펼쳐놓고
도포원삼 과두장매 상두꾼들 행전까지
두늙은이 수의일습 내손으로 다지었네

무정한게 세월이라 어느틈에 칠순팔순
눈어둡고 귀어두워 거동조차 불편하네
홍안이던 큰자식은 중늙은이 되어가고

까탈스런 울영감은 자식조차 꺼리는데
내가먼저 죽고나면 그수발을 누가들꼬
제발덕분 비는것은 내가오래 사는거라

내살같은 자식들아 나죽거든 울지마라
인생이란 허무한것 이렇게들 늙는것을
낙이라곤 모르고서 한평생을 살았구나

원도한도 난모른다 이세상에 미련없다
서산마루 해지듯이 새벽별빛 바래듯이
잦아들듯 쓰러지듯 흔적없이 지고싶네

이세상에 미련없다 서산마루 해지듯이
새벽별빛 바래듯이 잦아들듯 쓰러지듯
흔적없이 살고싶다 흔적없이 지고싶다

새벽달빛 바래듯이 잦아들듯 쓰러지듯
흔적없이 살고싶다 흔적없이 지고싶다

옛 어머님들을 생각하니 저절로 눈물이 납니다...

- 청은(bjbuu)님의 블로그에서 담아왔습니다. -

일기쓰기 274일째 ; 고독과 외로움 (1월 30일)

오늘은 시 한 수 지어 올려 본다.

고독은
잡념 없이 집중하는 아이처럼
외부 사물에 흩어져 있는 시선을
내면세계로 돌려 몰두하는 것.
외부가 아닌 내면에서

평화를 찾고 만족하는
정신적 여유다.

외로움은
어떤 것도 위로가 되지 못하는
공허이자 금방이라도 부서질 것 같은
새장이다.
외로움은 헤어나올 길 없는
일종의 자기혐오다
영혼의 불이 꺼져버린 후
찾아오는 절망 속 어둠이다.

고독은
자기 영혼을
시적인 정취 속에
머물게 하는 것이다.

일기쓰기 275일째 ; 두 번은 없다 (Nic dwa razy) (1월 31일)

내일 또 하나의 새해를 맞으며, 몇 번을 더 맞을지 모르는 나이의 나에게 가슴 깊이 안겨 오는 쉼보르스카의 '두 번은 없다' 라는 시를 올린다...!

두 번은 없다 (Nic dwa razy)

두 번은 없다. 지금도 그렇고
앞으로도 그럴 것이다. 그러므로 우리는
아무런 연습 없이 태어나서

아무런 훈련 없이 죽는다.
우리가, 세상이란 이름의 학교에서
가장 바보 같은 학생일지라도
여름에도 겨울에도
낙제란 없는 법.
반복되는 하루는 단 한 번도 없다.
두 번의 똑같은 밤도 없고,
두 번의 한결같은 입맞춤도 없고,
두 번의 동일한 눈빛도 없다.
어제, 누군가 내 곁에서
네 이름을 큰 소리로 불렀을 때,
내겐 마치 열린 창문으로
한 송이 장미꽃이 떨어지는 것 같았다.
오늘, 우리가 이렇게 함께 있을 때,
난 벽을 향해 얼굴을 돌려버렸다.
장미? 장미가 어떤 모양이었지?
꽃이었던가, 돌이었던가?
힘겨운 나날들, 무엇 때문에 너는
쓸데없는 불안으로 두려워하는가.
너는 존재한다-그러므로 사라질 것이다
너는 사라진다-그러므로 아름답다
미소 짓고, 어깨동무하며
우리 함께 일치점을 찾아보자.
비록 우리가 두 개의 투명한 물방울처럼
서로 다를지라도….

- 비스와바 쉼보르스카(Wislawa Szymborska 1923~2012) (최성은 옮김) -

1996년 스웨덴 한림원은 폴란드의 여성시인 쉼보르스카에게 노벨문학상을 수여하며 "모차르트의 음악같이 잘 다듬어진 구조에, 베토벤의 음악처럼 냉철한 사유 속에서 뜨겁게 폭발하는 그 무엇을 겸비했다"고 그의 시 세계를 요약했다.
- 설날에 읽는 최영미의 '어떤 시' 중에서 -

일기쓰기 276일째 ; 새해 복 많이 받으세요. (2월 1일)

2022년 새해 임인년壬寅年이 명실공히 밝았습니다.
오늘은 음력 2022년 1월 1일! 한해의 첫날입니다!
하시고자 하는 일들 모두 이루시는 한 해 되십시오!

처음 시작하는 마음은 비록 작은 솔씨 같지만
꾸준히 정진하다 보면 거대한 낙락장송으로 자라납니다!
새해 만사여의하시길 간절히 기원합니다!!!

저 자신도 모르는 사이 세월은 흐르고 또 흘러서
이미 80 산수도 넘기고, 82세의 나이를 헤어보는
저도 새로운 노력으로 또 새롭게 시작하겠습니다!
- 2022년 2월1일, 음력설날 이양자 올림 -

일기쓰기 277일째 ; "한국은 '작은 거인'" (2월 2일)

"한국은 '작은 거인'… 中·북한 전체주의 바꾸는 '문명사적 사명' 이뤄야"
- '송의달이 만난 사람' 노재봉 전 국무총리 기사에서 따왔습니다. -
올 3월 대선은 "대한민국 존재 이유가 유지될 것인가, 소멸될 것인가를 결정짓는 분수령이다. 문재인 정권을 계승하는 측이 승리하면, 대한민국의 존재 이유가 사라질 가능성이 매우 높다. 반대라면 일단 막을 수는 있을 것이다."

중요한 이유는 '개인'과 '자유'의 문제이다. 두 개념은 한반도에서 1948년 대한민국 정부 수립 후 처음 생겼다. 북한에는 지금까지 존재해 본 적도 없다. 문재인 정권은 출범 후 두 가지를 줄기차게 없애려 했다. 올 3월 대선에서 문 정권을 따르는 후보가 당선되면, 자유와 개인이 더 빨리 사라지고, 한국의 존재 이유도 소멸되어 갈 것이다. 또한 3월 대통령 선거 결과에 따라 중국에 복속, 해양문명 세력과 단절, 개인·자유가 소멸된 나라로의 길이 더 빨라질 수 있다. 그럴 경우 종착점은 혹독한 전체주의 국가이다. 자유 시민과 지식인들이 각성해야 한다."

그리고 문재인 정권의 4년 7개월을 평가하면,

"건국 후 대한민국 발전의 생명줄이자 원천인 해양문명 세력과의 관계를 의도적으로 끊고 대륙 중국과의 밀착을 꾀해 오고 있다. 그 결과 해양세력인 미국, 일본과 소원해져 외교적으로 고립됐다. 한반도 적화赤化통일 노선을 바꾸지 않은 북한에 대해서는 '평화 환상'에 빠져 스스로를 무장해제했다."

"대한민국이 70여년 이룬 성장과 힘을 바탕으로 새롭게 정비해 도약할 기회를 맞았으나 문 정권은 그것을 차버렸다. 또 국민의 잠재력을 활용하기는커녕 그것을 죽이는 방향으로 시종일관 갔다. 지배 권력 집단이 한국의 세계사史적 위상과 문명사적 사명使命을 파악하지 못하고 거꾸로 잘못된 방향을 잡은 탓이다."

"대한민국은 지도상으로 보면 작은 나라이지만 유라시아 대륙과의 관계에서는 '작은 거인巨人'이다. 우리 주변 대륙은 중국, 러시아 등 온통 독재의 전체주의全體主義 국가들이다. 대한민국은 세계사적 의미를 갖는

'자유'와 '야만'이란 투쟁의 최일선最─線에 서있는 전초前哨 국가이다."

그는 "대한민국은 중국 · 북한 같은 대륙국가의 전체주의를 바꾸는 역사적 사명을 갖고 있다. 반대로 한국이 무너지면 대륙 전체가 전체주의화 된다. 한국의 운명은 한국만이 아니라 인류의 것이기도 하다"고 말했다. 세계 경제 규모 9~10위 국인 한국의 선택도 중요하다. 미 · 중 어느 편에 서느냐에 따라 세계사의 향방向方이 달라질 수 있다."

"식민지를 경험한 신흥국가들 중 2차 세계대전 후 경제적으로 선진국이 된 나라는 대한민국이 유일하다. 한국은 아프리카, 아시아 개발도상국들이 본보기를 삼는 모범적인 모델이다. 정치적으로도 한국은 자유 · 민주 · 인권을 바탕으로 자유민주주의를 이뤘다."

"군軍 출신들은 스스로 한계를 인정하고 외부 전문가들을 중용했다. 그러나 민간인 대통령들은 내 패거리 안에서만 인재를 쓴다. 그러니 국정 성적표가 좋을 수 없다. "통일에 대한 착각, 민족에 대한 환상을 깨야 한다. '하나의 민족이니 통일돼야 한다'는 주장은 선전문구일 뿐이다. 한 민족이면서도 다른 나라로 사는 경우가 허다하다. 체제가 비슷하면 굳이 통일하지 않고 미국 · 캐나다처럼 자유롭게 교류하고 통상해도 충분하다. 남 · 북한처럼 체제가 완전히 다르면, 연방제도 불가능하다."

노재봉 전 국무총리는 사상思想과 실천實踐을 겸비한, 우리나라의 대표 지식인이다. 1950~60년대 당시 한국 문제를 주제로 외국에서 학위를 받던 상당수 유학생들과 달리, 그는 19세기 프랑스 정치사상가 알렉시스 토크빌(Alexis Tocqueville) 연구로 7년 만에 미국 뉴욕대학교에서 박사학위를 받았다. "교수도 했지만 공부가 끝났다고 생각한 적은 한 번도 없다. '만년萬年 학생'이라는 각오로 계속 배우고 공부할 것이다. 그게 내 천직天職이자, 천명天命이라고 생각한다."라고 하며 올해 86세인 그는 지금도 새벽까지 공부에 매진하고 있다고 한다.

일기쓰기 278일째 ; 오늘은 내 인생의 가장 젊은 날 (2월 3일)

오늘은 내 기쁜 생의 첫날이라 마음먹자.
처음 시작하는 마음은 비록 작은 솔씨 같지만
꾸준히 정진하다 보면 낙락장송으로 자라나리니.

이제 남은 내 생애에 오늘보다 더 젊은 날은 없다.
조용 조용 숨결따라 마음 숲을 산책하자. 그리고
내가 하는 한마디 말이 힘든 이에게 꽃향기가 되자.

"당신이 하는 일이 모두 잘 되기를 바랍니다..."
이렇게 자주 축복을 담아서 간절히 기도하면
욕심은 비워지고 마음 창고에 복이 쌓여 가리라.

오늘도 많이 웃으세요 나 또한 오늘도 많이 웃자.
웃음은 너와 나를 현재에 깨어 있도록 해주니까.
평화는 나로부터 시작된다는 진언을 맘속에 외우자.

오늘은 내 인생의 가장 젊은 날.... 기억하자....!

일기쓰기 279일째 ; 손녀가 직속 후배가 된 날 (2월 4일)

  오늘이 벌써 입춘이다. 내가 쓴 2월의 시를 외우며 감회에 젖는다. '벌써'라는 말이 2월처럼 잘 어울리는 달은 아마 없을 것이다 새해맞이가 엊그제 같은데 벌써 2월~! 지나치지 말고 오늘은 뜰의 매화 가지를 살펴보아라. 항상 비어있던 그 자리에 어느덧 영글고 있는 꽃망울....
  '입춘대길'이라더니 오늘 그 예쁜 꽃망울이 봉긋하게 피어났다. 일년

한해를 재수한다고 안간힘을 쓰던 친손녀가 드디어 합격했다. 그것도 서울대학교에 합격하여 할머니 직속후배가 되었다. '서울대학교 사범대학 역사교육학과'에 합격한 것이다. 1959년 합격한 할머니는 25명의 정원 중 단 2명의 여학생이었다. 2022년 손녀는 18명의 정원 중 수시가 12명, 본고사로 6명중 한 명으로 합격한 것이다.

애썼다! 재수기간 중 보내준 할머니의 편지가 큰 도움이 되었다니 더욱 기쁘다. 우리 집은 애들 아버지와 나, 그리고 큰딸과 둘째 아들이 역사 전공을 했다. 그런데 이 손녀가 또 역사를 전공하겠다니 얼마나 다행하고 신통한가~! 역사의 대를 잇겠다니 기쁘고,,, 또 이 많은 책들을 물려줄 수 있어서 기쁘다. 할머니는 졸업할 때 2등 했었는데, 우리 손녀는 일등하자 했더니 곱게 웃는다.

입춘 날 들려온 기쁜 소식을 그이한테도 들려주러 내일은 산소에 가야겠다.

일기쓰기 280일째 ; "매일 밤 끌려가 집단 성폭행" (2월 5일)

"매일 밤 끌려가 집단 성폭행" 中신장엔 진짜 지옥이 있었다. 중국을 고발한다!

"매일 밤 마스크를 쓰고 찾아온 정장 차림의 남성들이 여성들을 끌고 가 성폭행을 했다. 나는 두세 명의 남성들이 달려들어 세 차례 집단 성폭행을 당하기도 했다." 9개월간 중국 신장 신위안현의 수용시설에 감금됐던 위구르족 여성 투르수와이 지아우둔(42)의 증언이다. 2018년 이곳을 탈출해 현재 미국에 망명해 사는 그는 2일(현지시간) 영국 BBC에 그간 겪었던 고통스러웠던 일들을 털어놨다.

그는 카자흐족 출신의 남편과 카자흐스탄에 5년간 머무르다 2016년 신장으로 돌아왔다. 도착 후 바로 당국의 심문을 받고 여권을 압수당했고, 체포돼 구금됐다. 첫 수용소 생활은 비교적 순탄했지만, 한 달 뒤 위궤양이 생겨 석방됐다고 한다. 당국은 남편의 여권은 돌려주면서도, 그의 여권은 돌려주지 않았다. 남편이 카자흐스탄으로 떠난 뒤 그는 다시 구금됐다.

두 번째 수용소 생활은 지옥이었다. 입소 뒤 한두 달간은 머리를 짧게 잘린 채 방안에서 당국의 선전 프로그램만 시청했다고 한다. 각 방엔 14명씩 배정됐으며 2층 침대가 놓여 있었고, 창문엔 창살이 화장실은 좌변기가 바닥에 붙어있었다고 묘사했다. 하루는 수용소 직원이 그를 어두운 방으로 데려가 고문했다. 지아우둔은 "막대기를 생식기 안에 집어넣어 전기를 흐르게 하는 방식으로 고문했다"며 "함께 끌려갔던 20대 여성은 고문 후 완전히 달라져 있었다. 아무와도 말하지 않았고 정신이 나간 상태가 됐다"고 했다.

그는 "밤중에 끌려간 여성 중 일부는 돌아오지 않았다. 다시 돌아온 사람들도 다른 사람에게 고문 중 일어난 일을 말하지 못하도록 협박받았다"며 "무슨 일이 있었는지 아무에게도 말하지 못하고 조용히 누워있을 수밖에 없었다. 그들의 목적은 모든 사람의 영혼을 파괴하는 것이었다"고 덧붙였다.

18개월간 수용소에 있던 또 다른 카자흐족 여성 굴지라 아우엘칸은 "내가 한 일은 수용소에 있는 여성들을 데려가 옷을 벗기고 손을 묶어 공안이나 중국 남성들에게 넘기고 조용히 나가는 것이었다."며 "문 옆에서 기다리고 있다가 남자가 방을 나가면 여성을 씻기러 갔다"고 증언했다. 또 "남성들이 예쁘고 어린 수감자들을 고르기 위해 돈을 쥐어주기도 했다"며 "조직적으로 강간이 이뤄졌다"고 했다. 또 다른 여성은 교육 중에도 여성이 끌려갔으며, 집단 강간뿐 아니라 전기고문이 일어나기도 했다고 말했다. "온몸을 물어뜯었는데 인간인지 짐승인지 알 수 없었다"

"시진핑의 어록을 암기하지 못하면 식량을 주지 않았다" 등의 증언도 있었다.

한편 중국은 성폭행과 고문에 대해 직접적인 답변을 피하며 "신장의 시설은 수용소가 아니라 사회교육 훈련센터다. 중국은 모든 소수민족의 권익을 평등하게 보호한다."고 BBC에 밝혔다. 또 "여성의 권리 보호를 매우 중요하게 여긴다"고 덧붙였다.

중국 서북쪽 신장 위구르 자치구에 있는 '위구르족 재교육 수용시설'은 2014년 위구르 분리주의자들의 테러가 일어난 뒤 "자비를 베풀지 말라."고 지시한 뒤 진행됐다고 미 뉴욕타임스(NYT)는 보도한 바 있다. 인권단체들은 중국 당국이 위구르족에 대해 종교를 비롯한 자유를 박탈하고 있으며, 집단감시를 하게 하거나 구금·세뇌·불임을 강요하는 등 억압적인 체계를 시행하고 있다고 지적하고 있다.

- 고석현 기자 ko.sukhyun@joongang.co.kr -

오늘, 작년 오늘 블로그에 실린 위 글을 보면서 아연해진다. 어제 밤 북경 모습과 대조된다. 어제 밤 두 시간에 걸쳐 제24회 베이징 동계올림픽 개막식을 눈여겨보았다. 발전되고 화려했다. 그리고 성화 마지막 주자는 위글인으로 했다. 인권 관련 각종 여론을 의식해서다. 웃긴다!

개막식 연출을 한 영화 감독 장이머우는 "2008년에는 중국을 세계에 보여주는 무대였고, 지금은 중국의 세계적인 위치나 지위가 달라졌다"며 "코로나19의 유행 속에 세계인들과 함께 이런 어려움을 이겨내고, 밝은 미래를 바라보는 시각이 필요하다"고 설명했다. 세계 일등 강국이 되면 무슨 의미가 있을 것인가?! 인간을 인간 이하로 대접하는 인권 없는 강압적인 전체주의 독재 하에서는 인간은 인간이 아닌 것이다. 결코 지속될 수 없는 정치 형태다. 인간은 자유로워야 하고, 같은 민족은 언젠가는 독립해서 한 나라를 만든다. 그리스 이후 발전하고 노력해온 인간의 참된 정치 형태는 언제 완성될 것인가... 전 세계인과 함께 중국을 고발한다!!

일기쓰기 281일째 ; 나와의 로멘스 (2월 6일)

다른 사람과의 로맨스는 끝날 때가 있습니다.
하지만 자신과의 로맨스는 평생 지속됩니다.
이 로맨스는 어떤 부작용도 없고
갈수록 즐거움이 더해집니다.

내 존재 자체, 이름, 감정, 마음, 단점,
성격, 체력, 환경, 가족 등
나를 둘러싼 모든 것과 사랑을 나누면
세상 모든 것이 아름답게 보입니다.

타인을 위한 사랑도 자신을
사랑하는 것에서 시작됩니다.
이 로맨스는 정말로 값지고
유쾌한 로맨스입니다.

나 자신과 사랑을 나누고 있습니까?
나와의 로맨스는 값지고 즐겁습니다.
우울함도 외로움도 사라집니다.
자신을 한번 깊이 사랑해 보세요~!

- 정용철의 「씨앗 주머니」 중에서 -

일기쓰기 282일째 ; 황새의 희생 (2월 7일)

　황새는 예로부터 길조吉鳥로 여겨졌는데, 황새가 군락을 이루면 큰 벼슬을 할 사람이나 만석꾼이 태어난다는 속설이 있을 정도로 친근한 우리나라 농촌의 텃새입니다. 하지만, 현재는 줄어드는 개체로 인해 멸종위기종이 된 황새는 다른 새들과는 다른 특징을 가지고 있습니다.

　먼저 황새는 한번 짝을 맺으면 평생 자신의 짝을 보살피는 독특한 새인데 심지어 수컷이 죽으면 암컷은 죽기까지 혼자 사는 일도 종종 있다고 합니다.

　그리고 깊은 부부애만큼이나 더 특별한 것이 있는데 그건 바로 '자녀 사랑'입니다. 대부분의 새는 수컷과 암컷이 번갈아 가며 먹이를 물어 오는데 황새는 먹이를 하나씩 물어오지 않고 다량의 먹이를 가슴속에 품고 와서는 목에 힘껏 힘을 줘서 연신 먹이를 둥지에서 토해서 새끼들에게 먹이를 골고루 나눠줍니다.

　황새의 이러한 행동은 새끼들끼리의 먹이 경쟁을 낮춰 자칫 경쟁에서 도태되는 개체가 나오지 않도록 하기 위한 것입니다.

　황새의 또 다른 특징으로는 '효'가 있습니다. 다 자란 성채가 된 새끼 황새들은 자유롭게 훨훨 날아갈 수 있지만 나이가 들어 병든 부모 황새를 위해 먹이를 물어다 주고, 자신의 큰 날개로 쇠약한 부모를 정성스레 보호합니다.

　이러한 황새를 보고 로마 시대에는 자녀가 나이 든 부모를 의무적으로 보살피도록 하는 '황새 법'을 만들기도 했습니다. 부모의 사랑, 효. 이 두 가지는 한낱 미물도 깨닫고 지키는 자연의 섭리와 같습니다. 그리고 이 둘의 공통된 핵심은 바로 '희생'입니다. 부모의 사랑, 자녀의 사랑 모두 희생을 바탕으로 세워진 귀한 섭리입니다.

- '따뜻한 하루'에서 담아왔습니다. -

일기쓰기 283일째 ; 괴테가 말하는 풍요로운 황혼 (2월 8일)

황혼기에도 열정적인 사랑을 나누었던 괴테는 노년에 관한 다음과 같은 유명한 말을 남겼다. 노인의 삶은 "상실의 삶" 이다. 사람은 늙어가면서 다음 다섯 가지를 상실하며 살아가기 때문이다. 건강과 돈, 일과 친구 그리고 꿈을 잃게 된다. 누구나가 맞이하게 될 노년, 괴테의 말을 음미하며 준비를 소홀이 하지 않는다면 황혼도 풍요로울 수 있다.

* 건강

몸이 건강하지 못하면 세상 온갖 것이 의미 없다. 건강할 때 즉 젊었을 때 다져 놓았어야 한다. 이 말은 다 아는 상식이지만, 지난 후에야 가슴에 와 닫는 말이다. 이제 남은 건강 이라도 알뜰히 챙겨야 한다.

* 돈

스스로 노인이라고 생각 한다면, 이제는 돈을 벌 때가 아니라 돈을 쓸 때이다. 돈이 있어야지 돈 없는 노년은 서럽다. 그러나 돈 앞에 당당하라.

* 일

당신은 몇 살부터 노인이 되었는가? 노년의 기간은 결코 짧지 않다. 정말 하고 싶은 일을 찾아 나서자. 일은 스스로 뿐만 아니라 주위 사람들에게도 기쁨을 준다. 죽을 때까지 삶을 지탱해 주는 것은 사랑과 일이다.

* 친구

노인의 가장 큰 적은 고독과 소외다. 노년을 같이 보낼 좋은 친구를 많이 만들어 두자. 친구 사귀는 데도 시간, 정성, 관심 때론 돈이 들어간다.

* 꿈

　노인의 꿈은 내세에 대한 소망이다. 꿈을 잃지 않기 위해선 신앙생활, 명상의 시간을 가져야한다.
　　　　　　　　　　　　　　　　　　　　　　　- '좋은 글' 中에서 -

일기쓰기 284일째 ; 평범한 진실 (2월 9일)

　건강健康 하게 산다는 것은 위대偉大한 일이고, 생존生存 한다는 것은 지뢰밭처럼 예측豫測할 수도 없으며, 위험성危險性도 매우 큽니다.
　정말 인생 80까지 살면 90점이고, 85면 100점이라고 평소에 공언公言해 온 것이, 타당妥當함을 새삼 느낍니다. 오늘도 "평범平凡한 진실眞實"을 다시 한 번 되새기며 감사합니다.

1. 기적奇蹟은 특별한 게 아닙니다.
　아무 일 없이 하루를 보내면 그것이 기적奇蹟입니다.
2. 행운幸運도 특별한 게 아닙니다.
　아픈데 없이 잘 살고 있다면, 그것이 행운幸運입니다.
3. 행복幸福도 특별한 게 아닙니다.
　좋아하는 사람들과 웃고 지내면 그것이 행복幸福입니다.

　하루하루가 하늘이 특별히 주신 Bonus입니다.

1. 오늘은 선물입니다.
2. 오늘은 내가 부활한 날입니다.
3. 오늘은 Bonus로 받은 날입니다.
4. 오늘을 인생人生의 첫날처럼, 또한 마지막 날처럼 살겠습니다.
　"天國은 감사하는 者만 가는 곳이다."라고 Martin Luther(마틴 루터)는 말했습니다.

일기쓰기 285일째 ; 손흥민 득점 타임라인을 보며 (2월 10일)

어제는 정치도 싫고 볼 뉴스도 마땅찮고 해서 우연히 스포츠 프로를 보게 되었는데, 손흥민 득점타임라인이란 프로였다. 그간에 손흥민 선수가 득점한 장면들을 모두 모아 보여주었는데, 혼자서 신이 나서 깔깔깔 웃으며... 완전히 스트레스를 날렸다. 정말 대단한 선수다! 인물도 좋고 하는 행동도 순진하고 귀엽고, 양 발을 다 쓰서 기가 차게 축구를 잘하고...정말 희한한 사람이다!

그는 2010년 10월 30일, 18세에 치른 데뷔전에서 데뷔골을 장식하면서 새로운 스타 탄생을 예고했다. 이후, 분데스리가 명문 구단 바이어 04 레버쿠젠으로부터 구단 역대 최고 이적료 기록을 경신하면서 영입을 하는 등, 한국에서는 쉽게 볼 수 없는 차세대 태극전사의 에이스로 전 세계의 언론으로부터 주목을 받기 시작했다.

그리고 2015년 8월 28일, 이적료 3,000만 유로 / 2,200만 파운드 (한화 추정치 408억)를 기록하며 프리미어 리그의 토트넘 홋스퍼 FC와 5년 계약을 확정지으면서 아시아 출신 축구 선수 중에서 역대 최고 이적료 기록을 경신했다. 잉글랜드 프리미어리그 토트넘 홋스퍼 FC 소속 대한민국 국적의 축구 선수. 포지션은 윙어이다.

손흥민이 어린 나이부터 현재까지 이러한 엄청난 위업을 보여줄 수 있었던 여러 이유 중 가장 핵심은 그의 아버지 손웅정의 교육의 모토와 같은 '열린 교육'에 있다. 현재, 축구 아카데미를 운영하고 있는 손웅정은 젊어서 축구 선수로 활약했으나 안타깝게도 1994년 부상으로 인해 선수 생활을 일찍이 마감하게 되었는데, 그 계기로 스페인, 독일, 브라질 등을 돌아다니면서 그들의 유소년 축구를 접했다

차남 손흥민은 축구 선수 지망생들이 가는 축구교실을 안 가고 아버

지의 개인 교습을 받으면서 초등학교시절부터 직접 개인기와 탄탄한 기본기를 차근차근 익혔다. 기본기를 다지기 위해 혹독한 훈련도 마다하지 않았다고 한다. 그 아버지도 참으로 대단한 분인 것 같다. 역시 부전자전이다!

어쩌면 저리도 잘 할까? 이 멋진 광경들을 보면서 더 신나는 것은 손흥민 선수가 한 골을 넣을 때 마다 모두 다 벌떡 일어나 환호 하는 영국의 토트넘측 응원자들의 모습이다. 미국이 야구에 올인 한다면 영국은 축구에 올인하는 나라다. 그런데 그 리그도 엄청 많은 모양인데, 토트넘은 런던 리그인 : 첼시(서부), 아스날(북부), 토트넘(북부), 웨스트 햄(동부), 크리스탈 팰리스(남부) 중 하나인 것이다. 맨유, 맨시티, 리버풀 등은 노스웨스트 잉글랜드주 리그다.

더더욱 재미난 멘트는 '아~ 절묘하게 한 골을 또 넣었습니다. 이 선수의 국적은 대한민국입니다~~~!!!'라고 하는 아나운서의 소리치는 말이다...! 오미크론으로 인한 그간의 스트레스가 다 날아갔다. 깔깔깔 웃고 있는 나를 우리 집 강아지 죠이가 이상하다는 듯 쳐다보고 있었다.

일기쓰기 286일째 ; '적폐 수사'에 화난다는 文(2월 11일)

문재인 대통령은 10일 윤석열 국민의힘 후보가 '집권 시 전 정권 적폐 수사를 하겠다'고 한 것에 대해 "현 정부를 근거 없이 적폐 수사의 대상, 불법으로 몬 것에 대해 강력한 분노를 표하며 사과를 요구한다"고 했다. 문 대통령이 여기에 분노하며 사과를 요구한 것은 더 납득하기 힘들다. 5년 내내 정권 불법 비리 쌓였는데 '적폐 수사'에 화난다는 文!

문 대통령은 취임 후 2년 동안 '적폐 청산'이란 이름의 정치 보복만 했다. 200명 이상을 구속시켰다. 그런데 자신에 대한 적폐 수사에는 불같이 화내며 반발한다. 전형적인 내로남불이다. 문 정권은 적폐 그 자체라고 해도 과언이 아니다. 조국 전 장관 일가 비리, 문 대통령 친구를 당선시키려는 울산시장 선거 공작, 월성 1호기 경제성 조작, 라임·옵티머스 펀드 사기, 환경부 블랙리스트, 김학의 전 법무차관 불법 출국 금지, 유재수 전 부산 부시장 비리 등 정권 차원의 각종 비리가 쌓이고 쌓였다. 말을 다 하려면 입이 아플 지경이다.

문 대통령은 윤석열 검찰이 자신에 대한 수사를 하자 수사팀을 공중분해시키는 방법으로 저지했다. 우리 헌정사에 이런 적폐는 없을 것이다. 위법적 감찰을 벌여 윤 전 총장을 결국 밀어냈다. 문 대통령이 임명한 김명수 대법원장 아래에서 사법 역사에 남을 온갖 오점이 다 찍혔다. 그런 문 대통령이 윤 후보에게 '정부의 적폐를 못 본 척했느냐?'고 따지는 게 말이 되는가.

황당한 소득 주도 성장, 20차례 실패한 부동산 정책, 매표에 가까운 포퓰리즘 등 정책 적폐도 한두 가지가 아니다. 180석의 힘을 휘둘러 공수처법, 임대차 3법, 대북전단금지법을 일방 처리하는 입법 폭주도 끊임없었다. 심지어 선거법까지 일방 처리했다. 이렇게 많은 불법과 적폐를 쌓아왔으니, 적폐 수사란 말이 나오자 놀라는 것도 당연할 것이다.

내로남불은 점잖은 말이고….똥낀 놈이 성낸다는 말이 있다! 바로 그 지경이다!   - 2022년 2월 12일자 조선일보 사설에서 참조 -

일기쓰기 287일째 ; 일 년 전, '오늘 하고 싶은 말'(2월 12일)

현 정권의 실력자나 고위 공직자 가운데 유난히 역대 정권에 비해 무능하고 위선적이며 자리에 탐닉하고 연연하는 사람이 많은 이유는 자명하다.

그 이유는 당연히 이 정권이 아니라면 중용되지 못했을 3류들이 너무 많기 때문이다. 모두가 1류 일 필요는 없으나 국정 담당자들이 3류이면 국민이 정말 피곤하고 민생이 나날이 고단해진다.

그 낯 두꺼움을 봐야 하는 정신적 스트레스는 물론이지만 나라 몰락을 보는, 이 큰 고통은...도대체 어찌해야 하는가!

이 글이 일 년 전에 쓴 일기니까... 나는 지난 일 년 내내 우리 정치에 가슴앓이를 했다!

일기쓰기 288일째 ; 코로나 한파에 되새기는 법정스님의 법문 (2월 13일)

코로나 한파에 되새기는 법정스님의 '더위, 추위' 법문

"추울 때는 너 자신이 추위가 되고, 더울 때는 너 자신이 더위가 돼라." 지난 2006년 하안거夏安居를 마치던 날 법정 스님이 서울 성북동 길상사 법문에서 옛 선사禪師와 제자의 대화를 소개하며 한 말씀입니다.

새해가 시작된 출발점에서 문득 법정 스님의 이 '더위, 추위' 법문이 떠오른 것은 해를 넘겨 이어지고 있는 코로나19 한파 때문이었는지 모르겠습니다. 또 물리적으로도 강력한 추위가 몰려오고 있기 때문이기도 합니다.

스님은 그날 이런 법문을 했습니다. "그 한때에 꺾여선 안됩니다. 세상살이도 마찬가지입니다. 누구나 어려운 일, 말 못 할 사정이 있지만 거기에만 매달리면 안 됩니다. 곧 가을바람이 불면 더위가 자취를 감추듯, 상황을 받아들이면 극복할 의지와 용기가 생깁니다." 스님의 법문은 대개 두 가지 주제, 질타와 위로였습니다. 형편이 좋아져 물질문명에 흥청망청할 때에는 따끔한 죽비를 내리쳤지만, 바로 이어서 어렵게 하루

하루를 살아가는 속인俗人들을 따뜻하게 위로했습니다.

'더위, 추위' 법문도 그랬습니다. 스님의 '더위, 추위' 법문은 곧 행복론이었습니다. 스님은 항상 "행복할 때 행복에 매달리지 말고, 불행할 때는 받아들이라"고 강조했습니다.

스님은 법문 때 강조할 이야기가 있으면 꼭 두 번, 세 번 반복했지요. 행복론이 그랬습니다. 지금처럼 모두가 어려울 때라면, 법정 스님은 분명 위로를 했을 것이라는 생각이 들었습니다.

법정스님의 책 '아름다운 마무리'를 펼쳤습니다. 불과 몇 장 넘기지 않자 이런 구절이 나옵니다. "아름다운 마무리는 삶에 대해 감사하게 여기는 것이다. 내가 걸어온 길 말고는 나에게 다른 길이 없었음을 깨닫고 그 길이 나를 성장시켜 주었음을 믿는 것이다. 자신에게 일어난 일과 모든 과정의 의미를 이해하고 나에게 성장의 기회를 준 삶에 대해 감사하는 것이 아름다운 마무리이다. 아름다운 마무리는 처음의 마음으로 돌아가는 것이다." "수행자는 적당한 외로움이 필요하다."고요.

법정 스님은 마지막으로 '각자의 씨앗'을 이야기했습니다. 누구나 세상에 하나의 씨앗을 가지고 온다는 말씀이었습니다. 당시 스님은 이렇게 설명했습니다. "그러나 그 씨앗에 맞는 땅을 찾아 꽃 피우고 열매 맺어야 합니다. 그런 땅을 찾으려면 준비가 돼 있어야 합니다. 삶은 저마다 자기 그릇대로 풀리게 돼 있습니다. '준비 된 대로'라는 뜻이지요. 자신의 씨앗을 잘 가꾸십시오."

모쪼록 여러분 모두 이 혹한을 잘 견디시고, 각자 간직한 씨앗을 잘 가꾸시기 바랍니다.   - 이한수 종교기자의 글에서 담아왔습니다. -

일기쓰기 289일째 ; 세상 떠난 내 동생의 이유식 책 (2월 14일)

아주 멋진 이유식 책을 낸 나의 여동생이 세상을 떠난 후 그뜻을 기리기 위해 나는 저출산시대에, 부산의 출산 여성들에게 이 책을 선물하기로 마음먹었다. 부산여성신문에 제안했더니 고맙게도 다음과 같은 기사를 실어주었다.

'영양만점 할머니의 웰빙 이유식' 책자 무료배포
이양자교수 기증 본지 3년간 매월 25명 신청접수
뇌의학자 키워낸 엄마의 요리솜씨 따라해 볼까.

사학가 이양자 동의대학교 명예교수는 2년전 세상을 먼저 뜬 동생 고 이영옥씨를 기리기 위해, 그가 펴낸 '영양만점 할머니의 웰빙 이유식'(도서출판 한울. 17,000원. 이영옥 著) 책자(본지 2016. 9월27일 게재)를 매월 25권씩 임산부와 어린 자녀를 둔 맘 등 부산지역 출산여성을 비롯 노인건강식에 관심 있는 독자들에게 기증할 계획이라고 밝혔다.

50여 년 전 미국으로 이민, 세 명의 자녀를 모두 훌륭하게 키워낸 동생 고 이영옥씨가 6년전 출간한 '뇌의학자 아들을 키워낸 할머니의 우리 아기 몸 튼튼 머리 똑똑 레시피'라는 부제가 붙은 '영양만점 할머니의 웰빙 이유식' 책을 본지에 기증할 예정. 따라서 본지는 3년간 매월 25명의 신청자를 접수 받거나 책을 필요로 하는 사람들에게 약 900여 권을 배포할 예정이다.

고 이영옥씨는 경남여고 이화여대 출신으로 꿈도 많고 열정도 넘치는 맹렬여성이었으나 결혼 후 지난 1971년 도미, 뉴저지에서 살면서 아들 셋을 낳아 자녀 뒷바라지와 남편 내조에 인생을 올인하며 전업주부로 자녀 양육에 함몰된 희생적 삶을 살았다.

이유식부터 시작해 두뇌에 대한 연구, 영양소에 대한 책 등 오로지 건강 음식 만들기와 기도에 전념하며 남는 시간은 자신의 명경알 같은 정신을 위한 아침기도와 가족을 위한 기도 및 불경 읽기로 소일했다. 개인의 꿈을 버리고 선택한 전업주부로서 미국에서의 삶은 50여 년 철저한 가족 뒷바라지 그 자체였다.

당시 저자가 요리 레시피 책을 한국어판으로 출간한 것은 직장생활을 하는 한국의 엄마들에게 조금이나마 도움이 되었으면 하는 마음에서였다. 노약자들의 건강식으로도 호평을 받고 있는 이 책을 재인쇄하게 된 배경은 동생을 그리워하는 언니의 사랑과 저출산 시대 임산부 여성들에게 조금이나마 격려의 마음을 보태기 위한 뜻도 담겨있다.

책에는 섬세하고 친절하게도 조리 전의 유의점, 채소와 과일 손질법 등 자신의 유익한 경험을 소개, 시행착오를 겪지 않도록 안내하고 있으며, 이유식이 시작되는 5개월부터 18개월까지 220여 쪽에 걸쳐 다양한 메뉴와 레시피를 공개하고 있다. 뿐만 아니라 월령단계 마다 마지막 장에는 '할머니의 편지'를 담아 발달 단계에 맞는 육아지도법을 상세히 안내하고 있는 것도 눈길을 끈다.

이런 어머니의 손에 자라 하버드대학을 졸업하고 훌륭한 세계적 뇌 의학자가 된 아들 김홍제 워싱턴대 교수는 "저희 어머니께서는 저와 저희 형제를 위해 진정한 의미의 균형 잡힌 식생활에 대해 끊임없이 말씀하셨고, 이 책은 어머니의 그러한 생각을 종합해 모은 것"이라며 "이 다양하고 특별한 이유식 레시피는 자라나는 아기들을 풍부한 영양으로 키워냄으로써 밝고 건강한 미래를 열어줄 것"이라고 말했다. 덧붙여 그는 "어머니가 이 책에서 보여주는 세심한 배려와 관심이 자식들의 성공과 행복, 건강에 밑바탕이 된 만큼 고국의 많은 엄마들에게도 좋은 양육 지침서가 되어 훌륭한 한국의 2세 3세들을 많이 키워냈으면 좋겠다"고 말

했다.　　　　　　　　　　　- 최고관리자 22-01-27 유순희 기자 -

일기쓰기 290일째 ; 새해에는 이런 사람이 되게 하소서 (2월 15일)

이해인 수녀님 시를 올립니다.

> 평범하지만
> 가슴엔 별을 지닌 따뜻함으로
> 어려움 속에서도 절망하지 않고
> 신뢰와 용기로써 나아가는
> '기도의 사람'이 되게 해주십시오.
>
> 더도 말고 덜도 말고
> 정월의 보름달만큼만 환하고
> 둥근 마음 나날이 새로 지어먹으며
> 밝고 맑게 살아가는
> '희망의 사람'이 되게 해주십시오.
>
> 너무 튀지 않는 빛깔로
> 누구에게나 친구로 다가서는 이웃
> 그러면서도 말보다는
> 행동이 뜨거운 진실로 앞서는
> '사랑의 사람'이 되게 해주십시오.
>
> 오랜 기다림과 아픔의 열매인
> 마음의 평화를 소중히 여기며
> 화해와 용서를 먼저 실천하는

'평화의 사람'이 되게 해주십시오.

그날이 그날 같은 평범한 일상에서도
새롭게 이어지는 고마움이 기도가 되고
작은 것에서도 의미를 찾아 지루함을 모르는
'기쁨의 사람'이 되게 해주십시오.

일기쓰기 291일째 ; 책 안 읽는 선진국 국민 (2월 16일)

'2021년 국민 독서실태'를 살펴보면, 1년(2020년 9월~2021년 8월)간 우리나라 성인은 평균 4.5권을 읽었다. 지난 조사(2019년)보다 3권 줄었고, UN 연간 평균 독서량 조사(2015년)보다 5권 줄었다. 그런데 2015년 조사 당시 미국은 연간 평균 독서량이 79.2권, 프랑스는 70.8권, 일본은 73.2권이었다. 선진국과의 비교 자체가 무의미하게 보인다. OECD 국가 중 최하위권으로 드러났다.

또한 연간 종합 독서율(1권 이상 읽거나 들은 사람의 비율)이라는 항목이 있는데 47.5%였다. 다시 말해서 일 년 동안 책을 한 권도 읽지 않은 성인이 절반을 넘는다는 뜻이다. 올해의 지표는 그 자체로 창피한 수준인데, 지난 조사와 비교하면 더욱 절망적이다. 시간이 흐를수록 줄어들기 때문이다(2013년 71.4%, 2015년 65.3%, 2017년 55.9%, 2019년 55.7%).

종합적으로 말하자면 한국 국민은 책을 '매우 적게' 읽는다. 그리고 시간이 지날수록 독서량이 더 줄어든다. 낮은 독서량과 독서율은 출판시장에 영향을 미친다. 문학지들이 거의 사라졌고, 유명 시집 시리즈는 겨우 명맥을 이어가는 중이다. 사회과학 출판시장이 죽은 지는 이미 오래되었다. 독자를 잃은 작가, 연구 집단이 사라진 사회. 그곳이 타칭 선진국 한국이다.

　그래서 다른 나라의 사례에서 독서문화 정착을 위한 실마리를 찾아보았다. 캐나다는 쓰기 교육을 중시한다. 학생들은 책을 읽고 생각을 정리해 주장의 이유와 근거를 제시하고 선생은 글의 짜임과 맥락을 중심으로 지도한다. 네덜란드는 문제기반학습을 중시한다. 선생의 문제 제시와 학생의 조사와 정리 그리고 책을 읽고 스스로 문제해결 방법을 찾는 식이다.

　핀란드는 가정 내 독서토론으로 독서의 동기를 부여한다. 미국은 말하기와 쓰기를 강조한다. 책을 읽고 토론을 통해 내용을 숙지하고, 이를 바탕으로 에세이를 작성해야 한다. 종합하면 인간의 언어 능력과 인지 발달 과정을 반영한 독서교육이다. 인간은 태생부터 부모에게 들으며 말을 배우기 시작하고, 말하며 인지능력이 생기고, 읽고 쓰면서 사유하고 소통하고 기록한다.

　그러나 우리나라 초중등학교의 국어교육은 본원적 과제를 무시한다. 학생은 책을 읽고 생각하고 주장하고 토론하는 과정보다, 문제를 풀기 위해 책을 읽는다. 수능 국어문제는 지문 읽기와 정답 고르기를 통해 학생의 우열을 가리는 게 목표다. 우리나라 국민의 독서 외면 현상은 왜곡된 국어교육에서 비롯한다. '듣고 말하고 읽고 쓰는' 국어교육이 없는 한 한국인의 독서문화는 영원히 정착되지 않는다. 따라서 문제풀이식 국어교육을 개선하고, 망국적 수능 평가 체제를 개혁해야 한다.

　'책은 사람을 만들고, 사람은 책을 만든다.'는 명언처럼 독서를 통해 사람은 인간의 지혜를 터득한다. 독서량의 부족은 지혜의 부족으로 이어지기 쉽다. 지혜가 부족한 국민이 어찌 선진국으로 인류의 미래를 주도할 수 있겠는가. 새해에는 '책 읽는 국민, 지혜로운 국민'을 국가프로젝트로 추진하면 어떨까?

- 대학정론, '안상준 논설위원(안동대 사학과 교수) 글'에서 참조 -

일기쓰기 292일째 ; 어느 60대 노부부 이야기 (2월 17일)

오늘은 블로그를 하면서 임영웅의 노래를 함께 따라 부르며 눈물짓는다. 이 나이가 되니 모든 것이 그립고 눈물겹고 보고 싶다.

"곱고 희던 두 손으로 넥타이를 메어주던 때
어렴풋이 생각나오. 여보 그 때를 기억하오.
막내아들 대학 시험 뜬 눈으로 지새던 밤들
어렴풋이 생각나오. 여보 그 때를 기억하오

세월은 그렇게 흘러 여기까지 왔는데
인생은 그렇게 흘러 황혼에 기우는데
큰 딸아이 결혼식 날 흘리던 눈물방울이
이제는 모두 말라, 여보 그 눈물을 기억하오.

세월이 흘러가네. 흰머리가 늘어가네.
모두 다 떠난다고 여보 내 손을 꼭 잡았소,
여보 내 손을 꼭 잡았소.

세월은 그렇게 흘러 여기까지 왔는데
인생은 그렇게 흘러 황혼에 기우는데
다시 못 올 그 먼 길을 어찌 혼자 가려 하오.
여기 날 홀로 두고, 여보 왜 한마디 말이 없소.

여기 날 홀로 두고, 여보 왜 한마디 말이 없소.
다시 못 올 그 먼 길을 어찌 혼자 가려 하오.
여기 날 홀로 두고, 여보 왜 한마디 말이 없소.

여보 안녕히 잘 가시게.

여보 안녕히 잘 가시게……"

일기쓰기 293일째 ; 사랑을 전하는 지게꾼 (2월 18일)

강원도 설악산 흔들바위로 향하는 등산로에는 탑처럼 쌓은 박스와 짐을 지게로 지고 나르는 지게꾼이 있습니다. 80kg이 넘는 짐을 지고도 산 정상까지 날쌔게 오르고 내리는 설악산 마지막 지게꾼 임기종(66)씨입니다. 160cm가 되지 않는 호리호리한 체격과는 다르게 '설악산 작은 거인'이라고도 불리는 그는 하루에 적게는 4번, 많게는 12번이나 설악산을 오릅니다.

하지만, 힘만큼이나 강한 것은 그의 선행입니다. 지적장애 2급의 아내와 그 아내보다 더 심각한 장애를 가진 아들을 챙기면서 시작된 선행은 아들과 같은 처지의 아이들, 혼자 사는 노인에게까지 무려 24년간 꾸준히 봉사와 쌀 기부를 이어오고 있습니다.

80kg의 지게를 지고 올라 받은 품삯의 90%를 어려운 이웃을 돕는 데 사용한다는 임기종씨. 그렇게 그가 지금까지 기부한 돈이 무려 1억 원이 넘는다고 합니다.

임기종 씨는 기부하는 이유에 대해서 다음과 같이 말했습니다.

"힘들게 일을 하지만 적어도 땀 흘려서 번 이 돈만큼은 나 자신을 위해서만 사용하고 싶지 않았습니다."

주변 이들을 보살피기 위해 이 악물고 버틴 탓에 그의 입안에 남은 이는 달랑 한 개뿐입니다. 그럼에도 활짝 웃으며 이렇게 말합니다.

"누군가에게 베푸는 것이 가장 기쁩니다."

오늘 내가 진정한 마음에서 한 따뜻한 일들이 누군가에게 큰 행복한 재료가 되어 아름다운 세상을 만드는 데 도움이 된다면, 그것으로 충분합니다.

그래도 오늘 나는 정말 정말 눈물이 납니다. 너무 고맙고 감동이 되어서….
― 2월 13일 자 '따뜻한 하루'에서 담아왔습니다.

일기쓰기 294일째 ; 여성의 나이 듦을 생각한다. (2월 19일)

한국도 2025년이면 초 고령 사회에 들어선다. 그리고 통계에 의하면 한국여성은 남편 보내고 10년은 홀로 산다고 한다. 거의 대부분의 한국여성은 결혼 당시 남편보다 몇 살 어리고 또 여성이 6년 이상 더 오래 산다는 통계로 볼 때, 남편 보내고 10년 이상은 홀로 살아야 함이 일상적이다. 그렇다면 노년에 홀로 남겨진 여성들은 어떻게 잘 늙을 것인가에 대해 생각해 보지 않을 수 없다. 이같이 노인의 문제는 곧 여성문제로 귀결되고 있다는 점에서 고령화시대 '여성의 나이 듦'에 대한 책을 생각해 보아야 할 때다.

평균 수명이 길어진 만큼 인생의 진정한 행복은 노년을 어떻게 보내느냐에 달려 있으며, 미리 이러한 문제점을 예비하는 것만이 행복한 인생을 보낼 수 있는 것이다.

무엇보다 중요한 것은 노후에 먹고 살 수 있는 자금이 있어야 하고, 혼자 살아갈 수 있도록 육체도 정신도 건강해야 한다. 모두 한결같이 한 방에서 5명 이상이 기거하는 감옥소 같은 요양원에서 인생을 마감할 수는 없는 일이다!

생각해 보면 젊은 날은 힘이 있고 아름다웠던 시기이기는 하다. 그러나 오늘의 늙어가는 우리의 모습은 젊은 날의 우리가 조금씩 변화하여 생기는, 한 과정의 모습인 것이다.

지금의 우리는 건강에 금이 가고, 힘이 없고, 소심하며, 주위의 변화에 민감하고, 외로움을 두려워하고 있다. 이 지상의 어느 누구도 크든 작든, 이 과정을 경험하고 있으며 피해갈 수는 없는 일이다. 노년의 현상을 힘 있던 젊은 날의 필연적인 결과로 자연스럽게 받아들인다면 그리고 미리 노후문제를 준비한다면, 갑자기 닥치는 충격을 완화시킬 수 있다.

그렇다면 우리 여성들은 어떻게 노년을 잘 살아내야 할까? 여기서는 국가적인 대책이나 개인적인 경제 사정에 대한 얘기보다 일상적인 일이나 정신적인 면에서 우리가 생각해 보아야 할 일들을 얘기하고자 한다.

당당하게 예쁜 위도우(Widow;과부)로 살아가기 위한 '하자' 십계명을 적어본다.

01. 귀중품은 반드시 한 곳에 모아 두도록 하자.
02. 치아관리를 잘 하자. 치아는 뇌신경과 연결되므로 치매 예방에 도움이 된다.
03. 물건은 자주 정리하고 버릴 것은 버리는 습관을 갖도록 하자.
04. 혼자 있을 때에도 자주 웃고 행복하다고 외치자.
05. 베풀고 배우고 인간관계(동 연배와 친숙하게 지낸다.)를 맺고 긍정적으로 살자.
06. 잘 입고 잘 먹고 명랑하자. 음식을 오래 음미하자. 전두엽 혈류량이 활성화 된다.
07. 손놀림을 자주 하자. 두뇌에 자극을 주기 때문에 치매 예방이 된다.
08. 자손에게 잘하자. 자손과 좋은 관계를 가지면 행복하다.
09. 고독에 강한 인간이 되자. 인생은 어차피 혼자 와서 혼자 가는 고독한 여정이다.
10. 늘 책을 읽고 글을 쓰고 외우고 두뇌를 단련하자.

그리고 한 가지 더 꼭 유언장을 평소에 작성해두자.

사전연명의료의향서도 작성해 두어야 한다.

- 강순경의 '골드위도 홀로서기' 참조 -

이제 노년의 정서적情緒的 행복幸福에 대해 생각해 보자.

행복은 주관적이어서 사람마다 다르다. 행복은 절대적이지 않고 상대적이다. 행복은 마음먹기에 따라 얼마든지 달라지며 변한다. 모든 것을 긍정적으로 보고 생각하는 사람이 보다 행복감을 더 가지는 것은 이 때문이다.

노년은 마음가짐에 따라 인생 최고의 황금기다. 내면의 멋과 낭만을 즐기는 것이야말로 정서적 행복으로 가는 지름길이다. 늙음은 인생의 의미를 완성해 가는 최후의 기회다. 노년을 새로운 시각으로, 보면 슬픔이나 고통 상실보다는 성숙과 완숙의 과정으로 받아들일 수 있다.

노년에 조금 더 슬기롭게 노력하면 자기성찰이 주는 정서적 행복감을 누리며 마음 다스림에 익숙하게 되고 불만과 과한 욕망마저도 승화하며 곱게 잠재울 수 있다. 사람이 곱게 늙는 것은 축복이다. 늙음을 바르게 즐기는 것은 더욱 큰 축복이다. 늙음을 즐기는 것은 양보할 수 없는 노년의 권리며 아름다운 노년의 멋이다.

늙음은 삶의 완숙을 위한 과정으로 본다면 이를 즐기는 것은 현명한 노년의 바른 삶이다. 힘든 역경을 슬기롭게 참아낸 사람에게 주어지는 화려한 명예가 당당한 늙음이다. 감사와 만족과 사랑은 늙음을 즐기는 필수과목이고 소박과 겸손은 노년의 삶을 진정으로 즐기는 바른 길잡이다. 그리고 우아하게 늙는 5가지 묘약은 사랑, 여유, 용서, 아량, 부드러움이다. 곱게 잘 늙어 장수하는 데는 네 가지 요건을 갖춘 분들이 대부분이었다는 장수연구학자의 말을 기억한다.

첫째, 모두가 자신의 일은 자신이 다 하더란다. 둘째, 모두가 남을 도우는 일에 열심이었단다. 셋째, 모두가 배우는 일에 손을 놓지 않았단다. 넷째, 모두가 좋은 인간관계를 맺고 있었다고 한다. 그래서 1.하자 2.주자. 3.배우자 4.맺자 이 네 가지면 된다고 하니 얼마나 좋은 일인가.

    나는 나 자신의 일은 스스로 하며, 다른 이에게 따뜻한 말 한마디라도 놓치지 않으며, 주위의 모든 분들에게 나눔을 실천하며, 논어도 주역도 시도 수필도 배우며, 그 과정 속에서 많은 좋은 인간관계를 맺고 있다. 긍정적이며 활기차고 즐겁고 보람 있는 삶을 영위하려고 늘 애쓰며 산다. 삶이란 나이가 들어서 늙어가는 것이 아니고 곱게 물들어 가는 것임을 느낀다. 인생은 나이로 늙는 것이 아니고 이상의 결핍으로 늙는 것이라 하지 않았던가?!   - 부산여성신문 138호에 실린 저의 칼럼입니다. -

일기쓰기 295일째 ; 부자가 되는 습관 (2월 20일)

    유대인 대부호에게 배우는 부자가 되는 습관

    제1장 꿈 ; 자신감과 확신은 대성공으로 가는 길.
인간은 꿈을 꾸면 빛을 발한다. 유대인은 꿈을 꾸는 데 천재다.
차별과 박해의 고통 속에서도 원대한 꿈을 꾸었던 유대인.
국가 재건이라는 거대한 꿈의 실현으로 가는 길. 하려고 하면 된다.
무엇에든 자신감을 갖는 습관을 들이자.
자신감과 확신은 성공으로 한 걸음 다가서게 한다.

    제2장 독립 ; 홀로서기 정신이 기적을 부른다.
과잉보호로 길러진 아이들은 홀로 설 수 없다.
지나친 환상을 품은 과도한 의존심은 파멸을 부른다.

홀로서기 교육이 부족하면 소년 범죄가 일어나기 쉽다.
타인에게 의존하지 않는 정신의 중요성.
타인의 공적을 자랑하는 인간이 되지 말라.
전문가의 의견이라고 전적으로 과신하지 말라.
정설이라고 해서 무조건 옳다고 해석해서는 안 된다.
우리는 좋은 환경에 있다는 것을 자각하자.
뇌간을 자극하면 본능이 생긴다.
독립한 자에게는 신이 함께한다. 자립정신의 중요성

제3장 돈 ; 행복으로 가는 보증 수표, '돈'의 의미.

돈으로 생명까지 살 수 있는 세상. 돈 버는 것을 부끄럽게 여기지 말라.
돈 버는 것을 죄악이라고 생각해서는 부자가 될 수 없다.
인간은 빈곤의 격통을 이겨낼 만큼 강하지 않다.
돈은 우리에게 충실한 삶을 제공한다. Give &Take가 비즈니스의 기본.
보이는 청구서와 보이지 않는 청구서의 존재를 알라.
헌신하는 마음으로 자신의 활로를 개척한다. 신용은 인간 관계의 기본.
이득을 따지기 전에 신용을 챙겨라. 신용을 잃으면 결국 파멸한다.

제4장 인간 ; 인간 관계의 도리를 아는 사람이 성공한다.

인간관계 없이 이 세상을 살아갈 순 없다.
사고방식에 따라 인간은 '적군'이 되기도, '아군'이 되기도 한다.
좋은 이미지를 만들려고 노력하자. 누더기옷을 입은 불청객. 비단옷을 걸친 손님. 내용보다 외관에 반하는 인간의 슬픈 본성.
인간은 누구나 타인을 인정하지 않으려는 심리가 있다.
매력적인 자신이 곧 성공의 열쇠가 된다.

인간은 자만의 바다에 살고 있는 물고기임을 자각하라.

　제5장 행복 ; 행운의 여신을 자신의 힘으로 움직여라.
마음이 부자라면 빈곤도 몰아낼 수 있다.
'엉뚱한 결과'와 '미움'으로 비참한 인생이라고 생각하지 말라.
전략적 비관주의자가 돼라! 준비가 성공의 열쇠다.
21세기의 성공법은 '온리 원'이 되는 것이다.
'온리 원'을 목표로 했던 키신저의 성공 비밀.
커다란 행운은 사람이 가지 않는 곳에 존재한다.
끈질기게 매달리면 행운은 자연스럽게 찾아 온다.

　제6장 미래 ; 인생을 마음껏 즐기면 행운은 찾아오게 마련이다.
　인생이 감옥이 되느냐, 낙원이 되느냐는 오로지 자신에게 달려 있다.
　모든 인간에게 운은 평등하게 찾아온다.
　유머를 이해하지 못하는 사람들의 비애, 어떤 위기도 긍정적인 자세로 대처하라.
　때로는 '다 그런 거지 뭐, 하는 수 없지'라며 단념하는 정신도 중요하다.
　인간의 욕망이 사회를 지탱하고 있다. 욕망을 지나치게 억제하면 위험하다.
　금욕 생활은 몸에 해롭다. 때로는 시끄럽게 구는 것도 중요하다.
　나이가 들수록 제멋대로 행동하라. 나이를 먹는 것이 더욱 즐거운 인생이다.
　'불량 중년'의 정신이 인생을 뒤바꾼다.

　한번 읽어 볼만한 책이기에 대강의 내용을 옮겨 보았다. 참조가 되기를 바란다.   - 윈 클럽 '부자가 되는 습관' 참조 -

일기쓰기 296일째 ; 2022년 부산 문화 글판 (2월 21일)

　　부산 시청 앞을 지나가면 몇 년 전부터 큰 글씨의 멋진 글판이 붙어있었다. 이 삭막한 세상에 참 괜찮은 문구를 시청 정면 이마에 붙여놓는구나... 라고 생각하며 버스 속에서 그 글귀들을 외운적이 여러 번 있다. 그 글판 내용은 매달 바뀌었다. 알고 보니 이 글판 내용은 봄 여름 가을 겨울, 네 번에 걸쳐 미리 공개 모집하여서 문안과 디자인을 만들어 붙인다고 한다. 이제 우리 부산도 삼빡한 문화도시로 변화하고 있나보다~! 참 좋다! 올해 2022년의 글판 내용을 넣은 달력을 시청 직원인 질녀가 보내주었다.

01월; 언 가지여도 숨결 살아있구나. 언 강이어도 물결치고 있구나
02월; 가장 추울 때가 자장 뜨거울 때 #겨울 #지금 #당신
03월; 영도다리 뱃고동에 마음 설레면 봄인기라~ 맞제?
04월; 따시니 좋나? 니도 누군가에겐 봄인기라~
05월; 나라고 왜 못하겠나. 저 여린 풀도 언 땅을 뚫었는데...
06월; 희망은 험한 바다를 헤엄쳐 지금, 당신에게 오는 중입니다
07월; 산다는 건 부딪쳐 깨져도 파도처럼 다시 일어나는 거야
08월; 밥 한숟갈 촘촘한 햇살에 비벼 씀바귀 얹고. 아~ 맛있다.
09월; 맑은 가을 햇살 아래 영글지 않는 삶이 어디 있으랴.
10월; 담장 위 누런 호박 한 덩이 아, 우주가 손 꼭 붙들고 있구나
11월; 가시투성인 밤송이 안을 봐요. 얼마나 서로 꼭 끌어안고 있는지
12월; 말없이 손 내밀면 더 따뜻한 세상, 내 마음속 벙어리 장갑 한 켤레

일기쓰기 297일째 ; 부모은중경 (2월 22일)

어느 날 부처님은 대중과 함께 길을 떠난 도중에 해골 한 무더기를 보자 이마를 땅에 대고 정중히 예배를 했다. 이에 시자 아난자가 여쭌다 '왜 절을 하십니까' '이 해골이 내전생의 부모였을지도 모른다. 그리고 그 뼈를 자세히 보아라. 남자 뼈라면 희고 무거울 것이고 여자의 뼈라면 검고 가벼울 것이다' 아난자는 의아해서 물었다 '백골로 어떻게 가려 볼 수 있습니까' '여자는 아기를 낳을 때마다 서 말 서 되의 피를 흘리고 여덟 섬 너 말의 젖을 먹여야 하므로 뼈가 검고 가벼운 것이다'

이 말을 들은 아난자는 눈물을 지으면서 어떻게 하면 어머니의 은혜를 갚을 수 있느냐고 물었다. 여기에서 부처님은 어머니가 아기를 배어서 낳을 때까지 열 달 동안의 고통과 낳은 뒤에 열 가지 은혜가 있음을 시로서 절절하게 읊는다.

1. 잉태하여 보호하는 은혜. 2. 해산할 때 고통 받는 은혜. 3. 아기를 낳고 안도하는 은혜. 4. 쓴 것은 삼키고 단 것은 뱉어서 먹여주는 은혜. 5. 마른 자리에 아기 누이고 젖은 데에 눕는 은혜. 6. 젖 먹여 기른 은혜. 7. 똥 오줌 가려준 은혜. 8. 먼 길 떠나면 걱정하는 은혜. 9. 자식 위해 애쓰는 은혜. 10. 끝까지 사랑하는 은혜....

부처님은 음성을 가다듬어 이렇게 말한다.

'자세히 들어라. 가령 어떤 사람이 왼쪽 어깨에 아버지를, 오른쪽 어깨에 어머니를 메고 히말라야를 백번 천번 돌아 살갗이 터지고 뼈가 부서진다 할지라도 부모의 은혜에는 미칠 수가 없는 것이다...'

어머니의 사랑을 주제로 한 경전인 불경의 효경에는 여러 가지가 있지마는 이 중에서도 '부모은중경'은 우리나라에서는 판본이 많아, 많이 알려진 경전이다. 이 경을 통해 어머니의 사랑이 어떤 것인지를 알아보

고자 했다.   - 법정스님『영혼의 모음』중에서「불전에 나타난 모성애」참조 -

일기쓰기 298일째 ; 삶과 죽음 (2월 23일)

'죽음은 모든 것의 끝일까?',
'우리가 눈으로 보고 경험하는 이 세계 외, 다른 세계는 존재하는 것일까?'
'심장이 멈추고 뇌가 작동을 그만둔 후 우리의 의식은 어디로 가는 것일까?'
'사랑하던 사람들은 정말 죽음과 함께 그저 사라진 걸까?'
'삶이란 한 조각 구름이 일어남이요 죽음이란 한 조각 구름이 스러짐이다. 구름은 본시 실체가 없는 것... 죽고 살고 오고 감이 모두 그와 같도다.'

"삶도 제대로 모르는데 죽음을 어찌 알랴."고 공자도 말했듯이
아무도 죽음이 뭔지 죽음 후가 어떠한지 알지 못한다...
하이데거는 인간은 무와 죽음 속에 던져진 존재라고 말했다.

삶과 죽음이 무엇인가?... 들이마신 숨을 내쉬지 않는 것.
강과 바다가 만나듯이... 삶과 죽음은 같은 것.
본래로의 회귀의 뜻일까.. 우린 '돌아가셨다'고 표현한다.

잡스는 "아마 죽음은 삶이 만든 유일한 최고의 발명품이다.
죽음은 삶의 변화를 가능하게 하는 동력이다...
죽음은 낡은 것을 없애고 새로운 것에 길을 내어준다" 라고 했다.

삶이 무엇인가를 규명하지 않고는 죽음에 대한 완전한 해답은 있을

수 없고 죽음의 세계란 인간의 경험 영역, 지각 영역을 넘어서는 차원의 문제이므로 그 본체를 파악하기 불가능하다 하십니까?

꿈속에 영원으로 가는 길이 있다 하십니까?
죽음이 구원일 수도 있겠구나 하는 생각은 종교 때문입니까?
아니면 자살을 미화시키는 말입니까?!

도대체 죽음이란 무엇입니까?
끊임없이 흐르는 물결에서 벗어나 숨이 자유로워지는 것입니까?
장애물 없이 신을 찾아가는 것입니까?

어디로 돌아가는지 오랜 여행 끝 귀향이라고들 말하기도 합니다.
십 년 만에 죽어도 역시 죽음이요, 백 년 만에 죽어도 역시 죽음입니다.
어진 이와 성인도 역시 죽고, 흉악한 자와 어리석은 자도 역시 죽습니다.

세상만사 살피니 참 헛됩니다....
인생은 한 번 죽으면 끝나는 일장의 춘몽, 남가지 일몽입니다.
오늘, 빗줄기 굵은 날... 끝없는... 삶과 죽음을 생각합니다...

나는 이렇게 죽고 싶습니다.
아무도 원망하지 않으면서 누구에게도 폐 끼치지 않으면서, 살며시 미소 지으면서, 고마운 사람을 생각하면서, 두려워하지 않으면서, 사랑하는 사람들 사이에서, 어느 날 문득 가야 할 때를 알아 그렇게 죽고 싶습니다.

일기쓰기 299일째 ; 우리들의 꽃노래 (2월 24일)

50, 60은 꽃으로 치면 봉오리요.
70, 80은 만발한 꽃입니다.

80에 데리러 오면 너무 이르다 전해주오.
90에 데리러 오면 100세까지 기다리라 하오.
100세에 데리러 오면 때를 봐서 가겠다 하소.

60 회갑, 70 고희에
과거를 회상하고 살기엔 너무 이르다오.
저녁노을의 불타는 현란한 빛은 칠흑의 어둠을 견디며
여명을 잉태하는 처절한 아름다움입니다.

우리 모두 77세 희수喜壽, 88세 미수米壽, 99세 백수白壽, 108세 차수茶壽까지 누리시길 축원합니다. 그동안 바람처럼 물처럼 유유자적悠悠自適하며 좋은 친구와 좋은 가족과 좋은 책과 좋은 산수와 만나 건강한 모습으로 행복하게 오래오래 사시기를 축원하는, 우리들의 꽃노래입니다!

일기쓰기 300일째 ; 아흔 즈음까지 (2월 25일)

마지막으로 시 한 수를 올립니다...!

아흔 즈음까지

구름... 그 오고감의 자유여
유종의 미, 끝마침의 아름다움

모든 일은 끝맺음으로
더 한층 보람차고 빛난다.
꽃도 지기 직전에 가장 화사하다.

인간에게 주어진 유종의 미
인간 아흔 졸수卒壽까진 살아야...
새벽녘 해돋이에 견줄만한
멋진 저녁노을 같은
마무리를 하고 싶어지는 나이.

수없이 넘고 넘은 인생의 고개
삶과 학문을 소녀처럼 사랑했다.
허리는 뻐근하고 무릎은 시큰거려도
마음속은 아직 푸르기만 한데
외로움은 친구로 동거한 지 오래다.

60 회갑, 70 고희, 80 산수傘壽를 지났으니
가득 차고 높은 90 졸수까지는 살자.
산책하고 수영하고, 책 읽고 글 쓰며
모차르트와 짐 리브스의 음악을 들으며
매맨토모리, 죽음을 기억하면서...

나를 아는 우리 모두 다 함께!

감사와 긍정의 마음으로 일기쓰기 300일
꿈꾸는 여인의 비망록

초판1쇄 발행 2022년 4월 1일

지은이 이양자
펴낸이 하상규
펴낸곳 새문화출판사

주소 부산광역시 동래구 호현길7-4
전화 051) 522-1607
핸드폰 010-5091-1607
전자우편 ha2677@hanmail.net
출판등록 2009년 12월 3일 제2009-000008호
인쇄 세종문화사 T. 051-463-5898

ISBN 979-11-974146-3-3 03810

정가 16,000원

이 책은 저작권법에 따라 보호받는 저작물이므로 무단전재와
무단복제를 금지하며, 이 책 내용의 전부 또는 일부 내용을 재사용하려면
사전에 저작권자와 새문화출판사의 동의를 받아야 합니다.
* 잘못된 책은 교환해 드립니다.